iHuman

成
为
更
好
的
人

[英]玛丽·比尔德 著
王 迪 译

MARY BEARD

古罗马的笑

演说家、弄臣和猴子

LAUGHTER IN ANCIENT ROME

ON JOKING,
TICKLING,
AND
CRACKING UP

广西师范大学出版社
·桂林·

GU LUOMA DE XIAO: YANSHUOJIA, NONGCHEN HE HOUZI
古罗马的笑：演说家、弄臣和猴子

©2014 by The Regents of the University of California
Published by arrangement with University of California Press

著作权合同登记号桂图登字：20-2017-069 号

图书在版编目（CIP）数据

古罗马的笑：演说家、弄臣和猴子 /（英）玛丽·比尔德（Mary Beard）著；王迪译 . —桂林：广西师范大学出版社，2020.8

书名原文：Laughter in Ancient Rome : On Joking, Tickling, and Cracking Up

ISBN 978-7-5598-2898-9

Ⅰ . ①古… Ⅱ . ①玛… ②王… Ⅲ . ①古罗马—文化史 Ⅳ . ①K126

中国版本图书馆 CIP 数据核字（2020）第 094227 号

广西师范大学出版社出版发行

（广西桂林市五里店路 9 号　邮政编码：541004）
网址：http://www.bbtpress.com

出版人：黄轩庄

全国新华书店经销

湛江南华印务有限公司印刷

（广东省湛江市霞山区绿塘路 61 号　邮政编码：524002）

开本：880 mm × 1 240 mm　1/32

印张：13.25　　字数：342 千字

2020 年 8 月第 1 版　　2020 年 8 月第 1 次印刷

定价：98.00 元

如发现印装质量问题，影响阅读，请与出版社发行部门联系调换。

目 录

前　言 　　　　　　　　　　　　　　　　　　001

第一章　认识罗马的笑　　　　　　　　　　　001
　　罗马竞技场，公元192年　　　　　　　　001
　　狄奥在笑什么？　　　　　　　　　　　　007
　　哈哈大笑，公元前161年　　　　　　　　010
　　观众的反应　　　　　　　　　　　　　　020
　　理解罗马的笑　　　　　　　　　　　　　023

第一部分

第二章　与笑有关的疑问：古代与现代　　　　035
　　"笑"的理论　　　　　　　　　　　　　 035
　　罗马人的问题和我们的问题　　　　　　　037
　　亚里士多德和"笑的古典理论"　　　　　042
　　"笑的三大理论"　　　　　　　　　　　 051
　　天性与文化？　　　　　　　　　　　　　059
　　不同的笑　　　　　　　　　　　　　　　062
　　"狗会笑吗？"：修辞与再现　　　　　　 064

第三章　笑的历史　080

　　笑的历史存在吗？　080

　　过去的笑　082

　　看得见的笑　089

　　走进巴赫金的研究　094

　　农神节的乐趣　098

　　对变化的叙述　101

第四章　罗马的笑：在拉丁语和希腊语中　119

　　拉丁语中的笑　119

　　拉丁语中的微笑？　123

　　笑话与俏皮话　127

　　拉丁语中的笑——打破常规　128

　　经典文学中的笑：关于维吉尔笔下的孩童　134

　　在希腊语中寻找古罗马的笑　140

　　泰伦斯的希腊笑话　146

　　在希腊的笑中寻找罗马元素　148

第二部分

第五章　演说家　167

　　西塞罗最好的笑话？　167

　　西塞罗与笑　169

忍住别笑？ 175
西塞罗论（开玩笑的）演说家 179
争论：结构、体系与术语 183
笑与笑的风险 189
罗马演说中笑的攻击性有多强 195
昆体良给开玩笑的演说家的建议 199
晚还是迟？ 203

第六章　从皇帝到弄臣　216

笑与权力 216
好皇帝和坏皇帝 218
笑的高低贵贱 225
笑与宫廷里的现实：皇帝与弄臣 231
弄臣与小丑 234
晚宴上的笑，食客，还有一位奴隶国王 240
卖笑人 247

第七章　在人与动物（尤指猴子和驴）之间　264

胡闹的猴戏 270
笑剧、模仿和拟态 280
笑死——以及某些不笑的传说 287
让自己变成一头驴 296

第八章 爱笑人 319
"爱笑人"的建构 321
听懂笑话 331
歪看世界 334
罗马的笑话书 340
罗马人发明了笑话？ 345

后　记 364
致　谢 370
文本与缩写 373
参考文献 375
重要专名词一览 399

前　言

2008年秋天，我在伯克利的萨瑟系列讲座（Sather Lectures）担任讲席教授，那是我一生中最快乐的时光。关于是什么让古罗马人发笑——包括他们突然大笑（或声称自己如此）的方式、场合和原因，我们讨论得兴高采烈。我希望，本书能够捕捉到那时感受到的些许乐趣。

《古罗马的笑》一方面和当时的讲座内容十分贴近，但另一方面，二者又有很大的不同。每一次讲座都以罗马人的笑的某些特定方面为主题——比如罗马皇帝利用舞台上的"猴戏"所开的玩笑，及罗马的知识分子对于人们在被呵痒时为何发笑的学术性思考（偶尔也显得有些愚蠢）。我试着将对于理论和方法的探讨穿插到这些案例研究中，甚至会在夜深时转移阵地，到伯克利舒适的酒吧或咖啡馆里和学生们接着讨论。

很显然（希望如此），本书的第二部分是以我的讲座内容为基础的。不过，那些在深夜碰撞出来的思想火花则被撰写成了一系列新的章节，即第一部分。在这本书里，摆在我面前的是任何关于笑的历史书都摆脱不了的几大问题——而且这些问题在罗马的笑史中尤为显著。我们真的能搞清楚过去的人们怎么笑、为什么笑吗？我们几乎都没办法解释自己到底为什么笑，这一点究竟有没有影响？"罗马的"（不同于，比方说"希腊的"）笑真的存在吗？我想大部分读者都会从第一部分看起，接着看第二部分，但反过来也不是不可以——您也可以先浏览第二部分，然后再转过头来，研读内容和范围更为宽泛的第一部分。

我尝试着深入地剖析罗马人的笑。本书并不是针对罗马人的笑的综合性研究（事实上，我也说不好这类研究应该是怎样的，对它的可行性、趣味性和实用性就更无从得知了）。与之相反，本书旨在展现与罗马"笑学"（laughterhood）——借用俄国诗人韦利米尔·赫列勃尼科夫（Velimir Khlebnikov）的说法[1]——的一系列碰撞：小丑和弄臣，吃吃地笑的人和开怀大笑的人，还有理论家和说教者们。本书将把古代文学中某些不太受重视的领域置于中心位置（比如罗马笑话书《爱笑人》[Philogelos]，还有马克罗比乌斯[Macrobius]极富才思、言辞诙谐的著作《农神节》[Saturnalia]），同时还将借由对笑的研究，进一步探讨罗马文化和其中一些最为知名的经典作品——比如维吉尔（Virgil）的《牧歌》（Eclogues）和阿普列乌斯（Apuleius）扣人心弦的小说《金驴记》（The Golden Ass）。

当然，《古罗马的笑》一书难免会折射出我自己作为一名社会和文化历史学家的兴趣及专长所在。我专注于研究笑，并认为不管笑出于怎样的心理根源，它都是一种不断变化、适应性很强的文化形式。我不是要假装自己是个神经学家，而且（正如几处注释表明的那样）我一直都不相信神经科学在我们理解笑的文化及历史变异时能派上多大用场。正如本书的书名所表明的那样，我的关注点在于罗马文化，而非希腊文化。不过，我们在后文中也将看到，把古典时代完美地二分成希腊时代和罗马时代可不是什么容易的事情，所以我也一直坚持与斯蒂芬·哈利韦尔（Stephen Halliwell）的著作《希腊的笑》（Greek Laughter，2008年）形成唱和——我会直接引用这本书,不过只是为了表达不同意见,或者是强调一些与我的观点紧密相关的论述。对于我的关注点,我一直都保持着坚定的"异教徒"风格,有些人可能更欣赏富裕的犹太人和早期基督徒围绕笑进行的大量辩论,我要向他们道歉,因为本书并不涉及这些。

我的目的与其说是整理与罗马的笑相关的观点,倒不如说是想要把这一主题变得更复杂、更混乱一些。有一些人自认为他们能够解释、控制变化多端的笑的现象,我对他们的方法向来是没什么耐心的。说实话,我已经快要受够人们的某些观点了:他们总认为,笑归根结底只关乎权力(这话没错,但是哪种文化形式不是如此呢?),或者认为它是在乖讹的驱使下产生的[*](在某些情况下当然如此,不过讽刺作品和打闹剧带来的欢乐可不是这么容易就能解释清楚的)。本书是对那些过度简化的做法和长期以来的一种挑衅的回应——提醒着我们笑在罗马有着令人费解的核心地位,并要求我们借由笑,从另外一个稍稍不同的角度去思考罗马文化。

本书将从罗马的两个场合起笔,在这两个场合中,笑被明确地记载进了古代的文本中:一个是发生在竞技场里的一次暗笑,另一个则是喜剧舞台上的一个玩笑。

---

[*] "乖讹"是指事物不相称、自相矛盾的情况或性质。许多学者认为,乖讹(预期结果同现实之间存在差异)是幽默产生的重要因素。(本书脚注均为编者所加。作者注释见章末"注释"。)

注 释

[1] 这首诗的标题叫作《笑的咒语》(*Invocation of Laughter*，1909 年)："...O laugh out laugheringly / O, belaughable laughterhood—the laughter of laughering laughers..."（……噢，嘲弄地大笑出来吧 / 噢，开怀大笑的人的一笑——捧腹的人发出的大笑……）英文翻译选自 www.russianpoetry.net，这是美国西北大学斯拉夫语言和文学系的一个项目。别书亦有引用，见 Parvulescu 2010, 1-4。

第一章
认识罗马的笑

狄奥的"吃吃地笑"和格那托的两次"笑"

罗马竞技场，公元192年

公元 192 年，一位年轻的罗马元老正坐在罗马竞技场内的前排，眼前的情景让他不禁难忍笑意。这时候被别人发现他笑了可不是什么好事。

罗马皇帝康茂德（Commodus）此时正亲自主持着场上的表演，而场内满满登登地坐着大约五万名观众——按照规则，元老们坐在视野最好的台边区；女人和奴隶们则挤在最后面的高处，他们根本看不清竞技场里血腥的缠斗，毕竟场地在下面一百多英尺[*]以外的地方。不过也有人对于这场表演，决定离得远远的，因为人们传言皇帝——这场演出的明星和主持人——打算扮成赫拉克勒斯（Hercules），往观众席发射致命的毒箭。或许在这种情况下，做一个奴隶（或女人）坐在后排要安

---

[*] 1 英尺约等于 0.305 米。

全得多。[1]

不管你是家财万贯还是一文不名，心惊肉跳还是无畏无惧，所有的观众都需要强大的耐力。整场演出会持续整整十四天。场内的座位很硬，那些有钱的聪明人一定会带着垫子、饮料以及野餐食物。每个人都心知肚明，一定要为皇帝扮作角斗士、野兽猎手和神祇时的滑稽动作鼓掌。第一天，他"从竞技场四周的栏杆边上往场内的熊身上投掷长矛"，杀死了一百头熊（一名目击者犀利地指出，此举"是为了展现射击术，而非勇气"）。[2]在后来的日子里，他来到场内，那些动物牺牲品被放在他面前，不过它们都被严严实实地关在笼子里；吃过午饭之后，他就模仿角斗的场景继续猎杀野兽（胜者当然永远是他），直到真正的角斗士出场为观众表演。

康茂德于192年12月31日遭到暗杀，这些表演就发生在暗杀的几个月前。而在此时的观众席上，我们那位年轻的元老几乎要放声大笑起来了，不过他还是强忍住了——他从头上戴着的花环上摘了些月桂叶，放在嘴里狠狠地嚼了起来，好掩饰自己脸上快要藏不住的笑意。当然，这是他自己对这一切的说法。[3]

这位元老就是历史学家卡西乌斯·狄奥（Cassius Dio），他的家族最早来自比提尼亚（Bithynia，今土耳其境内），世代活跃在罗马帝国的政界。[4]狄奥本人是3世纪早期政界的领军人物：他曾两次当选执政官，第一次是在205年前后，当时正值塞普提米乌斯·塞维鲁（Septimius Severus）统治期间；第二次则在229年，与当时的皇帝亚历山大·塞维鲁（Severus Alexander）共事；除此之外，他也曾担任过阿非利加、达尔马提亚和潘诺尼亚等行省的总督一职。不过，狄奥现在更出名的是他撰写了一部共八卷的罗马史。这本史书是用希腊语写的，从埃涅阿斯（Aeneas）到达意大利开始，一直写到他所在的3世纪，前后总共跨越了一千多年。这次强掩笑意的轶事，就是他在这部书比较靠后的一卷中记录下来的。据狄奥自己说,这部书花了他二十多年时间,他从2世纪90年代晚期开始准备,先是做了一番调查研究,然后才着手下笔。这部史书的原貌只有近三分之一被保存了下来;至于其余大部分内容(包括192年发生的事情),我们只能从中世纪对狄奥作品较为精确的总结或摘录中窥探一二了。[5]

让狄奥按捺不住笑意的,正是罗马帝国戏剧表演史上的一个难忘时刻。狄奥先是介绍了皇帝威胁全体观众,要对他们施以赫拉克勒斯的暴行,然后又描述了康茂德怎么袭击坐在(处境危险的)前排的元老们:

> 皇帝沿着几排座位来回走动着,他的所作所为让我们都觉得自己命不久矣——他杀死了一只鸵鸟,砍下了它的脑袋,然后走到我们坐着的地方,左手举着那只鸵鸟的头,右手则举着那把血淋淋的剑。他什么都没说,只不过咧嘴笑着摇了摇头,其中的意味就昭然若揭了:那只鸵鸟的下场就是我们的下场。我把花环上的月桂叶摘下来放在嘴里嚼,还劝那些坐在我旁边的人也这样做——这么一来,我们的嘴巴就一直在动,便能掩盖住我们在嘲笑他的事实了。不然的话,很多人早就因为嘲笑他而被当场一剑毙命了(因为我们当时并没有感到紧张,只是满心觉得非常好笑)。[6]

透过上述描述,我们得以窥见罗马帝国政治中坐在前排的危险人生。罗马人的笑跃然纸上,而这样的场合在近两千年里都是十分罕见的。我们能够理解狄奥笔下的感觉,几乎能对他感同身受。他把自己是怎样拼命隐藏住笑意的经历一笔带过——事实上,他的这一经历能够引起很多人的共鸣:他们都曾咬住自己的嘴唇,或是口香糖、橡皮,隐藏或抑制住脸上和嘴角的笑意,让自己别因为在完全不合时宜的情况下笑出来而陷入危险或者尴尬的境地。如果把月桂叶换成糖果的话，罗马人在这种时刻和我们就没什么差别了。

现在可能有人会说，狄奥有"吃吃地笑个没完"（getting the giggles）或是"被处死"的危险——这就是我们经常可以想象的那种挣扎，一方面是审慎、服从和礼貌，另一方面是按捺不住的笑意。但是，在狄奥的表述中，并没有体现出英文单词 giggle 的性别色彩——正如安吉拉·卡特（Angela Carter）所言，这个词的发音"表现出女人用她们能够采取的唯一方法去羞辱男人时的那种天真的愉悦"。[7] 狄奥也没有用希腊语单词 kichlizein，这个词在英文中常被译为 giggle，本身带有浓重的情色意味；实际上，在某些场合下，它甚至被明确定义为"娼妓的笑"。[8] 狄奥自己用的词其实是 gelōs 或 gelan，这是标准的希腊语单词，从荷马开始一直被沿用到罗马时代，意为"笑"（名词）或"发笑"（动词）。它也是现代一些专门用来描述"笑"的词语的词根，比如形容词 gelastic（痴笑的）和名词 agelast（不爱笑的人），这些词语在接下来的章节中难免会突然出现。[9]

在这个故事中，被滥用的罗马皇权成了被嗤笑的对象。这让人莫名感到欣慰。在狄奥的笔下，康茂德在竞技场里向观众发出的恐吓既险恶又可笑——他的描述让我们明白，笑也可以成为对抗罗马独裁专制和滥用权力的武器：心生不满的人们既可以用暴力、阴谋和造反作为回应，也可以选择不把强权当作一回事。

在狄奥的《罗马史》（*History*）一书中，这并不是笑唯一一次在罗马皇权和臣民之间起到了作用。据他记载，在那之前大约 500 年，也就是公元前 3 世纪初时，在罗马扩张期间也发生了一个故事，只不过更加鲜为人知罢了。这件事使得当时的罗马人与意大利南部一个叫他林敦（Tarentum）的希腊城邦发生了冲突。刚开始出现摩擦时，罗马人派了一群使节前往他林敦。这些使节全都穿着庄重的托加长袍，想着用这样的装束震慑一下他们的对手。据狄奥的说法（因为这个故事还有其他的版本），当使节们抵达他林敦时，那儿的人对罗马人的衣着大肆嘲笑了一番，有一个人甚至还拉了泡屎，弄得主使节卢基乌斯·波斯图弥乌斯·墨革卢斯（Lucius Postumius Megellus）原本干干净净的衣服上全是大便。当地人都把这事当作乐子，不过这却激怒了波斯图弥乌斯，他对此的回应并不让人意外。"笑吧！"他说道，"还能笑的时候就尽情笑吧！因为你们会哭很久很久的，到那时，我要让你们用血洗干净我们的衣服。"他的威胁变成了现实：罗马人的胜利，意味着他林敦人确实不久就付出了血的代价。[10]

　　他林敦人在笑什么呢？或许，他们多少是在表达嘲弄或不屑（在狄奥看来，当长袍被那个大胆挑衅的人弄得肮脏不堪时，波斯图弥乌斯的心里就是这么想的）。但是，狄奥又在书中暗示道，他林敦人如此笑闹不已还有一个原因，那就是罗马人在正式场合穿的长袍实在是太可笑了。如此看来，这个混合着笑、权力和威胁等元素的故事，和多年之后竞技场里发生的故事还真是遥相呼应。权力的使用总伴随着笑的出现，并受到它自发的挑衅。除此之外，我们从他林敦的这个故事中还得到了一点额外的收获——它清晰地表明，罗马长袍既臃肿又不实用，在古代世界的非罗马人看来十分可笑，而身处现代世界的我们也有同样的感受。

　　狄奥在竞技场里竭力掩藏笑意，他的做法引出了三个十分重要的问题，这也是本书将要讨论的。第一，是什么让罗马人发笑？或者说得再明确一点，是什么让罗马城市里的精英男性发笑？毕竟，我们对穷人、农民、奴隶和女人们的笑几乎一无所知，只能从城市中精英男性对此的描述中了解一二。[11] 在古代世界里，要想显示不同社会群体间的差异，其中一个办法就是宣称他们笑的方式和对象都有所不同，这在现代也经常如此。第二，笑在罗马精英文化中是怎么运作的，有什么作用？它在政治、知识和意识等层面扮演着怎样的角色？它是怎么被管理控制的？

关于罗马社会总体上是如何运转的，我们能从中了解到哪些信息？第三，我们能在多大程度上理解或切身感受到罗马文化和罗马人的笑？其中有没有哪些方面会让人觉得罗马人"就像我们一样"？又或者，研究罗马人的笑的现代历史学家们会不会常常像是外国派对上焦急的宾客那样——跟着旁人一起发出友好的笑声，好让自己显得礼貌得体，但其实根本不清楚自己到底有没有听懂这个笑话。

这些问题都很重要，我希望它们能为人们了解古罗马的社会及文化生活提供新的视角，也能为人类的笑的跨文化历史研究提供一些源于古典时代的洞见——我指的主要是笑，而不是幽默、风趣、情感、讽刺、诙谐诗和戏剧等相关主题，尽管它们都会在下文中不时亮相。当我们回过头再看狄奥笔下竞技场里的情景时，便会意识到上述这些问题有多么复杂、有趣，甚至（在某些情况下意想不到地）还极具启发意义。狄奥的这个故事乍一看十分直白易懂，不过就是用第一人称视角，讲述了一个机智的年轻人在面对 2 世纪时期罗马草菅人命的强权政治时，用咀嚼月桂叶的办法掩盖住笑意，救了自己的命——然而这段描述远不止看上去的这样简单。首先，据狄奥记载，他用的策略是"咀嚼"，而不是我们更熟悉的"咬"。当然，人们在讲述这段故事时，总是乐意把故事里的情节说得完全符合如今的某些俗套——那些拼命忍住笑的人们会嚼着某些方便的东西来压抑住笑意（"狄奥描述了他是怎么……通过拼命咀嚼月桂叶……**让自己忍住别笑出来**。"一位现代历史学家是这样总结这个故事的。[12]）。但是，狄奥却明确表示，他的举动并不是防止自己发笑，而是巧妙地利用下巴在咀嚼树叶时的动作来掩饰脸上的笑意，甚至——万一他发出笑声，还能用来当作托词。

狄奥在笑什么？

权力在"狄奥的笑"的不同方面是如何运作的？这的确是一个颇为微妙的问题。有人认为狄奥半遮半掩的笑其实是对康茂德暴政的颠覆和反抗——这种看法诚然令人信服。而且它也和许多现代理论家和批评家的观点不谋而合，他们一直把笑描述成一种"难以驾驭的力量"，"一种对极权主义的大众抵抗"。[13] 照这些说法，当暴虐的独裁者和一个表面上得过且过的元老僵持不下时，狄奥的笑就变成了一种本能的有力武器：不光因为他的笑表达了自己作为一名元老的反抗，还因为它以一种更加主动的姿态，暴露了康茂德的荒诞可笑，戳破了他的面具。和他林敦的故事一样，我们也没办法撇开其中嘲弄的成分，毕竟顾名思义，一个能让我们发笑的人，可不就是可笑的（laughable，也作 laugh-able，这个词意义上的含糊不清也会是本书中反复探讨的一个话题[14]）吗？

但是，这还只是一个方面而已。在各种伪装的掩护之下，笑既可以为统治力量效劳，也可以摇身一变，成为对抗权力的武器。而在这个故事里，康茂德皇帝自己就在咧着嘴笑，即 grining（我是这样翻译的），当时他一边摇着头，一边朝着面前面露惧色、茫然不知所措的——或者说是满心觉得好笑的元老们晃着手中的鸵鸟头。狄奥用的原词是 sesērōs（由动词 sesērenai 演变而来），字面意思是"张开嘴唇"（伤口的"裂开"也用这个词）；它可以用来表达友好的含义，不过更常见的用法就和这里一样，隐含着一种威胁的意思。[15] 毋庸置疑，皇帝的表情和狄奥纯粹的"笑"远不是一回事（这也是我那么翻译的原因，尽管用 grin 这个词可能会引出一些具有误导性的现代含义）。但是不管怎样，这个词和其他表现嘴唇和口部动作的词一道，构成了古希腊用来表示笑的词汇，以及与其相关的同源词。

罗马各种权力关系的展现、协商、操控和争斗都是借由"笑"来完成的。每当你冲着独裁政府露出笑意，权贵之人就会以牺牲弱者为代价回敬一个"笑容"——他们甚至会捉弄弱者，强逼他们笑出来。这在某种意义上来说，和波斯图弥乌斯对他林敦人的嘲讽所传达的信息如出一辙（"笑吧！尽情笑吧……"），而且它的寓意和康茂德的先祖卡利古拉（Caligula）皇帝的一桩惊悚传闻也别无二致：卡利古拉曾在早上强迫一个人去观看他儿子被行刑的过程，然后下午就邀请他共进晚餐——还逼他谈笑、逗乐。[16] 也就是说，罗马的社会秩序和地缘政治秩序中的不平等成了滋养笑的沃土。[17]

与之相比更微妙的问题是狄奥到底在笑什么。当眼前的皇帝挥舞着手中的鸵鸟头时，这位元老为什么伸手去够头上的花环？我们正在讨论的可不是一个笑话。尽管对于笑和笑话的研究经常都是同步进行的（本章的第二个故事讨论的就是罗马人某些场合下的"笑"与拉丁语中某些口头笑话之间的关系），但其实多数文化中的大部分"笑"都和笑话没有一点关系。这个故事中的情况也是如此，就像狄奥本人表明的那样：皇帝打扮成竞技场里的角斗士（或者穿得根本就很随便，只穿了件短袍，光着脚），趾高气扬地斩下了一只笨手笨脚的鸵鸟的头，而且这只鸟有着世界上最长最蠢的脖子，这一幕难道不可笑吗？谁还会管那背后潜藏着怎样的威胁呢？那皇帝像不像是在拙劣地模仿着神话里英勇的刽子手珀耳修斯（Perseus），挥舞着手中的剑和美杜莎（Medusa）的头颅？[18] 又或者，这"笑"是不是真的就像近来的评论家们认为的那样，纯粹是出于恐惧（也就是我们所说的紧张的笑），绝对不是因为当时的情景有些好笑？[19]

在解释"笑"的含义时，我们经常会陷入这样的困境。要是有人哈哈大笑起来，旁人最常见的反应便是问"你们（或他们）在笑什么（laugh at）"？或者干脆问"你们（或他们）为什么笑（laugh）"？毕竟"笑"（laugh）

和"因……发笑"(laugh at)并不总是一个意思,尽管有许多权威的理论不这么认为[20]。这样的问题当然是没有什么绝对的正确答案的,而且你又能指望从大笑着的人那里听到什么呢。事实上,不管他们怎样回答你,都不太可能独立、客观地解释清楚到底为什么要笑,因为那些答案往往都只是冰山一角,并不能还原那些让人发笑的辩驳、争论、恐惧、悖论、欢闹、逾矩或焦虑。以这个故事为例,假设狄奥没能控制住自己,被康茂德的心腹发现了他笑得正开心,那人一定会上前质问他为什么要笑。不难猜测狄奥大概会怎么回答这个问题——他可能会说是因为邻座刚刚在他耳边讲了个笑话,也可能会说是因为坐在后排的那个秃头男人(总之跟皇帝的滑稽动作一点关系也没有)。[21] 同样,我们也能猜到当天晚上回到安全的家里以后,他会怎样重现这一幕:"没错,我就是在嘲笑他……"毕竟,如果"笑"具有(或能够具有)政治性的话,那么人们就自己的笑给出的说法和理由(或真或假)也都同样具有政治性。

自然,在狄奥《罗马史》一书的描述中,这些因素也都有所体现。他的叙述极富感染力,联想到现代生活中那些需要憋住"吃吃地笑"的场合,读者很容易产生共鸣;正因如此,我们往往会忽略其中的文学技巧和政治技巧,只觉得自己仿佛身临其境,围观了一场罗马的"笑话"(尽管早已相隔千年)。当然,我们并没有真的目睹那一幕。这一切都是狄奥精心撰写的分析,然后被摘录到了中世纪的某本文摘中(想必汇编者认为这个故事生动地体现了皇帝的罪过)。它最初被写下来,是在事情发生的二十多年后——在那时,与独裁的康茂德皇帝划清界限无疑是明智之举。而划清界限显然就是狄奥的目的,他声称自己当时因为皇帝的古怪行径笑了出来——并且绝不是出于害怕,而是因为那一幕实在太可笑了("我们当时并没有感到紧张,只是满心觉得非常好笑"。他坚称事实如此,尽管很多人都怀疑他是因为紧张才笑的)。狄奥表述的重点在于它所提供的追溯性,及其可能带有的经过一定艺术处理的倾向性。他说"我觉得这个很好笑",或者说得再清楚一些,"我不能让别人发现我在笑,不然我就死定了"。这样的说法一方面控诉、嘲讽了独裁者,另一方面又将作者刻画成一个务实、和善的旁观者——并且还能在面对皇帝残忍而又愚蠢的举动时保持清醒。[22] 这无疑正是狄奥所盘算的。

哈哈大笑,公元前161年

第二个关于笑的故事就发生在离罗马竞技场不到一英里*远的地方;只不过那是公元前161年,比第一个故事要早近四百年。狄奥的笑是在一场表演中出现的,就发生在阴沉险恶的皇帝的眼皮子底下,然而这个关于笑的故事却与之大相径庭,因为它发生在一出罗马喜剧的舞台上,周围洋溢着节日的喜悦,人们或玩着有趣的游戏,或忙着敬拜神明——要是追溯起来,这些都曾以某种形式成为罗马城市文化中的一部分。[23] 这里并不是我们所熟知的那种剧院,甚至连"舞台"都算不上。公元前2世纪的罗马,还没有建起固定的剧院,所有的表演都是露天进行的,场地就是神庙台阶周围临时搭起的木台(大部分情况下都会留出一块区域方便观众们坐着——大概能容纳几千人)。在这个故事里,"剧院"就位于卡皮托利欧山(Capitoline Hill),就在大母神(Magna Mater)的神庙附近。[24]

那儿的气氛想必十分轻松、愉快——或许甚至还有些喧闹。罗马的喜剧通常都是男追女的爱情故事,里面掺杂着理不清的情爱纠葛,还有一系列的常规角色(比如聪明的奴隶、刻薄的妓院老板和自命不凡但又

---

* 1英里约等于1.61千米。

傻里傻气的士兵之类的）。每个角色都带着特色各异的面具，因此很好辨认。长期以来，专家们一直坚称，流传下来的大部分罗马喜剧都和在它们之前的希腊喜剧有着密不可分的关系。[25] 我会在第四章中对这个问题进行讨论；眼下，我还是会专注于对罗马的讨论。我不关心观众们爆发出了怎样的笑声——我只关心台上的演员们的笑，这些都被写进喜剧台本里了。在第一个故事里，狄奥描述了自己在竞技场里发笑的经历；而这第二个故事对于笑的描述甚至更为细致入微，而且它也向我们展示了一个罗马作家会怎样"别有用心"地利用笑的复杂意味。

第二个故事里两次被写进剧本的笑出自喜剧《阉奴》(The Eunuch)。它是罗马剧作家泰伦提乌斯 (Terentius，现在也被叫作泰伦斯 [Terence]) 最受欢迎的作品。这出剧于公元前 161 年首演，由于大受欢迎，很快就进行了重演。据说，泰伦斯凭借这出剧，从赞助人那里足足赚了八千塞斯特斯（古罗马货币），这可是个空前的数字。[26] 剧中的主要情节包含了各种罗马喜剧中常见的浪漫桥段，但是它的特别之处在于一幕假扮和变装的夸张场景：一个苦恋不得的健壮青年开瑞亚 (Chaerea) 把自己假扮成一个阉奴，只为了能有机会接近让他魂牵梦萦的女孩潘菲拉 (Pamphila)，因为后者是名妓塔伊丝 (Thais) 的奴仆。从这个故事可以看出，古代与现代的性别政治之间有着一条几近不可逾越的鸿沟，因为故事里的开瑞亚假扮成阉奴强奸了潘菲拉之后，他们竟迎来了一个"皆大欢喜的结局"——在剧中的最后一幕，两人婚礼钟声的前奏响了起来。[27] 有一个版本的注解称，这出剧是在母神节＊首演的，这个罗马节日是为了表达对大母神的崇拜（因此也说明这出喜剧很有可能就是在这座神庙的台阶上上演的）。如果此言非虚，那么故事发生的环境也让情节更

＊ 母神节 (Megalesia)，每年 4 月 4 日至 4 月 10 日为大母神库柏勒庆祝与祭祀的节日。

加新奇、刺激。那些侍奉大母神的祭司们（Galli）就住在神庙内，而且他们本身就是阉人，据说还是用一块磨尖的燧石自宫的——罗马的作家们都很热衷于细说这事，再加以谴责。这也就是说，观众在戏里戏外都能看到阉人及与他们面容相似的人。[28]

剧里有个角色叫格那托（Gnatho），他是古代喜剧中的一个典型角色，集弄臣、食客和佞人的形象特征于一身。在剧里的两处场景中，他发出了阵阵笑声：哈哈哈（hahahae）。在拉丁语古典文学中，总共也只有十几处地方明明白白地将笑声表现了出来，而这就是其中两处。因此，仅凭这个理由，我们也要将这两处仔细地研究一番；不过，我们不用像往常那样，**推断**笑是喜剧对话中的一部分，因为我们已经清楚地知道它是在何时何地发生的了。同时，由于这个故事刻画的也是古罗马时代的笑，所以很值得我们花上一番精力好好琢磨。其中的要点包括以下几方面：笑的复杂性，多个不同的视角，说笑话的人、听笑话的人和观察者（台上台下）之间身份的扭曲和转变，以及听懂笑点的难度有多大。

这些写进剧本里的笑只不过是食客格那托和特拉索（Thraso）的一系列对话中的一部分，后者是某位东方帝王麾下的一个粗鲁的士兵，在其中一条复杂的情节副线中是主要角色（有些古代的观众可能像我们一样，觉得很难掌握所有的细节——其实些许混乱和疑惑也会让人感受到乐趣所在）。特拉索不光是格那托的饭票，也是潘菲拉过去的主人，而且他当时还爱上了塔伊丝（事实上，潘菲拉就是他为了示爱才送给塔伊丝的）。在我们上文提到的场景中，特拉索正向格那托吹嘘他的各种英勇事迹，而后者（因生活所迫扮演着职业食客的角色）则谄媚地讨好他，听到他说的笑话之后开怀大笑，指望着能混到几顿免费的晚餐——与此同时，剧作家则不断暗示格那托的表演有多么虚伪。[29] 他们的对话被一个叫帕尔墨诺（Parmeno）的笨手笨脚的奴仆无意间听到了（他的主人也爱上了塔伊丝，所以在和特拉索争夺美人的青睐）。他没让任何人察觉，只是在一旁嘀咕了一句。

特拉索先是咋咋呼呼地说起了他和他效忠的皇帝关系有多亲近，吹嘘说皇帝"把整个军队都托付给了我，对我言无不尽"。"真了不起"是格那托对他的回应，一方面起到了溜须拍马的效果，另一方面又讽刺意味十足（402-403）。接着，特拉索又开始吹牛说自己是怎么奚落军队的一位同僚，后者负责的是大象战队，十分嫉妒他对皇帝的影响力。"告诉我，斯特拉托（Strato）。"他自称自己是这样揶揄对方的，"你这么凶残，是不是因为你管着一群野兽啊？""这么说简直太聪明、太妙了！"格那托插了句嘴，不过明眼人都能看出来他有多言不由衷（414-416）。然后，特拉索又讲了个故事，将自己好生标榜了一番。这个故事说的是他是怎么"在晚宴上戏弄一个从罗得岛来的小子"——就是这个故事让格那托"笑"了出来：

特拉索：有回，我在一次聚会上碰到一个罗得岛来的小子。我当时有个妞儿跟在身边。他竟然打她的主意，还嘲笑我。所以我就跟他说："小子，装什么聪明呢。自己都是只兔子，还想着找食儿？"

格那托：哈哈哈（hahahae）。

特拉索：怎么着？

格那托：太妙了！这么说多聪明啊！干净利落！无懈可击！不过，这笑话是您自己编的吗？我以为老早就有了。

特拉索：你之前听过这个笑话？

格那托：听过很多次啊。每次"笑果"都可好了。

特拉索：但这的确是我编出来的笑话。

格那托：我实在有些可怜那个愚蠢的小恶棍，因为他被开了这样的玩笑。[30]

帕尔墨诺（用旁人听不到的音量）：天啊，你真该被雷劈。

格那托：您跟我说说，他后来怎么样了？

特拉索：他完蛋了呗。所有在场的人，他们都快笑死了。从那以后，他们就再也不敢在我面前放肆了。

格那托：算他们识相。（422-433）[31]

然后没过一百多句台词，就又响起了一阵笑声。特拉索本来在塔伊丝的家外面等她出来，后来等得不耐烦了，就想走人，把格那托留在那里继续等她。帕尔墨诺这次说的话倒让人听得清清楚楚：

特拉索：我走了。（对格那托说：）你留在这儿等她。

帕尔墨诺：那是当然，长官怎么能和女性朋友一起在外头逛街呢，成何体统！

特拉索：我不会跟你浪费口舌的！你和你的主人都是一个货色！

格那托：哈哈哈（hahahae）。

特拉索：你笑什么？

格那托：您刚刚说的话，还有之前那个罗得岛小子的故事都很好笑——我一想起来就忍不住要笑。（494-498）[32]

毋庸置疑，戏中再一次的"哈哈哈"是格那托的笑声。一开始，泰伦斯已经把这一点表露得很明白了，因为剧中特拉索问了一句"你笑什么"（"Quid rides?" 497）。不仅如此，古代为这部喜剧作注解的人也重申了这一点（"此时食客也发出了一阵笑声［risus］"[33]），而且古典时代晚期的罗马学者们也曾多次概括性地谈到这种在剧本里表达笑声的方式（"'哈哈哈'是表达喜悦和笑［risus］的声音"[34]）。不过，就算没有这些直接的线索，我们也不太可能误解这声音的含义所在。对于狗吠、猪叫、蛙鸣等声音来说，不同的语言中均有不同的表现方式（比如形容猪叫时，英美人用 oink oink，匈牙利人用 röf röf röf 或 uí uí，威尔士人则用 soch soch）——但是笑声和它们不一样，全世界大部分语言中对笑的表达都大同小异，全都是（或者说包括了）"哈哈"（ha ha）、"嘿嘿"（hee hee）和"嘻嘻"（tee hee）等词语的变体，即使是在截然不同的语系中也是如此。[35] 塞缪尔·约翰逊（Samuel Johnson）说过这么一句话，有些夸张，但又很直截了当："人类各有各的聪明才智，但他们笑起来却是一个样。"[36]

不过，格那托到底为什么要笑呢？确认他的笑声是一回事，但正如狄奥的轶事一样，搞清楚他为什么笑就完全是另一回事了。

特拉索讲了那个罗得岛人的故事之后，出现了格那托的第一次笑。我是这么翻译特拉索抖的"包袱"的："小子，装什么聪明呢。自己都是只兔子，还想着找食儿？"我试着用现代社会中的一些词来传达台词里的笑点。这句拉丁文的字面意思是"你是只兔子，还追着食物不放？"（"Lepu'tute's, pulpamentum quaeris?" 426）。所以，这句话里是什么地方逗乐了格那托？古往今来给这部戏剧作注解的人对此众说纷纭（有时也取决于他们对拉丁文本的不同解读）。[37] 不过，近来的评论家们大都很认同埃利乌斯·多那图斯（Aelius Donatus）的观点，这位 4 世纪的评注家认为特拉索口中的"兔子"是罗马晚餐桌上的一道珍馐："兔子自己本身就是道菜，所以它就不应该还想着找'食物'（pulpamenta）——一种用来作小吃的美味肉脯。"多那图斯的解读或许能更加明确地说明这一点（《阉奴》，426）："你在别人身上追求的东西明明你自己就有。"[38] 此中含义自然是有些色情意味的，因为语境已经很清楚了：那个年轻的罗得岛人正在和特拉索带着的"妞儿"调情，但其实那小子自己才是让别人燃起情欲的对象。在多那图斯的一长串注解里，还有一处为这一点提供了进一步的佐证（只不过现代学术著作对其引用较少）：他收集了一系列证据，以证明"兔子"是具有情色内涵的意象，还指出兔子实际上是一种"性别不定、忽雄忽雌"的动物——这个观点和《阉奴》的情节实在是太契合了。[39]

如此深入地剖析一番之后，我们会发现特拉索的俏皮话似乎已经不能再像之前那样，让人开怀大笑了（这正应了那条古典时代传下来的铁律，解释透的笑话就不好笑了[40]）。不过，这个笑话中的基本要素还是很符合玩笑技巧的一些现代理论的，比如从西格蒙德·弗洛伊德（Sigmund Freud）的《诙谐及其与无意识的关系》（*Jokes and Their Relation to the Unconscious*），到古今许多讨论，都认为乖讹（和/或消解）*是逗人发笑的核心因素。所以在这里，这个笑话的开始便是一个不可思议、荒谬无比的乖讹（毕竟那个罗得岛青年并不是一只兔子），而当我们意识到，在晚宴的情色语境中，"兔子"和"食物"指代的意义完全不同时，这个乖讹就自然而然地消解了。或者，按照当下一个比较先进的理论来看，晚宴上的"食物"与带有情色含义的"剧本"之间产生了碰撞，而这种碰撞在后者的放大中也逐渐被消解。[41]

到底为什么乖讹的消解（抑或是弗洛伊德理论中的无意识）会让人们产生这种被称为"笑"的声音和肢体反应呢？对于这个问题，还没有哪个现代理论能够给出让人信服的答案，包括弗洛伊德的理论。[42] 但是在这个例子中，我们可以回避这个问题，因为我们很快就开始怀疑格那托根本就不是因为特拉索的俏皮话才笑的。格那托之所以会笑，是因为

---

* 乖讹 – 消解（Incongruity-Resolution）模式是当代心理学一个常见的幽默制笑机制。当出现与常规相悖，或不合场景、违背逻辑的情况时（即出现"乖讹"时），幽默的接受者需根据语境及背景知识，去发现不和谐因素背后的协调成分（即通过某种"消解"），从而理解幽默发出者的真实意图，并获得愉悦。

他是一个食客。在古代有这样的传统：食客要给恩主的笑话捧场——不管那些笑话好不好笑（不好笑的居多）——以此来讨好恩主。因此，格那托的"哈哈哈"并不是一种听了可笑事物之后的自然流露，而是早已经排练好的反应，以应对恩主的笑话，只不过装得好像真的一样。格那托的笑是为了取悦他人。这便是笑与权力的复杂关系的另外一面，这一点我先前已经强调过了。

"怎么着？"（"Quid est?" 427）——这是特拉索当时对格那托的笑的反应，这可能说明连他自己都还没发现哪儿好笑。多那图斯认为，这个愚蠢的士兵之所以这么问，就是想听到对方赞美他的"珠玑妙语"（而他也的确如愿了，尽管那句"太妙了"并非肺腑之言）。不过，特拉索的追问也相当于说明了，格那托伪装出来的自然反应其实很容易被一眼看穿。他的笑没有一点说服力，甚至连他的目标——容易上当的特拉索——也没能骗过去。

似乎是为了避免尴尬，格那托很快就换了个话题，转而主动向特拉索发问。这个笑话究竟是不是特拉索自己编的？他是不是拿了个老笑话来说，只不过装作是他自己的？换句话说，和格那托的热烈回应比起来，这个笑话是不是也自然不到哪里去？格那托声称自己之前听过"很多次"这个笑话，那么我们或许可以猜测事实的确如此。因为我们在其他拉丁语文学中也找到了这个笑话——一本古典时代晚期的著作引用了它，不过那里的出处标的是一位比泰伦斯要早很多的作家。

这本神秘且著名的帝王传记文集叫《罗马君王传》（Augustan History），大约成书于 4 世纪晚期，参与撰写的人全都用了化名。在这本书接近尾声时，作者表达了自己的一个疑惑：284 年，刚刚上任的皇帝戴克里先（Diocletian）当着所有士兵的面，杀死了阿佩尔（Aper）——

一位正直的执政官，也是他潜在的对手，但紧接着，戴克里先引用了维吉尔的一句话。然而，戴里克先向来穷兵黩武，这种举动对他来说是不是过于文雅了些？传记的作者承认，可能其实没有听上去那么反常。因为在他看来，士兵们经常会引用一些广为人知的诗句，而且他们的这种行为经常出现在喜剧舞台上："因为事实上，'自己都是只兔子，还想着找食儿？'其实是利维乌斯·安德罗尼库斯（Livius Andronicus）传下来的一句谚语。"如果你相信这一说，那么特拉索的笑话无疑就是借用了罗马最早的拉丁语剧作家的话，后者比泰伦斯要早上整整七十年。[43]

当然，这位传记作者也可能只是搞错了：毕竟那时是 4 世纪，的确很容易把两位值得敬重的拉丁语早期作家弄混，继而把泰伦斯的话安在他的前辈利维乌斯·安德罗尼库斯的头上。但是，如果他没搞错，泰伦斯笔下描述的，就是特拉索把一个几十年前的笑话说成是自己的，因为那时已经是公元前 161 年了。[44] 对于观众来说，这里的部分笑点也在于：这个爱出风头的士兵声称那句俏皮话是他自己想出来的，但是大部分观众老早就听说过这个包袱了。

不管这个笑话新旧与否，它都在那次晚宴上狠狠打击到了那个罗得岛的年轻人——或者说特拉索是这么回忆的。他的讲述把我们引入了另一个在古往今来对笑的研究中十分常见的话题——用笑来奚落别人。我们前面在提到狄奥的《罗马史》一书时也对此探究过一二。[45] 特拉索嘲笑了那个男孩，这种行为太过无礼，所以连格那托都声称自己同情那位受害者了（这其实也是在拐弯抹角地赞美特拉索的机智，所以偷听到他们对话的帕尔墨诺感到忍受不了——帕尔墨诺的独白清楚地表明了他的感受）。而其他宴会宾客的反应也很有戏剧效果："他们都快笑死了。"众所周知，爆笑可能是一件痛苦的事；它可以让你难以克制，不能自已。"笑死了"这种意象在古代的应用比起现代可毫不逊色。事实上，有一系列故事都细致地描绘过这一场景，它们全都是"笑死人"的故事：比如，公元前5世纪的画家宙克西斯（Zeuxis，据一位罗马作家记载，他是在笑自己画的一幅老妇像时死去的），还有公元前3世纪末的哲学家克律西波斯（Chrysippus，据几个世纪后生活在罗马帝国时期的第欧根尼·拉尔修［Diogenes Laertius］记载，克律西波斯看见一头驴子在吃无花果、喝没兑水的葡萄酒，然后就大笑而死）。[46]晚宴上其他宾客"笑死了"的反应，其实也是古代约定俗成的一个说法。

格那托第二次"哈哈哈"笑出了声，引发了更多问题。由于特拉索等塔伊丝已经等得不耐烦了，所以就让格那托接着等。这引得帕尔墨诺嘲讽了他几句——这一回，帕尔墨诺真正地参与了对话：当然，特拉索不应该四处闲逛，这一点他似乎是认同的。毕竟，对于一支军队的统帅来说，被人看到和情妇在街上溜达并不是什么光彩的事情。然而，特拉索的级别比统帅可低多了，所以他意识到自己被取笑了。因此，在格那托再次大笑之前，他就对帕尔墨诺反唇相讥起来（"我不会跟你浪费口舌的！你和你的主人都是一个货色！"）。

特拉索自己也纳闷，这次格那托又在笑什么。是因为特拉索对帕尔墨诺的反击吗？还是就像格那托自己说的那样，因为回忆起"那个罗得岛小子的故事"？（格那托很可能已经料想到，就算是特拉索这样容易上当受骗的人，也不会相信"和你的主人都是一个货色"这样的蹩脚回应能引发如此爆笑。）或者说，会不会更可能是帕尔墨诺"统帅"的笑话让他爆笑不已（所以他才拿"罗得岛小子的故事"来打掩护）？不过格那托肯定不会向特拉索承认这一点，毕竟后者正是这个笑话的靶子。总而言之，尽管只是一句"哈哈哈"，我们却能从它的含义中找出三个可能的起因。对于观众或者读者（还有角色自身）来说，解读笑的部分乐趣就在于此：我们要权衡不同的可能起因，弄明白到底怎样才能更好地解释清楚笑的来龙去脉。[47]

观众的反应

从更笼统的角度来说，撇开舞台上的笑声不谈，我们要怎样才能理解观众的笑呢？和被迫去竞技场的狄奥不同，去观看《阉奴》的那些观众可都是自愿到场的，而且他们的笑也是预料之中的——但是他们在笑什么，又是为什么笑呢？

当然，我们不可能弄清楚观众对于一出罗马喜剧的反应，包括他们何时笑、笑得有多热烈。如果古代的戏迷在这方面和现代的戏迷一样的话（当然这纯粹只是一个假设而已），那么他们就会有相同的体验。很多人都会因为同样的事情发笑。他们会一同欢呼、喊叫、轻笑、喝彩：毕竟，这就是维系着整个剧院的纽带啊。但是与此同时，有一些反应必然更私人、更与众不同。观众席里的每一位观众都可能会为不同的事情笑起来，或者即使是相同的事情，发笑的原因也各不相同。还有一些人压根就没有笑过。我们中大部分人应该都有过这样的尴尬体验：当你坐在剧院里（或者电视机前），你的嘴唇连弯都没弯一下，而坐在你周围的人却兴致勃勃地笑着；他们笑得越大声，你就越觉得笑不出来，然后表情也会变得越僵硬。我们可以设想，罗马剧院里的情景也是类似的。笑能让人辨明"同类"和"异类"。我们将看到，笑的历史，就是由那些领会不到笑点和领会得到笑点的人的故事构成的。[48]

不过，关于古代的观众们对《阉奴》中的情节作何反应，我们已经看过太多猜测。我前面也提到过，特拉索对罗得岛的那个年轻人的嘲弄很可能会引起哄堂大笑，这完全是因为他莫名其妙地把一个老笑话说成是自己的（这就好比现在有人声称自己刚刚想出了一个苍蝇和汤的笑话：

"服务员，服务员，我的汤里有一只苍蝇……"*)。但这并非全部。有一些观众可能并不愿意笑出来（或者只是漫不经心地笑一笑），原因很简单——那是个他们之前听过很多次的老笑话，所以根本就不想再听一遍。对于其他人来说，尽管他们笑了，也完全是因为这句俏皮话太耳熟了。正如一句老话说的那样，老笑话最好笑——它们之所以能让我们捧腹大笑，并非像许多现代理论说的那样，是因为乖讹的消解或嘲笑别人带来了快乐，而是因为它们唤起了许多温暖的回忆，让我们回想起同一个笑话在过去的许多场合中是怎样如愿奏效的。笑是一种难以自控的自然反应，但同时它也关乎回忆，关乎我们是怎么学会在某些情况下发笑的。[49]

笑的起因和对象比我们以为的还要五花八门。以上文的故事为例，有些人之所以会笑出来，是因为特拉索的"笑话"并不好笑；此外，格那托的笑只有三个音节（"哈哈哈"），这显然是刻意为之，它恰如其分地表露出此人的奉承之意、主客之间的脆弱性，以及笑在意有所指时有多么不可捉摸——而这也可能是有些人发笑的原因。也就是说，观众们笑的，是笑本身，即它的组成元素、起因和社会动因。所以在这些场景中，笑，以及对它的理解与误解、使用和误用，都是笑话的一部分。[50]

在《阉奴》的这两段故事中，有这样一个简单的事实能够凸显这种自反性的存在——笑被明确地写入了剧本中。诚然，在罗马喜剧中，不管是台上台下，都会有很多笑声响起。普劳图斯（Plautus）和泰伦斯作品的译者们往往会在舞台说明中注明笑的出现，以此把这些戏剧生动地

---

* 苍蝇和汤的笑话是英语中的常见笑话。故事有多种版本，比如：(1)顾客：服务员，我的汤里有一只苍蝇。服务员：没关系的，先生，它喝不了多少汤。(2)顾客：服务员，我的汤里有一只苍蝇。服务员：别让别人看见，先生，要不别人都会要的。(3)顾客：服务员，我的汤里有一只苍蝇。服务员：不，先生，那是蟑螂，苍蝇在你的牛排里。(4)顾客：服务员，我的汤里有一只苍蝇。服务员：我知道，先生，我们没有另收钱。(5)顾客：服务员，这只苍蝇在我汤里干什么？服务员：看起来它在仰泳，先生。

展现在人们面前：那些出现在括号里的短语包括"放声大笑"（laughing uproariously）、"笑着"（with a laugh）、"仍然笑着"（still laughing）、"控制不住地大笑着"（laughing uncontrollably）、"大笑着"（laughing）、"试着隐藏他的笑意"（trying to conceal his laughter）和"笑得更厉害了"（laughs still more），等等——这些词在英文版的罗马喜剧中俯拾皆是，尽管在拉丁语的原文中根本找不到对应的部分。[51] 不过，在上面的例子里，泰伦斯两次强调了格那托"哈哈哈"的笑声，将它们明确地写进了对话当中，此举便使得这个场景富有深意——其中的角色、观众和读者都不可避免地要去思考这两处笑声（或者更广泛意义上的"笑"）意味着什么。

在拉丁语古典文学中，还有其他十多处也将笑声明确地用文字表述了出来——上述结论也适用于这些地方。它们全都出现在喜剧里，大多出自普劳图斯和泰伦斯之手，其中只有一个例外：诗人恩尼乌斯（Ennius）的作品中有一个简短而又让人摸不着头脑的片段（"哈哈，盾牌自己倒下来了"［hahae, the shield itself fell down］），说它出自一部喜剧或悲剧都未尝不可。[52] 从总体来看，这些笑声让我们知道了罗马人还有可能在怎样的场合爆发出大笑，以及他们的笑还能反映出怎样的情绪，因为正如我们所见，不管是在竞技场里还是在格那托和特拉索的对话中，我们都不能认为人们的笑是因为笑话或者机智的幽默——毕竟这只是一部分原因而已。例如，在这些段落中，我们会发现有些人是因为满意（或自满）才笑的：在普劳图斯的《普修多卢斯》（*Pseudolus*，1052）中，当皮条客巴利欧（Ballio）庆幸自己成功地算计了聪明的奴隶普修多卢斯时，他"哈哈"地笑出声来。此外，我们还会看到有人纯粹因为开心而咧嘴笑起来：在泰伦斯的《自虐者》（*Self-Tormentor*，即 *Heauton Timorumenus*，886）中，因为一个聪明的奴隶的恶作剧，上了年纪的克瑞墨斯（Chremes）开心地大笑起来。[53]

不过，尽管这些笑在戏剧中被明确地写了出来，它们还是一再让观众和读者陷入了困境：要理解这些笑实在是太难了。我们能够弄清楚是什么让一个人（甚至我们自己）笑出来吗？笑为什么会遭到误解和误会呢？对于那些笑的人来说，他们是不是和被笑的人一样，也会受到笑的力量的影响？不管是这些戏剧的观众还是读者，都会注意到尽管巴利欧和克瑞墨斯笑了，但其实他们大错特错了。巴利欧因为自满笑了出来，但其实他根本就没算计到普修多卢斯，反而是被后者的恶作剧给捉弄了一把，毕竟普修多卢斯可比巴利欧想象的聪明多了。同样，克瑞墨斯也并不像他自己所想的那样，能从奴隶的把戏中受惠，其实他自己才是那个被戏弄、欺骗的人。这样看来，这些在戏剧中写明的笑仿佛是在引导读者或观众，好让他们注意到笑危险的脆弱性，以及单个的笑也能被解读出无限的内涵和可能。

理解罗马的笑

在这一章中，笔者已经详细地探讨了罗马时代的两个特殊时刻的笑。将它们写成文字的人相隔四个世纪之久：一位用的是希腊语，另一位用的是拉丁语；一位是历史学家，别有深意地记录了竞技场里被竭力隐藏住的笑，另一位则一方面意在描绘喜剧舞台上的笑，一方面想要引发观众们的笑。尽管我可能会引用一些狄奥所在时代之后的文献，也会偶尔集中于视觉图像，但是本书中的大部分材料都取自公元前2世纪到公元2世纪之间的拉丁语和希腊语文本。因而，上述两个例子为本书的后文提供了一个有用的框架。

这些例子也会让我们注意到一些关键问题，它们在本书后文的讨论中处于核心地位。在前文中，我已经再三强调了对笑的解读和理解有多困难。除此之外，这些例子也会引导我们去思考"假笑"和"真笑"之间边界的模糊性和争议性。（当我们并没有听懂某个笑话，却跟着众人一起哄堂大笑时，我们是在假笑吗——又或者只是笑的方式不一样而已？）它们向我们展现了笑是怎样具有排斥和包含的双重功能的，它既能表达友善的支持，也能传递出充满敌意的嘲弄，甚至还能表现出对等级与权力的重申和挑战。而特拉索说的关于兔子的俏皮话则能提醒我们，罗马的笑话很可能有好几百年的复杂历史。在后面的章节中，我们也会碰到那些有着几千年历史的笑话，它们一直流传到了今天。

　　正如我已经提到的，整本书都围绕着一个很重要的问题：就罗马的笑而言，现在的人究竟能理解多少？我们怎样才能搞明白究竟是什么让罗马人在笑，并且还能避免拿我们的情况去套用到他们身上？我在前文分析《阉奴》里的章节时，可能已经让有些读者感到不自在了。究其缘由，并不只是因为这种剖析的过程已经破坏了那个罗得岛年轻人的笑话，更关键的是，这种剖析是有一个预设的，那就是只要我们足够努力，就一定也能理解这个笑话，它就一定能转化成我们听得懂的形式。当然，这一点有时是对的（如果不对的话，那么罗马的笑文化就彻底失传了，我这个项目也只能胎死腹中）。但是，在单个的案例中，我们绝不能假设自己一定能成功地实现罗马世界和我们自身世界的转化。这样做是危险的：这种虚假的同理心会将"是什么让罗马人发笑？"的问题转化为"如果我是个罗马人，那么我觉得是什么让我发笑？"

　　如果我们能想一想现代观众在观看罗马喜剧时笑的情状和原因，也许就能更清晰地认识到这一点。一方面是因为，一个笑话可以讲上好几百年。但有时还因为，我们的译者、导演和演员的辛勤工作，使得这些喜剧即使在现代也十分有趣——他们使用的手段包括谚语、神韵、表情、首饰、服装和意在逗笑的舞台表演（但是却和罗马的情况相差甚远）。不仅如此，其中还有一些观众是秉持着事业心才去看剧的，他们决心找出罗马喜剧的有趣之处——而且同时也会因为这样做而嘲笑自己。当然，只有这些因素结合在一起才能解释为什么单口喜剧演员吉姆·鲍恩（Jim Bowen）能在 2008 年博得满堂彩：当年，他讲了一些从古代笑话书中选出来的笑话——这本书叫《爱笑人》，大约成书于罗马帝国晚期（我们会在第八章再详细讨论这本书）。[54] 其中有些笑话现在说起来也好笑得很（事实上，不仅如此，有一些甚至是某些现代笑话的前身）。不过，鲍恩的成功也有其他原因：他使用的那个翻译版本十分贴近现代的谚语，也和单口的韵律契合，来看表演（或者在网上收看）的观众都是打算好要笑的，而且鲍恩把整个场面的荒诞可笑给演活了——甚至那些最有决心要笑的人也会感到自己很可笑，因为自己竟然因为这么古老的罗马笑话而笑出来。

所以这个笑话到底笑的是谁？这个问题我在后面三章中还将继续讨论，它反映了罗马（及其他）笑文化的理论和历史。而在本书的第二部分，我们将重点关注罗马"笑话"中的关键人物和主题——从开着玩笑的演说家到可笑的猴子。

注　释

[1] Dio 73 (72). 18–21 完整地记述了这些场景（20. 2 中提到，向人群射箭的计划是对赫拉克勒斯击杀斯廷法罗斯湖怪鸟的模仿）；Hopkins & Beard 2005, 106–118 描述了对观众的安排和整个流程的惯例（包括这个场合）。

[2] Herodian 1. 15.

[3] Dio 73 (72). 21.

[4] 关于他的名字，见 Roxan 1985, no. 133；Gowing 1990。狄奥当时大

概不到四十岁，所以比我还要年轻一些。

[5] Dio 73 (72). 23（完成作品的时间表）；Millar 1964, 1–40。

[6] Dio 73 (72). 21。

[7] Carter 1992, 190. 这篇文章做出了一次出色的尝试，将 giggle 重新定义成了一种女性权力的机制（而不是"女孩"的轻浮的笑或是她们软弱的标志）。更多讨论详见本书第 256 页。

[8] *Anec. Graeca* 1. 271. Κιχλίζειν 的色情化意味和它与娼妓的关联在 Halliwell 2008, 491 收集的大量示例中体现得十分明确。但是实际上这个单词（以及它所表达的声音）比我们通常以为的更加复杂；比如，Herodas 7. 123 描述它为"比马的叫声还响"——这很难说是我们理解中的 giggle（尽管这里是拟声用法）。Jeffrey Henderson 1991, 147 则指出了它其他方面（色情意味）的联想意义。

[9] 希腊人不断说着重复的话：κἂν συχνοὶ παραχρῆμα ἐπ' αὐτῷ <u>γελάσαντες</u> ἀπηλλάγησαν τῷ ξίφει (<u>γέλως</u> γὰρ ἡμᾶς ἀλλ' ου λύπη ἔλαβεν), εἰ μὴ δάφνης φύλλα, ἃ ἐκ τοῦ στεφάνου εἶχον, αὐτός τε διέτραγον καὶ τοὺς ἄλλους τοὺς πλησίον μου καθημένους διατραγεῖν ἔπεισα, ἵν' εν τῇ τοῦ στόματος συνεχεῖ κινήσει τὸν τοῦ <u>γελᾶν</u> ἔλεγχον ἀποκρυψώμεθα（Dio 73 [72]. 21. 2）。在简略提及一个忍笑失败的故事时，亚里士多德（*Eth. Nic.* 7. 7, 1150b11）描写人们"爆发出了潮水般的笑声"（τὸν γέλωτα ἀθρόον ἐκκαγχάζουσιν）。

[10] Dio 9. 39. 狄奥尼修斯（Dionysius）对于同一事件的描述（*Ant. Rom.* 19. 5）也提到了他林敦人的笑声与大便，但是招来嘲讽的并不是使节们滑稽的衣着，而是他们糟糕的希腊语。狄奥还记载了另一个例子，他曾目睹有人用笑来回应皇权，见 74 (73). 16。

[11] 不过 J. R. Clarke (2003; 2007, 109–132) 十分大胆、乐观，他曾试着通过图像来了解那时"普通"人的笑；更多进一步讨论见本书第 90—94 页。

[12] Hopkins 1983, 17（黑体部分是笔者的改动）。

[13] Critchley 2005, 79.

[14] 在英语中,当我们说某事或某人很好笑(laughable)时,很难明确判断这句话指的是它(或他)"有能力博人一笑",或是它(或他)"滑稽"得让人觉得好笑。由于这个问题似乎格外重要,所以我用一个连字符进行了强调——laugh-able。拉丁语中 ridiculus 的意义更加模糊,本书第 171—172、201 页对此进行了讨论。

[15] τὴν δὲ κεφαλὴν τὴν ἑαυτοῦ σεσηρὼς ἐκίνησεν (Dio 73[72]. 21. 2). Halliwell 2008, 521, 533nn12-13 探讨了这个单词。

[16] Suetonius, *Calig.* 27;Seneca, *De ira* 2. 33;本书第 224 页对此进行了探讨。

[17] 这些段落谈及的针对笑的观点一般与米哈伊尔·巴赫金(Mikhail Bakhtin)有关;更多讨论见本书第 94—98 页。Critchley 2005 犀利地批评了巴赫金,我在这里也借用了他的看法;在此过程中,他(强硬地提出极权主义容不得一点笑声并)有力地宣扬了斯拉沃热·齐泽克(Slavoj Žižek)对翁贝托·埃科(Umberto Eco)所著的《玫瑰的名字》(*The Name of the Rose*)的批评,以及齐泽克(半认真半开玩笑)提出的一个观点:东方集团的极权政治本身就一直是一个"笑话";尤见 Žižek 1989, 28-30。不管其中有多少认真的成分,齐泽克都启发我们去思考笑与政治权力之间更加多样的互动关系。

[18] 斯塔比伊的圣马可庄园里有一幅壁画描绘的就是这一幕(Barbet & Miniero 1999, vol. 1, 211-212; vol. 2, plate 12. 4),而狄奥提到的赫拉克勒斯和斯廷法罗斯湖怪鸟(见本章第 1 条注释)也说明人们是从神话的角度来看这位皇帝的滑稽动作的。但是可能我们也不该过分延伸;事实上,珀耳修斯一手高举美杜莎的头颅一手挥剑的标准画像其实在很大程度上是文艺复兴的产物(主要灵感来源为矗立于佛罗伦萨领主广场的本韦努托·切利尼[Benvenuto Cellini]雕像)。

[19] 例如,Hopkins 1983, 16-17;Dunkle 2008, 241。

[20] 我们应当注意英语词组 laugh at(至少有)的两种含义。在语意比较

弱的情况下，"你在笑什么？"（"What are you laughing at？"）近乎等同于"你为什么在笑？"（"Why are you laughing？"）；这种情况下的答案可以是"我听到了笑话，所以笑了"。而在语意比较强的情况下，它表达的意思要更具攻击性一些；这种情况下的答案可以是"我在嘲笑康茂德"。它和拉丁语中"Quid rides"（"你笑什么"）的表意范围没什么不同（见本书第 14—15、18—19 页讨论泰伦斯作品的部分）。

[21] 关于罗马人嘲笑秃头者的故事，见本书第 82、221—222、239 页。

[22] Hekster 2002, 154-155 便注意到了狄奥表述的复杂含义。

[23] 罗马游戏（ludi）的历史和戏剧表演的发展中的细节十分复杂，而且从某种程度上来说还有些让人费解；见 F. H. Bernstein 1998；F. H. Bernstein 2011；Beard, North, and Price 1998, vol. 1, 40-41, 66-67；vol. 2, 137-144。Manuwald 2011, 41-55 回顾了戏剧表演的节庆背景。

[24] Beacham 1991, 56-85（关于舞台和演出的组织）；Manuwald 2011, 55-68（大母神神庙, 57）；Goldberg 1998（尤其涉及大母神神庙和公元前 2 世纪的喜剧表演）。

[25] Hunter 1985 对此给出了合理的介绍；Marshall 2006 收录了现代人对面具的讨论（126-158）；Manuwald 2011, 79-80 也有述及。关于笑剧中的面具及其他方面，见本书第 281—282 页。

[26] 这一点的根据是 Suetonius, *Poet.*, *Terence* 2 中不甚可靠的记载（而且我们得假设"重演"指的是第一版）。

[27] Barsby 1999 和 Brothers 2000 的讨论有助于我们对整部喜剧的理解。

[28]《附记》（*didascalia*）的另一个文稿版本把第一次表演归因于罗马大节（Barsby 1999, 78）——这（不幸地）排除了剧中阉人的角色与最初的表演场合存在直接联系的可能性。对大母神的信仰是一个复杂的混合，既有罗马的特色，也包含让人不安的外来元素（比如阉割）；关于这些表象和其他方面的复杂问题，见 Beard 1996。

[29] 格那托早在那之前（249-250）就已经展示过自己的虚伪了，他用双

关语暗指自己作为食客的人生，见本书第 121 页。

[30] 我对这句话（"Dolet dictum inprudenti adulescenti et libero", 430）的翻译参照了多那图斯的注解，以及时代更近一些的评论家与翻译家的解释（例如 Barsby 1999, 164）——他们认为格那托是在向那个罗得岛小子表示（虚假的）同情，以此来讨好特拉索。

[31] *TH.* una in convivio / erat hic, quem dico, Rhodius adulescentulus. / forte habui scortum: coepit ad id adludere / et me inridere. "quid ais" inquam homini "inpudens? / lepu' tute's, pulpamentum quaeris?" *GN.* hahahae. *TH.* quid est? *GN.* facete lepide laute nil supra. / tuomne, obsecro te, hoc dictum erat? vetu' credidi. *TH.* audieras? *GN.* saepe, et fertur in primis. *TH.* meumst. *GN.* dolet dictum inprudenti adulescenti et libero. *PA.* at te di perdant! *GN.* quid ille quaeso? *TH.* perditus: / risu omnes qui aderant emoriri. denique / metuebant omnes iam me. *GN.* haud iniuria.

[32] *TH.* ego hinc abeo: tu istanc opperire. *PA.* haud convenit / una ire cum amica imperatorem in via. *TH.* quid tibi ego multa dicam? domini similis es. *GN.* hahahae. *TH.* quid rides? *GN.* istuc quod dixti modo; / et illud de Rhodio dictum quom in mentem venit.

[33] 多那图斯的注解见 *Eun.* 426；欧格拉菲乌斯（Eugraphius）的注解见 *Eun.* 497。

[34] *GLK* 6. 447. 7（Marius Plotius Sacerdos）；另见 1. 419. 7（Diomedes, "hahahe"），3. 91. 3-4（Priscian, "ha ha hae"），4. 255. 31（[Probus], "hahahae"），6. 204. 23（Maximus Victorinus, "haha"）。文稿中微小的文本变化并不会改变它表达的主要意思（或声音）。要在罗马文本中分辨笑声是很复杂的，因为只要把粗重的送气声换成平顺的呼吸，原本的"哈哈哈"（ha ha ha）就会变成"啊啊啊！"（ah ah ah!）。Kidd 2011 探讨了罗马喜剧中可能出现了笑声的场景（并认为其中大多数是不成立的），该学者充分参考了先前的文献，其中最早的可以

追溯到古希腊罗马时代晚期和中世纪的评论家们的作品——这些人发现了吸气与否带来的问题。

[35] 17 世纪时有一位非常大胆的分类者，即"一个叫大马士革神父的意大利占星术士"，他试着将这些声音中的变体进行分类，将它们和不同的性情联系在一起："嗨嗨嗨"（hi hi hi）说明气质忧郁，"呵呵呵"（he he he）说明脾气暴躁，"哈哈哈"（ha ha ha）说明冷静淡漠，而"嚯嚯嚯"（ho ho ho）则说明笑的人是个急性子；引述于 *Dictionnaire universel françois et latin*, vol. 5 (Paris, 1743), 1081。Kidd 2011 一方面承认有些版本的"哈哈哈"（ha ha ha）在罗马也可能被用来表达笑，但同时也指出还有 αἰβοιβοῖ 和 ἰηῦ 这样的变体。

[36] 选自约翰逊的《考利传》(*Life of Cowley*)，初版于 1779—1781 年的一部作品全集中（方便起见，现可见 Lonsdale 2009, 33）；这句话其实夸大了，因为约翰逊指的不光是笑的声音，还包括笑的原因（这也是本书将要质疑的一个普泛化说法）。

[37] Fraenkel 1922, 43-45（2007, 32-35）给出了影响力最大的一种解读——"你自己是只兔子，你还想着找食儿"（语气再弱一些就是"Du suchst dir pulpamentum wie ein Hase"，即"你就像一只在找食儿的兔子"）——Fantham 1972, 80 沿用了这一解读，但是 Wright 1974, 25-27 舍弃了这种说法，并给出了令人信服的理由。

[38] Barsby 1999, 163. 我强调了"多那图斯的解读"，是因为我们今天看到的他的注解内容非常混杂，其中既包括多那图斯自己的观点，也包括他汇编的早期学者对这些戏剧的看法，同时还包括流传过程中后来补充的内容和评注（Barsby 2000; Victor 2013, 353-358）。

[39] "Vel quod a physicis dicatur incerti sexus esse", Donatus, *Eun.* 426. Frangoulidis 1994 从更广泛的层面展现了特拉索和格那托对话的主题是怎样预示后面的场景的。

[40] Cicero, *De or.* 2. 217；见本书第 41—42 页。

[41] Freud 1960 [1905]；他对"置换"（displacement, 86-93）一词的分析

似乎与此尤为相关。乖讹的观点是"普通言语幽默理论"（GTVH）等学说的一大特点，最早在 Attardo & Raskin 1991 和 Attardo 1994 中提出。他们强调了解释的困境与困境化解的顺序是怎样构建出一个笑话的，不过他们的说明方式比我的粗略总结要细致得多。

[42] 关于弗洛伊德和笑的肉体性，见本书第 55—56 页。

[43] SHA, *Carus, Carinus, Numerianus* 13.3-5.

[44] 这部戏剧可能有比其时间更早的希腊前身，见本书第 146—148 页。

[45] 见本书第 4—5 页。

[46] Festus, p. 228L; Diogenes Laertius 7.185. 更多事例与讨论见本书第 292—295 页。

[47] 有趣的是，多那图斯（*Eun.* 497）在探讨特拉索的问题（"你笑什么？"）和整段对话的内容时，基于的是这位士兵的心态——他想听到食客吹捧自己风趣机智（427）。尽管多那图斯在注解中也分析了帕尔墨诺的笑话中的包袱和对特拉索地位的夸大（495），但他并不认为这一点可能是让格那托"哈哈哈"大笑的原因。

[48] Goldhill 2006 也讨论了这些问题；相反，Bakhtin 1986, 135 提出（至少在狂欢式的笑中）"笑只会将人们联系起来"（更进一步的讨论见本书第 95—98 页）。Billig 对笑与"不笑"的强调（2005, 175-199）也有助于理解这里的讨论。

[49] Sharrock 2009, 163-249 讨论了"老掉牙的笑话"中的其他方面（还在 164-165 细致地分析了这段对话）。总体来看，近来对古代与现代的笑的讨论，都很容易淡化它可习得、可练习或者可以形成习惯的特点。

[50] 这种有关笑的自反性的观点是 Halliwell 2008 中的一大主题。

[51] 这些例子选自近来《阉奴》的出色译本，包括：Radice 1976, Brothers 2000 和 Barsby 2001。我们可以在 Nixon 1916-1938（洛布古典丛书中普劳图斯作品的译本）中找到许多译者额外注明的"笑"（从"微笑着"到"让他忍俊不禁"）。

[52] 这里使用了含混的"十多处",因为校订的内容也可以添加到总数中:Plautus, *Poen.* 768、*Pseud.* 946, 1052、*Truculentus* 209,以及人们猜测的 *Mil.* 1073;Terence, *An.* 754、*Haut.* 886、*Hec.* 862、*Phorm.* 411 以及 *Eun.* 426, 497。恩尼乌斯的作品片段在 Varro, *Ling.* 7. 93 中得到引述(= Ennius, frag. 370 Jocelyn;*ROL*1, Ennius, unassigned fragments 399);提到的盾牌让人们产生了一个(没什么必要的)假设,即原作是一部悲剧。我在统计的时候并没有把《抱怨者》(*Querolus*,普劳图斯《一坛金子》[*Aulularia*]的一个不具名版本,大概完成于公元 5 世纪初)中出现的九次"哈哈嗨"(hahahe)和文法学家们的评注算进来。但是它们并不会对结论产生显著的影响。

[53] 其余的笑则表达了其他的情绪。比如 Plautus, *Pseud.* 946 中的怀疑,或者 *Truculentus* 209 中的宽慰,还有 *Pseud.* 1052 中的笑。这些促使 Enk(1953, vol. 2, 57-58)等人认为"(哈)哈哈"[(ha) hahae]的声音只是在呼气,即它在拉丁语中相当于英语里的 phew(咻)——这是学者在使罗马的笑正常化时的一次经典尝试。

[54] 这一点被英国媒体广为报道:如《每日邮报》(www.dailymail.co.uk/news/article-1085403/Jim-Bowen-brings-worlds-oldest-joke-book-London-stage—reveals-ancestor-Monty-Pythons-Dead-Parrot.html)和 BBC(http://news.bbc.co.uk/2/hi/7725079.stm)。

第一部分

第二章

与笑有关的疑问：古代与现代

"笑"的理论

马尔库斯·图利乌斯·西塞罗（Marcus Tullius Cicero）是罗马时代最负盛名的演说家（也是个出了名爱乱开玩笑的人），他一直都很好奇笑的本质。"它是什么？"他问道，"什么会惹人发笑？为什么它会一下子影响到身体的这么多部位？我们为什么没法管住自己的笑？"但是他知道，这些问题都是很难说清楚的，而且他也乐于承认自己的无知。"这没什么丢人的，"公元前1世纪50年代中期时，他在著述《论演说家》（*On the Orator*）中解释道，"我们不知道的这些东西，连那些自封为专家的人也没搞明白呢。"[1]

他并不是唯一一个这样想的人。几个世纪之后，著作等身的医学作家盖伦（Galen）——他同时也是罗马皇帝马尔库斯·奥勒留（Marcus Aurelius）和康茂德等人的私人医生——承认，他也很疑惑人们发笑的生理原理。在盖伦撰写的《论人的可疑动作》（*On Problematical*

Movements）一文中，他认为自己可以解释其他的无意识动作。举个例子，想象力可以用来解释为什么一个男人一看见（或者只是想到）自己的爱人就会勃起。但是他却痛快地坦陈，自己没法对笑给出解释。[2]

在过去的两千多年里，笑一直是一个让人捉摸不透但又着迷不已的话题。许多人就笑的本质和成因创立了颇为恢弘的理论，也提出了很多有独创性的猜想，但他们都不约而同地认为，要想解决这一疑惑是不可能的。除了个人发笑的特殊诱因外（"Why are you laughing？"或"Quid rides？"），我们还需要对笑的现象给出解释，不过之前的解释似乎都被一一推翻了。事实上，关于笑的这些理论越恢弘，那些试图控制、梳理、解释它的人就会败得越难看。

要想研究古罗马的"笑学"，我们就要思考罗马人发笑的时机、原因和方式，还有他们是怎样试着去理解笑的，他们（至少那些有闲情去思考和写作的人）认为笑是什么，以及什么会让人发笑。因此，本章开篇将介绍罗马时期一些关于笑的理论，以及这些观点的部分源头。当他们想要解释自己为什么笑时，他们关注的是什么？亚里士多德的思考（尤其是他在失传的第二卷《诗学》[Poetics] 中对喜剧的探讨）真的是这一问题的滥觞吗？那时到底有没有所谓的"关于笑的古典理论"？

随后，本章将转而介绍关于笑的现代理论，同时也会指明它们与古代理论之间的关系——现代几乎所有与笑有关的社会和心理学理论都能在古希腊和罗马时代找到先例（在这里不包括神经科学）。但是，本章还要涉及一些更为基本的问题。当我们试图解释笑时，古今中外有哪些资源可以供我们使用？笑的理论还有怎样更为广泛的文化宗旨？当我们提出"狗会笑吗"这样的问题时，我们想要表达什么？我敢保证，这样的问题通常和狗无关。

但在此之前，我们要了解罗马人关于笑的那些五花八门的猜想，首先便从《自然史》（Natural History）谈起——这部包罗万象的百科全书是盖乌斯·普林尼·塞孔杜斯（Gaius Plinius Secundus，如今常被称为老普林尼）的著作，这位执着的罗马博学家在书中零散地记录下了一些笑的理论和观点。

罗马人的问题和我们的问题

老普林尼对笑的现象很感兴趣——事实上，他对世界上几乎所有的事物都充满着强烈的好奇心。（从某种意义上来说，正是这种对科学的好奇心害死了他——公元 79 年，老普林尼在维苏威火山爆发时离它喷出的毒气太近，不幸因此殒命。）《自然史》全书共三十七卷，老普林尼自己夸口说里面记载了"两万件人们有必要知晓的事情"，在书中，他多次谈及笑的问题：婴儿从几岁开始笑的？笑发端于人体中的哪个部位？当你挠别人的胳肢窝时，他们为什么会笑？[3]

这些问题都是我们足够熟悉的，而且它们直到现在还在困扰着研究笑的现代学生们。与之相比，老普林尼针对这些问题给出的答案就有些陌生了。他满怀自信地告诉读者，婴儿在四十天大的时候才开始笑，这其中的特例是琐罗亚斯德（Zoroaster）——这位波斯（现伊朗）的先知在诞生的当天就笑了——这想必就是他天赋异禀的标志。[4] 老普林尼还找到了人体中负责笑的器官，其中之一是膈，他将其称作"愉悦感的主要部位"（paecipua hilaritatis sedes）。他解释说，人在胳肢窝被挠到时会笑，这便证实了膈在人们发笑时的重要作用。在老普林尼的人体解剖学框架中，膈可以延伸至隔膜的位置；胳肢窝的"皮肤比身体其他部分的皮肤更为细嫩"，所以当那里被挠到的时候，就会直接刺激到膈，进而使人发笑。[5] 不过，脾也在这一过程中发挥着作用。起码，"有些人认为，如果人的脾被切除（或缩小），那么这个人便丧失了笑的能力；同理，如果一个人笑得过度,那是因为他的脾脏比较大"。[6]

在老普林尼的这部百科全书里,我们还能看到各种和笑有关的精彩故事——这些故事都是用一本正经的口吻记载下来的,尽管在我们看来多少有些古怪。比如,书里记载了克拉苏(Crassus,他的孙子便是名气更大的马尔库斯·利基尼乌斯·克拉苏[Marcus Licinius Crassus],后者于公元前53年在卡莱战役中阵亡)的一件奇闻:"人人都说",他这人一辈子都没有笑过。从他的故事开始,人们讨论起了那些奇怪的生理特性:脸上总是挂着同一副表情、似乎永远没有喜怒哀乐的苏格拉底,从来没有吐过唾沫的安东尼娅(Antonia,马尔库斯·安东尼[Mark Antony]的女儿),以及曾做过执政官的诗人蓬波尼乌斯(Pomponius)——他从没打过嗝。[7]

植物和其他自然界事物也在书中的故事里占据着一席之地。老普林尼介绍了一种叫作"笑叶"(gelotophyllis)的神奇植物,它生长在如今位于阿富汗和乌兹别克斯坦交界处的巴克特里亚地区,在波里昔尼斯河(即现在的第聂伯河)岸边上也见得到。如果人们就着没药和酒把这种植物吃下去的话,就会产生幻觉和想笑的愉悦感;在这种情况下,唯一的解药便是"就着混有胡椒粉和蜂蜜的棕榈酒,吃一点松仁"。"笑叶"真的像某些现代读者设想的那样,是一种大麻类植物吗?又或者,就像一本词典里解释的那样,它"可能只是一种毛茛"而已?[8]

老普林尼还提到了两潭奇特的泉水:哭泉(Claeon)和笑泉(Gelon)。它们都在东罗马帝国境内,也就是今天的土耳其中部地区。他解释说,这两潭泉水之所以用这两个希腊单词命名,是因为它们能让喝下泉水的人产生想哭和想笑的感觉。泉水和古代历史中的笑有着密切的关系。举个例子,和老普林尼同时代的罗马地理学家蓬波尼乌斯·梅拉(Pomponius Mela)也提到了"福岛"(可能就是今天的加那利群岛)上的两潭泉水:一潭泉水能让你活活笑死;幸运的是,另一潭泉水便是解药。不过,让威廉·拉姆齐爵士（Sir William Ramsay）念念不忘的是老普林尼记载下来的那个版本的故事。这个来自阿伯丁郡的苏格兰人很是勇敢，他19世纪晚期时就在小亚细亚一带探险。他对上面这个故事信以为真，甚至还尝试在弗里吉亚的乡村地区找到这两潭泉水。1891年，他在下定这个决心之后，写道，"我要尝遍阿帕梅亚的每一口泉水"。就这样，他发现了两潭刚好符合条件的泉水——只不过奇怪的是，他的评判依据似乎是这些泉水发出的声音（"当'笑泉'潺潺流动时，我们能听到那明朗、清脆、欢快的水声……只要是去了那里、听到了声音的人，没有一个会怀疑这两潭泉水的身份"）。不过，普林尼所指的却是泉水的功效：一个能让你开怀大笑，另一个能让你哭啼不止。[9]

普林尼的信息源并不总是那么清楚。有时，他的信息仅仅来自个人的观察和询问（这种情况发生得可能比现代评论家们认为的还要频繁）。几乎可以肯定，当他在阐释膈在人发笑时起到了怎样的作用时，其中一部分论断便是如此产生的。而且，在这一部分结束时，他还就挠胳肢窝的现象提出了一种更加恐怖的观点。他认为，不管是在战场上还是在角斗场上，当膈被刺破（而非简单的划伤）时，人就会死掉——而且还是不停地笑着死去的。膈上的创伤会使得受伤的士兵们大笑——这种说法在希腊的科学文献中由来已久，最早可以追溯到公元前4世纪。不过，也有可能是普林尼基于自己在罗马斗兽场当观众的经验，才把角斗士们的死和笑联系了起来。[10]

但是总体而言，普林尼很自豪自己能从先前的文献中广泛搜罗信息。正因如此，他才会在《自然史》的开头坚称，自己在编纂书中的两万多条材料时，参考了一百多位权威的两千多本著作；除此之外，他还一条条地列出了自己在每一卷中具体参考了哪些书籍。[11] 在极少数情况下，我们也或多或少能够发现他书中与笑有关的素材来自何处。比如，"笑泉"和"哭泉"的故事很有可能引自公元前4世纪的希腊科学家、哲学家、亚里士多德的学生泰奥弗拉斯托斯（Theophrastus），或者起码也是直接从同一地区另一潭奇特泉水的故事延伸而来的（这潭泉水能够"往外抛出许多石头"），而且普林尼也明明白白地表明此处参考了泰奥弗拉斯托斯的说法。[12] 尽管就多数情况而言，那些素材都只是普林尼对所引用的猜想，又或者是他从古希腊和罗马对于笑的各种说法中推理出来的结果，普林尼还是努力地四处搜罗相关的理论或信息。问题的关键在于找出相似之处，以及发现其中的联系所在。那么比如，根据它们与亚里士多德在公元前4世纪写下的作品《论动物部分》（Parts of Animals）之间的相似之处来判断，普林尼对于膈在人类发笑机制中的作用的许多观点（角斗士的问题除外）几乎都能追溯到亚里士多德或他的某位追随者身上。[13]

关于笑的各种猜测数量很多，也很是繁杂，在罗马尤为如此——这是因为，罗马的作家们会借鉴古典时代和希腊化时代的先人们的观点，改进、修改他们的理论，然后再自己加入一些罗马风格鲜明的元素进去。尽管我们暂且不谈他们是如何看待玩笑和笑涉及的伦理问题的（即什么时候笑、笑什么、因为什么笑才合宜的问题），普林尼的论述也只能让我们对罗马人关于笑的原因和特征的看法上有些许了解，包括我们前面已经提及的他们对于困惑的直白表达，以及更加巧妙、考究的立论。

盖伦可能已经放弃寻找笑的生理根源了。但是，他还是针对猿类和猴子的滑稽天性提出了大量学说。我们在第七章将会看到，这些动物往往总能让罗马人哄堂大笑，而盖伦很了解这些动物，原因很简单——他的许多解剖学和生理学理论都是以解剖猿类为基础的，毕竟那时人体解剖既不可能也不被接受。他认为，人们因动物发笑其实是在笑它们的模仿。"我们所笑的，"他写道，"主要是它们的模仿。这些模仿在大部分方面都（与我们）高度相似，但是在最重要的几个方面却错得一塌糊涂。"所以盖伦觉得，我们之所以笑猿类，就是因为它们在滑稽地模仿人类：

比如说，它的"手"无论从哪方面来看和我们的手都挺像的，除了最重要的一点——猿类的大拇指指端无法跟其他手指的指端碰到一起，所以它们的手既无用又"可笑至极"（pantē geloios）。盖伦所探讨的是什么使得某样东西看起来好笑，这样的思考在古代是很少见的。[14]

其他人对此则有不同的看法。2 世纪早期时，普鲁塔克（Plutarch）曾探讨过笑和玩笑在晚宴上的作用，并对笑的社会决定条件加以强调。他坚称，人们在笑什么，其实取决于他们和谁在一起（你可能会和朋友们一起因为一个笑话哄堂大笑，但若身边是你的父亲或妻子，你反而会觉得这个笑话根本听不下去）。此外，他还解释了社会等级是怎样影响人们的笑的。一个笑话的成功与否取决于说笑话的人是谁：如果一个出身卑微的人拿另一个人的出身开玩笑，人们会报之一笑；但如果是个贵族开了同样的玩笑，人们则会把他的话当成是羞辱。[15]

人们为什么会在听到笑话时开怀大笑呢？古罗马的许多文法理论家曾提出或回答过这一问题，西塞罗也在其列。在对话体著作《论演说家》一书中，西塞罗回避了笑的本质等基本问题，而是借某一部分的主角尤利乌斯·恺撒·斯特拉博（Julius Caesar Strabo）之口，转而探讨一个演说家可以如何利用笑，以及探讨什么能够引来大笑及其原因。他这样写道："那些话能用一种适宜的方式强调、指出某些不适宜的东西，这便是人们发笑的主要原因——如果不是唯一原因的话。"一百多年后的昆体良（Quintilian）则表达得更犀利一些，他认为"笑和嘲弄其实差不了多少"（用拉丁语来表达可能更清楚一些："a derisu non procul abest risus"）。[16] 但是西塞罗随后在这本对话体著作中做出的研究比这段总结更多样，也更微妙（昆体良在探讨演说术的著作中也有类似的研究）。在分析玩笑中的修辞时，西塞罗指出了所有可能会引起大笑的特征——从模仿和"做鬼脸"，到出乎意料和"乖讹"的事物（discrepantia）。[17] 在对笑的现代研究中，有这样一种老套的说法：分析笑话是最没意思的事情了。西塞罗是迄今发现的最早提出类似看法的人。在他的书中，恺撒说道："我认为，一个人讨论任何话题都比他讨论风趣显得和气，就算他并不是个榆木疙瘩也一样。"[18]

古罗马的这些理论和观点让我们进入了一个有趣的知识真空地带，一边是烂熟于心的事物，一边是陌生得让人不安的问题——打个比方，一边是"什么会让人笑？"的简单问题（谁没问过这样的问题？），一边则是那些关于奇妙泉水和活动过度的脾的神秘传说。然而就算是这样，这种对比的稳定性仍然比我们一开始设想的还要差。某种程度而言，这也说明了那些耳熟能详的观点多不可靠、多有欺骗性。西塞罗在书中提到，"乖讹"（从拉丁语中 discrepantia 一词翻译而来）是笑的一个起因，那么，他的说法和我们之后将稍作探讨的现代"乖讹论"有多相近呢？或者，如果我们把普林尼记载的"笑叶"看作大麻（现代人认为大麻是一种可以让人傻笑的化学物质），而不是按照词典里的含义把它看作毛茛（一般不认为它有能让任何人发笑的特性），普林尼的看法会不会显得更熟悉、更可靠呢？[19] 但是，古人的这些夸张而又难以置信的观点可能会促使我们重新审视自己的某些科学"真理"——而这一过程可能更加让人不安。到底什么才能合理地解释我们笑的原因呢？现代神经科学中的一个理论认为，人体中负责笑的区域位于大脑左额叶"辅助运动区的前部"——到头来，同普林尼关于膈和脾的疯狂设想相比，这种说法更可信，或者至少更有用吗？[20]

亚里士多德和"笑的古典理论"

古罗马关于笑及其起因的说法门类林立。但令人惊讶的是，现代研究往往会采用单数，将它们统称为"笑的古典理论"。这一理论当然和亚里士多德有关，甚至现代对于笑的研究也脱离不了他的深远影响——据说他是第一个对这个问题进行系统分析的人，也是他正式阐述了两个主要观点（尽管这些观点并不是他首先提出的[21]）。第一个观点是，人是唯一一种会笑的动物；或者说得再绝对一点，笑是人类独有的（也就是说，人可以被定义为"会笑的动物"）。第二个观点则是，笑从本质上来说带有嘲弄之意，它是人们在表达自己在面对被笑之人的优越感或不屑。后来的学者们往往都认为，古人对于笑的各种看法其实或多或少地都在遵循亚里士多德和他的追随者，也就是他建立的"逍遥学派"（Peripatetic school）创立的传统。[22]事实上，古典学者在研究关于笑的古罗马文献时，也常会从亚里士多德和逍遥学派其他学者（主要是泰奥弗拉斯托斯和法勒鲁姆的德米特里[Demetrius of Phalerum]）的著作中寻找它们的直接来源。[23]

既然如此，是否古人对笑的所有分析都可以称为"对亚里士多德的脚注"呢？[24]在更进一步了解古罗马的作者们就这个话题发表了哪些观点之前，我们需要先辩证、详尽地分析亚里士多德对笑（及与其相关）的理论所做的贡献，同时还应思考他的学说有多清晰、多有体系。这一过程可能会涉及一些观点，它们牵扯到那部堪称最著名的"失传之作"，即《诗学》的第二卷。《诗学》的第一卷探索了悲剧的本质（书中提出了许多关于宣泄、遗憾和恐惧的著名论断），所以人们推测亚里士多德在第二卷里讨论了喜剧的话题。

我这样说，并不是认为亚里士多德关于笑的著作没有影响到古罗马的学说。就古罗马的作者们而言，他们在围绕科学、修辞和文化等话题撰写著述时，无疑是借鉴了亚里士多德学派的先人们的观点的。其实我注意到，普林尼在《自然史》里也将泰奥弗拉斯托斯引为权威之一，而且他在探讨膈对于笑的作用时，似乎也反映了亚里士多德的某些观点。现在普遍认为，从我们目前已经修复的古籍来看，亚里士多德关于笑的著作代表着一种系统的理论立场,即我们所说的"笑的古典理论"。然而事实上,这种说法把问题过分简化了。或者再直接一点,这种说法根本就是错误的。其实,亚里士多德有许多常被引用的"经典"名言都只是些离题话而已,并不能形成一个完善的理论体系——尽管它们无论哪个单拿出来都很有意思、富有哲理。人们总是乐观地夸大了亚里士多德在"笑的理论"方面的影响,然而就算是《诗学》早已失传的第二卷也无法为此提供佐证,无论这本书就喜剧剧场里笑的性质、成因和其中蕴含的伦理性发表了何等箴言。

《诗学》的第二卷讨论的是古典学说中最具争议性的问题之一(或者说是古典学说中的"圣杯"),而且它已经被极度神秘化了。有些不走寻常路的人认为它根本就不存在;[25]还有更多人则对书中的内容好奇不已,还讨论起修复的问题来。最让人津津乐道的是,它在现代的一部畅销小说里还扮演了重要角色:《玫瑰的名字》是一部构思精妙的神秘小说,作者翁贝托·埃科在书中再现了这本失传之作当初是怎样被毁掉的;与此同时,这本书还展现了笑的力量——它可以作为反抗专制权威的武器,让人们得到解放、得到对抗极权的勇气。故事的高潮来临之时,在那间凶案屡起的中世纪修道院被火焰吞噬之前,那个痛恨笑的图书馆员将这部亚氏著作的最后一个手抄本付之一炬。[26]

埃科的小说一方面展现了中世纪的教会权威对于笑的恶感,另一方面也体现了许多学习古代和现代文化的人们的一个观点,那就是亚里士多德的《诗学》第二卷很可能便是"笑的古典学说"中缺失的一环。昆廷·斯金纳(Quentin Skinner)也曾试着解释为什么古希腊的雕像很少出现微笑的表情,他也说:"很奇怪,对于古希腊人来说,那种善意的笑似乎是一种完全陌生的概念。亚里士多德关于喜剧的著作竟然遗失了,这真的太可惜了,因为**他肯定给出了解释**。"[27]

也有一些人认为,这本书可能并不像人们想象得那样完全无迹可寻。

透过亚里士多德的其他作品，我们也可以猜测书里说了些什么。更有甚者，在二十多年前，理查德·扬科（Richard Janko）大胆地重提了更久之前的一个观点，即一篇名叫《喜剧论纲》(*Tractatus Coislinianus*) 的短篇论著（被收录在 10 世纪的一个手抄本中，目前保存在巴黎）其实是对《诗学》第二卷的框架总结。若果真如此，这便证明了这本书的确是针对喜剧的文体分析，同时它也讨论了（喜剧中）笑的起因，这涵盖了言语和举止两大方面，比如"利用粗俗的舞蹈"，或者"有权自行选择的人因小失大"的场景。[28]

不过这一立论的拥护者一直都寥寥无几：主流观点认为，《喜剧论纲》是一篇混乱的平庸之作，其作者可能是拜占庭人，文中充其量只保留了亚氏思想的些许痕迹，而且它们大多是几易转述、经过加工的。[29] 不过不管怎么说，最重要的问题在于，这本失传之作是不是真的记载了古代贤人对于笑的见解——以及是否就像斯金纳所说的那样，它对让我们倍感好奇的希腊笑声之谜，以及与之相关的各种理论，"肯定给出了解释"。现在并没有明确的迹象能够佐证这一判断，甚至有些说法已经表明事实并非如此。迈克尔·西尔克（Michael Silk）一直都竭力否认亚里士多德对于古代的笑的影响——借用他的刻薄之言来说，为什么"亚里士多德学派对于笑的妙语箴言"会失传，继而又被"后来的古代哲人们彻底无视"呢？尽管这可能看似有些让人沮丧，但西尔克断定，"亚里士多德关于笑的全部或大部分言论其实都很浮皮潦草——或许《喜剧论纲》已经体现出了这一点——而且被人们忽略的也并不是什么金玉良言"。[30]

谁知道呢。这般干脆的摒弃可能对亚里士多德并不公平。但是我们很难不得出这样一个结论，那就是，正是《诗学》第二卷的失传（当然是在这卷著作真实存在的前提下）促成了它在现代的名声，也夸大了它在古代的影响力。我们所面对的其实是两个因素的共同发力：一方面是我们自己对那些遍寻不着的书卷倾注了许多心血；另一方面，我们也得承认,因为没有任何确凿的证据,我们就能更轻易地按照自己的意图来重建亚里士多德的学说。其实,就像西尔克所说的那样,很可能《诗学》中的"喜剧理论"主要归功于现代亚氏拥趸们的创造热情,而非亚氏本人的观点与思想。事实就是,它们的确无迹可寻。[31]

当我们把目光转向现存的亚里士多德对于笑的言论时,也会产生和一贯看法截然不同的印象,而且更多是感受到其杂糅性。这些言论中有许多关于笑的见解,但是没有任何与笑的理论沾边的东西——毕竟理论得有一个合乎逻辑的解释模型,一个明确的方法论,还得有一套针对主题提出的论点。亚里士多德确实针对其他话题提出了强有力而又成体系的理论框架,但是并没有任何迹象表明他在笑的问题上也这样做到了。[32] 在亚氏就笑的问题提出的见解中,最长的一篇被收录在《尼各马可伦理学》(Nicomachean Ethics)里,其在这本书的现代版本中占据了几页篇幅;在这篇文章中,他像往常一样,依然专注于找到介于两个极端之间的良性中道。言辞巧妙或诙谐(eutrapelos)是"自由人"(eleutheros,英语中一般将其拙劣地译为"gentleman",即"绅士")的优秀品性。过度的玩笑是丑角(bōmolochos)的标志,不苟言笑则是粗人(agroikos)的标志:这两种情况都要避免。[33] 不过,我们所谈论的"笑的古典理论"中的两点主要内容是在别处找到的。

人类是唯一会笑的动物——亚里士多德在探讨人体的问题(尤其是关于膈的作用)时,提出了这样一条补充论断。在一段迂回曲折的论述中,他断言道:"人们之所以怕被挠痒,主要有两个原因:一是他们的皮肤十分细嫩,二是他们是唯一一种会笑的活物。"但这句话并不意味着笑是人类独一无二的属性。尽管传统的观点认为他这方面的"理论"中的确有如此论调,但他确实并未将人定义为"会笑的动物"。[34]

另一个论点则更为复杂:笑是嘲弄的一种形式,也是傲慢的一种表现。这一观点有一部分来自《尼各马可伦理学》中亚里士多德的论述：在书中，他将几种形式的玩笑（skōmma）称作"一种辱骂"，或者"指责"（loidorēma ti）[35]。不过在广为流传的版本中，这一观点主要来自两本著作集中的两篇文章。第一本就是幸存下来的《诗学》第一卷，他在里面顺带提了一提喜剧的话题："有一种人，他们比我们差一点，不过也不是差得无可救药，只是有让我们看不起的地方——他们也属于那种丑陋/可耻之人(tou aischrou)。我们所笑的，是他们身上某种并不会产生痛苦或伤害的毛病和丑陋/羞耻（aischos）。比如一个滑稽的面具（geloion prosōpon，字面的意思为一张'可笑的脸'）——很丑（aischron），也很扭曲，但并不会带来痛苦。"[36] 人们常把亚里士多德的这篇文章和他在《修辞学》（Rhetoric）中的一篇文章放在一起看。在后者中，他分析了演说家的潜在听众中不同群体所具有的特点（因为如果不了解自己的听众，这个演说家就无法成功地说服他们）。亚里士多德解释道，年轻人比较善变、富有激情、很爱争论，也很有原则；而且，"他们很爱笑，所以也很风趣（eutrapeloi）。因为风趣其实就是有教养的傲慢（pepaidumenē hubris）。"[37]

我们不知道该怎么翻译这些文章，亚里士多德想要借此表达的观点也同样不得而知。上文从《诗学》里节选的这一关键部分带来了各种各样的疑问：可笑的究竟是什么样的毛病——道德上的还是身体上的（是羞耻抑或丑陋）？亚里士多德考虑的是谁的痛苦（或不痛苦）？对于舞台下的笑来说，这里对喜剧的讨论意味着什么？[38] 而《修辞学》里的那篇文章就更让人摸不着头脑了，这主要是因为他在文中用到了奇怪的矛盾措辞，或者说开了个奇怪的"玩笑"——就是"有教养的傲慢"这一句。就像评论家们常说的那样，hubris（这个词可以指"过度"、"愤怒"、"暴力"或"强奸"）是不可能体现出"有教养"的，但是 pepaidumenē 的词根"paid-"表意就有些模糊，它既有"教育"之意，也可以指"稚气"或"嬉闹"。[39] 那么，除了想表现自己很风趣之外，亚里士多德对于风趣的问题还有什么要说的呢?

不过,他没有说什么倒是显得更清楚一些。首先,文中关于嘲弄的内容比人们预想的要少许多。的确,我们可以发挥创造力,把他对风趣的定义翻译为"有教养的辱骂",但是他在《诗学》中的论述很明显是排除了"痛苦"的含义的——虽然他声称笑的对象"身上有某些毛病",表露出了嘲弄之意;不过尽管如此,也仍然不能说明他认为笑就是"嘲笑"。[40]

其次,尽管有些段落的确讨论了揶揄引发的笑(或者以牺牲他人为代价的笑),但亚里士多德并未表明这就是笑的唯一原因、功能或者语体。如果他真的这样认为的话,那说明他根本就没有读懂希腊文学与文化,因为其中记载了许多"善意的笑"(这与斯金纳的说法相反,因为他认为这对希腊人来说是一种完全"陌生"的概念。)。[41] 事实上,在《修辞学》的另一篇文章中,亚里士多德明明白白地将笑与可笑之物归入"令人愉悦的事物"之列。不管他这样做用意何在,似乎都与嘲笑相关的观点互不相容,所以,后来编纂这本书的几位编者都拒绝将这一部分加入到后世版本中——这并非亚里士多德本人所为。[42]

事实上,亚里士多德本人与笑有关的论点数不胜数,所以并不一定都是彼此一致的。6世纪时,有人为波斐利(Porphyry)的一本哲学书《导论》(*The Introduction*)作了一篇注解,其中甚至声称亚里士多德在《动物志》(*History of Animals*)中提出人并不是唯一一种会笑的动物:鹭也会笑。不管这话真假与否(目前幸存的亚氏文本中并没有找到关于鹭也会笑的记载),亚里士多德的确从多个不同的角度审视了这个问题,但他的观点不能被精简或升华为一套"笑的古典理论"。[43]

同样值得一提的是,就笑这一话题而言,亚里士多德提出的各种学说与后来罗马人的论著之间的关系几乎比人们预想的还要疏松。罗马的理论家们并没有把亚里士多德说过的话奉为金科玉律,也没有把亚里士多德的亲密追随者的作品当作不刊之论。这么一来，我们遭受的损失就远远不止《诗学》第二卷的失传了。在逍遥学派弟子的论著中，几乎所有成书于公元前4世纪到2世纪的关键作品都没能保存下来，只留下了只言片语和一些有争议的标题。因此，我们便无从证明它们并不是罗马文本中的某个观点的滥觞。不过种种迹象均表明，在探讨早先希腊哲思的论著中，罗马人加入了不少自己的想法——不单单是笑的话题，其他领域也同样如此。甚至，笑是人的一种属性的说法也很可能是罗马的文人们创造出来的，只是因为亚里士多德几近于信口说了句"人是唯一会笑的动物"（撇开鹭的事情不谈）。不管怎么说，我们总能在罗马帝国时期的文人论著中看到这一理论，而它在更早的幸存文献中却从未出现过。

比如，波斐利曾在3世纪用希腊文写道："即使一个人并不总是在笑，人们也会说他在笑——不是说他一直在笑，而是指他本质上是会笑的。这是他固有的性质，就像马会嘶鸣一样。而且他们认为这些都是严格意义上的属性，因为它们是可以转化的：如果这是一匹马，那它一定会嘶鸣；如果这个东西会嘶鸣，那它一定是一匹马。"波斐利的意思其实是：如果是人，就一定会笑；如果会笑，就一定是人。[44] 出于一些显而易见的原因，这在早期基督教神学的争议中演变出了一大堆观点：如果人们知道耶稣会笑的话，这将对如何界定他的身份（神或是人）产生重大影响。事实上，在埃科的《玫瑰的名字》一书中，修道士们因为这一问题产生了分歧而争吵不休：耶稣到底会不会笑？[45]

从更笼统的角度来说，罗马人对笑的探讨与现存文献中的亚氏理论很少有完全一致的地方。比如毋庸置疑的是，普林尼关于挠痒的观点从广义上来说是与亚里士多德一脉相承的，因为他也将重点放在膈在人发笑时的作用。但同样让人无法辩驳的是，普林尼的说法与《论动物部分》中对挠痒的描述大相径庭：普林尼认为人发笑的原因是膈受到了直接刺激，而亚里士多德则提出其实是这种刺激产生的热量让人发笑的。此外，关于婴儿的第一次笑，普林尼和亚里士多德的观点也不尽相同（普林尼认为婴儿直到四十天大时才会笑，而亚里士多德则相信婴儿在睡着时会出现笑和哭的反应），而且琐罗亚斯德的故事也一定是普林尼从别处听来的，因为这个传说也出现在伊朗的文献中。如果非要说普林尼的所有衍生观点都来自亚里士多德的某位逍遥学派弟子，这也不过是一厢情愿的想法罢了。[46]

西塞罗在对话体著作《论演说家》中对笑的见解也如出一辙。文中有一些观点几乎可以肯定是沿袭了亚里士多德的说法（比如，亚里士多德也曾指出"乖讹"是让人发笑的一个原因[47]）。但近来对这本书的研究发现，其中没有多少观点取自法勒鲁姆的德米特里（及其十分神秘、现在可能已经失传的论著《论可笑》[On the Laughable]），而滥觞于罗马的元素、话题和理论却比人们预想的要多很多。事实上，西塞罗在书中探讨了几组概念的区别，其中"贯穿始终的幽默"（cavillatio）和"个别的诙谐之言"（dicacitas）之间的区别构成了全书的论述体系，但这一点似乎与我们能找到（或者能复原出）的早期希腊的相关文献并无关系：就像伊莱恩·范瑟姆（Elaine Fantham）说的那样，这只是"老式的罗马词汇"造就了"它们在罗马语中的不同"。[48]

在第四章，我还会从理论和实际两方面入手，再次探讨希腊的笑与罗马的笑之间的关系。这里我要强调两条原则，它们将贯穿后文。第一，"亚里士多德关于笑的理论"子虚乌有，或者至少从严格意义上来说是不存在的。亚里士多德的确提出了各种与笑有关的论点、猜想和概述，而且涉及的主题五花八门，包括挠痒、笑话的机制、喜剧、嘲笑、笑在社交生活中的作用，以及玩笑的重要性。但是我们不能据此就假设亚里士多德提出了一个系统的笑的理论，或者假设他把笑看成一种统一的现象和一个值得探究的领域。

第二，不管亚里士多德的某些观点影响有多深远（当然事实确实如此），它们也不能被用来界定关于笑的古代理论，更不能等同于什么"笑的古典理论"。不论是在希腊还是在罗马，关于笑的论点都是在各种不同的环境中出现、发展起来的，只不过有些更为强势一些。这些环境既包括各个哲学学派（因为逍遥学派并不是唯一一个研究笑的学派[49]），也包括皇帝的餐桌；既包括修辞学的教室，也包括酒馆和妓院。简而言之，就像我们先前分析的那样，古代人对于笑的探讨数不胜数、各有差异。

现代的研究也不遑多让。接下来，我们将把目光转向现代人对笑的理解。而要想了解关于笑的现代研究，有一座大山是躲不过去的，那就是所谓的"笑的三大理论"。从某种意义上来说，它们就如同"古典理论"的弟弟妹妹，在继续后面的内容之前，我们也要找出这些理论站不住脚的地方。

"笑的三大理论"

说起关于笑的现代书籍，其种类之多实在让人望而却步。在我们大学的图书馆里，有大约一百五十本英文书的名字里带有"笑"的字眼，而且都是 21 世纪头十年里出版的。除了各种回忆录、小说和诗集会千方百计地在书名页添上这个字以外（比如 *Love, Laughter and Tears at the World's Most Famous Cooking School* [《在世界顶尖烹饪学校里的爱、笑与泪》] 这样的书），还有许多五花八门的书：有的是大众心理学书籍或自助书籍；有的则介绍了幽默的哲学，或者对笑话进行剖析；还有的则探究了低声轻笑（chuckle）、咯咯地笑（chortle）、窃笑（snigger）和吃吃地笑（giggle）在你能想到的任何时期或地方出现的来龙去脉（回到原始人的山洞里追寻笑的起源）。

这些书有些是严肃的学术著作，有些则是广受大众欢迎的图书。在它们背后，其实还有数量更为庞大的专业文章与论文对笑进行了更为全面、细致的研究：有人研究了荷兰殖民地爪哇的健康教育影片是如何利用笑的；有人仔细推敲了一番詹姆斯·乔伊斯（James Joyce）小说中的笑声；有人则研究了电话调查中采访人与受访人是怎样笑的；还有人重新探讨了那个经典问题——婴儿的第一次大笑或者微笑发生在什么时候，又是怎么发生的。[50] 更不用说还有许多人从激进的哲学角度、政治角度和女性主义的角度出发，为笑奉上了赞美之词，这无疑证明老古董切斯特菲尔德勋爵（Lord Chesterfield）最担忧的事情已经成真——这位勋爵曾在18世纪40年代告诫儿子，一位绅士绝不可以大声笑出来。[51] 举例来说，温德姆·刘易斯（Wyndham Lewis）等人曾在他们1914年的旋涡派画家运动宣言中，宣称笑就像"一颗炸弹"。此外，现代法国的女性主义者也常常把笑置于立论的核心：她们不会像西格蒙德·弗洛伊德那样对古典神话中长相恐怖、咯咯笑着的蛇发女妖充满嫌恶，反而赞美她的美丽和笑声；她们把女性的身体和书写结合的混合物叫作"l'écriture féminine"（英文中勉强译为women's writing[阴性书写]），并把笑作为这个混合物的一种典型特征。海伦·西苏（Hélène Cixous）曾写道，书写其实就是"让你发笑的节奏"（le rythme qui te rit）——这种说法让人既感到印象深刻，又觉得捉摸不透。[52]

以笑为主题的书籍堪称汗牛充栋，而且还有许多人正针对这一问题笔耕不辍，所以没有哪个人能够把它们全都找来一一拜读。而且说实话，也根本不值得花时间这样做。但是，当看到几百年来的分析研究成果，甚至往回追溯到古希腊和古罗马时期的遗风时，人们往往会认为，与其说笑是人类的一种独特属性，还不如说它其实是人们讨论、研究的动力所在。

从一定程度上来说，这也是因为许多研究领域中都充斥着这样一种关于笑的观点和猜想：目前已经形成了一个"次级"理论体系，它将笑的理论分为三大类，并且每一类都有几位重要的理论学家作为代表。几乎所有关于笑的书籍都会在开篇对这些理论作一个简单的介绍，它们涵盖了笑的概念、象征意义和起因——本书也是如此。许多评论家都对这种元理论化中存在的过度简化现象心存疑虑，我更是如此。不过，让我感到难以置信的是，这三个理论都或多或少地体现出了某些古典理论中的观点（所以我才会将它们称为"古典理论的弟弟妹妹"）。我们如今研究笑的方式依然与古雅典和古希腊的人们密切相关。[53]

我们在前文中谈及亚里士多德时，就已经提到第一个理论了。这一理论被称为"优越论"（superiority theory），主张笑是嘲笑或愚弄的一种形式。也就是说，笑总是会伤害到某一个人：我们往往会因为笑柄或让我们心情愉快的事物发出多多少少有些攻击性的笑，而在这一过程中，我们其实是在宣示自己凌驾于他人的优越感。除了古代的作家们（比如昆体良，他曾提出一个广受欢迎的观点，即微笑 [risus] 与嘲弄 [derisus] 之间有着密切的关系）之外，最为知名的优越论者便是17世纪的哲学家托马斯·霍布斯（Thomas Hobbes）。他在《法律诸要素》（The Elements of Law）中写道："我们之所以会笑，就是因为在与他人的不足之处作比较时，一时之间意识到了自己身上的某些优越之处，并产生了一种突然荣耀的心理。"这句话后来广为流传，其中的关键词"突然荣耀"（Sudden Glory）也经常被别人一用再用，甚至最近一本介绍笑史的书还把这个词组用作书的名字。[54] 但是，优越论并不只是笑在哲学和伦理学方面的体现。进化生物学重现了最早期的人类因何而笑，并提出了一些主张。比如，他们认为笑是从"丛林决斗中胜利一方的咆哮"直接衍化而来，以及笑（或微笑）其实最早来源于人攻击性地亮出牙齿的行为。[55]

第二类理论则叫作乖讹论，主张笑是对于不合逻辑或出乎意料的事物的反应。针对这种说法，亚里士多德给出了一个十分简单的例子：

"他来的时候,脚上穿着——冻疮。"他解释道,这么说会引起一阵大笑,因为听者以为说话人会说"便鞋",而非"冻疮"。[56] 在现代哲学家和评论家中,这一理论的拥趸为数更加庞大,只是他们的观点各有差异、侧重点也不尽相同。比如,伊曼努尔·康德(Immanuel Kant)就提出,"笑是紧张的期待突然之间落空的一种感情"(这也是笑的研究中最为知名的说法之一)。亨利·柏格森(Henri Bergson)则认为,当看到生物像机器一样呆板、重复、僵硬地行动时,人们就会发笑。后来,萨瓦托尔·阿塔尔多(Salvatore Attardo)和维克托·拉斯金(Victor Raskin)的语言学理论也将乖讹的消除作为言语幽默中的核心——比如有这么一个笑话:"门什么时候不是门?""当它半开着的时候。"("When is a door not a door?""When it is a jar.")[57]

实验科学也在笑的研究中发挥了重要作用。在针对笑的实验室研究的历史上,最为知名的实验之一便是重量差异测试。实验者要求参加者拿起一些砝码,这些砝码的大小、外形相仿,但是重量上有着细微的差异;然后,参加者便可以对这些砝码按照重量大小进行排序。接着,实验者再在原先的砝码中加入一个新的砝码,这个砝码的外形与其他砝码十分相似,但是远远重于或轻于它们。当参加者拿起那个新的砝码时,他们往往都会笑起来——实验认为他们之所以会笑,是因为这个新的砝码与其他砝码之间存在着差异。事实上,这个新的砝码越重或者越轻,参加者就会笑得越厉害:也就是说,差异越大,引起的笑便越激烈。[58]

最后一种理论叫作缓释论(relief theory),其中以西格蒙德·弗洛伊德的论著最为知名,但这一理论并不是由他率先提出的。简单来讲,在弗洛伊德之前,这一理论认为笑是紧张感或受压抑的情绪得到释放时的身体表现。它就是人情绪中的"安全阀"。打个比方来说,当我们因为一个和送葬人有关的笑话忍俊不禁时,就能把自己内心对于死亡的忧虑"释放"出来——就像蒸汽机里的蒸汽气压一样。[59](在恺撒和庞培内战期间，西塞罗的一些说笑言论引起了许多争议。他为此做出的辩解可能也与这里的主张有不谋而合之处。[60]）而弗洛伊德对于这一理论的阐释要复杂得多。在《诙谐及其与无意识的关系》一书中，他提出（在"安全阀模型"中）笑释放的能量并不是被压抑的情绪本身的能量，而是一种精神能量——如果笑话并没有让一些想法或感情进入我们的意识之中，用来抑制它们的便是这种精神能量。这也就是说，一个和送葬人有关的笑话使我们对于死亡的恐惧得到了抒发，而笑就把那些本用于压抑这种恐惧的多余的精神能量释放出来。抑制这种恐惧所需的能量越多，人们就会笑得越厉害。[61]

这三个理论其实是一种方便的统称：它们画出了纷繁复杂的笑研究史中的脉络，并且用任何时代都能理解的方式突出了这些研究中显著的相似之处。但除此之外，不管是就单个的理论而言，还是就能够界定这一研究领域的整个体系而言，它们都存在着一些十分严重的问题。首先，目前还没有任何理论从最广泛的意义上对笑进行探讨。它们可能试着解释了我们为什么会在听到笑话时开怀大笑，却并没有解决我们为什么会在被挠痒时发笑的问题。其次，这些理论也没有深究我们在人际交往中不时露出的充满社交意味、约定俗成、受教化的笑，而是更倾向于研究那些自然、不可控的笑。[62]换言之，和格那托的笑相比，它们对狄奥的笑更感兴趣——甚至在很大程度上来说，它们对笑这一行为的本身并不感兴趣。[63]优越论和乖讹论最初并无意解释为什么认知到优越性或乖讹会使人产生这种被叫作笑的生理反应（发出声音、面部扭曲和胸部起伏）。缓释论倒是直面了这一问题，但是弗洛伊德的立论（即原本用于压抑情感的精神能量会以某种方式转化为身体动作）本身便存在着很大的问题。[64]

实际上，大部分关于笑的理论都把重点集中在"滑稽"、"笑话"或"幽默"等更易处理的相关范畴上。在这一领域最为知名的著作中，有些书的书名就将这种倾向性表露无遗：弗洛伊德很显然就是在研究笑话；柏格森论文的全名是《笑：论滑稽的意义》（Laughter: An Essay on the Meaning of the Comic）；西蒙·克里奇利（Simon Critchley）的新作十分出色，介绍了许多关于笑的知识，其书名叫作《论幽默》（On Humour）。甚至在这些书中也能体现出一条普遍的规则：在研究笑的特征与种类时，一个理论想要涉猎的内容越多，就越没有说服力。如果一句话以"所有的笑……"为开头，那它的正确性便微乎其微了；或者，就算它是对的，说的也一定都是些一目了然、了无趣味的东西。例如，优越论详细地解释了玩笑和笑中的一些等级。但是，它越想形成一个完整的概括性理论，就越无法解释清楚相关的问题。如果把优越感作为出发点的话，只有绝顶聪明的脑袋才能解释我们为什么会因为双关而开怀大笑。难道真的是双关语里暗含的口头较量把我们带回到了这种原始人为了一争高下发起的仪式性竞争吗？又或者，这可能只是在表现人类之于语言本身的优越感？我对这一点抱有深深的怀疑。[65]

弗洛伊德试着解释了下流段子为什么会让人们发笑，不过无论我们怎样理解他的说法，当同样的理论用来解释我们为什么会因为小丑夸张的举止而捧腹时，其结果本身就近乎是好笑的。弗洛伊德还认为笑的机制中一定要节省精神能量，并提出当我们观看小丑表演时，会把他的动作和我们自己在做同样的事情时（可能是穿过一个房间）的动作做比较。这种时候，我们就要产生精神力量来想象自己做这些动作，并且这些动作的幅度越大，要产生的精神力量就越多。但到最后，这些精神力量超过了所需的量（即我们在想象做较小幅度的动作时所需的精神力量）时，多余的力量便以笑的形式释放了出来。[66]当然，这不失为一次大胆的尝试——弗洛伊德想在各种不同类型的笑中找到某些成系统的、科学的一致之处。但是这种说法确实没什么说服力，所以我们便会不禁想到：一个用来解释人们笑的机制和原因的一般性理论应该是怎样的？与任何关于笑的总体理论相比，现代的理论家们在阐释自己关于笑的想法、思想和理论时，几乎都会显得更加深入、更具启发性——不论他们最终的目的为何。这点与亚里士多德颇为相似。

不过，尽管这三个理论体系是一个比较方便的统称，但它们本身也存在着一个问题：它过于简单化了，这会让我们把那些冗长、复杂、有细微差别而并不总是完全一致的观点塞到这个条理清晰但又有些死板的框架里。事实上，这个问题的理论格局可比"三学说理论"要复杂得多。这一点其实是一目了然的：从现代纲要记录中你会发现，同样的一批理论家是不同学说的关键代表人物。比如，柏格森就是乖讹论和优越论的代表人物：前者是因为他认为，当我们觉得某个人行事十分"机械化"（即一个人表现得像一台机器）时，就会为此而发笑；后者则是因为在柏格森看来，笑的社交功能就是嘲弄并以此劝阻这种不知变通的作风（"呆板是很滑稽的，而笑可以纠正它"）。[67] 就连亚里士多德也会被归到不同的学说中。当然，他那难以捉摸的"笑的理论"（或称为"喜剧理论"）通常被认为是优越论的典型代表，但他同时也是乖讹论和缓释论的拥护者（只是理由没那么充分罢了）[68]。

其实，在研究笑的这段漫长历史里，抨击各位"理论之父"作品的人比拜读它们的人更多；后人们会选择性地总结这些作品中的立论，以便为各种不同的说法画出一个知识谱系；他们还会从中摘出一些句子作为口号，但这些口号往往都没有体现出它们原本那种处于早期形态、含糊不定甚至有时有些自相矛盾的复杂本质。每当我们找回原文，弄清原文的确切意思和语境时，常常都会感到大为惊讶。我们可以举个例子。霍布斯有一句关于笑的名言，说的是"我们之所以会笑，就是因为在与他人的不足之处作比较时，一时之间意识到了自己身上的某些优越之处"；但当我们发现"与他人的不足之处"后面紧跟着的是"或者与过去的自己作比较"时，这句话的意思就大不一样了：它仍然体现了优越论的观点，但是除了对他人的嘲弄之外还涉及人的自我批评。昆廷·斯金纳也强调，霍布斯在《利维坦》（Leviathan）中以类似的论调解释了笑的问题，还主张这其实也体现出笑的人的某种自卑心态。霍布斯在这本著作中写道，笑"最常见于那些明白自己能力不足的人，他们不得不观察其他人的不足之处，以便让自己处于有利地位。因此，若一个人总是笑别人的不足，这其实是怯懦的标志"。与所有简单版本的优越论相比，这里的"突然荣耀"显然有着截然不同的含义。[69]

弗洛伊德针对笑话、幽默和滑稽展开的论述（其中也包含大量与笑有关的内容）有数百页之多，和其他的相关作品相比，人们在挪用、引用他的作品时可能更具选择性和倾向性。弗洛伊德的"理论"是一个让人捉摸不透、迷惑不已的混合体：他尝试着找到一种前后一致、与各种学说并行的科学方法（我们也看到，这显然是不可行的）——这些学说中有些和他的主论点没什么关系，有些则明显互相矛盾。有许多评论家和理论家会从过去的著作中挖掘出不同的"要点"以支持自身的论点，弗洛伊德可能是最为极端的一个例子。所以，除了笑的缓释论之外，近来一位研究罗马讽刺作品的作家也着重提到弗洛伊德探讨了笑话在社会心理层面的复杂动力机制（在说笑话的人、听笑话的人与笑话的受害者之间）；另一位研究希腊剧院里的笑的作家则强调，弗洛伊德坚持认为"我们大多数时候都不知道自己在笑什么"；除此之外，还有一位研究罗马辱骂现象的学者提到，弗洛伊德区分了有偏见的笑话和无损于人的笑话，也解释了幽默在羞辱行为中起到的作用；如此等等。[70] 它们涵盖了所有的方面。不过，我们有必要考虑一个问题：如果弗洛伊德的《诙谐及其与无意识的关系》和亚里士多德的《诗学》第二卷一样失传了，人们又会对其中的各种总结和引述做出怎样的解读呢？我猜，它们一定与原意有着天壤之别。

本书的目的之一便是保留这一研究中的某些无序性，使它变得更加混乱，而非对其进行整理。后文中与三大理论相关的内容可能比你预想的要少很多。

天性与文化？

我希望这一点已经十分显而易见了：两千多年来，笑作为研究对象的诱人之处，也是这一问题如此复杂，甚至有时让人无从下手的原因。其中一个最难的问题是，该不该把笑视作一种单一的现象：亲热的挠痒、好玩的笑话，还有疯狂的皇帝在竞技场里挥舞着鸵鸟头的景象都会让人忍俊不禁——那么，我们该不该找到一个理论，把笑的根本原因（或者社会影响）归结到同一个解释框架内？那些常用来打断或强化人际沟通的温和的笑自然也包括在内。谨慎一点来说，这些都是迥然不同的现象，其致因和影响也大相径庭。但是不管怎么说，笑作为一种回应，尽管表现形式多有不同，但的确会让笑的人和观众感到有相似之处。[71] 此外，我们往往没法给不同类型的笑划定一个明确的界限。出于礼貌不时露出的笑意可能会在不知不觉间变成某种更为喧闹的笑声；大多数人在遇到和狄奥一样的境遇时，其实并不确定自己是因为紧张而笑，还是在笑皇帝的愚蠢与滑稽；而当某个人被挠了痒时，就连在一旁围观、并未被挠痒的人也常常会笑起来。

不过，更为关键的问题在于：笑究竟在多大程度上是一个"自然现象"或"文化现象"？或者换一种可能更好的说法，笑能够在多大程度上直接挑战这种简单的二分法？正如玛丽·道格拉斯（Mary Douglas）总结的那样："笑是一种独特的身体爆发反应，总被人们当作一种信息。"和打喷嚏或者放屁不一样的是，人们相信笑是有含义的。在我前文引用的普林尼关于笑的一些观点中，这是被他忽略掉的一个区别。因为尽管他把"不笑者"克拉苏和"不打嗝的人"蓬波尼乌斯归为一类，但其实将这两个人放在一起是很不合适的。即使是从事情的反面来看，"不笑"依然具有"不打嗝"（可能）不具有的社会能指含义。[72]

我们想要了解笑在人类社会中的一般运作机制，尤其是我们的意识能在多大程度上控制它。然而，它介于天性和文化之间的模糊性对我们的探索产生了巨大的影响。"我忍不住笑了起来。"我们经常会这么说。这是真的吗？当然，有一些情况下的笑确实就像这样，让我们感到无法控制，这里指的不光是挠痒产生的笑意。狄奥在竞技场上咀嚼着月桂叶，英国广播公司的一名新闻主播在直播时因为忍不住发笑而忘词——有时，不管我们意愿如何，笑就这样完全脱离了意识的安排或控制，爆发了出来（或者差点爆发出来）。当道格拉斯写着"总被人们当作一种信息"的"身体爆发反应"时，她脑海中最清晰的例子应该就是这类事件吧。不管这些爆发有多违背我们的意愿，旁观的人或者听者都会在心里寻思，那人在笑什么、他想传达怎样的信息。

但是，笑的不可控性其实比这些简单的故事表达的含义要复杂得多。我们已经看到了在罗马时代的几个事例中，笑是可以忍住的，或者可以或多或少地按照要求释放出来，而且我们也注意到，自发的笑与非自然的笑之间的界线十分模糊。确实，正如我们在前一章中提到的那样，就连身处竞技场的狄奥的叙述与看上去相比也有着更多的细微差别。事实上，这个世界上大部分情况下的笑都挺容易控制。就连挠痒的效果也受到社会条件的影响，这一点超出了我们的预料：比如，你不会因为给自己挠痒而发笑（你可以试试看！），而且如果被挠痒时的氛围是不友善的，而不是在轻松逗趣的环境里，你也不会笑得出来。另外，如果所处的文化和时期不同，人身体中最怕痒的部位也会有所差异。腋下差不多是大家都很怕痒的地方，脚底板也同样十分关键。但除此之外，亚里士多德学派的一位弟子（他负责科学汇编巨著《问题集》[*Problems*] 中的一个相关章节）还提出了另一种观点：我们的嘴唇是最怕痒的部位（他接着解释道，这是因为嘴唇靠近"感觉器官"）。[73] 也就是说，与我们的设想不同，挠痒并不会使身体产生一种完全自发性的反射反应。[74]

尽管如此，在我们试图理解笑时，这种具有不可控性的迷思却扮演着重要角色，而且还深深地影响着与笑有关的社会规范。人类社会对笑进行监督和控制的传统非常悠久（这本身便起源于古希腊和古罗马时代），这一传统将笑看作天然、不受节制、存在潜在危险的自然爆发，并以此为那些不时颁布的细致的规章制度来辩护。相当自相矛盾的是，最严苛的文化管控机制却是依靠这样一种强大的迷思维持下来的：笑是一种不可控的破坏性力量，它扭曲了人类的文明身体，并破坏了理性的思维。

事实上，就笑的问题而言，大多数人在大多数时候都要处理这两种显然互相抵触的观点：一方面是笑让人捉摸不透的不可控性，另一方面则把笑的日常体验作为一种习得的文化反应。如果你养育过孩子，就一定记得教他们学会笑的标准规则所花费的时间和精力：简而言之，就是什么能笑，什么不能笑（可以笑小丑，不可以笑使用轮椅的人；可以在看《辛普森一家》[The Simpsons] 时笑，不可以笑公交车上身材肥胖的女士）。而且，有时孩子们对同伴施加的不公正对待也集中在笑的正确和不当使用上。[75] 这同样也是文学的一个主题。比如，在精妙的散文诗《马尔多罗之歌》（Les Chants de Maldoror）中，洛特雷阿蒙（Comte de Lautréamont）就以形象得让人不适的笔触，描述了笑的各种规则——或者说得更准确些，他描绘了误读这些规则会有怎样的后果。在第一支歌中，诗中的主角、痛苦而又厌恶人类、几近非人的马尔多罗注意到人们在笑，就想要有样学样，尽管他并不理解这种神态的意义何在。所以，他就这样懵懵懂懂地开始模仿，拿起一把小刀把自己的嘴角割开，想让自己也"笑一下"，然后才意识到他不光没能成功，还把自己的脸弄得血肉模糊。借此，洛特雷阿蒙犀利地反思了我们学会笑的能力，以及把笑作为人类属性的观点（马尔多罗是人类吗？）。和其他这类故事一样，这篇散文诗也让我们产生了徘徊不去的疑虑：马尔多罗最初的本能反应可能是对的——或许，笑就是一把用来割开嘴唇的刀。[76]

不同的笑

对笑的学习的另一个方面，在于发现笑的对象、风格和修辞的文化特异性。不管这其中涉及的生理共性是什么，全世界不同群体或者不同地方的人们都会学着在不同的场合、语境下笑不同的事物（那些曾试着在国外的会议上博听众一笑的人可以证明这一点）。不过这个问题也关乎人们笑的方式，以及与笑同时发生的神态和动作。确实，我们对外国文化有一种预设和偏见，那就是他们笑的方式和我们是不一样的。在面对这种种族差异时，即使是再缜密的理论家也会抱有一些潦草粗糙的想法。尼采认为，霍布斯对笑的恶感（认为它"声名狼藉"[bad reputation]，或者用另一版翻译的说法，认为它"名声扫地"[into disrepute]）其实是预料之中一个英国佬的正常反应。[77]

伊图里森林（在今刚果民主共和国境内）里的俾格米人可以作为一个典型的人类学案例，以说明人们的笑有哪些不同。按照玛丽·道格拉斯的描述，和其他稍显阴郁、严肃的部族相比，俾格米人更"容易笑"，而且他们笑的方式十分独特："他们会躺在地上，在空中踢腿，就这样在一阵大笑中喘息、颤抖。"[78] 我们可能会觉得这一幕似乎显得十分卖弄、做作，但是俾格米人已经把他们文化中的这一传统内化了——对他们来说，这种文化再"自然"不过了。

不过，这种现象其实并没有那么简单。对俾格米人的描述引起了一些与笑的性质和文化相关的刁钻问题，同时也再次引入了我在第一章中提到的一些文学、话语和次级层面的话题。对于研究笑的人来说，俾格米人的笑以及与其相伴的激烈动作是他们最爱的素材，也是用来研究笑中蕴含的文化多样性的一个好例子。但是，这种描述有什么依据吗？据我所知，这一信息的来源均指向同一份资料——一本叫作《森林人》(The Forest People) 的畅销书，其作者是深受欢迎的人类学作家科林·特恩布尔 (Colin Turnbull)。特恩布尔认为俾格米人快活、开放、体面，过着充满田园气息的幸福日子，而且能与周遭奇异的雨林世界和谐共处（他在后来的一本书中写道，这样的俾格米人与乌干达中部令人讨厌、阴沉的山区部族形成了鲜明对比）——这种浪漫的视角也影响到他在书中对俾格米人的描述。热情洋溢的笑只是俾格米人快意生活的表现之一，正如特恩布尔描述的："当俾格米人笑起来的时候，你很难不被他们感染到。他们像在寻找支撑似的紧紧地抓住对方，拍打着身体的两侧，打着响指，然后做出各种扭曲的动作和姿态来。如果遇到了什么特别好玩的事情的话，他们甚至会在地上打滚。"特恩布尔"带有主观性和评判性，而且缺乏经验"，同时几乎可以肯定的是，他并不是俾格米文化的可靠见证者。不过，究竟有多不可靠就不得而知了。但是不管怎样，更有意思的是，为什么他的上述证言会被如此广泛地复述，甚至连道格拉斯这样的学者也没能例外。要知道，如果换作其他问题的话，道格拉斯可没有时间去关注特恩布尔的人类学研究。[79]

毋庸置疑，这有一部分是因为，即使是再讲究实际的人，也无法抹掉脑海中俾格米人在空中踢腿时快活、活泼的形象，尽管我们对特恩布尔的人种学研究持保留意见（而且他的描述中其实并没有提到踢腿的细节）。但是，这里还涉及更多发散性的问题。正如人们翻来覆去流传的那样，就俾格米人的行为而言，他们与那些真的生活在伊图里森林里的人如今或过去的行为已经没有太大的直接联系——若说起他们为什么那样笑以及产生的后果的话，那就更没什么关系了。他们的故事已经变成了文学作品中的陈词滥调，而在我们思考与笑有关的次级问题时，它便成了一个极端案例的简要表述，可以说明外族人是怎样以不同的方式笑的。按照我们文化中对于笑的衡量标准，俾格米人站在整个谱系范围的一端，而仍时常被提起的切斯特菲尔德勋爵因为主张对笑的完全控制和压抑，则处于另一个极端。[80] 尼采对于英国人的看法与我们对于切斯特菲尔德的十分相近，这也说明了像这样的衡量标准之间的文化相关性有多强。我们不禁会充满好奇：俾格米人会怎样描述特恩布尔的笑？

"狗会笑吗？"：修辞与再现

不管是现在还是以前，笑的研究总是与文学再现、话语实践、意象和隐喻紧密地联系在一起。而且，这类研究要反复提及两个问题：一是怎样区分文学层面的笑与隐喻层面的笑，二是二者之间有着怎样的关系。有时我们会发现，接受隐喻意义的解读其实并不难。比如，如果一位罗马诗人描写了波光粼粼的水面或者满屋子的花都在笑（ridere），这往往被认为是在暗喻某个场景里活泼、快乐的气氛（而不是在学究地暗指这个动词或其希腊语对应词的词源）。[81] 不过，一些看起来最为科学、最具实验性的关于笑的研究，表面下也暗含着"笑"的隐喻用法。这其中尤为明显（或者更常被忽略）的便是那个古老的亚氏问题：人类是不是唯一一种会笑的动物？

这是许多尚无定论的科学探索的主题，往前至少可以追溯到查尔斯·达尔文的研究：出于一些显而易见的原因，他极力强调黑猩猩在被挠痒时看起来也像是在笑。近来的科学研究者则发现，灵长类动物在参加一些不太严肃的活动时，会出现特有的"咧嘴"或"扮鬼脸"的表情。

不仅如此，还有人声称发现某些黑猩猩和大猩猩会在它们原始的身体语言中使用笑话和双关。有些生物学家还得出结论，认为犬科动物也是会笑的（正是这一结论促使玛丽·道格拉斯写出了那篇著名的文章《狗会笑吗？》）——更别提痴迷的狗主人们怎么认为了。与此同时，老鼠在被挠痒时会发出尖利的吱吱声，但是鲜少有人会把它们的这种反应解读为一种原始的笑（据说颈背部是它们最怕痒的部分，尽管它们在全身被挠痒时也会发出激烈的叫声）。[82]

这些解读引发了来自各个方面的争议——这不足为奇。比如说，和人类的笑比起来，灵长类动物的"笑"的表达形式并不一样。人类的笑有一种普遍的形式，那就是呼气时发出独有的"哈哈哈"的声音，紧接着便是吸气时的无声状态。但灵长类动物不是这样"笑"的。不管是吸气还是呼气时，它们那气喘吁吁的"笑"都会发出声音来。难道就像有些人认为的那样，这只是笑的谱系中的一种变体？抑或是，就像另一些人认为的那样，这其实是一种截然不同的反应，灵长类动物们并不是像我们一样在笑？老鼠的吱吱尖叫（这种叫声的频率极高，人耳是听不到的）就更有争议了，因为有很多科学家都不认为这种反应和人类的笑有一丁点关系。[83] 不过，就算我们承认这些现象涉及某种相似的神经通路，并且老鼠的尖叫和人类的哈哈大笑起码有某种进化上的联系，但还是有一个更为迫切的问题被避开了：如果我们说狗（或者猿类、老鼠）在笑，这代表什么意思？

大多数人都认为，那些痴迷的狗主人们之所以会察觉到自己的宠物在"笑"，是因为他们想要通过将人类会笑的这一关键特征投射到狗的身上，好赋予它们人性，使它们融入这个具有社群性的人类世界中。罗杰·斯克鲁顿（Roger Scruton）也对此做出了自己的阐释，只是重点稍有不同：比如，当我们听到鬣狗在"笑"对方时，这表达的其实是我们的愉悦，而不是他们的。[84] 不过，就算是在更为严谨的实验科学话语体系中也很难界定，笑是一种人的属性的转喻，还是一种身体或生物反应。我们再一次发现，天性与文化之间的简单界限又出现了显著的模糊。如果说一只老鼠会"笑"的话，这种说法很容易让人觉得更多是在泛指这么一个种类以及我们与它们的关系，而不是在说它脑中的神经元在以某种特殊的方式运作。任何针对笑的研究都不免会涉及一些问题，包括笑的语言，以及我们的文化世界和社会性世界中的次序（毕竟笑在其中是一个如此重要的能指符号）。

在我看来，笑的研究之所以这样让人着迷，就在于其中的一些不解之谜：它们既能让我们不断丰富认识、大开眼界，又显得神秘晦暗、令我们沮丧不已。当然，当我们转向过去那些对笑展开的研究时（那时的吃吃地笑与轻笑声早已消逝不见了），这些谜题反而显得更有意思了。在天性与文化之间，以及笑的修辞表现和身体表现之间存在着一些备受争议的界限——这些界限是怎样影响历史上人们对笑的理解的？究竟我们感兴趣的点在哪里？人们是在笑这个吗？这是笑的社会、文化和政治影响吗？笑有哪些功能？或者历史上人们是怎么讨论、争辩、解释这一问题的？

在第三章中，我会简要地介绍笑的历史研究中的一些主导问题，其中有一些来自罗马社会，有一些则不然；我还会（辩证地）看待一位拥有决定性地位的理论家——米哈伊尔·巴赫金，任何一本研究笑的历史的书都无法忽略他的存在。他的研究使得后来的人无数次地想要解释中世纪以降笑的模式是如何发生变化的，并且也对研究古希腊和古罗马时期产生了深远影响。在第四章中，我将接着探讨一些基本原则，以帮助我们思考在研究罗马的笑时面临的各种问题，尤其是我们该如何处理希腊的笑与罗马的笑之间的界线（即 gelōs 与 risus 之间的区别）——这两者之间的分界线难免会有些模糊。

注 释

[1] *De or.* 2. 235；这段话是借这部分对话的主角尤利乌斯·恺撒·斯特拉博之口说出来的。我对"斯特拉博"的话稍微转述了一下："Quid sit ipse risus, quo pacto concitetur, ubi sit, quo modo exsistat atque ita repente erumpat, ut eum cupientes tenere nequeamus, et quo modo simul latera, os, venas, oculos, vultum occupet?"（原文的意思有些模糊，西塞罗想象笑能够控制的是血管［venas］，还是脸颊［genas］？见本书第 189—190 页。）昆体良（*Inst.* 6. 3. 7）也像西塞罗一样对此予以否定："我觉得还没人就笑的起源给出一个满意的解释——尽管很多人都尝试过"（"Neque enim ab ullo satis explicari puto, licet multi temptaverint, unde risus"）。关于爱开玩笑的西塞罗，见本书第 169—175 页。

[2] *De motibus dubiis* 4（勃起），10. 4-5（笑），与 Nutton 2011, 349。

[3] Pliny, *HN*, praef. 17，指出了这一系列事实；关于这部百科式著作的整体情况，见 Murphy 2004 及 Doody 2010。

[4] 7. 2, 7. 72. 见本书第 50、137—138 页。

[5] 11. 198.

[6] 11. 205（"sunt qui putent adimi simul risum homini intemperantiamque eius constare lienis magnitudine"）。普林尼这里指的可能是器官切除（因为他写道，当一个动物因为受伤切除了脾脏之后，仍然能继续存活），但是他在别处（23. 27）又提到了有些药可以使脾脏缩小。Serenus Sammonicus, *PLM* 21. 426-430 和 Isidore, *Etym.* 11. 1. 127 也赞成或者说效仿普林尼的做法，强调了脾脏对笑起到的作用。

[7] 7. 79-80.

[8] 24. 164. 关于其与大麻类植物的共通点，见 André 1972, 150："Très certainement le chanvre indien (*Cannabis indica*, variété de *C. sativa* L)"；"毛茛"的说法是 L & S 中提出来的，*OLD* 则更倾向于认为它是一种"能

用来制作致幻药的植物"。

[9] 31. 19; Ramsay 1897, 407-408. 关于"福岛"上的两潭泉水,见 Pomponius Mela 3. 102。

[10] 11. 198. 关于这种笑的希腊传统,见 Aristotle, *Part. an.* 3. 10, 673a10-12 和 Hippocrates, *Epid.* 5. 95。关于这种笑与(更早前被证实的)"苦笑"或痛苦的怪相之间有多清晰或者系统性的区别,至今仍然没有定论;见 Halliwell 2008, 93n100, 315。

[11] Praef. 17 ; *HN* 的第一卷便是一个列表,列出了卷二到卷二十七的内容目录以及每一卷参考的权威资料。

[12] 31. 19("Theophrastus Marsyae fontem in Phrygia ad Celaenarum oppidum saxa egerere")。一般认为来源于泰奥弗拉斯托斯业已失传的 *De aquis* ;见 Fortenbaugh et al. 1992, 394-395(=*Physics, no.* 219)。

[13] Aristotle, *Part. an.* 3. 10, 673a1-12.

[14] *De usu part.* 1. 22(Helmreich)=1,见本书第 132—133 页(Kuhn);本书第 277—280 页有进一步讨论。与盖伦解剖相关的问题和他围绕动物与人的同源性提出的观点,见 Hankinson 1997。

[15] *Mor.* 634a-b(=*Quaest. conviv.* 2. 1. 11-12)。

[16] *De or.* 2. 236("Haec enim ridentur vel sola vel maxime, quae notant et designant turpitudinem aliquam non turpiter");Quintilian,*Inst.* 6. 3. 7。

[17] *De or.* 2. 242(模仿),2. 252("做鬼脸",oris depravatio),2. 255(出乎意料的事物),2. 281("乖讹"的事物);关于针对西塞罗和乖讹的进一步讨论,见本书第 191—192 页。同见 Quintilian, *Inst.* 6. 3. 6-112;同西塞罗一样,昆体良(6. 3. 7)强调了激起笑的不同方式,包括言语、动作和触摸。

[18] *De or.* 2. 217:"'Ego vero' inquit 'omni de re facilius puto esse ab homine non inurbano, quam de ipsis facetiis disputari.'"如果我们(像很多人那样)调整原来的文本,把 facilius 改成 facetius 的话,这句

话甚至会与现代的老套说法更为相近（即从"比他讨论风趣显得和气"［more affably than wit itself］变成"比他讨论风趣来得有趣"［more wittily than wit itself］）。

[19] 可以想象，在选择"毛茛"的说法时，L & S 指的应该是欧毛茛（Ranunculus sardous，又称为"撒丁岛毛茛"或"笑欧芹"），这种毛茛据说可以让人露出苦笑的表情（例如见 Pausanias 10. 17. 13，虽然普林尼不这么认为，见 HN 25. 172-174）。

[20] Fried et al. 1998.

[21] 柏拉图（Resp. 5. 452d-e 和 Phlb. 49b-50e）表述了关于笑的看法，虽然少得可怜；大体而言，Halliwell 2008, 276-302 明确提出，其实柏拉图关于笑的观点比我们以为的要多得多。

[22] 关于这一点，Skinner 2004 是近来一个颇有影响力的资料来源。正如书名所示，它明显把亚里士多德和"笑的古典理论"之间划上了等号，同时自始至终也显然引用了"亚里士多德的理论"（141）或者说"最保守层面上的亚里士多德理论"（153）。关于其他相似但并不完全相同的论点，还可见 Skinner 2001 & 2002。其他将亚里士多德视作一位系统理论家，或者引用了一个或全部两大"笑的理论"的作品包括 Morreall 1983, 5；Le Goff 1997, 43；Critchley 2002, 25；Taylor 2005, 1。Billig 2005, 38-39 少见地表达了与此不一致的观点，认为柏拉图和亚里士多德只是记下了"零散的观察"，而非提出了"理论"。

[23] Arndt 1904, esp. 25-40 是为西塞罗在 De or. 2 中关于笑的论述寻找希腊根源的一次经典尝试。该书认为法勒鲁姆的德米特里是影响西塞罗作品的主要力量。Grant 1924, 71-158 中指出，希腊根源同样在西塞罗的讨论中扮演着主要角色。而就在前不久，弗罗伊登贝格（Freudenburg 1993, 58）提出了类似的观点，称，"很显然，在西塞罗之前，希腊化时代的文法手册作者们并没有在亚里士多德的自由玩笑理论之上做出显著的突破"。"自由玩笑"是风趣绅士的一大特征，见前文第 46 页。

[24] 这里模仿了 Whitehead 1979 [1929], 39, 书中有一个著名的观点, "欧洲的哲学传统……是由对柏拉图的一系列脚注组成的"。

[25] 例如, McMahon 1917; Cantarella 1975。

[26] Eco 1983. 并不是所有的评论家都对《玫瑰的名字》大加赞赏。齐泽克(1989, 27-28)认为: "这本书里有些地方是错误的"(他恶意地将其称为"意大利面结构主义"[spaghetti structuralism]), 同时其中关于笑的观点也存在着问题; 从齐泽克的世界观来看, 笑并不能够"解放思想"或者"反极权主义"(他的原话), 而往往只是极权主义"游戏的一部分"而已。

[27] Skinner 2008(黑体部分是笔者的改动)。众所周知, 古典主义者也写下了类似的观点, 只不过可能语气没那么有把握; 例如 Freudenburg 1993, 56。

[28] Janko 1984; Janko 2001 中重提了这一观点。《喜剧论纲》过去被收藏在阿索斯山上一间修道院的图书馆中, 现在则被法国国家图书馆(其现代名称)的"de Coislin"藏书系列纳入其中。与笑关联最直接的是 5、6 两节; 其中一些观察结论与阿里斯托芬(Aristophanes)文稿序言中的观点十分相近, 显然同出一脉——不管具体是哪一脉。

[29] 例如, Arnott 1985(在该书第 305 页妥帖地总结了早前 Bernays 1853 中的结论, 大意是说《喜剧论纲》是"一个既迂腐又浅薄的人捣鼓出来的一本蹩脚的汇编集")和 Silk 2000, 44("扬科所做的有益研究……回避了这本书中显而易见的平庸之处")便就这一点侃侃而谈。内塞尔拉特(Nesselrath 1990, 102-161)谨慎地提出它与亚里士多德的作品并没有直接关联, 这种所谓关联是泰奥弗拉斯托斯虚构出来的。Halliwell 2013(回顾了 Watson 2012 中的讨论)言简意赅地表达了对《喜剧论纲》的指责。

[30] Silk 2000, 44.

[31] 我在这里的观点很大程度上受到了 Silk 2001 中对亚里士多德悲剧理论的看法的影响。其中, 尤其要注意其中第 176 页: "然而, 人们一

直都赞誉亚里士多德的理论（实际上指他的一整部《诗学》）是连贯的论断，而不仅只是一系列才思横溢但却无甚关联的概述。这是为什么？在我看来，这并不是因为对亚里士多德进行学术解读的人发现了哪些东西（他们都开诚布公地表达了在各个方面的分歧，最终形成了各自不同的解读），而是因为他们在后亚里士多德悲剧（和/或其他正剧剧种）理论中对亚里士多德学说的建构性（或曰结构性）利用。亚里士多德的悲剧理论是一种假设，而且从特征上还被构建成了一种始终连贯的假设。"尽管我可能会认为亚里士多德在现代的"学术解读者"责任更大一些（正如西尔克在这篇文章中的脚注里所说的那样）。在我看来，文艺复兴时期的历史学家和现代"研究笑的理论家们"（自文艺复兴时期开始）同样在"亚里士多德的笑理论"的回溯建构中扮演着关键的角色。关于《诗学》整体上的不连贯性，还有人提出了词锋更加犀利的观点，见 Steiner 1996："当我听到围绕《诗学》展开的无休止的争论时……我敢打赌，那个在亚里士多德演说时做记录的年轻人一定是在一个很吵的日子坐在了靠门的位置上。"（545n5）

[32] 一个"笑的理论"也应该把笑的定义标明为一个单独的研究领域。尽管有许多"论可笑"（περὶ τοῦ γελοίου）的（已失传）著述，而且古代的人们一直对笑的诸多方面猜测纷纷，我们仍然不清楚笑在古代有没有被这样定义过；见 Billig 2005, 38-39。这里体现的"关于某事的观点（或者学说）"和"某一理论"之间的区别至关重要，而我在本书表述时的选择也会反映它的重要性。

[33] *Eth. Nic.* 4. 8, 1127b34-1128b9，这篇文章在不同的评论家那里得到的反响也各自迥异：Halliwell 2008, esp. 307-322 认为它既微妙又复杂；而 Goldhill 1995, 19 则觉得它很混乱（"它一遍遍地重复着烦冗的措辞"）。Halliwell 2008, 307-331 则为我在这里讨论的所有文章提供了一个很有用的切入点和相关的参考文献。

[34] *Part. an.* 3. 10, 673a6-8：τοῦ δὲ γαργαλίζεσθαι μόνον ἄνθρωπον αἴτιον

ἤ τε λεπτότης τοῦ δέρματος καὶ τὸ μόνον γελᾶν τῶν ζῴων ἄνθρωπον（而不是 Bakhtin 1968, 68 所说的 De Anima 3. 10）。更多内容见 Labarrière 2000（对我来说，它并没有让这篇文章免于被批评缺乏逻辑）。

[35] *Eth. Nic.* 4. 8, 1128a30：早先在这篇文章中（1128a4–7），亚里士多德将"丑角"定义为那些并不避免让他们的笑柄感到痛苦的人（τὸν σκωπτόμενον）。现代许多针对亚氏喜剧观的批评都集中在他对阿里斯托芬老式喜剧的态度，以及其中包含的针对个人的人身攻击（例如 Halliwell 1986, 266–276, esp. 273 便批评了这一核心问题；M. Heath 1989）；这可能和亚里士多德对于笑的看法不无关系，但本书并不关注这个问题。

[36] *Poet.* 5, 1449a32–37：μίμησις φαυλοτέρων μέν, οὐ μέντοι κατὰ πᾶσαν κακίαν, ἀλλὰ τοῦ αἰσχροῦ ἐστι τὸ γελοῖον μόριον. τὸ γὰρ γελοῖόν ἐστιν ἁμάρτημά τι καὶ αἶσχος ἀνώδυνον καὶ οὐ φθαρτικόν, οἷον εὐθὺς τὸ γελοῖον πρόσωπον αἰσχρόν τι καὶ διεστραμμένον ἄνευ ὀδύνης.

[37] *Rh.* 2. 12, 1389b10–12：καὶ φιλογέλωτες, διὸ καὶ φιλευτράπελοι· ἡ γὰρ εὐτραπελία πεπαιδευμένη ὕβρις ἐστίν. 注意亚里士多德并没有说"风趣"是爱笑的人们展现自己满腔喜爱的唯一方式——而是说，那些爱笑的人也会是风趣的。

[38] 剧院的本质引出了一个问题，即谁在承受潜在的痛苦。这里似乎存在着一个不言自明的假设：痛苦的是滑稽面具背后的演员们，而观众笑的正是他们。但是，为什么这些本职工作就是逗人发笑的人要遭受这样的痛苦呢？Sommerstein 2009, 112 在论及阿里斯托芬时，也提出了相似的观点。

[39] Goldhill 1995, 19；由于《尼各马可伦理学》本身就是写给"有教养的人"（πεπαιδευμένος）看的，所以这个问题的意义就更加特别了（*Eth. Nich.* 1. 3, 1094b22–25）。

[40] 究竟亚里士多德在这篇著述中认为笑在多大程度上具有嘲弄之意，这个问题目前尚无定论。它部分取决于我们认为他所说的"这很可笑"

(τὸ γελοῖον）在多大程度上能够表达希腊单词 καταγελᾶν（即"嘲笑"或"奚落"）中的嘲弄之意。有一点是千真万确的，那就是亚里士多德在《诗学》中列出了一个从攻击性讽刺作品开始的喜剧谱系，但是这一点对于笑的影响还不甚清晰。马尔科姆·斯科菲尔德（Malcolm Schofield）为我提供了一项有用的建议：我们可以把亚里士多德式的风趣绅士看作那种爱拿别人的过错开一些文雅玩笑的人，而且他们开玩笑的方式会让人感到愉悦，而非痛苦。但就像亚里士多德在 *Eth. Nic.* 4. 8, 1128a27-28 中所说的，每个人觉得有趣或者痛苦的事物都是不同的，这也让问题变得更加复杂了。

[41] 众所周知，笑在希腊文学中的形象更加多变、微妙，而且（有时）会比嘲笑更温和一些。一个典型的例子是，婴儿阿斯提阿那克斯在看到父亲头盔上的羽毛时露出了惊恐的表情，而他的父母赫克托耳和安德洛玛刻见状便疼爱地大笑起来（Homer, *Il.* 6. 471）。

[42] *Rh.* 1. 11, 1371b34-35；这些话被括注出来，例如 Spengel 1867 和后来的 Kassel 1976——而 Fortenbaugh 2000, 340 则试探性提出应将这一观点排除在外。Fortenbaugh 2000 以及 2002, 120-126 对这一话题进行了有价值的探讨。

[43] David, *In Isagogen* 204. 15-16："其他动物也是会笑的，亚里士多德在《动物志》中介绍到鹭时是这么说的"（ἔστι καὶ ἄλλα ζῷα γελαστικά, ὥσπερ ἱστορεῖ ὁ Ἀριστοτέλης ἐν τῇ Περὶ ζῴων περὶ τοῦ ἐρωδιοῦ）。我们还不清楚具体应该怎么解释这一说法（可能是错误，可能是记错了事实，也可能是亚里士多德所作的相关文章后来遗失了）。

[44] Porphyry, *Isagoge* 4（κἂν γὰρ μὴ γελᾷ ἀεί, ἀλλὰ γελαστικὸν λέγεται οὐ τῷ ἀεὶ γελᾶν ἀλλὰ τῷ πεφυκέναι），trans. Barnes 2003. 其他这么说的罗马帝国时期的作家还包括 Quintilian, *Inst.* 5. 10. 58；Clement, *Paedagogus* 2. 5。公元 2 世纪，琉善（Lucian, *Vit auct.* 26）就直接

把这一说法与一个代表逍遥学派哲学的角色联系到一起——这可能（虽然也不一定）便意味着，这个观点最早便起源于亚里士多德或直接继承其衣钵的某位学者（在罗马帝国有许多"逍遥派哲学家"）。进一步讨论见 Barnes 2003, 208-209n22。

[45] Ménager 1995, 7-41（阐述了这一观点从古希腊罗马时期到文艺复兴时期的发展历史）；Screech 1997, 1-5。有关耶稣的讨论，见 Le Goff 1992。在《新约全书》的真福音书中，耶稣从未笑过；不过目前只剩残章的诺斯替教《犹大福音》却描述了他的多次大笑（见 Pagels & King 2007, 128，他们称耶稣的笑总会引导人们修正错误）。

[46] 笑的生理机能：Pliny, *HN* 11. 198；Aristotle, *Part. an.* 3. 10, 673a1-12。婴儿：Pliny, *HN* 7. 2, 7. 72；Aristotle, *Hist. an.* 9. 10, 587b5-7。关于琐罗亚斯德的故事，见 Herrenschmidt 2000；Hambartsumian 2001。

[47] 这一观点是他在讨论隐喻的时候提出的，见 *Rh.* 3. 11, 1412a19-b32（出于一些显而易见的原因，人们常常错以为这里引述自 *Rh.* 3. 2；例如，见 Morreall 1983, 131）。

[48] Leeman, Pinkster & Rabbie 1989, 190-204 提供了对可能的资料来源的最晚近的详细讨论（认为其中混合了源自希腊和罗马的资料）；188-189 讨论了 cavillatio、dicacitas 和 facetiae 的含义。Fantham 2004, 186-208（相关引述在 189）与 Corbeill 1996, 21-22nn13-14 则清晰地记录了当时的最新信息与讨论。

[49] Halliwell 2008 提供了诸多有关笑的哲学观点：尤其是 271-276（毕达哥拉斯学派）、276-302（柏拉图笔下的苏格拉底）、302-307（斯多葛学派）、343-371（德谟克利特）和 372-387（犬儒学派）。

[50] 我这里参考的是 Stein 2006（在一次钩虫根除运动中利用了打闹剧）；Janus 2009（乔伊斯小说中标明的笑中断了小说一直以来的"默读"传统）；Lavin & Maynard 2001（将"禁止"采访者在采访过程中大

笑的调查中心与那些未做相关规定的中心作比较）；Kawakami et al. 2007（总结婴儿的自发式大笑与社会性大笑之间的区别，并注明它们发生的日期）。

[51] Chesterfield 1774, vol. 1, 326-332, esp. 328（1748年3月9日的信），重印于 D. Roberts 1992, 70-74, esp. 72；关于上文的更多讨论，见本书第95、102—104页。

[52] W. Lewis et al. 1914, 31 ["只有当悲剧能够像放在它（原文如此）肚子上的手一样攥紧侧肌，然后带来像炸弹一样的笑时，我们才想要悲剧"]; Cixous 1976（"她很美丽，她在笑"，885；"让你发笑的节奏"，882）。Baudelaire 1981 [1855] 和 Bataille 1997 [1944] 的著述影响了许多研究笑的激进途径。在从虚构文学到心理分析主题的各种女性主义作品中，笑有着十分丰富的传统，这一传统是 Parvulescu 2010, esp. 101-118 中的一大主题，而 Lessing 1962（一部女性主义小说，笑在其中占据着重要地位）则是对其的一个重要补充（简要内容可见 Scurr 2003）。关于现代女性主义利用笑的另一种观点（与一部拉丁文作品有关），见本书第138—140页。

[53] Morreall 1983, 4-37；Critchley 2002, 2-3；Halliwell 2008, 11 则让人心存疑惑。Lippitt 1994，1995a 和 1995b 依次清晰、批判性地介绍了各个理论。

[54] Hobbes 1969 [1640], 42；《突然荣耀》是 Sanders 1995 的书名。

[55] Ludovici 1932, 98-103; Gruner 1978, 43; R. A. Martin 2007, 44-47（一个十分有价值的总结）。引述自 Rapp 1951, 21。

[56] *Rh.* 3. 11, 1412a31.

[57] Kant 1952[1790], 196-203，相关引述在 199；Bergson 1911, esp. 12-38；Raskin 1985；Attardo & Raskin 1991；Attardo 1994（引入了 N. Lowe 2007, 1-12 提出的一个经典视角）。有些人不熟悉这个关于门的英语老笑话，这里要解释一下：它利用的是名词 jar（一种储存器皿，一

般是玻璃制的）和形容词/动词 ajar（意即"微启的"）读音上的相似。

[58] Deckers & Kizer 1974；Deckers & Kizer 1975；Nerhardt 1976；Deckers 1993；R. A. Martin 2007, 68-70 对其进行了概述，很有帮助。不过，人们很少会问参加者会不会可能（也）在笑设计实验的人。

[59] Spencer 1860.

[60] *Phil.* 2. 39：他解释说当军队忧心忡忡（plena curae）的时候，笑话能够"放松他们的心情"（animis relaxantur，这个动词可以反映出释放压力的意思）。尽管我可能表述得太夸张了，毕竟当时西塞罗只是从一个更为宽泛的角度考虑到玩笑可以让战争期间的人们暂时忘却忧虑。Corbeill 1996, 185-189 讨论了在这种情形下产生的笑话。

[61] Freud 1960 [1905]（"听到笑话的人会大笑，而他们释放出来的精神能量来自受到抑制的贯注精神的解除"，201）。实验心理学并没有确认弗洛伊德学说隐含的深意：一个人越压抑，当他听到下流笑话时就会笑得越厉害（Morreall 1983, 32）。

[62] M. Smith 2008 理由充分地批评大部分笑的理论家都专注于研究不可控的笑。Ruch & Eckman 2001 很典型地将笑的爆发分为两类，一类是"自发性的"，另一类则是"人为做作的"或者"伪装的"（这些说法的意思一目了然）。比起不可控的笑，近来苏菲·斯科特（Sophie Scott）及其同事所著的神经学论述就对"社会性"的笑更感兴趣；他们专门研究了大脑对不同类型的笑的反应有哪些异同之处。例如，见 McGettigan et al. 2013；S. Scott 2013。

[63] 在 Scruton & Jones 1982 中，斯克鲁顿对现代笑研究的范围内和范围外的内容提供了有价值的观察（"哲学家感兴趣的不是笑，而是针对某事或关于某事的笑"，198）；Parvulescu 2010, 3-4 也提出了类似的观点（"大部分'笑的理论'关注的并不是笑"）。

[64] Morreall 1983, 30 指出弗洛伊德的立论（即精神能量会转化成身体能量）存在着问题；Cioffi 1998, 264-304 在讨论维特根斯坦

（Wittgenstein）对弗洛伊德的批评时，也提出了这一观点，只不过要更委婉一些（"想象一下，如果有这样一个世界，里面的人们也像我们这个世界一样会因为笑话而开怀大笑；但和我们不同的是，他们并不知道自己笑的是什么，直到他们发现了弗洛伊德假想出来的无意识能量过程"，277）。Richlin 1992a, 72 简要地总结了弗洛伊德学说中的一些基本问题："这种说法认为快感存在于解脱，即存在于抑制解除带来的压力释放，它并不能妥帖地描述大笑的感觉。"先前研究笑的现代理论家们更关心的是把笑的身体"症状"与其原因联系在一起。例如，劳伦斯·茹贝尔（Laurence Joubert）认为笑是心脏的一种身体反应，心脏会收缩、舒张以应对愉悦和悲伤的矛盾情绪（Joubert 1980 [1579], 44-45）。Gatrell 2006, 162-167 则回顾了 18 世纪的人们对这些"身体说"的反应。

[65] 例如，可见 Gruner 1997, 131-146（其中认为听到双关语后发出的哼哼声便是认输的意思）。波德莱尔（Baudelaire）对这一理论的尖锐驳斥值得注意："所以他们说，笑来自优越感。基于这一发现，如果生理学家想到自己怀有的优越感而爆发出一阵大笑的话，我也不会感到意外"（1981 [1855], 145）。关于那些无所不包的"逗趣"理论中存在的普遍问题，见斯克鲁顿在 Scruton & Jones 1982, 202 中的论述。

[66] Freud 1960 [1905], 248-254. 可能这个问题百出的立论中的最大问题便在于弗洛伊德提出的一个说法：在想象的过程中，动作的幅度越大，要产生的精神能量就越多。

[67] Berger 1997, 29-30（乖讹）；Sanders 1995, 249。引述自 Bergson 1911, 18。

[68] Morreall 1983, 16（乖讹）——不过莫雷尔（Morreall）补充说："因为它（乖讹论）不符合《诗学》和《尼各马可伦理学》中的优越论，所以亚里士多德并未发展这一学说"；Atkinson 1993, 17-18（缓释）。

［69］Hobbes 1996 [1651], 43; Skinner 2001, 445-446; Skinner 2002, 175-176; Skinner 2004, 162-164.

［70］Richlin 1992a, 60（社会心理动力）; Goldhill 2006, 84（不知道我们在笑什么）; Corbeill 1996, 4-5（"有偏见的"与"无损于人的"）。

［71］Le Goff 1997, 46-47 简略地探讨了笑在多大程度上可以被简化为"单一的现象"。

［72］Douglas 1971, 389. 她的话中也蕴含着这样的假设——至少从柏格森（1911, 12）开始, 这一假设便成了常规论断——笑从本质上来说是具有社会性的, 并且人是不能独自大笑的（所以电视节目里才会配有背景笑声）。关于普林尼的观点, 见前文第 37—38 页。我觉得这可能是因为在某些情境或者某些文化中, 打嗝也可以跨越不同的天性和文化, 被人们当作有意义的。普林尼在这篇文章里提到的另一个动作是吐痰, 但它又有点不同：普林尼认为它是一种沟通的方式, 而不是自然的身体爆发。

［73］Aristotle, [*Pr.*] 35. 7, 965a18-22, 尽管这部汇编集（几乎可以确定里面汇总的是逍遥学派从公元前 3 世纪起几百年间收集的著述）中的下一篇文章又声称, 人只有腋窝部位是怕痒的。Joubert 1980 [1579], 86 指出脚趾之间的皮肤是最怕痒的。

［74］Provine 2000, 99-127；R. A. Martin 2007, 173-176。关于挠痒, 有一个理论存在着很大的争议, 即所谓的"达尔文-赫克尔假说"（Darwin-Hecker hypothesis）。这个理论认为, 挠痒与幽默之间的相同之处比我们以为的要多得多：两种情况下产生笑的神经过程十分相似, 都涉及了大脑中的同一区域（Darwin 1872, 201-202; Panksepp 2000, 但见 C. R. Harris & Christenfeld 1997; C. R. Harris & Alvarado 2005）。

［75］依我的经验来看, 有这样一种颇为残忍的情况：孩子们可以想到一个借口先让一个孩子从房间里出去——当他（她）回来时, 其他孩

子全都在吵吵闹闹地大笑。很快，回来的人也会附和着大家一起大笑起来，这时其他人就要用越来越咄咄逼人的问题问他（她）在笑什么——直到他（她）最后哭起来。

[76] Lautréamont 1965 [1869], 5.

[77] Nietzsche 2002 [1886], 174-175; 1990 [1886], 218.

[78] Douglas 1971, 387.

[79] Turnbull 1961；山区部族（即"伊克人"）是 Turnbull 1973 中的研究对象。Ballard 2006 与 Boyer 1989 批判了特恩布尔研究俾格米人时采用的常规方法。"带有主观性和评判性，而且缺乏经验"则是 Fox 2001 对其的评价（尤指特恩布尔对伊克人的处理）。

[80] 关于切斯特菲尔德，见本书第 52、95、102—104 页。

[81] 例如，Catullus 64.284；Lucretius 1.8。单词 ridere 的词源尚不明确，但是希腊语单词 γελᾶν（大笑）可能源于明亮、光泽之意，而且诗人在使用这些词的时候真的在学究地暗指这一点也并非没可能（不过可能性确实不大）。关于 γελᾶν，Halliwell 2008, 13n33, 523 对此进行了合情合理的讨论，附有参考文献。

[82] Darwin 1872, 120-121, 132-137, 198-212；及 Davila-Ross et al. 2011（只是针对猿类的笑的最新研究的一个例子）。狗：Douglas 1971。老鼠：Panksepp & Burgdorf 1999; Panksepp 2000。

[83] Panksepp & Burgdorf 1999, 231 简要地讨论了这种反对的观点。

[84] 见斯克鲁顿在 Scruton & Jones 1982, 199 中的论述。

第三章
笑的历史

笑的历史存在吗？

我们可以有把握地说，人类一直都是在笑的。但是，过去的人们笑起来是不是跟我们的笑不一样？如果是这样的话，不一样在哪里？而同样重要的是，我们又是怎么知道的呢？在第一章中，我们介绍了几例解读古罗马的笑的尝试，以及从中感受到的趣味和挫败感。在本章中，我想借助更多的古罗马材料，对这些问题进行更加深入的探究。我们要弄明白，学者们是怎样以精妙的才思，重写那些流传至今的罗马笑话，并使它们（对我们而言）更加好笑的。同时，我们还要简单地探讨一下视觉形象这个尤为棘手的问题。我们如何分辨对一张笑脸的视觉描述？（这个问题并没有你想的那么简单。）我们如何确定哪些图像会让罗马人开怀大笑，又如何辨明笑起来的罗马人是哪些人呢？

此外，我还要走出古代世界，以研究一个更为宽泛的问题：我们该怎样使先人们的低声轻笑、开怀大笑、吃吃地笑和哄笑具有历史意义呢？

其实，人们很早就开始研究笑的历史了。早在 1858 年，亚历山大·赫尔岑（Alexander Herzen）就提出："如果能把笑的历史写下来，那一定有趣极了。"[1] 这段原话已经被后来越来越多的学者当成口号来用。当然，这样做一定会很有意思。不过，我们很难定义笑的历史的确切范围。我们研究的是笑的理论及其相关规约与规则（无论人们遵守与否）的历史吗？或者，我们的重点其实是一个更难掌控和捉摸的话题——笑本身作为一种行为的历史？又或者，其实是两者不可分割的结合体？[2]

我们又希望在时间的长河中发现哪些变化呢？说到这里，我们得讨论一下现代俄罗斯评论家米哈伊尔·巴赫金的理论，他也对笑的文化进行了一番探究。从许多方面来说，巴赫金研究的重要性和创新性可以与弗洛伊德对笑研究做出的贡献相媲美。不过，他却将一些误导性的迷思强加到罗马社会的笑中，恐怕我必须要反驳这一部分内容。尽管如此，他的研究提出了一些更为重要的问题，关乎我们该怎样描述、理解笑在这种领域中的长期发展。当我们说笑在几百年间发生了变化时，究竟指的是什么变了？我建议，我们应该有效地在历史的聚光灯下研究笑，用历史的眼光看待这一问题（这不就是本书的宗旨吗？）。不过与此同时，我们要讲述的既不是笑的线性历史，也不是一部单一的通史。事实上，我认为，有许多所谓的笑的历史都只是长篇累牍地记录了人类进步的故事而已。当罗马人在回想过去的笑时，目的之一就是表明前人比他们笑得更粗鲁、更起劲儿（我们在这方面其实跟他们没什么区别）——这样一来，在他们构建的历史版本中，笑便成了人类愈发成熟的标志。

不过，我们首先要回到 1976 年的 12 月。当时，历史学家基思·托马斯（Keith Thomas）发表了一篇著名的演说，介绍了笑在都铎王朝和斯图亚特王朝时期的英格兰扮演着怎样的角色。这篇演说虽然只发表在了一本周刊杂志上，却十分具有纲领性，并且对后来笑的历史的研究方法产生了极其深远的影响，这种影响尤以英语世界最为显著。[3]

过去的笑

托马斯提出了一个根本性问题。他问听众:"为什么笑引起了历史学家的关注?"为什么不只是社会人类学家、文学评论家或心理学家对这一问题感兴趣?他坚称,这是因为"我们研究先人的笑,坚持阅读,直到我们不光能听到人们的谈话声,还能听到他们的笑声——借此,我们便能够对人类不断变化的感性有所了解"。

托马斯描述的这项工作具有十分重要的意义,但同时又是不可能实现的。说不可能是因为,不管我们多拼命阅读,都不可能"听到"19世纪前任何时期的"人们……的笑声"(或者说谈话声)。而且,暗示人们能够做到这一点其实是一种自欺欺人的做法,即便只是打个比方也是如此。不过,他的研究仍然具有十分重大的意义,其原因也同样显而易见。如果我们能够理解历史上一个社会中的笑的相关规约和行为的话,就可能对这个社会进行更好的、更丰富的描述——这几乎是不言自明的。谁笑了?在笑什么?什么时候笑的?什么时候不该笑?人们可以对着哪些东西或者在哪些场合发出轻笑?

我们可以从罗马世界中找几个例子。在罗马帝国时期的作家里,至少有一位曾在讨论晚餐礼仪时,主张人们可以笑秃顶的男人或者鼻子长得很奇怪的人,但是绝不可以嘲笑盲人,而有口臭、流鼻涕的人则处于两者之间。即便如此,我们依然对罗马帝国里真实发生过的笑知之甚少,即使精英阶层的笑也是如此。对大众来说,这种禁令常常是非常危险的指导,因为从我们自己的经历来看,最严格的禁令有时针对的便是日常生活中最常见的特征(当然,现代社会中的"不许说脏话"或"不许乱扔垃圾"的禁令并不一定意味着漫天脏话、满街都是垃圾或者完全相反的情况)。但是这些针对笑的规定仍是一个宝贵的提示,让我们得以一窥罗马社会中关于身体侵犯或异常的等级制度的一个版本。它们表明，那些受到社会认可的行为和外貌也会以某种方式被衡量分级：它们会被置于一个范围内进行衡量，一端是那些从情理上来说可笑的事物，另一端则是绝对不可以笑的事物。[4]

同样，在古罗马的笑中，想象出来的"地域因素"也让我们从侧面对文化差异在古代社会的表现有了一番别有生趣的认识。就像现代人类学家会想象歇斯底里的俾格米人一样，古罗马的作家们设想出了这样一个世界：不同的人们、国家或城市的特征在于笑的风格不同、笑的对象不同，以及自身的可笑程度不同。一边是那些总是成为笑柄的人（比如居住在希腊北部阿布德拉城的可怜人，人们觉得他们很愚蠢并常为此开怀大笑——我们将在第八章中讨论这一问题）；另一边则是那些笑得太多、过于热衷嘻嘻哈哈带来的肤浅欢愉的人。

埃及城市亚历山大港的人们（按种族来看大部分都是希腊人）就是一个恰当的例子。公元1世纪末2世纪初，演说家、智者"金嘴"狄翁（Dio Chrysostom）对亚历山大港人发表了一番精彩绝伦的演说。在演说中，他对当地人出了名热爱幽默的风气大加批评。"请正经一点，哪怕就一会儿也好，集中注意力。"他开头便说道，"因为你们总是那么热情、轻浮；其实可以说，你们从来就没缺过乐趣、欢乐和笑声。"接着，他又把"某些野蛮人"的笑和当地人的笑比较了一番。他声称，这些野蛮人通过吸入焚香（在古代可用来指代大麻）的烟气，使自己露出醉汉般的笑容；相比之下，亚历山大港人则不需要任何化学物品的帮助，他们只用轻浮地逗乐和玩笑便能达到这种状态——狄翁的原话是："只要通过耳朵和声音便可以。"他还呵斥来听演说的人："你们干的事情比野蛮人还要蠢，而且你们还四处晃荡，像是喝多了似的。"[5]

罗马历史学家塔西佗（Tacitus）在剖析日耳曼民族的文化时，表达了自己对于种族差异不甚乐观的看法，并指出有些野蛮族群显然是不会笑的。他认为和在罗马不同，在日耳曼，"没人会对恶行一笑置之"（nemo...vitia ridet）。不过，这显然是他在反思罗马民族的道德与品行时得出的结论。这意味着，尽管日耳曼社会仍处于朴素的原始状态，但他们却认真对待恶行，而没有把它们只是当作可笑的对象。[6]

这并不是说罗马的精英文化中有一套固定的模板，囊括了笑在帝国内外发挥作用的不同方式；同时，这也不意味着我们能够将罗马世界里不同人的笑分门别类。不过，有一点是很清楚的：笑是罗马人用来描述文化差异和定义自己（有时也用来批评自己）的一种坐标，它无疑是多变且不稳定的。

不过，上述这些罗马的"笑之思考"的例子可能会让笑的历史看起来比实际上更简单一些。随着你逐渐远离与笑有关的规则、规约和道德规劝，并且离托马斯口中的那种状态（即"听到"过去的笑声）越近，你面对的问题就越让人捉摸不透。也就是说，就像我在本书开头介绍的两个场景所体现的那样，尝试认清是什么样的情况、笑话、情绪或言语引发了（或本可能引发）历史中的笑，会使我们直抵各种历史解读中经典困局的核心问题。我们对过去的世界有多熟悉或多陌生？我们能理解多少？历史研究的过程能够将那些比看上去更陌生的材料归化到何种程度？笑的问题以一种相当尖锐的形式引出了这些争论点：如果我们现在连邻国或周边文明中每天的笑文化都很难了解得到的话，那要想探寻几百年前的人们的笑文化该有多难啊？

我们并不需要往回追溯两千年才能看到这些问题的存在。在19世纪那些勤勤恳恳的报纸上、会议或者辩论的记录里都十分系统地记载着现场响起的笑声——"(笑声)"，"(经久不息的笑声)"，"(沉闷的笑声)"。任何翻阅这些记录的人都时常会感到困惑不解：是什么让大家这么高兴？又或者，为什么有些事情比其他事更能让人们捧腹大笑？这不单单是因为我们没法找到那些早已被遗忘的时事内容，也不只是因为我们无从得知是怎样的动作或视觉效果才让大家开怀大笑起来。我们面对的其实是许多极度陌生，但时而又相当神秘的社会规约：是什么让大家笑了起来，抑或是，什么时候应当听到笑声。

这些问题并不总是那么神秘——但这反而使它们显得更加复杂了。如果说过去的某些笑让人摸不着头脑，还有一些笑似乎就容易理解多了。我们也看到，狄奥在竞技场里差点溢出的笑并不难理解（不管我们的理解正确与否）。有时，笑话的魅力也能够穿越时间。在成书于1889年的讽刺小说《康州美国佬大闹亚瑟王朝》（*A Connecticut Yankee in King Arthur's Court*）中，马克·吐温（Mark Twain）就以巧妙的手法加入了一些老笑话，让更多的人得以领略它们的趣味所在（令人感到讽刺的是，在这本书发行了一百多年之后，它本身也成了当时他所讨论的例子的延续）。这本书的主角是一位时间旅行者。他穿越到了一千三百年前的亚瑟王朝，来到了卡米洛城（Camelot）。某天，他听到了弄臣狄拿丹爵士（Sir Dinadan）的表演，然后便这样评判了一番："我觉得我这辈子都没听过这么多没创意地串在一起的老笑话……像这样坐在这儿似乎太可悲了——我倒退了一千三百年，还要在这里再听一遍这些可怜兮兮的、平淡无聊的老古董笑话。要知道，一千三百年之后的我还是个孩子时，就已经在干巴巴地抱怨这些笑话了。我快要信了，这儿是不可能有新笑话的。大家都要对这些老古董开怀大笑——不过他们还会一直这样做；一千多年后的我就已经注意到这一点了。"[7] 我在本书的结尾部分，会进一步探究某些两千多年前写就的罗马笑话还能不能引人发笑。我们要不要设想一些与笑有关的普遍心理特征？或者，我们有没有学会找到那些笑话有趣的地方，我们有没有无意间继承了一些笑的古代规则与传统？

那么，我们的问题不在于历史上的笑对于我们而言是陌生的还是熟悉的（其实两者都有），而在于如何辨明其中熟悉的元素与陌生的元素，以及如何明确两者之间的边界。我们要一直同时进行两项相反的任务：一是夸大过去的笑对我们有多陌生，二是十分自然地把它们当作我们自己的笑。

总体而言，古典学者已经在熟悉度的问题上犯过错了。他们竭尽全力想要融入希腊人和罗马人的笑中，绞尽脑汁地在古老的喜剧和罗马文学中的俏皮话、笑话和其他机智的应答里找到并解释其中有趣的地方。有时，他们不得不对流传下来的古老文本做一些"修改"（甚至修改到几近重写的地步），好把其中隐含的笑点体现出来。这些无奈之下的办法其实不一定像看上去那样不靠谱。不过不可避免的，这些文字最初的版本可能与现代读者读到的、被一遍遍复印的版本之间存在着很大的差异。中世纪的修道士们手抄了许多经典文学作品，他们可能会出现很严重的错误，尤其是当他们并没有完全理解自己在抄的是什么，或是没看出这项工作有多重要的时候。和罗马数字的复杂体系一样（其中的细节在抄写过程中总是混乱不清），笑话也是一个很容易出错的领域。这些错误可能会很显眼。比如，如果一个抄写人视力很差的话，那当他在誊写西塞罗的《论演说家》第二卷中关于笑的看法时，就会把 iocus（笑话）一词全部抄写成 locus（位置，指"一本书中的段落"）。这么一来，他一下子就把"笑"这个关键词给抹去了，不过好在这种错误修正起来很简单，也不会有什么争议。[8]

但是，这一过程有时还需要更为新颖的巧妙构思。在《演说术原理》(*Handbook on Oratory*) 第六卷（成书于公元 2 世纪）中，昆体良也分析了笑在演说家的才能中起到了怎样的作用。这部书是许多手抄本的集合，其中还有之后数百年间学术编辑们添加的评注；我们在里面会读到许多在演讲中让观众发笑的例子，有的效果恰到好处，有的则无比混乱，甚至几近胡言乱语，与昆体良大加称赞的俏皮话相差甚远。在一项针对这些内容开展的著名研究中，查尔斯·穆尔吉亚（Charles Murgia）称自己已经发现了其中一系列关键段落的精髓所在。就在他巧妙地对昆体良的拉丁原文进行了重构之后，书中的一些笑话、双关和文字游戏显然获得了"新生"。不过恼人的问题在于：这些笑话属于谁？到底是穆尔吉亚让我们再次领略到了古罗马人的幽默，还是他其实只是调整了一下拉丁语，然后创作了一个现代笑话？[9]

昆体良引用并赞不绝口的一段应答便是一个绝佳的例子，可以让我们感受到理解和重建古代笑料的过程是多么错综复杂、技术难度有多大、不确定性又有多强。这段值得细细琢磨的对话发生在法庭上，说话的人分别是控告人和一个名叫希斯波（Hispo）的被告人——我们本应该对后者的俏皮话佩服不已。这本书的最新印本是这样写的："当希斯波被指控犯了十分残暴的罪行时，他对控告人说道：'你是在用你自己的标准来衡量我吗？'"这句话对应的拉丁语是："Ut Hispo obicienti atrociora crimina accusatori, 'me ex te metiris?'"[10] 这是现代学者们费尽苦心"改进"古代抄本内容后的成果。他们用 atrociora（意为"十分残暴的"）替换了抄本中近乎无意义的 arbore（树）一词。同时，用 metiris（measure［衡量］，衍生自动词 metiri）替换了原抄本中的 mentis（该词多了个"n"，看似是从动词 mentiri 衍生来的，意为"说谎"，但其实是一种完全不合语法的形式）。并且加入了 me ex te（me according to your standards［按照你的标准来……我]），以便表达出句子的意思。[11] 不过就算做出了这些修改，这段对话仍然显得很站不住脚，根本不像是能让人开怀大笑的句子。

穆尔吉亚也参与了进来——他一方面重新研究了抄本，另一方面又不拘泥于其中的内容。在他的解读中，这位控诉人在处理案件时，"使用的语句十分粗俗"（"obicienti barbare crimina accusatori"，用 barbare 而非 atrociora 取代了 arbore）。希斯波随即为自己作了辩护，甚至还聪明地引起了众人的大笑。按照抄本的内容来看，他的回应显然在语言上是不规范的："Mentis。"穆尔吉亚将这一句译为"You is lying"（你在说谎）。借此，他试图表现出这些不合语法的拉丁语中蕴含的某种不和谐的声音（根据他的解读，mentis 是一个动词的主动形式，用来十分别扭，因为这个动词本该用作被动形式 mentiris）。这样一来似乎就出现了一个更好笑的地方：在面对使用不规范的、粗俗的拉丁语对他大加抨击的控告人时，希斯波也回以十分糟糕、粗野、不符合语法规则的拉丁语。[12]

但这真的是昆体良想要表达的意思吗？穆尔吉亚可能只是在昆体良的故事的常见版本中做了些聪明的改动，好让我们读起来也觉得有趣——我们很难完全抛开这种猜想。当然，"mentis"或者"You is lying"也很贴近抄本中的内容了，无论它们正确与否。但是"使用的语句十分粗俗"却没有什么佐证，除了它能让现代的读者们看出这是一个似乎有些道理的笑话。[13] 而且，这个笑话简直过于合情合理了。或者，按照我们的标准来看，希斯波的笑话并不好笑，尽管它当时确实让罗马人笑了起来（具体的原因我们无从得知）。也有可能，尽管昆体良对它大为称赞，但是就连大部分罗马人也不觉得它好笑。

事实上，研究笑的历史学家和理论家们一直甚少关注的一个类别是"坏笑话"（在拉丁语里一般用 frigidus 来表示，即"冷笑话"）。不过，就像马克·吐温敏锐地察觉到的那样，在笑和滑稽的日常世界里，坏笑话是无处不在的，它们有助于定义什么算是"好"的笑料，而且能像好笑话一样帮助我们理解笑的历史与文化。

普劳图斯是泰伦斯的大前辈，其作品大都完成于公元前 3 世纪末或公元前 2 世纪初。在围绕他的拉丁语喜剧中的"风趣言辞"进行广泛研究时，迈克尔·方坦（Michael Fontaine）甚至比穆尔吉亚的野心更大。[14] 方坦的研究旨在修复这些戏剧中的双关语，这其中不只是呆板的中世纪修道士们忽略的那些，还包括据他称这些戏剧在古代几乎刚刚变成文字时就已失落的部分。[15] 他描绘了普劳图斯喜剧中的一些热闹非凡——同时也十分好笑——的场景。举一个最简单的例子，在普劳图斯的《缆绳》(Rope)中，有一个角色在沉船失事后一直苦苦支撑着，并宣称自己"要冻坏了"(algeo)。方坦认为这里是一个利用拉丁语单词alga（意为"海藻"）的双关，毕竟这个词也可以指"身上覆满了海藻"。紧接着，他又联想到，这个笑话的笑点之一也许在于这个角色身上还穿着海藻做成的戏服。[16]

谁知道呢？就像这本书里的许多其他猜想一样，这一点体现了精深的学问，十分精妙，甚至还相当有意思。不过，方坦有没有（像一位评论家所说的那样）揭晓了"沉睡几百年"[17]的笑话？抑或是他有没有提供一些令人愉悦的现代成果，让我们重新感受到古老笑话的魅力？这都是有争议的。其实，在这种研究方法的影响下，我们应该更认真地思考一个问题，那就是在分析一出古代喜剧中的哪些台词会让古人们放声大笑时，我们有哪些可用的标准？此外，上演罗马喜剧的古老剧场里到底响起了多少笑声？发生在剧本中的哪些时刻？这些问题比我们想象的还要复杂。

看得见的笑

在重现罗马的笑的现代难题中，有一个问题尤为显著，那就是古代视觉图像的问题。第一个问题便在于，我们要明确古代的绘画和雕塑会在何时表现大笑或微笑——或者说得再确切一些，我们很难明确在古代什么能够算作大笑或微笑的视觉表征。除了泰伦斯那让人立马认出的"哈哈哈"声外，便很少再有如此简单易懂的表征了。[18]

对我们来说，在目前留存下来的希腊罗马艺术作品中，明显在笑的人物似乎少之又少，尽管原因还不得而知。我们先把重点放在雕塑艺上。这一领域中有一个问题，那就是为什么古代的大理石雕像或铜像里很少看到人物在笑呢？近来学者们的研究给出了让人失望的答案："主要原因在于创作类型。希腊的雕塑基本上都具有宗教意义"，一位学者大胆地提出了如是看法；"因为笑会使身体扭曲"或者"（这）一定与礼节有关"，其他人这样认为；"这主要是受限于雕塑家的技法"，另一位的猜测则更为大胆。[19] 当然，众所周知，许多早期希腊雕像（尤其是公元前 7 世纪到公元前 5 世纪早期的青年男子雕像［kouroi］和青年女子雕像［korai］）的面部表情一般都被称为"古风式微笑"，但仍无法确定它代表的是不是我们所理解的"微笑"——而非现代的某些看法认为的那样，代表的是一种活力或是贵族式的满足感。[20] 此外，同样矛盾的还有那些显然在笑着的戈尔贡（她们真的在狞笑吗？）、喜剧里的面具（它们是意在表现荒诞之感，还是真的在笑？），以及萨堤尔的雕像（或许他们露出的只是狂野、兽性、龇牙咧嘴的扭曲表情，而不是笑容）。[21]

其实，这些不确定性并不仅仅存在于古典世界的艺术作品中。尽管这可能会让你惊讶不已，但事实的确如此：一直到 19 世纪晚期，弗兰斯·哈尔斯（Frans Hals）作于 17 世纪的画作《微笑的骑士》（The Laughing Cavalier，见图 1，系知名度最高的、人物在笑的画作之一）才被称为或视作一幅描绘笑的图像。我们很难确定是什么促成了这种新的描述方式（或者为什么它会被如此坚定地延续下来）。不过从很大程度上来说，正是因为这幅画如今广为人知的标题，我们才会毫不犹豫地把这幅画看作描绘笑的图像，而不会认为画中人是一个"挂着一丝轻蔑的笑容、意图挑衅"的男人——或者，甚至是一个表情捉摸不透、留着上翘的小胡子的男人。[22]

不过，如果辨别艺术作品中的笑是件难事的话，那么要找到那些曾经让罗马人开怀大笑的图像就更是难上加难了。在一本名叫《看笑话》（Looking at Laughter）的重要著作中，约翰·克拉克（John Clarke）就

图 1　弗兰斯·哈尔斯所作的《微笑的骑士》（1624 年）。我们现在理所当然地认为这幅画上是一个笑着的男人，但它其实引出了一个问题，那就是我们在判断过去的艺术作品中出现的"笑"时有多大把握？

尝试着去完成这一任务。他收集了诸多种类的罗马艺术作品，其中既有穴怪图像，也有讽刺画，甚至还有滑稽作品和古代版的连环漫画。通过研究这些作品，他试着去探索罗马世界里的大众的笑、活泼的笑、喧闹的笑，甚至有时还有粗野的笑。这项研究确实很吸引人，不仅如此，它还让我们注意到一些十分有趣而又被大多数人遗忘了的罗马图像。但与此同时，它也让我们注意到了这个问题的另一面——这一直让我苦恼不已。那就是，我们怎么知道罗马人（或者某些罗马人）在看到这些图像时笑了呢？换句话说，到底笑的是谁？是罗马人？还是我们自己？或者，是不是我们一直在凭空想象——甚至冒充——罗马人？[23]

我们可以从克拉克的主要案例里选一个出来说说。这其中涉及的并不是一幅已经被遗忘了的图像,而是"悲剧诗人之家"大厅入口处地板上的那块有名的马赛克地砖。那上面绘着一只狗,正面容凶恶地迎接着来到这里的访客,恶犬的下方有两个拉丁语单词"CAVE CANEM",意为"当心猛犬"(见图 2)。在庞贝,还有三个地方的入口也有这样的马赛克地砖,它们上面的图案都是一条守卫犬,仿佛在提防路过的访客(如今,它们装点着无数的现代旅游纪念品,包括明信片和冰箱贴这样的小物件)。克拉克认为,这些图案可能会让古人开怀大笑,因为看到的人先是会产生错觉,然后才会恍然大悟。但是,和其他图案相比,"悲剧诗人之家"中的这个例子可能更容易让人笑出来,这完全是其中的文字的功劳。"CAVE CANEM"能够让人们意识到这里的"狗"只是错觉而已,同时它还拆穿了"这种把戏蕴含的幽默",进而会让人们大笑起来。[24]

克拉克认为,在古罗马人被逗得大笑的过程中,幻觉和模仿起到了

图 2　镶嵌图案的地板,上书"当心猛犬",位于庞贝城的"悲剧诗人之家"(公元 1 世纪)。我们怎么判断这幅图像的意图是不是逗乐到访之人?

十分重要的作用。我对此十分赞同。克拉克相信人们在看到马赛克地砖时爆发出了一阵笑声，并试着分析了这种笑的社会功能——不过这些解释就没那么有说服力了，因为他几乎没多想便将结论归为那个被过度使用的概念：辟邪。他提出，在罗马人的观念里，入口是危险的阈限空间，在门厅发出一阵响亮的笑声可以有效地抵御邪恶的侵犯。[25] 不过，不管这笑声能否辟邪，克拉克的说法仍然无法打消他的同行、艺术史学家罗杰·林（Roger Ling）的疑虑。林针对克拉克的书写了一篇整体较为温和的书评，并在其中坚称马赛克不仅不有趣，而且还蕴含着某种严肃的含义。地砖上的文字和图案是用来向访客们发出警告的，让他们注意"这只等待着不速之客的生物"。也就是说，"这可不是在开玩笑！"[26]

我们也不确定怎样在这两种研究之间做出抉择——一边以克拉克为典型（包括我在内），热衷于发掘那些可能从来都没有发生过的笑；另一边则以林为代表，更倾向立足于切实的常识，几近缺乏想象力。不过，这种对立却让我们想起，这个论述笑的难题还有另外一面，让人既困惑又着迷。尽管有那么多关于笑的宏大理论，但是并没有什么事物能从本质上让人类捧腹大笑，也没有什么事物能够万无一失地保证会让人们发笑，即使是在某个特定文化的规范和传统下也依然如此。根据某种理论，乖讹往往会引人发笑，但并不是所有乖讹的例子都能起到这样的效果，也并不是每个人都吃这一套。几乎可以肯定的一点是，一个能够让婚礼上的宾客开怀大笑的笑话如果出现在葬礼上，便不会有这样的效果——或者就像普鲁塔克说的那样（见本书第41页），你和朋友在一起时会因为某件事情大笑起来，但当身边人是你的父亲或妻子时，你就不会有这样的反应。

除了心理或进化方面的决定因素之外，人们说的话、做的动作或某件事情看起来好笑的根源其实在于：出于某种原因，人们所处的文化将它们定义为好笑的（或至少可能是好笑的），鼓励人们在某些特定的情境下因此而大笑，并且还要让他们的笑显得十分"自然"（我怀疑这一过程现在已经完全不可复原了）。所以，"CAVE CANEM"到底有没有让到访"悲剧诗人之家"的人们大笑起来呢？这其实取决于他们认为视觉把戏的暴露有多好笑（用克拉克的话来说），或者他们认为这一图案在多大程度上代表警示恶犬的信息（按照林的说法来看），又或者这两种解读在不同的情境、情绪或观者的情况下都有可能的概率有多大。

正因如此，尽管分析这些"被写成文字的笑"可能会有风险，本书仍然将重点放在这些案例上，着重分析罗马文学作品中笑的显性表达（对笑的爆发进行指明、探讨或争辩）——而且它们的数目甚至超过你的想象。也就是说，本书并不会集中于讨论那些可能（或可能并非）意在引起人们发笑的图像或文本。所以在后文中，我们并不会过多着墨于绘画作品、雕塑或喜剧表演引起的笑。与之相反，我们将把目光更多地投向罗马人讲述的各种发笑的特殊场景，以及他们对于笑的功能、影响和后果的讨论。

走进巴赫金的研究

在拟定自己的"笑史"宣言时，基思·托马斯考虑的远不只是怎样找出历史上某个时间段内的笑话的问题。他感兴趣的，是在笑的原则和实践中寻找历史的变迁，并思考该如何对这些变迁做出解释。据他说，在引入这一问题时，他的目的是"理解不断变化着的人类感性"[27]。

所以，在研究都铎王朝和斯图亚特王朝时期的笑时，他指出这一阶段出现了一种转变：过去那种直率、大众、粗鲁，甚至往往还有些低俗的笑（包括所有狂欢节式的倒错——也就是"伴随着那些获得许可的滑稽或混乱场合的'节日幽默'，这些场合往往是为大部分都铎王朝风俗举办的年度活动")慢慢地少见了,取而代之的是一种更加可控的、"受到管制"的氛围。他认为,"失序仪式"逐渐销声匿迹,被视作适合用来讥嘲的事物越来越少:肢体的畸形没那么好笑了,人们越来越厌恶粗野的低俗描述,公开就神职人员和社会等级的问题说下流话的情况也显著地减少了。按照托马斯的模型来看,我们离那个反对痴笑、尊崇庄重的世界已经不远了——众所周知,就是18世纪中期切斯特菲尔德勋爵对儿子的劝诫里所描述的那个世界。在讲述笑的历史(以及笑的历史的缺失)时,人们常常会引用这位勋爵的话:"频繁而又大声的笑是愚蠢和无礼的象征……我认为笑出声是最没有教养、最差劲的行为。"[28]

是什么带来了这样的变化?托马斯指出了许多原因。例如,他提到,这一时期更为普遍的一种观点是注重将对身体的控制作为社会等级的一项标志——笑以及与其相关的身体行为的混乱都只是其中的一个方面而已。[29]他强调了中层阶级在文化中日益显著的重要性——对这类人来说,笑这种古老的失序仪式(假设它们将英国社会二分为高等和低等两种阶级)似乎不再那么犀利,也没那么重要了:"主人和仆人可以互换位置,但是对于中层阶级来说,他们没有相对应的另一个极端,因此没法进行角色调换。"他还探讨了16、17世纪一些主要的风俗制度愈发"摇摇欲坠"的地位,这些制度的目的都是抑制人们的笑,而不是进行正向的激励。"一旦中世纪宗教的基本保障不再存在,笑便被教堂驱逐出去。一旦社会等级受到了挑战,笑这种狂欢与节庆般的倒错便仿佛成了一种威胁,而不是帮助。英格兰共和国期间,在贵族统治暂时被推翻之后,当务之急似乎便是筑起一堵体统的墙,以维护它在此后的地位。"[30]

在这期间,托马斯并没有提到米哈伊尔·巴赫金的名字,这可能会让人感到有些意外。巴赫金是一位苏联理论学家,著有《拉伯雷和他的世界》(*Rabelais and His World*),这部颇具影响力的著作研究了弗朗索瓦·拉伯雷(François Rabelais)在16世纪中期写就的经典作品——富有争议的分卷讽刺小说《巨人传》（Gargantua and Pantagruel）。[31] 托马斯在描述失序的盛宴和其他形式的倒错狂欢式庆祝时，与巴赫金在《拉伯雷和他的世界》中对笑的刻画有许多相同之处——这也启发了近代许多人去研究欧洲"笑文化"的历史变迁（巴赫金原话的字面翻译），或者为他们的研究提供了支持。事实上，继亚里士多德和三大理论体系之后，巴赫金也对围绕笑及其历史的现代研究产生了深刻的影响。不过，和我在第二章中介绍的理论学家不同的是，他并不关心笑的起因，反而专注于笑在高低贵贱不同阶级之间运作的普遍模式，尤其是笑在中世纪和文艺复兴文化中产生的社会和政治影响。此外，他也像托马斯一样，想要了解这些运作是怎样发生变化的。

这本书脱胎于巴赫金的博士论文。他在 20 世纪 30 年代完成了这篇论文，然后到 40 年代末才在一片争议声中进行了答辩（有几位审查人当时是想要给他不合格的[32]）。1965 年，这本书出了俄文首版，三年后英文版也付梓刊行。虽然巴赫金一直被苏联当局边缘化，不过也可能正因如此，《拉伯雷和他的世界》在西方的历史学家和评论家中的影响力才得以迅速提升。[33] 其实，这本书的内容十分复杂，有很多地方引用了典故，颇具警句风格，还有些地方甚至可以说是自相矛盾（除非大部分西方读者仰仗的英译版造成了这样的误导）。[34] 此外，这本书的覆盖面非常广泛，对许多不同领域都做出了理论方面的贡献。不过，历史学家仍然从中提炼出了一个非常有力的观点，涉及笑的用途在西方世界的演变——这便构成了一项基本背景，支撑着巴赫金对拉伯雷夸张的讽刺作品及其后来的大受欢迎进行深究。大体而言，这本书的线索有以下几条。

巴赫金发现，在中世纪中期，热衷狂欢节的大众文化同对笑深恶痛绝的宫廷与教堂文化之间的差异十分显著。前者强调笑中蕴含的无拘无束、包容一切、给予生命的力量，往往通过"低级的身体活动"（或者正如维克·加特里尔［Vic Gatrell］所诠释的那样，就是"闹酒、放屁和其他逾矩行为"[35]）表现出来。在拉伯雷和 16 世纪其他作家的著作里，这两个世界相遇了：在一个短暂的时期内，高级的文艺文化与地方的大众幽默交织在一起——"笑最激烈、最普遍也最愉悦的形式来源于民间文化的深处"，而它就这样出现在"充斥着鸿篇巨著和高层次意识形态的世界里"。不过，自 17 世纪以来，"人们那种节庆式的笑"变淡了。在近代早期君主专制体制的影响下，真正的狂欢节文化被瓦解了，取而代之的是纯然的嘲弄，"充满情色意味的轻浮"，以及早期欢腾的节庆变得衰败、讽刺、鄙俗。换句话说，它变成了消遣的乐子，而不再是对人们的解放。[36]

这些观点都很具启发性，对很多主要的评论家和历史学家产生了重大影响。"巴赫金提出的'狂欢化'……和'怪诞现实主义'等概念被使用得如此频繁，以至于我们都记不清在没有这些概念之前是怎么办的了。"[37] 不过与此同时，不论是就整体还是就细节而言，它们都引起了一系列为人们所熟知的并被广泛讨论的问题。他描述了那种真诚、朴素、包罗万象的狂欢节式的笑，这无疑让许多超尘脱世、潜心笃学的学者们燃起了怀旧的心思、浮想联翩——不过就其最简单的形式来看，这并不能经得住历史的检验。事实上，尽管巴赫金毕业论文的几位审查人可能是什么机构官员，但当他不由分说地认为中世纪的笑具有大众特性时，这些人提出了合情合理的质疑（"我担心，当我们仅从笑的角度来评估某个动作是否具有大众性时，就会削弱大众特性的意涵。"这是其中一位的话，听来不无道理[38]）。

巴赫金认为，狂欢节式的笑是一种全然积极的、解放的力量。后来的许多评论家也像上文中的审查人一样，对这一观点是有严重保留的。当然，狂欢节可能会充斥着冲突、恐惧、争执，还有暴力。或者换言之，被狂欢节暂时予以许可的逾矩行为可以被看作在维护正统的社会和政治秩序，而不是在挑战它（在经历了几天倒错的乐趣之后，人们所付出的代价便是了解了他们在一年中剩下的三百六十多天里所处的位置)。[39]

还有一个问题是，教堂与宫廷的文化是否真的像巴赫金所说的那样对笑深恶痛绝（毕竟朝臣和神职人员也都是会笑的），换句话说，这种与下体因素（lower bodily stratum）相关联的笑，是否通常仅限于普通大众。不管精英阶层怎么表达自己的不赞同，他们那时也经常发现（如今依然如此）放屁和男性生殖器会引来笑声。比如在18世纪，加特里尔就坚称，粗俗的笑点"按照政治标准来看也是完全'低级'（low）的，不过它们的目标受众却是精英阶层（"这本书越往后读，你会发现大雅之堂里的低俗举止就越多。"他犀利地评价道）。[40]

在巴赫金的理论中，还有两个问题与我的研究尤其相关。

农神节的乐趣

第一个问题十分经典：巴赫金将罗马农神节重构为一种古老的狂欢节，因此也是古罗马"笑学"中的一个关键部分。对于古典主义者来说，这种不牢靠的观点是巴赫金误人最深的理论之一，因此应当受到比往常更为强烈的质疑。我需要解释一下，为什么农神节中的乐趣、游戏和笑并不是本书的核心内容。

农神节是罗马用于祭祀农神萨图尔努斯（Saturn）的宗教节日，每年12月举行，会持续几天时间。[41] 节日期间既有市政举办的庆典，也有家庭的庆祝活动。它是现代人了解最少，但谈论起来又最有底气的罗马典礼之一。这一方面是因为人们简单地假设农神节代表着"我们的"圣诞节在罗马世界的起源（仲冬时节举办派对、赠送礼物），另一方面也是因为它被看作一个大众的倒错仪式，最起码从概念上来看引领着整个西方世界的狂欢传统（一个能够短暂地酣歌畅戏的世界，充斥着大众的笑和低级的身体动作）。这种节庆模式并不完全是巴赫金独创的。在詹姆斯·弗雷泽（James Frazer）的《金枝》（Golden Bough）以及尼采的书里[42]，你都能找到看上去十分相似的理论——而且许多古代仪式方面的现代专家本身可能从来没有读过《拉伯雷和他的世界》。不过这种涓滴效应是很强大的，而且这一理论之所以一直这样受欢迎，也主要是因为巴赫金本人巨大的影响力（无论是直接的还是间接的）。毕竟他曾描述过"狂欢节的本质……在罗马的农神节中得到最清晰的表达和体验（原文如此）"，也曾写到过倒错的"小丑的加冕和脱冕"，以及这个节日期间"自由地笑的传统"。巴赫金认为，在后来的狂欢式仪式中，仍然能够找到与这一节日"遥相呼应"的痕迹。[43]

的确，在描述这个节日和与其相关的"农神节文学"时，古典主义者往往会使用更具狂欢节特色的措辞。比如，人们普遍认为，一系列等级角色的倒错定义了农神节：主人们在伺候他们的奴隶享用晚餐；任何人（从奴隶到小丑）都可能被抽中成为仪式的主人，或节日的"国王"；自由公民在节日期间会戴上"自由帽"，那是重获自由的奴隶的象征；在节日期间，奴隶们还会负责掌管整个家庭。节庆期间的人们往往会"兴高采烈地狼吞虎咽，尽情纵饮"，而我们总是将这样的情景与狂欢节联系起来；不仅如此，人们还获得许可，可以赌博（其他时间都是被严格管控的），可以聚会，可以畅所欲言（不管你在生活中是什么身份）——同样也可以放声大笑。[44] 有许多著名的文学作品便是以此为背景的，它们描绘了农神节上酣歌畅戏的热闹兴致：塞涅卡（Seneca）为讽刺皇帝克劳狄（Claudius）的神化，创作了滑稽剧《变瓜记》（Apocolocyntosis，人们一般认为是为公元 54 年的农神节创作的），并在其中好生讽刺地直抒胸臆了一番；[45] 贺拉斯（Horace）用机敏的笔触描述了他的奴隶达乌斯（Davus）——达乌斯得到了一个机会，得以在农神节上用一首诗直白地揭露其主人的恶习；[46] 更不消说无数的罗马喜剧作品了。它们描述了聪明的奴隶面对愚笨的主人时取得的（暂时的）胜利，也让观众们因此捧腹大笑，这似乎也会让人联想到农神节狂欢中（短暂）倒错的世界。[47]

然而问题在于，关于这种原始狂欢的古代证据比预想的要少很多。的确，罗马人总是以开玩笑的口吻记录农神节的故事，我们能够证实它的趣味性，它对自由的标榜（当贺拉斯的奴隶达乌斯指出主人的缺点时，想必便是利用了这一点），以及它对一般社会规则的摒弃（脱下长袍，走上赌桌）。[48] 但是要记录巴赫金式狂欢最典型的一些特征——严重的过度消费，对倒错、低级身体活动还有笑的关注——却更加不容易。我们找到的资料显示，节日期间放宽了对饮酒和享用特殊食物的许可，但这既不是农神节独有的现象，也没有被当时的罗马作家们看成是多了不得的事情。[49] 除了《变瓜记》（说不准它是不是严格意义上的农神节主题作品）幻想可怜的老皇帝克劳狄拉了一裤子以外[50]，就几乎再也没有什么和粪便有关的狂欢式情节了：大部分农神节上的俏皮话都让人觉得相当优雅，或者起码措辞还算讲究，而且就连笑的角色相对来说也有所限制。马克罗比乌斯在古罗马时代晚期写下了《农神节》一书。其实，那本书中精英阶层的文字幽默可能并没有我们想象的那么特别（或者那么"新"）。[51]

不过更重要的是，和一般情况相比，狂欢节中特有的角色倒错观念在结构上比通常以为的更脆弱。确实，古代文学中有一些（后期的）资料显示，在农神节的晚宴上，主人反过来伺候着他们的奴隶。[52] 尽管如此，一些关键段落并没有对这一现象进行更进一步的观察：比如，之所以会出现奴隶在农神节上负责掌管家庭大权的观点，是因为哲学家塞涅卡的一个句子被人按照臆想进行了重新断句，而其他文章也都一样被人按照臆想翻译（或误译）了。[53] 而且，无论抽签中有没有舞弊现象，据我们所知最著名的"农神节之王"（也是唯一一个在历史上留名的）就是皇帝尼禄（Nero）。[54]

其实，大部分古代文献的重点都没有像这样关注倒错，它们的重点在于节日期间占据主导地位的社会平等。巴赫金也承认，古代的文献记录强调农神节象征的不是社会差异的颠覆，而是一个差异还未出现的原始世界的回归。根据这一点来看，我们发现它们其实反复突出了这样的事实：主人和奴隶一同在晚餐桌边坐下来，所有人都可以超越社会阶层的界限，与其他人自由对话。此外，还有一点也很重要，那就是罗马自由公民们带上了"自由帽"——那是给重获自由的奴隶戴的。因此，这是一个中间范畴，使原本不同的社会阶层变得平等，而不是颠覆了社会差异。[55]

当然，真实的农神节一定有许多不同的形式，而且奴隶和穷人的看法与富人们的观点是不可能相同的（前者我们无从得知，而后者我们可以有所了解）。不过，我们还是会得出这样的结论：由于将农神节视作一种倒错的狂欢，巴赫金等人错误地（或曰十分有选择性地）表述了在大多数情况下，是什么使得一个正经（或者至少体现家长式作风[56]）的场合成为充斥着捧腹大笑和下体因素的喧闹节日。因此，即使笑可能曾经是农神节上的一个元素，我也不会将太多的精力放在这个问题上。

对变化的叙述

巴赫金研究中存在的第二个问题涉及的范围要广泛得多，托马斯在文章中也提到了这一点。这个问题涉及笑的历史记录的性质与地位。当我们在试着讲述"笑的历史"时，我们要讲述的是哪一种历史？是关于什么的历史？

无论我们选择对巴赫金文献中的诸多细节提出何种质疑，他对古代节日和拉伯雷的解读始终贯穿着一个基本原则。这个原则引导着他的研究，他也曾分享给——或曰传承给了托马斯和许多其他学者。即，也许我们可将笑作为一种社会现象，书写它的历时性历史——而不单单如赫尔岑的名言所说的那样，仅仅是"那一定很有趣"。这其中的逻辑当然是令人信服的。如果笑（包括它的表现行为、习俗和对象）在不同的语境、地点或时期里有不同的形式的话，那么就可以得出笑是一定会发生变化的结论。如果它能够变化的话，那我们就一定能还原它的发展历程，描述甚至尝试解释这一过程中发生的转变。

这话是没错的。但是无论理论上还是实践上，这一过程的复杂程度都要胜过任何这种简单的逻辑所展现的。如果你想为笑编写一部历时性历史，就一定会遇到我前面提到过的那些问题（见本书第 8—10、36、62—64 页），即笑与文化话语之间的关系——而且这些问题可能更多，甚至更为棘手一些。简而言之，是什么随着时间的推移发生了变化？是人们看到和听到的笑的行为？是与笑相关的规则、规约和话语习俗？又或者两方面都有？如果是这样，我们又该怎么区别这两方面呢？

我们当然不可能假设，当某一时期内管理笑的规则更为强硬时，人们的笑便更加克制一些。可想而知，当出现新的禁令时，人们仍可能会像之前一样响起沙哑的轻笑声（尽管也许人们会巧妙地换个地点）。近来，有位评论家将 18 世纪的英国称为"一个过多谈论礼貌的无礼世界"——这样的评价恰如其分。[57] 很可能尽管偏执的切斯特菲尔德勋爵制定了严格的禁令，不准"笑出声音来"，但那个倒霉的儿子也没怎么把它放在心上——老切斯特菲尔德的忠告被传出去之后，有些人便认为这是他特立独行的表现（而不是像今天这样，往往被视为一种正统观念）。[58]

同样，托马斯也在他的论著中多次指出哪些方面被延续了下来，尽管他本人非常希望其中能出现剧烈的变化：喧嚣滑稽的失序盛宴在 17 世纪逐渐衰落（不过他也承认，"在一些规模比较小的社群里，每年举办这种喧闹而又无序的活动的传统残留了下来，一直流传到 19 世纪"）；

粗陋的嘲笑行为变得温和起来（虽然"对平民来说，养成这些新习惯的过程要更慢一些……乡村里依然充斥着粗野的音乐和喧闹声"）；到了公元 1700 年，笑话总体上变得更加精致了（尽管"中产阶级的这种精致花费了一段时间才占得上风……直到 19 世纪早期，笑话书才算是得到了净化"）。[59]

不过，这还只是故事的一面。我们还要假设，随着时间的推移，新的规则与规约也会对人们笑的时间、地点和对象产生巨大的影响。或者换句话说，我们还可以猜想，有些新规约的制定就是为了反映笑的行为的"感性的变化"。毕竟，我们现在是不会笑妻子红杏出墙的男人的（是这样没错吧？）——这是托马斯在介绍都铎时期的荤段子时举出的一个重要例子。

这些问题已经很棘手了，但它们还只是一个开始——笑的历史中还牵涉许多方法论层面和启发意义上的迷局。比如，我们可能还想证实，切斯特菲尔德勋爵的规矩不可避免地让他儿子的笑变得不一样了，尽管外表上看起来没什么不同（当着禁令"顶风发笑"和获得准许的笑肯定是不一样的）。我们可能还想要说明一点，那就是把笑的行为和对笑的论述分离开来并无益处，甚至还会起到显著的误导作用——"笑"作为一种研究对象，是失调的肢体活动、散漫的疑问、解释和规约的集合，并且它们互相之间有着千丝万缕的联系。又或者，这个集合只是一个好用的托词而已，因为就像托马斯所说的那样，我们没法"听到"过去的笑声，及其一直在变化着的语域。

据我所知，与之最相似的类比就是性的历史和性意识的关系了——这也能帮助我们理解笑的历史中隐藏的所失与所得。我们可以追寻围绕性展开的话语实践中出现的重要变化，也可以探索过去宣称用来监督、管理性行为的制度经历了怎样的变迁。但是，我们却很难说清楚，这些和人们实际的性活动、性伴侣和性乐趣中出现的变化有什么关系：约束性的言论并不一定与约束性的行为相关,虽然这种相关性是可能存在的。当然,大家也都知道,我们所讲述的前人性行为的历史往往总是包含着巨大的信息量,而且还会涉及意识形态的方面。它既是对我们自己的一种隐性评判,也是对过去的审查——不管我们是在为自己的"忍耐"喝彩,还是在为我们的"假正经"感到悲哀。

笑的历史也如出一辙,它体现的是一种重复的模式,无论说的是哪一段时期、哪一种文化。一方面,我们发现注解者和评论家们总将重点放在历史上那些不苟言笑的零星几个极端例子上,以及某些特别需要正襟危坐、不得说笑的时刻,而且会大肆嘲笑一番。切斯特菲尔德勋爵之所以这么出名,也是得益于这种倾向性——维多利亚女王那句缺乏幽默感的名言"我不觉得有趣"(We are not amused)也是同样的道理。[60] 就像罗马人发现的那样,不苟言笑的人确实会非常好笑。另一方面,笑整体的发展历程同托马斯和巴赫金的论述十分相似,只不过与后者在细微处有明显差别——正如托马斯所言,这也是"文明化过程"的一个版本。

历时性的笑史一般会讲述对粗鲁之人、下流之人、残暴之人和粗壮之人的驯服。他们可能会充满怀念地回想某一段时光,那时他们的笑更加真挚、朴素(罗杰·夏蒂埃[Roger Chartier]评价现代社会对中世纪狂欢节的讨论时说道,他们总是认为真正的狂欢只会发生在过去的某一段时间[61])。或许,他们也可能对自己越来越优雅的举止感到自豪不已,这种优雅使他们摒弃了过去那种粗野的笑,也让许多被嘲笑的无辜受害者躲过了一劫。我发现,在这个世界上,没有哪种文化会声称自己比先人们笑得更加粗野、残酷。朴素只是回溯历史时才会用到的说法。也就是说,笑的现代历史永远与对社会和文化进程的评判(是好是坏)息息相关。[62]

古罗马的情况也大体如此。确实,在古代的叙述性记录中,并没有任何关于罗马笑史的内容。不过，在罗马的文学作品中，对当时那种压抑、复杂或温和的笑与过去那种朴素、无畏、粗鲁的笑之间的对比一直是一个鲜明的主题。不同的作者展现出来的细节是有差异的，相关篇章中的明确立论（和寓意）尚且很难理解，更不用说那些颇具争议性的观点了；关于其发展历程的观点又与受到外来影响的观念相互联系，彼此错综复杂、充满矛盾。但是，古代作者们想要表达的基本信息是很明确的：如果你能够在罗马时代往前追溯得够远的话，就会发现一种粗鄙、诙谐的笑文化；而且好也罢，坏也罢，这种文化都业已流失或者正在流失。

举个例子，在公元前46年，西塞罗给他的朋友派图斯（Paetus）写了一封充满敬意的信。在信中，他满腔怀念地描述了自己对"本土俏皮话"的钟爱；但在那时，这些俏皮话全都被外来的传统给吞没了，"连一丝旧式的风趣都快找不见了。"西塞罗说，只有在派图斯身上，他才能"看到过去本土式幽默（festivitas）的影子"。[63] 李维（Livy）和贺拉斯也回顾了乡村拉丁语幽默中带有粗鲁、尖酸的传统，还有充斥着辱骂和下流话，甚至有些神秘的"粗俗诗体"（Fescennina licentia）——据贺拉斯说，"很久以前的农民们"（agricolae prisci）对粗俗诗体钟爱有加。[64] 其实，正如埃米莉·高尔斯（Emily Gowers）所言，在贺拉斯广为流传的《讽刺诗》（Satires）1.5 中，《布伦迪西之旅》不光是一篇记录从罗马出发向南而行长途跋涉的游记，也不只是对公元前1世纪30年代政治局面的尖刻评述，更是对罗马的笑和讽刺文化历史的体验：诗中的核心情节是萨尔门图斯（Sarmentus）和墨西乌斯·基基鲁斯（Messius Cicirrus）之间滑稽的斗嘴，这二人都是庸俗下流、古怪诙谐的小丑——读者从这一情节便能感受到这部作品最深层的根源所在。贺拉斯自己笑的风格比这种要新式、优雅多了：埃伦·奥利恩西斯（Ellen Oliensis）恰如其分地指出，贺拉斯"小心地将自己置身于观众之中，远远高于那个讽刺的角斗场"。[65]

现代学者一直对古意大利本土的诙谐传统很感兴趣，这种传统就是所谓的"古拉丁人的刻薄"（"la causticité des vieux Latins"）[66]。在拉丁语诙谐文化独特传统的发展历程中，它被视作一个重要因素；人们也总是在各种场合，寻找着"粗俗"精神的些许痕迹——尽管它并不总属于那些场合。[67] 不过，这种对罗马文化的重构到底能不能准确地反映出罗马的笑（不管这一概念意味着什么）真实经历过的变迁和发展呢？我们很难回答这个问题，就像我们很难对任一地点、任一时间的笑的历史进行描述一样。从某些方面来说，这个问题的答案也许是肯定的；但从另一些方面来看，又是无法办到的。不过这些方面具体指的是什么？

本书下半部分的核心内容是对案例的研究。在分析这些案例时，我要对历史变化的迹象保持警觉，并密切关注古代的作者本身是如何看待罗马的笑的历史的。不过，出于一些十分显而易见的原因（我认为的），我不会对罗马的笑在几百年间发生的变化进行历时性描述。往前，有（大约）公元前7世纪在台伯河旁点起篝火的小规模早期群落；往后，则有1世纪奥古斯都时期建起的多元文化融合的城市——我敢肯定的是，这两个时期罗马的"笑学"一定有着千差万别。我还要重申的一点是，我确信从很多重要的方面来看，"异教"帝国中的笑文化与后来的基督教帝国是不同的。不过，我们在描述（遑论对其进行解释）这些变化时能有多大把握？我们是否拥有充分的证据（尤其是针对早期的发展），来保证自己能够做出有益的尝试呢？我也不确定该如何回答这些问题。接下来，我的重点大体而言会刻意放在某一历史时期，即主要集中于公元前2世纪到公元后2世纪的罗马世界。[68]

不过首先，我们要了解罗马的笑文化究竟指的是什么，其中有哪些基本的元素，以及它与希腊的笑之间存在着多大的区别。

注 释

[1] 引述赫尔岑的话（2012 [1858], 68）的作品包括 Bakhtin 1968, 59；Halliwell 2008, vii；以及 Le Goff 1997, 41；等等。

[2] Le Goff 1997, 41 有效地突出了规约与实践之间的这一区别。

[3] 出版为 Thomas 1977。在法语世界中，雅克·勒高夫（Jacques Le Goff）的研究也同样具有纲领性；见 Le Goff 1989。1976 年 12 月 3 日，托马斯在伦敦大学学院的英国历史尼尔讲座上发表了这次演说。在演说一开始，他便提出约翰·尼尔爵士（这一讲座系列就是为了纪念他而举办的）可能会认为笑是一种"界定模糊且没有历史根据"的研究主题。在研究笑的历史学家中，谁谁的前辈或者上级同事反对这一研究课题的说法已经是老生常谈了。圣-德尼（Saint-Denis 1965, 9）抱怨说自己所在大学的权威很反感这个话题，以至于他们拒绝让他在 *Revue des Cours et Conférences* 上发表 "Le rire des Latins" 讲座内容的概要；甚至到了 20 世纪 90 年代，Verberckmoes 1999, ix 依然表达了十分相似的意思。

[4] Plutarch, *Mor.* 633c（=*Quaest. conviv.* 2. 1. 9）。Cicero, *De or.* 2. 246 同样把一个针对"独眼龙"（luscus）的笑话放在"辱骂"的范畴之内；可以想见，皇帝埃拉伽巴路斯（Elagabalus，见 SHA, *Heliog.* 29. 3）乐于拿各种身体有"特异之处"的人来开玩笑，包括肥胖之人、秃头之人和独眼之人（见本书第 129 页）。普鲁塔克的规约则可能说明，恺撒的士兵开玩笑唱的歌（Suet., *Iul.* 51）可以看作他们兴致高的表现。

[5] Dio Chrysostom, *Or.* 32. 1（ἐπειδὴ παίζοντες ἀεὶ διατελεῖτε καὶ οὐ προσέχοντες καὶ παιδιᾶς μὲν καὶ ἡδονῆς καὶ γέλωτος, ὡς εἰπεῖν, οὐδέποτε ἀπορεῖτε），32. 56（"像是喝多了似的"——ἐοίκατε κραιπαλῶσιν）。

[6] Tacitus, *Germ.* 19. 这篇文章已经指出在理解 ridet 这个看似简单的单词时有哪些复杂的地方，我将更细致地探讨这一问题。从"把……当

作笑话"的意义上来说，laughs off（一笑置之）似乎是一个很有吸引力的选择，而且也与随后的句子相一致（nec corrumpere et corrumpi saeculum vocatur，即"腐化或者被腐化都不能归因于'我们所处的时代'"）。但是正如近来许多评论家所强调的（例如见 Richlin 1992a），传统罗马文化中的嘲笑可以是对抗逾矩行为的有力武器。直觉告诉我，塔西佗（一如既往地）比看上去要聪明许多，他诘问的不光是当时罗马社会的腐败，还有罗马借以统治人伦道义的某些最为传统的机制（这里指的便是嘲笑）。（但是见后文第 175—178、195—198 页，关于现代学术界倾向过于强调罗马人笑的积极监管功能。）

[7] Twain 1889, 28-29.

[8] Leeman, Pinkster & Rabbie 1989, 259.

[9] Murgia 1991, esp. 184-193.

[10] *Inst.* 6. 3. 100，洛布古典丛书中拉塞尔（D. A. Russell）的拉丁文文本（与托伊布纳版——L. 拉德马赫尔编 [ed. L. Radermacher]——相似）。

[11] "完全不合语法"是因为 mentiri 是一个异相动词，用于被动语态，而 mentis 则是主动形式。可能与我表述出来的相比，这里面某些变动其实多了些逻辑性。比如，mentis 可能是原本的 me[n] ex te metiris 在文稿中被并到了一起（不过这一做法并不高明）。

[12] Murgia 1991, 184-187 对他的改动进行了更进一步、更为充分的探讨。

[13] 在这个句子中，obicientibus arbore 让人无法理解，所以势必要做一些改动。穆尔吉亚理直气壮地声称，和更常见的 obicienti atrociora 相比，人们更容易看出他的版本（barbare）是怎么被讹传成篡改之后的文稿（arbore）的。但是，他并没有说服其他文本评论家（例如拉塞尔，他在 2001 年的洛布古典丛书中提到了穆尔吉亚的做法，但并未表示认同）。穆尔吉亚对这个主要笑话的调整其实也牵涉到前面一些句子的改动。短语 Umis quoque uti belle datur 引出了昆体良文稿中的这个故事。Umis 这个词是说不通的。所以，它一般被修改为

"Contumeliis quoque…"（"侮辱也能得到巧妙的利用"——"我觉得这样的改动一定是正确的"，Winterbottom 1970, 112）；穆尔吉亚提出应该是"Verbis quoque…"（"言语 / 妙语也能够得到巧妙的利用"）。

[14] Fontaine 2010.

[15] 比方说有一次，他声称公元前 1 世纪的瓦罗（Varro，见 *Ling.* 9.106）所研究的普劳图斯文稿错误百出，里面便遗漏了这个笑话（Fontaine 2010, 29）；若事实果真如此，这对于笑话在罗马世界内部的传播来说是一些很有意思的发现。不过情况可能并非如此。就算我们假设方坦对普劳图斯作品的解读是正确的，方坦也承认，瓦罗的文本可能已经被后来的一位编者"确定"了下来，并与那时已成为标准解读的文本保持一致了。

[16] *Rud.* 527-528；Fontaine 2010, 121-123。他接着又指出这部戏剧中还有一个利用单词 algor（冷）的双关语笑话，好像认为这种口头形式表达的意思便是"收集海藻"。Sharrock 2011 讨论了方坦的这一观点，以及他整体的研究方法。

[17] 这句话出自马歇尔（C. W. Marshall），就印在 Fontaine 2010 的护封页上。

[18] 在提出这些论点时，我并没有意识到有一类研究（可以追溯到 Darwin 1872）声称存在可以表达情绪的自然生理表情——近来已经有些艺术史家在探索这一领域。比如，大卫·弗里德伯格（David Freedberg）便利用保罗·艾克曼（Paul Ekman）等人的研究，提出艺术作品中有能够辨别清楚的表情（见 Freedberg 2007）；但他自己也承认，问题与争议依然挥之不去，而且这当然是不足以支撑他提出的如下主张的（33-34）："比较一下半岛电视台放出的玛格丽特·哈桑（Margaret Hassan）在 2004 年被行刑前拍下的可怕照片和她早前拍的面带微笑的照片，我们便不会怀疑识别固定的情感表达的可能性。她脸上的恐惧与雀跃能够立刻被识别出来，而且无可争辩。"在这里，我只想强调一点：即便我们接受表情和情感之间存在

着一种"自然"的关系,但是艺术的再现又是另一回事——在任何情况下,笑本身并不是一种情感,而且甚至不一定是情感的产物(或者就像 Parvulescu 2010, esp. 6-9 提出的那样,笑是"一种激情")。

[19] 引述自 Stewart 2008;Goldhill 2008;Cohen 2008;R. D. Griffith 2008。

[20] 例如,M. Robertson 1975, vol. 1, 101-102 和 Trumble 2004, 14-15 将其视作生气的一种表现形式;Giuliani 1986, 105-106 将生气与美结合在一起(他是在一段更为复杂的讨论开头提出的这一观点,这段讨论涉及戈尔贡的狞笑,105-112);Yalouris 1986 则深入讨论了贵族式的满足感。关于广泛意义上的微笑,见本书第 123—127 页。

[21] 关于这些争论,最优秀的研究出自 Halliwell 2008, 530-552;此处也讨论了古代涉及大笑与微笑的艺术描述(部分出自罗马时期;主要是老斐洛斯特拉图斯和小斐洛斯特拉图斯 [the elder and younger Philostratus] 对绘画的造型描述:例如 Philostratus mai., *Imag.* 1. 19. 6, 2. 2. 2, 2. 2. 5;Philostratus min., *Imag.* 2. 2, 2. 3)。戈尔贡表情的理论含义是 Cixous 1976 中的核心内容(见前文第 51—53 页)。

[22] Trumble 2004, l-liii,引述自 Wallace Collection 1928, 128。Schneider 2004 讨论了中世纪描绘笑的图像,包括雕刻于班伯格大教堂的著名雕塑《最后的审判》,其上耶稣立于有福之人与受诅咒之人之间。这段描述明白地告诉我们:有福之人欣喜的微笑与受诅咒之人扭曲的脸庞之间有着多么明显的区别。《蒙娜丽莎》又抛出了另一个谜题,弗洛伊德、约翰·拉斯金、伯纳德·贝伦森(Bernard Berenson)等人都曾围绕它争论不休;Trumble 2004, 22-29 对此进行了回顾。正如勒高夫(1997, 48-49)指出的那样,艾萨克(Isaac)故事中的图像也是如此。尽管笑是这个故事的基本要素(而且"Isaac"这个名字就是"笑"的意思),"如果我们研究一下其中的再现的话……就会发现里面并没有对笑的再现。"

[23] J. R. Clarke 2007.

[24] J. R. Clarke 2007, 53-57. 我们很容易(像克拉克那样)把这个案例

与 Petronius, *Sat.* 29 中的笑联系在一起，尽管其中蕴含的元素截然不同。后一个故事是这样的：特里马尔奇奥（Trimalchio）的家门口挂着一幅画，上面是一条活灵活现的狗；有个人在看到那幅画时惊讶地摔倒了，他的朋友们见状纷纷笑起他来（不是笑那条狗！）。Plaza 2000, 94-103 详细地分析了这篇故事。为了再举一个例子说明那种"恍然大悟"的有趣场景，克拉克（52）又讲述了画家宙克西斯和帕拉西乌斯（Parrhasius）进行的一场错觉艺术的绘画比赛（Pliny, *HN* 35. 65-66）；尽管这里并没有直接提到笑，但它确实和宙克西斯的另一个故事有关，我在本书第 287—289 页介绍了这个故事。

[25] 笑的辟邪功能是克拉克在这本书中（esp. 63-81）讨论的一大主题。在我看来（例如见 Beard 2007, 248 以及本书第 239 页），这种说法的解释力并不如许多学者以为的那么强，而且它带来的问题多过其解决的。我们真的要把通往精致的"悲剧诗人之家"的入口，想象成被邪恶之眼包围的受限之地吗？

[26] Ling 2009, 510.

[27] Thomas 1977, 77（黑体部分是笔者的改动）。类似的还有 Le Goff 1997, 40（"对笑的态度、人们笑的方式、笑的对象和形式都不是恒定的，而是在变化着的……作为一种文化和社会现象，笑一定是有历史的"）；Gatrell 2006, 5（"通过研究笑，我们能够触及一代人不断变化着的态度、感性与焦虑的核心"）。

[28] Chesterfield 1774, vol. 1, 328（1748 年 3 月 9 日的信）；重印于 D. Roberts 1992, 72。

[29] 他专门提到了 Elias 1978 中的法语版本；其原本的德语版本，即 *Über den Prozess der Zivilisation*（1939），目前还没有被译为英文。埃利阿斯（Elias）去世后留下了一些尚未完成、发表的著述，其中有一篇研究的就是笑，这并非巧合；Parvulescu 2010, 24-26 对其进行了探讨。

[30] 所有引述都出自 Thomas 1977。

[31] Bakhtin 1968.
[32] Pan'kov 2001.
[33] Le Goff 1997, 51 适当地强调了在 20 世纪中叶的苏联，有一大批学者都研究了笑的问题，巴赫金只不过是其中最出名的一位罢了；同见 Lichačěv & Pančenko 1991（德译版）。
[34] 就连巴赫金一些最狂热的崇拜者也不否认这一点。例如见 Stallybrass & White 1986, 10："我们很难在这种文章中把宽容但又带有主观意愿的唯心论和准确的描述区分开来。巴赫金一直是在规定性范畴与描述性范畴之间游走。"
[35] Gatrell 2006, 178（章节标题）。
[36] Bakhtin 1968, 59-144 中的第一章概述了这一发展历史；引述内容在 72、107、119。
[37] Burke 1988, 85（综述了四本以巴赫金的分析为主要基础的著述，包括 Stallybrass & White 1986，同时也简要调查了巴赫金在西方引起的反响）。部分研究古典文学与艺术的评论家积极采纳了巴赫金的观点，比如见 Moellendorff 1995；Branham 2002；J. R. Clarke 2007, 7-9；及下文第 46—47 条注释。
[38] Pan'kov 2001, 47。
[39] 关于巴赫金对狂欢的看法，其中的方方面面招来了无数的批评声（或者也可以看作对它们的批判性发展）。其中有一些观点我认为很有价值，包括：Davis 1975, 97-123 和 Stallybrass & White 1986, esp. 6-19（狂欢节中既激进又保守的元素），以及 Chartier 1987（狂欢节文化中关于怀旧的话语）；Le Roy Ladurie 1979（狂欢节中的暴力）；M. A. Bernstein 1992, 34-58（关于狂欢节中潜在的蒙昧行为，以及对早前尼采的狂欢节模型与其中的矛盾进行了重要思考）；J. C. Scott 1990, 72, 172-182（强调了人们在精英阶层对狂欢节的描述中表现出的默许态度）；Greenblatt 2007, 77-104（关于拉伯雷的文本与"真正的"笑之间的关系）；Silk, Gildenhard & Barrow 2014, 121-124（从古典

主义的角度切入)。

[40] Gatrell 2006, 161.

[41] 对于这个节日的简要介绍以及相关文学依据的综述, 见 D'Agostino 1969; Scullard 1981; Graf 1992, 14-21 (关于起源与仪式)。

[42] Frazer 1913, 306-411; Nietzsche 1986 [1878], 213; Nietzsche 2002[1886], 114. M. A. Bernstein 1992, 34-35 强调了尼采的记载中潜在的悲观主义情绪。可以想见, 弗雷泽最关心的是找到"农神节之王"与他笔下那些成为亡灵、神祇和祭司的国王之间的联系。他相信, 令人费解的《圣达修斯殉难记》(*Acts of Saint Dasius*) 能够证明这种联系的存在, 因为它(可能是一个基督教的奇幻传说)讲的是农神节之王于公元 300 年前后在多瑙河畔的一个军事要塞被杀害的事情——当时正值他三十天"统治"行将结束的时候。见 Cumont 1897; Musurillo 1972, 272-275; Versnel 1993, 210-227。

[43] Bakhtin 1968, 分别引述自 7、138、70 和 14。巴赫金坚定地认为农神节与中世纪的狂欢节(8)之间存在着一种未曾间断的延续关系, 他的这一看法一般都会遭到质疑(Nauta 2002, 180)。

[44] Versnel 1993, 136-227 便反映了其中许多观点(部分出自巴赫金的视角);"兴高采烈地狼吞虎咽……"是巴赫金的原话(147), 这一点在 Minois 2000 ("les orgies des saturnales", 65) 中也得到了呼应。另见 Bettini 1991, 99-115; Champlin 2003, 150-151 (农神节上, "在家中的微型共和国里, 奴隶也可以做行政长官和法官", 150); Dolansky 2011 (495: "行为的规范准则被颠倒了, 主人要侍奉奴隶, 后者享受纵情饮酒和呵斥主人的权利")。

[45] 目前并没有确切的依据能够佐证《变瓜记》的准确成书时间。瑙塔(Nauta 1987, 78-84) 阐释了一些论点和推断, 这些观点(正如它们现在所表现的那样)可能指向了一个农神节期间的时间, 然后以此引入他从农神节的视角对文本的解读(集中于笑与规范倒错的问题)。Branham 2005 详细地讨论了巴赫金对于"梅尼普斯式讽刺"的

强调——《变瓜记》便属于这一体裁。

[46] Gowers 2005, 60 将 *Sat.* 2. 3（达玛西普斯）和 *Sat.* 2. 7（达乌斯）都放到了农神节的框架之中进行探讨（"农神节这个酣歌畅戏的节日……让两位演说人……得到了自由发言权……摘掉了贺拉斯在第一卷中造下的自命不凡的面具"）。Sharland 2010, 261-316 十分坚定地遵循了巴赫金对农神节的解读，同时也坚定地在农神节的框架下研究了《讽刺诗》(2. 7)。例如 266："按照狂欢节及其前身农神节的风俗习惯，一个地位卑微的角色（这里指的便是达乌斯）被提升到'国王'的位置，而且能够暂时'掌握统治权力'"; 268："通过其间的倒错和反转，狂欢节（和农神节）典型地将相反的事物并置，使不相容的事物相称，将奇怪的配对结合在一起。"

[47] Segal 1968（例如 8-9, 32-33）便典型地将喜剧视作一种倒错的农神节式体裁，尽管对这部著述启发更大的是弗雷泽（8），而不是巴赫金；这一立场在 Segal 2001, 149 中得到了重申（巴赫金在第 8 页露了下脸）。关于其他狂欢视角的解读，比如见 Bettini 1981, 9-24；Gowers 1993, 69-74（普劳图斯喜剧中描述的欢宴、狂欢式的大吃大喝与农神节之间存在着一种更为微妙的关联）。其他研究罗马喜剧的人则对狂欢视角或者巴赫金视角的解读持怀疑态度，或者对其中的一些方面心存疑虑，例如 Manuwald 2011, 149；McCarthy 2000, 17-18, esp. n. 26（利用了巴赫金的理论但质疑了它表现出的社会"乐观主义"）。

[48] 4 世纪的菲洛卡卢斯（Philocalus）制作了一部节日历书，其中 12 月的插图便能展现农神节的一部分精髓：一个男人身穿及膝短袍和披风，站在一张赌桌旁边——身后还挂着一些野味。Stern 1953, 283-286，以及 *planches* 13, 19. 2。

[49] 农神节上的人们可以餍足和畅饮，这的确没错，但是并没有证据表明当时会出现狂欢节式的大吃大喝。不足为奇的是，我们很难从手头有限的资料搞清楚当时的消耗达到了怎样的水平：Seneca, *Ep.* 18（这封扫兴的信说的是哲学精英们该不该参与庆祝农神节）含糊地谈

到了骚乱（luxuria）和宴饮中的愉悦（hilarius），只不过口吻比较欢快；Aulus Gellius 2. 24. 3 提到了适用于这一场合的禁奢令（只不过禁奢法规并不能说明实际的消耗达到了什么水平）；SHA, *Alex. Sev.* 37. 6 指出这位特别吝啬的皇帝为了农神节"挥霍"了一只野鸡。Gowers 1993, 69-74 强调猪肉会作为狂欢节上人们享用的一道佳肴。为了庆祝农神节，加图（Cato）还规定了奴隶们每人能分到多少酒，天知道他们喝完后到底醉得有多厉害（*Agr.* 57）。假设这段文字没有错误，那么他的意思就是每月最大方的配酒量相当于每人每天喝将近一升酒。此外，奴隶在农神节和户神节（Compitalia）上还能再另外多喝十升酒（不过还不确定这个数字是单独的，还是一起算的）。如果说一天内喝的十升酒烈度与现代酒相当的话，那的确算得上巴赫金眼中的无节制了；但是，我们这里说的可能是烈度比较低的酒，而且如果是在两个节日期间总共才喝这么多的话，那就并不比双份配酒量多多少。

[50] *Apoc* 4. 3；据记载，这位皇帝的临终遗言是"哦天啊，我觉得我拉（concacavi）裤子上了。"

[51] 当然，《农神节》是一部具有自我意识的精英作品，里面有许多珠玑妙语、上流社会的笑话以及有趣的知识，根植于 5 世纪学术文化的某一版本之中。不过，这里面的妙语其实和我们在别处发现的农神节笑话的风格没有太大的区别。关于对谜语和双关语的引用，见 *AL* 286；Aulus Gellius 18. 2, 18. 13。

[52] Macrobius, *Sat.*1.12.7, 1.24.23.

[53] Seneca, *Ep.* 47. 14 与 Champlin 2003, 150 不同，后者依据的是几乎肯定有错误的现代断句。与 Versnel 1993, 149 不同，Dio 60. 19 提到奴隶们并不是"扮演了主人的角色"，而是"换上了主人的衣服"。

[54] Tacitus, *Ann.* 13. 15；Champlin（2003, 150-153）对此进行了探讨，并在上下文中提出了一个更为广泛的观点，即这里的统治整体上也具有"农神节风格"。塔西佗的意思显然是，让尼禄坐在王位上就像

是被"农神节之王"统治一样。

［55］Accius *apud* Macrobius, *Sat.* 1. 7. 36-37（=*ROL*2, Accius, *Annales* 2-7）：主人们准备饭菜，但是大家一起进餐；Macrobius, *Sat.* 1. 11. 1；SHA, *Verus* 7. 5（奴隶和主人在农神节和其他节日上会一起进餐）；Macrobius, *Sat.* 1. 7. 26（*licentia*）。同样还要注意菲洛卡卢斯历书上标的文字（见本章第48条注释）："奴隶，你现在可以和主人玩闹／赌一把了。"巴赫金和许多现代的论述都倾向于将颠倒和平等的观点混淆在一起，但事实上它们代表的是两种截然不同的节庆僭越行为。

［56］普林尼关于在农神节上不破坏自己家庭乐趣的著名论述（*Ep.* 2. 17. 24），充满了家长式作风。（他在 *Ep.* 8. 7 不经意间提到了农神节，这无疑反映出农神节上自由发言的传统，不过我还是不认为要像 Marchesi 2008, 102-117 中设想的那样从倒错的角度看待这一点。）

［57］Fairer 2003, 2.

［58］见本章第28条注释。人们往往认为切斯特菲尔德的建议典型地说明了18世纪的人们十分关注控制笑的问题（例如见 Morreall 1983, 87）。的确，它并不是孤例，比如可见老皮特（Pitt）对儿子的忠告（W. S. Taylor and Pringle 1838-1840, vol. 1, 79）。但是加特里尔（2006, 163-165, 170, 176）明确指出，切斯特菲尔德这些发表出来的观点很极端，而且代表了一种坚持控制笑的立场——我们在其他时期也会发现同样的看法。切斯特菲尔德同样比人们以为的更加捉摸不透——他是一位著名的才子，（按当时的标准来看）长相丑陋怪异，同时也是一个出了名爱恶作剧的人（见 Dickie 2011, 87）。

［59］Thomas 1977. 他的策略（我们可以从他的用词中体会一二："残留""对平民来说""乡村里"，等等）是通过表明有更多比较偏远或者处于下层社会的地区在采纳新的规约时需要更长的时间，来协调其间的差异。

［60］这句话据传是维多利亚女王说的，但是其在历史层面上的危险性不亚于切斯特菲尔德勋爵的忠告，而且原因更多：我们并不清楚维多

利亚女王到底有没有说过这句话，也不知道如果真的是她说的，又是对什么的回应。Vasey 1875 虽然名气小得多，却是一篇针对"不笑者"的详细论述，有时还不失一点幽默。"有一个结论不可避免，那就是大笑的尴尬习惯完全是一些不自然、错误的联想造成的，这些联想都是我们在早年不得不面对的"（58）——从这里便可见一斑。

[61] 这一主题贯穿了 Chartier 1987。

[62] 近来针对 18 世纪的笑以及其他形式的"感受性"的研究对这种复杂的联结特别留意。除了 Gatrell 2006 与 Dickie 2011 之外，Klein 1994 也很有启发意义。当然，这些归纳之间存在着一些微妙的差异。露丝·斯科尔（Ruth Scurr）提醒了我，法国革命者的大笑被认为比王室那种造作、邪恶的笑更加单纯无害（例如 Leon 2009, 74-99）。不过，随着现代社会放宽了针对印刷品和舞台表演的喜剧审查，人们对此的拥护好像促使情况反过来了；但是，对于公开发表粗野言论的自由的拥护与对粗野言论本身的拥护并不是一回事。

[63] *Fam.* 9. 15. 和我引述的内容相比，这篇文章整体其实更加令人费解。如果我们对文本的理解大致没错的话（很可能事实并非如此），西塞罗把自己的家乡拉丁姆地区也算作外来的影响。但是就像沙克尔顿·贝利（Shackleton Bailey 1977, 350）问的那样："出身于阿尔皮努姆（Arpinum）的西塞罗怎么能把拉丁姆和外地等同视之呢？"整体的意思还是很清晰的，只是细节已经遗失了。我们在下一章会看到，西塞罗在关于文法的论著中对于老式幽默的规范更加含糊其词。

[64] Livy 7. 2；Horace, *Epist.* 2. 1. 139-155. 李维的文章分阶段地简要阐述了罗马节日的起源和发展历程，许多学者围绕这一论述（的意义、资料来源和可靠性）进行了激烈的争论；总结可见 Oakley 1997, 40-58。据说在第三阶段，表演者们便不再说那些与粗俗诗句相似的低级措辞（应该就是李维所归纳的第二阶段中的滑稽玩笑话）。贺拉斯的谱系预想到了这种粗俗的玩笑风格，直到"粗俗诗体"演变得太过恶劣，甚至需要受到法律的管控。关于 Fescennine 一词备受争

议的词源（源自伊特鲁里亚一座城邦的名字或是单词 fascinum），见 Oakley 1997, 59-60。

［65］Gowers 2005；Gowers 2012, 182-186, 199-204（综述了先前的论述）；Oliensis 1998, 29。

［66］Saint-Denis 1965 第二章的标题；第一章的标题也反映了类似的风格："Jovialité rustique et vinaigre italien"（"乡村风情与意大利醋"）。另见 Minois 2000, 71："Le Latin, paysan caustique"（"拉丁人，尖刻的农民"）。

［67］马克罗比乌斯将部分"粗俗"精神归因于奥古斯都皇帝（*Sat.* 2. 4. 21）；除此之外，奥克利（Oakley 1997, 60）理由充分地坚称，唯一一种在罗马共和国晚期、帝国早期得到证实的风俗制度语境就是婚礼仪式（Hersch 2010, 151-156）；格拉夫（Graf 2005, 201-202）等著述提出，这一说法也可以形容罗马凯旋式庆典上人们高唱的那种粗俗、带有玩笑意味的歌曲——但人们仍然对此莫衷一是。

［68］Conybeare 2013 是一部研究笑的重要论述，其讨论重点便是犹太教和基督教的圣经和神学文本。因本文的局限而受挫的读者都应该去看看这本书！

第四章

罗马的笑：在拉丁语和希腊语中

拉丁语中的笑

对罗马的笑的研究从某种程度上来说是一项不可能的任务——这也是这项工作如此诱人、如此特别、如此发人深省，而又如此值得一试的一个原因。但愿我已经解释得够清楚了（可能对于某些读者来说已经过于清楚了），我们坚持不懈地想要将过去的笑整理清楚，但这些努力往往会受挫。有些人一本正经地板着脸，声称他们能够清晰明了地说明罗马人因何、如何或者在何时会露出笑容——这些人无疑将这个问题过度简化了。笑留下的一团乱麻不可避免地会让我们感到困惑。但带着这样的心情，我们还是了解到了许多关于古罗马的信息，以及过去的笑可能与现在有哪些不同之处。在这个问题上，尝试着去了解的过程和最后的结果一样意义重大、发人深省（事实上古代历史中的许多问题都是如此）。

但是，过程并不是一切，我们不应该在开始之前就彻底认输。不管我一直以来乐在其中的是怎样棘手的问题，我们还是能够得到一些异常鲜明且相对来说较为直接的观察结果的，它们能让我们了解到笑在拉丁语和拉丁语文学中起到了怎样的作用。其实，研究罗马的笑的过程，就是在试着理解拉丁语中一些最为基本的常见词语（即就连几乎一窍不通的初学者都会学到的词语），以及一些颇为晦涩的词语。此外，它还包括对拉丁语文学中一些比较鲜为人知的生僻领域的探究，并为我们手头上最为经典的拉丁文本提供新的见解和思路。

在这些观察结果中，其中一个至关重要的方面关乎描述笑的拉丁词语。要是说拉丁语里面只有一个词语能够对应"笑"（laughing）的话，不免有些夸张。在现代英语里，我们已经习惯了用一系列具有细微差别的词语来描述笑（尽管很难理解）：从 chuckle（轻轻地笑）和 chortle（咯咯地笑），到 giggle（吃吃地笑）、titter（窃笑）和 snigger（暗笑），再到 howl（狂笑）和 guffaw（哄笑），不一而足——更不用提 grin（咧嘴笑）、beam（眉开眼笑）、smile（微笑）和 smirk（谄笑）等相关词语了。古希腊语中也有一系列可以用来描述笑的词，比如最基本的 gelan（笑）和它演变出来的复合词，比如 kanchazein（大笑，更为强烈的笑）、sairein（咧嘴笑，例如罗马皇帝康茂德的笑，见本书第 7 页）和描述愉悦笑容的拟声词 kichlizein（同英语中的 giggle 意思相近），以及 meidian（在英语中常被译为 smile）。在拉丁语里，我们在大多数情况下接触到的单词都是 ridere（笑）和它的复合词（adridere、deridere、irridere 等），还有形容词和名词之类的各种同源词（risus，意为笑声[laughter]；ridiculus，意为可笑的[laughtable]）。所有这些词指代的都是某种听得见的身体反应或表情，大体上和我们所说的"笑"的意思相近。词典里的定义和部分现代评论家试着精确地衡量这些变体的具体意义，比如确定 deridere 意为嘲笑，而 irridere 则指的是奚落或取笑。不过，我们几乎可以肯定的是，这些词语远远没有上述定义的内容那么固定。[1]

例如，人们往往认为 adridere 一词指的是那种鼓励式的笑容，抑或是泛指那些讨好巴结的笑容——但这种被人们深信不疑的观点其实出现了严重的偏差。的确，它有些时候指的是这种意思：奥维德（Ovid）教导他的恋爱课学生说，每当他们的追求对象笑起来时，他们也要一起跟着笑（adride），好给她们留下个好印象；漫画中的马屁精有一个特征，那就是他们"不会去惹任何人，永远只会做唯唯诺诺的'好好先生'"（adridere omnibus）；贺拉斯则用这个词指充满同情意味的笑。[2] 不过，这个词当然也并不总是这样具有鼓励意味，比如"狞笑不止"（saevum adridens）这样的短语便能清楚地证明这一点。[3] 事实上，在泰伦斯的《阉奴》中，还有这样一段情节：当格那托回想自己作为乞怜者的一生，反思自己与那些被他当作饭票的蠢材之间的关系时，他发掘出了这个词的潜在双关含义："我并不想让他们嘲笑我，而是希望既能 eis adrideo，同时又能对他们的才智大加赞美。"这个笑话就让 eis adrideo 这个短语包含了模棱两可的含义："我恭维了他们"（I flatter them）和"我嘲笑了他们"（I laugh at them）。格那托只是在言听计从、极尽谄媚之事吗？又或者，他是在向观众暗示，在和像特拉索这样的人打交道时，他才是占尽上风的那一个？换句话说，到底谁在笑谁？后来，一个古代晚期的评论家注意到了这种模糊性，但他也没有多加思索，只是记录说泰伦斯用了 adrideo 而不是 irride[4]。

相比之下，在讨论哪些拉丁词该在何种情境下使用的问题时，一些现代评论家就更自信了，他们甚至会在必要时插入"正确的"说法。有一个显而易见的例子与马提亚尔（Martial）的一首短诗有关。这首讽刺诗是诗人写给一个叫作卡利奥多鲁斯（Calliodorus）的人的，此人自认为是一个出色的弄臣和宴会的座上宾；而且，按照文稿的说法来看，这首诗里面就用到了短语 omnibus adrides。最近一位整理这首诗的编者，以惊人的自信，简单地把这个短语换成了 omni sirrides。原因是什么呢？他解释说，这是因为"'adrides'就两个意思，要么就是'你赞许地笑着'

（you smile at approvingly），要么就是'你很乐意'（you please）……不管哪种意思，都和卡利奥多鲁斯的情况对不上……他的行为只能用'irrides'来形容"[5]。如果你想要将清晰的语言学界线保留下来的话，像这样的改写就是你不得不付出的代价。

除了 ridere 和它的衍生词之外，还有一些拉丁词可供选择。有时，像 renidere（光辉闪耀）这样的词也可以用来喻指某种笑容或面部表情（renidere 多多少少有"笑逐颜开"的意思）。[6]rictus 可以（贬损地）指代咧开的嘴巴或者张开的下巴，而这些又必然是面部完成笑容的一个部分，正如同动物要露出牙齿一样。[7] 而在有些情况下，cachinnare 或名词 cachinnus（后者更为常见）也会被用来特指某种尤为刺耳尖厉的笑，或者是我们常说的那种"嘎嘎的难听的笑"（cackle）。罗马时代晚期的语法学家诺尼乌斯·马尔克卢斯（Nonius Marcellus）提出，这个词过去"不仅可以指笑声（risus），还可用来指代一种更为响亮的声音"。[8] 这些词读起来的拟声效果都十分生动；但是确实，和词典里的定义相比，要想弄清它们的意思就更难了，因为它们不像词典里的定义那样，能够明确各种意味，而且也很抵触我们想要强加给它们的那种精确概括。

的确，cachinnare 和简单的 ridere 之间的差别，有时多多少少还是会体现出来的。比方说，西塞罗在对西西里岛臭名昭著的总督维瑞斯（Verres）进行口诛笔伐时，曾转而攻击起阿帕罗尼乌斯（Apronius）——维瑞斯的一个无恶不作的随从，斥责他羞辱了西西里精英集团中的一位杰出人物；西塞罗描绘了一个宴会的场景，"他的宾客们全都笑（ridere）了，而阿帕罗尼乌斯本人发出了一阵尖厉刺耳的笑声（cachinnare）"[9]。如出一辙的是，讽刺诗人佩尔西乌斯（Persius）也曾在他的宣告诗里，试着超越他的前辈诗人贺拉斯，将他自己对于这个愚蠢世界的回应描述为 cachinnare，而不是贺拉斯笔下较为温和的 ridere。[10]

然而，cachinnare 这个词也不是一直都那么沉重、响亮，或者说那么咄咄逼人。它可以是人在笑的时候发出的愉悦声音（cachinni），和美酒、妙趣、佳人一道，描绘出了诗人卡图卢斯（Catullus）家中派对的温馨氛围；它可以是怀疑的笑（cachinnasse），比如在苏维托尼乌斯（Suetonius）所著的帝王传记里，韦帕芗（Vespasian）的祖母得知她的孙子即将成为皇帝，这一离谱的预示让她做出了这样的反应；它也可以是侍女们偷偷摸摸的娇笑（furtim cachinnant），她们在女主人背后偷偷地笑她。[11] 除此之外，隐喻的使用也反映出了这个词语的意义之广。兼具名词和动词词性的 cachinnare 和 cachinni 被用来形容流水声——从一片汪洋中波浪的拍打声，到加尔达湖中的潺潺细流，都能用到这两个词。[12] 到底是嘎嘎地笑、咯咯地笑，还是碧波涟漪？在给 laughing 或者 laughter 相关的拉丁词语赋予某些过于刚性或精确的含义之前，我们都应该斟酌再三。

拉丁语中的微笑？

行文至此，我还没有提过任何一个能跟英语中的"微笑"相对应的单词。所谓"微笑"，我指的是嘴唇弯起一个弧度，有可能是笑出声之前的一个准备动作——但是其本身就是现代西方社会中最为强大的表意性动作之一。从"请微笑"到笑脸迎人的表情，它支撑着我们所有的人际交往活动，代表着热情、问候、揶揄的趣味、蔑视、温情、信心、矛盾心态，当然还有其他更多含义。我们很难想象社交生活如果没有了微笑会变成什么样，可是在拉丁语里，要找到和它对应的词却很难。

但在古希腊语中，这个问题就要简单一些。与常见的翻译相比，希腊语单词 meidiaō 其实跟我们的"微笑"相距甚远。在荷马和早期其他作家的作品中，meidiaō 也能用来表示敌意、攻击性或优越感，而且，它一般被看作面部的一种整体表情，而不仅仅是嘴部的细微动作。[13] 不过,哈利韦尔认为,它的确和我们的用法有些重叠之处,特别在于它和大笑不同,而是和"微笑"一样,不会发出任何声音(哈利韦尔说得更为谨慎:"'meid-'相关的词语……是不可能表现出声音来的。")。[14]拉丁语中并没有这类特定词语。当维吉尔描写荷马笔下"微笑着"的神祇时,他时常会使用 ridere 的另一个复合词 subridere。这个词的确切意义是"强忍住、沉闷的大笑",或者可以指"稍微笑了一下"。[15]

有时,renidere(笑逐颜开)也会用来喻指一种和微笑类似、无声的面部表情。在诗人卡图卢斯的著名作品中,埃格那提乌斯(Egnatius)就是这样露出他那被小便冲洗过的牙齿的:"埃格那提乌斯……露出了笑容(renidet)。"而罗伯特·卡斯特(Robert Kaster)在研究马克罗比乌斯《农神节》中的世界和文本时,不光将这个词翻译成了 smile,还认为这些"微笑"在表达对话中呈现的讨论时起到了某种特殊的作用。在学术讨论里,像"普莱特克斯塔图斯笑了"(Praetextatus renidens)这样的句子往往会招致某些(一般较为低级的)参与者愚昧无知、不合时宜的评价,那些"不肯承认矛盾"的专家也总会围绕它们发表自己的见解。在古代晚期辩论的结构和其内部等级的问题上,卡斯特的观察十分敏锐。不过,有一点远远没有他声称的那么明确,那就是他认为这里的"笑逐颜开"与我们给那种傲慢微笑定下的大体范畴十分接近——他自己将这一范畴定义为那种"高高在上的屈尊姿态"。[16]

除了马克罗比乌斯的作品之外,对于这个词的隐喻用法可谓多种多样,但都十分具有启示意义——当然,这些用法大多都比《农神节》要晚上那么几个世纪。卡图卢斯把 renidet 的表情与大笑相比,但埃格那提乌斯坚决地展示自己一口白牙的行为实际上是一种十分滑稽的笑法(risus ineptus),就连这件事本身也同样好笑。在奥维德的作品里,renidens 是年轻的伊卡洛斯(Icarus)脸上两次出现的那种愚蠢的乐观神情;在李维的作品里,它代表的是那个自吹自擂的骗子脸上的笑容;而在昆体良的作品里，它指的是一种不合时宜的愉悦神情（intempestive renidentis）。[17] 正和希腊语单词 meidiaō 一样，这个词的重点在于把面部表情作为一个整体（比如 hilaro vultu renidens, renidenti vultu, renidens vultu[18] 等短语），而不是特指嘴唇——这一点在马克罗比乌斯的作品中也曾表现得相当明确：vultu renidens。[19] 大体上，这个表情常见的定义特征似乎就是脸部的"光彩"（出于不知是否契合时宜的信心），而不是嘴唇弯起的弧度，或者我们所了解的"微笑"。[20]

所以罗马人究竟会不会微笑？冒着以偏概全的风险，我的研究假设是"大体上来看，我们的答案是否定的"。但是，这并不（仅仅）是语言学方面的原因，而且这个问题也需要我们谨慎地加以探讨。微笑在文化方面的重要意义可以在语言中反映出来，但又绝不仅限于此。现代欧洲的几门语言（比如与古希腊语相似的英语和丹麦语）都有各自单独的词群，也有独立的语言学根源，因此它们能够将"微笑"（smile）和"大笑"（laugh）区分开来。其他语言（尤其是从拉丁语演变而来的罗曼语系）则不是如此。现代法语用 sourire 来代表"微笑"，意大利语则用 sorridere 来指代同样的意思（这两个单词都是直接从 subridere 演变而来的，分别与法语中的 rire 和意大利语中的 ridere 同源），而这都体现了各自的拉丁语根源。此外，对于不同于大笑的微笑在社会生活中的重要性，这两种现代文化都起到了一定作用——从这一点来说，它们的贡献完全不逊色于现代的英美语系。

尽管如此，有一些反面线索表明，微笑并不是罗马的社会符号学中的重要部分（在承认其为组成部分的情况下）——拉丁语的语言模式却和这些线索十分契合。只有最坚定的生态学研究者、神经学家和他们的追随者才会坚信面部表情在人类社会中具有普遍性——不管是在形式、类型还是意义上。[21] 有一点对我来说至关重要，那就是我们在罗马文学中，并没有发现切斯特菲尔德勋爵等人所描述的微笑与大笑之间的差异（对这些人来说，无声的微笑是礼貌得体的象征，与"声音响亮的大笑"截然不同）；[22] 此外，在马克罗比乌斯的作品中，我们也没有找到明确的证据，能证明微笑本身在罗马的社会交往中扮演着一贯重要的角色。据我所知，像"保持微笑！"这样的观点在罗马根本闻所未闻，而且正如克里斯托弗·琼斯（Christopher Jones）所言，如果两个罗马人在大街上遇到了，他们很可能会用一个吻来互相问候，而不是像我们这样微笑致意。[23]

当然，无声的争论是危险的，尤其是当注意到微笑的过程具有演绎性时。但是，我们很难反驳雅克·勒高夫的观点，即我们所理解的微笑实际上是中世纪创造出来的（至少在拉丁语系的西方是如此）。[24] 这并不是说罗马人从不会让嘴唇弯起一个让我们觉得像是微笑的弧度。他们当然会这么做。但是，在罗马较为重要的社交和文化表情中，这样的弧度并没有太大意义。相反，有一些表情尽管对我们来说说明不了什么，但在那时却意义深远：恺撒用一根手指挠了挠脑袋，这对我们来说不过是头上烦人地痒了一下，但西塞罗却从这个动作里看出，恺撒对罗马共和国并不会产生什么威胁。[25]

这里有一点十分重要。当把 subridere、ridere 以及 ridere 的其他同源词翻译成英语时，如果 smile（微笑）比 laugh（大笑）看起来更自然的话，那么选用 smile 一词已经成为标准惯例了（甚至连维吉尔的一些著名诗句也因为这种趋势遭了殃；见本书第 138—140 页）。这就体现了双重误导性。这种做法会夸大微笑在罗马文化语言中应有或曾有过的地位。而且，为了能够给出一份显然"质量更佳"的翻译，它会弱化罗马的大笑类型中潜在的异质性，好让它们听起来更像是我们自己的东西。诚然，我们还不能确凿地证明在 ridere 的一般架构中，没有隐藏着一种兼具力量和意义的罗马微笑传统；我们仍然要对这种可能性保持警惕。但是，我们也应该抵抗住那些轻松的诱惑，不要按照我们自己的观点去重新建构罗马人的形象。所以，就算有时 laugh 听起来有些别扭，我也仍然会将它作为翻译 ridere 及其复合词和同源词时的首要选择：这并不是说英语单词 laugh 就能够体现出罗马人口中的 ridere 的确切含义，但它的确比 smile 的误导性要小一些。毕竟，这种别扭正是这个历史节点的一部分。

笑话与俏皮话

我们所讨论的，既不仅仅是同希腊语等语言相比，拉丁语中用来形容笑的词有多匮乏，也不单单是给各种形式的笑归类时体现出的文化差异性缺陷。摆在我们面前的，其实是丰富程度各不相同的词语，还有各种迥异的文化倾向。不管拉丁语中与笑相关的词语有多稀少，那些用来形容能够引来笑声的事物（主要是笑话和俏皮话）的词语却是不胜枚举，比如：iocus, lepos, urbanitas, dicta, dicacitas, cavillatio, ridicula, sal, salsum, facetiae。正如我们无法确切地说明 chuckle（轻轻地笑）和 chortle（咯咯地笑）之间的区别，dicacitas 和 cavillatio 也很难区分。不过这与希腊词语之间的反差还是很显而易见的——毕竟在希腊语中一般只有两个词用来形容笑话，分别是 geloion 和 skōmma。[26] 无论这些词语起源自哪里，又有着怎样的历史（我们将在第五章中进一步探讨这一问题），它们的范围之广、种类之多样，都能让我们关注到罗马文化对于笑的触发，以及发笑者和引发笑声的人（包括说笑话的人和被笑的对象）之间的关系。

有意思的是，有一些流传甚广的罗马谚语似乎也能反映出这些倾向。在现代英语文化中，和笑有关的谚语和短语是很常见的，比如"He who laughs last laughs longest"（谁笑到最后，谁笑得最好），还有

"Laugh and the world laughs with you"（笑，全世界都会和你一起笑）。或许，我们也可以引用一句意第绪语的谚语："What soap is to the body, laughter is to the soul"（肥皂可以清洁身体，笑可以净化灵魂）。很显然，他们是从发笑者的视角来看待笑（及其影响）的。罗马人也会把笑写到俗语里，但是这些俗语往往都把重点放在逗笑者而非发笑者身上，比如"It's better to lose a friend than a jest"（宁愿得罪朋友，也不能不耍嘴皮）[27]，还有"It's easier for a wise man to stifle a flame within his burning mouth than keep his bona dicta（wit or quips）to himself"（对一个聪明人来说，让他把俏皮话憋住比让他把嘴里的火闷灭更难）[28]；或者关注的是发笑者与被笑的对象之间的关系，以及什么样的人或事适合作为打趣和开玩笑的对象："Don't laugh at the unfortunate"（切勿嘲笑不幸之人）[29]。换句话说，虽然现代理论和大众的注意力都集中于发笑者和笑的内部坐标，罗马人却更关注引发了笑的人，关注说笑的人、被笑的人和发笑的人之间构成的三角关系，以及（我们将在下一章中谈到的）说笑的人的脆弱性——他们的脆弱比起被笑的人也不遑多让。

拉丁语中的笑——打破常规

在研究古罗马的笑时，乐趣之一便在于它会引导我们去阅读一些出色的拉丁语文学作品。这些作品充满了惊喜，甚至会叫人震撼不已，而且就算现在看来也称得上是不落俗套的佳作，哪怕是最专业的古典研究专家也会觉得十分新奇。我们会在一些意想不到的地方发现各种关于罗马的笑的痕迹，而且这种情况比比皆是。这其中包括一些洋洋洒洒的长篇大论，它们有的直接或间接地引入了什么使人发笑的问题，探索了笑的规约和伦理，有的则将笑作为罗马社会其他文化价值的标志。没有哪种针对笑的论述是完全没有任何倾向性的。

举个例子，在皇帝埃拉伽巴路斯（公元3世纪在位）的传记中，笑正是他疯狂作恶、执拗骄奢的特征之一。该传记出自《罗马君王传》（记述的是罗马皇帝［Augusti］的历史），这本古怪的书是一部皇帝传记的合集，虽然部分内容是虚构和编造的，但是仍然揭示了许多历史真相。[30] 在一些倾向性没那么大的文献中，我们会发现先前皇帝的生活中有一种反复出现的模式（见第六章），而埃拉伽巴路斯几乎是在拙劣地模仿这种模式：和在其他任何事情上一样，他在笑的问题上远远凌驾于所有的臣民之上。事实上，他有时在剧院里也会笑得很大声，甚至连演员的声音都盖了过去（"只能听到他一个人的声音"）——这一点恰好能够说明过度的笑对社会造成的扰乱。他还会用笑来羞辱别人。"他有个习惯，那就是在邀请别人参加晚宴时，他的邀请对象要么是八个秃顶的男人，要么是八个只有一只眼的人，要么是八个痛风病人，八个聋人，八个皮肤特别黑的人，或者八个高个子的人——比如，在邀请八个身材肥胖的人时，那场景会让在场的所有人大笑起来，因为一张长椅根本坐不下他们"。让人发笑的并不是宴会宾客们的相似之处，而是他以这种闹剧的形式暴露了受害者们肥胖的特征。他曾用古罗马时期的原始版"放屁坐垫"做过一个实验，其中体现的滑稽风格也是相似的："他会安排重要程度不高的朋友坐在气垫上——而非普通的垫子，然后让人在他们用餐期间把垫子里的气放掉。这样一来，饭吃到一半的时候，这些人便会猛然发现他们已经沉到桌子底下去了。"[31] 这样的情况便集合了权力、晚宴、笑和恶作剧的元素，我们回头还会再谈到。

在马克罗比乌斯的《农神节》第二卷中，还有一处更为详尽的论述，只不过常常都被忽略了（或者人们一般只会提到里面包含的几个笑话）。农神节是一种人们十分了解的古代晚期亚文化，马克罗比乌斯（通过书中多位人物的台词）向我们展现了古代世界中与笑话的加长版历史（倒还称不上是笑的历史）最为相近的叙述；而且至少可以这么说，他还以一种间接的方式，思考了笑话的不同风格，以及"老笑话"的性质与意义所在。

这个场景很简单。为了配合农神节（即这部作品整体的戏剧背景）期间轻松愉快的氛围，每一位参加讨论的人都要轮流选一个过去的笑话，然后重新讲述给其他人听。汉尼拔（Hannibal）和老加图（Cato the Elder）是最早被"说笑者"引用的，不过毫不意外的是，参加讨论的希腊学者优西比乌斯（Eusebius）学了一句德谟斯提尼（Demosthenes）的俏皮话，埃及的荷鲁斯（Horus）则选了一句柏拉图的短句。[32] 这种情节也有助于更加系统地整理三位历史人物说过的妙语警句，他们分别是西塞罗、奥古斯都皇帝和他的女儿朱莉娅（Julia）；此外，它还会在某些情况下引导人们对笑进行更为广泛的思索。[33] 从某种程度上来说，马克罗比乌斯的叙述符合标准的历史模板，而且他把重点放在"古代节日"（antiqua festivitas）和早期说笑人的无畏（如果不是粗野的话）上。[34] 不过，这本书也细致地展现了参加者们为什么会把那些笑话作为自己的最爱，以及他们的选择与自己本身有着怎样的关系。可想而知，选择了性笑话的人，就是行事古怪且霸道的埃万革卢斯（Evangelus），他是几位不请自来的客人之一，最热衷的便是破坏这种高雅文化的氛围；而沉默寡言的语法学家塞尔维乌斯（Servius）根本讲不出一个笑话来，所以最后他只能说了一句干巴巴的俏皮话草草了事。[35]

在讨论的最后一个环节里，他们转而谈到了罗马的笑中另一个关键的风俗制度：笑剧（英语中叫作 mime［哑剧］，拉丁语中叫作 mimus）。虽然英译名如此，但这种特殊的戏剧形式并不是一出没有声音、全靠演员肢体动作的表演；相反，笑剧是有台词的，有些是即兴发挥，有些则是事先写好的，而且台上既有男演员，也有女演员。与现代课本中的说法有出入的是，人们其实并不太了解笑剧的确切特征和发展历史，以及它与另一种古代戏剧体裁默剧（pantomime）有着怎样的关系。不过，它有两个特点是十分显而易见的。第一，笑剧中有时会出现十分下流的内容，因为在《农神节》中，斯文有礼的讨论者们纷纷小心地强调他们不会真的在晚宴上加入笑剧的内容，只会从中挑选一些笑话，避免其中的不雅（lascivia）成分，体现出表演中热烈的气氛（celebritas）。[36] 第二，在古罗马，笑剧是唯一一种以逗乐观众为主要目的（甚至是唯一目的）的文化形式。罗马的作家们也会反复强调这一点——而且有些笑剧演员的墓碑上也铭刻着这样的信息。[37]

我在后文（见本书第 280—287 页）会说到，上到演员下到猴子，模仿与扮演在罗马社会笑的诱发中非常重要，而与笑剧密切相关的欢闹就是其中的一个方面。不过，马克罗比乌斯早就提出了相似的立论：他用一系列故事，为我们描述了默剧演员皮拉得斯（Pylades）和许拉斯（Hylas）之间的争斗，展现了这两个虚构角色足以乱真的模仿能力。故事中最巧妙的一次模仿是这样的：皮拉得斯扮演的是疯狂的赫拉克勒斯，据说观众见状纷纷大笑起来，因为他四处跌跌撞撞，"没法像一个演员那样好好走路"。他把面具摘了下来，对着观众呵斥道："你们这些傻子，"他说，"我演的角色是个疯子。"这里便会出现一个很巧妙的反转：观众前面之所以会笑这个人，是因为他们认为他的演技很差，而事实上这是一次（好笑的）模仿的完美示范。[38]

有时，我们可能没有发现像马克罗比乌斯这样的长篇大论，而是会在一些鲜有人读的文本中找到一些被人忽视的只言片语；在解读罗马文化中笑的做法与意义时，它们可能会给我们带来意想不到的收获。有些人将古罗马的讲演练习收集起来编纂成册，并将其命名为《雄辩》（Declamations）。这本书近来引起了一些学者的热切关注，不过尽管如此，它们还是没有得到充分的探究。这些练习既包括修辞训练，也包括晚宴后的娱乐活动。它们往往以一个虚构（或者至少是加工过）的法律案例为切入点，演说术的学习者或者著名的餐后演说家会表明立场，选择支持诉方还是辩方。这些册子里不光收集了部分案例，还摘录了著名修辞表演家们的精彩演说片段；从某种意义上来说，它们既是可以用来学习模仿的手册，也是"最佳演说现场"的汇编合集。[39]

老塞涅卡在公元1世纪早期也汇编了一部合集，其中有一个例子便很能说明问题。这个例子是卢基乌斯·昆提克乌斯·弗拉米尼乌斯（Lucius Quinctius Flamininus）的案例的一个（加工后的）版本，此人曾在公元前184年因执政期间行为不端被元老院除名。[40]关于他的故事，拉丁语文学作品中还有一些篇幅更短、略有差异的版本，[41]不过，这场辩论的核心却在于弗拉米尼乌斯与一个妓女之间的关系。他对这个妓女痴心一片，所以在离开罗马来到他的行省执政时，便把她也带在了身边。一天在吃晚饭时，她对弗拉米尼乌斯说自己从来没见过砍头的场景。为了取悦她，弗拉米尼乌斯便叫人把一个已经定罪的犯人带到了吃饭的地方，然后当着她的面处以极刑。后来，在掺杂了虚构成分的故事里，他被指控犯了一种叫作maiestas（一般译为"叛国罪"[treason]，不过译成"国事犯罪"[an offense against the Roman state]更合适）的罪。[42]

辩论的焦点并不在于处死那个犯人这件事本身的对错与否（毕竟这个人已经被判处死刑了），而在于它发生的情境。这场辩论其实包含了许多罗马社会中常见的套话，它们主要集中于如何恰当地将政府的公务同嬉闹娱乐中的乐趣和晚宴上轻松逗趣的氛围区分开来。许多被援引的演说家们都对这一根本问题进行了精练的总结。有一位打趣道，把"集会场地变成宴会"（forum in convivium）和把"宴会变成集会场地"（convivium in forum）一样糟糕。"你见过哪位执政官带着妓女在讲坛前面吃饭的吗？"另一位则这样问道。他口中的讲坛指的是广场上的那个高台，一般演说者都会在那里向罗马民众讲话。[43]

尤其招致批评的两个问题在于，刽子手在行刑的时候是喝醉了酒的，而且弗拉米尼乌斯当时脚上穿着凉鞋（soleae）——这两点都说明行刑只是为了私下的享乐，而不是为了公务。不过，这件事的逾矩还体现在对严肃的政府公务所开的"玩笑"上：行刑变成了"餐桌上的笑谈"（convivales ioci），弗拉米尼乌斯本人被指控将此事拿来"说笑"（ioci），而那个女人则被认为是在拿象征着罗马权力的束棒"打趣"（iocari）。其实，根据一位演说家对这一恐怖画面的描述来看，当那个不幸的受害者被带到房间里时，妓女见了便大笑起来（arridet）——洛布古典丛书中的版本将此处译为"微笑"（smiled），其实二者的含义还是有很大差别的。[44] 我推测，这一过程中其实也出现了具有性意味的联想；笑经常会和古时的妓女联系在一起，所以这的确是我们意料之中一个妓女会做的事情。[45] 不过除此之外，单单 arridet 这一个词（而且还被放在句子的末尾）也能够突出这种大笑的轻浮举止给公务造成的干扰。[46]

不过，接下来发生的事情让我们注意到，笑在这场餐桌交际中还起到了另一种作用。整个故事的文字风格是很戏剧化的（在某一处，读者要想象那个不幸的犯人误以为弗拉米尼乌斯是要赦免他，还对他千恩万谢了一番）。但是，在那个犯人被处死之后，餐桌上的其他客人是怎么做的？有个人落下了眼泪，有个人把脸转了过去，还有个人却大笑起来（ridebat）——"就为了附和那个妓女"（quo gratior esset meretrici）。[47]

这种"笑料"显然与马克罗比乌斯的笑话有着天差地别。虽然整个场景中的笑都挺滑稽，甚至还有些背离道德的趣味，但是引人发笑的并不是口头上的俏皮话。相反，我们看到的是那个妓女因为（不道德的）愉悦而爆发的大笑，还有那名晚宴的客人出于谄媚奉承，或者（说得再客气一些）为了拉拢别人而发出的笑。这个例子也说明了笑蕴含着多么错综复杂的含义：有的是出于愉悦感，有的表现出赞同的意味，还有的则是不加掩饰的阿谀。我们之后还会再说到这个问题。

经典文学中的笑：关于维吉尔笔下的孩童

笑的研究不光使一些人们知之甚少的拉丁语文学得以重见天日，也让我们从另一种视角重新审视了某些最为权威的说法。我们在前文中说起过贺拉斯的《讽刺诗》和卡图卢斯。在古罗马流传下来的知名拉丁语文学作品中，我们还能发现笑在许多场景中都起到了一定的作用，有时还很有争议性：在《爱的艺术》（Art of Love）中，作者奥维德用非常诙谐的语言教导年轻女性们应如何笑；[48] 在《埃涅阿斯纪》（Aeneid）第四卷的开头，维吉尔提到是维纳斯（Venus）的笑神秘地终结了她与朱诺（Juno）之间的争执，同样也决定了狄多（Dido）的命运；[49] 而在《诗艺》（Art of Poetry）的开篇中，贺拉斯列举了各种具象的乖讹现象，并且声称它们能使任何人大笑出来（"如果画家作了这样一幅画像：上面是个美女的头，长在马脖子上……朋友们，如果你们有缘看见这幅图画，能不捧腹大笑么？"）[50]

不过，在这些提及笑的作品中，名气最大也最有争议的一处，当属维吉尔《牧歌》第四首中让人感到万分费解的结尾部分。这首诗大概写成于公元前40年前后，当时的人们都想要在屋大维（Octavian，也就是后来的皇帝奥古斯都）和马尔库斯·安东尼之间的内战中过上太平日子（不过长远来看他们的那些指望都落空了）。那预示着罗马将迎来一个新的黄金时代，而象征着这个时代，或者说拉开其帷幕的，便是一个男婴的诞生（可能是在这之前，也可能是在这之后诞生的——这里的时间顺序并不清楚）。维吉尔用称颂救世主的言辞赞美这个男婴（所以整首诗往往被称为《弥赛亚牧歌》[Messianic Eclogue]），比如"在他生时……

在整个世界又出现了黄金的新人"*，等等。但这个男婴是谁？这也是几百年来人们一直争论不休的问题之一，有人认为是屋大维或者马尔库斯·安东尼当时尚未出生的孩子（不过这两人的孩子都是女孩），纯粹象征着和平的重归；也有观点认为，维吉尔其实是在无意之中预言了耶稣的降生。[51] 不过，同样富有争议的还有一个问题，那就是这首诗的最后四句（60-63）有着怎样的意义。这几句是以跟那个孩子说话的口吻写的，而且着重体现了孩子与父母向对方绽开的"笑"（risus）。这里的risus 是什么？又是指谁的 risus？

我们会发现，讨论的细节再次集中在拉丁文作者们抒写的内容，以及我们所仰仗的中世纪文本能够以何等的准确性表现出这一切。这里的主要问题可以归结为"笑"的起源和指向，而它的唯一依据仅在于几个字母的差异。这便是症结所在。在这首诗的最后几句中，维吉尔脑海里想着的是孩童对 parenti（单数，与格用法，应该是指母亲[52]）或 parentes（复数，受格用法，指父母双亲）绽开的 risus 吗？又或者他指的其实是 parentes（主格用法）对着这个孩子露出的 risus？这又意味着什么？要论证这些问题需要专业知识，而且我还得提醒你，可能最终并没有什么定论。单纯无知的人可能会觉得这几句诗中用到的拉丁词语（几乎）没什么不同，尽管它们的含义其实有着天壤之别。不过，这种探讨有着极大的教育意义，而且其中的微妙之处也很值得细细琢磨。一方面，在探讨这篇经典之作时，笑被放回了核心位置；另一方面，它也证实了，如果不仔细斟酌罗马的笑中体现的语言学规则和文化规约的话，就会陷入困境之中。

以下便是如今留存下来的诗句：

---

* 译文引自〔古罗马〕维吉尔《牧歌》，杨宪益译，人民文学出版社，1957年。

Incipe, parve puer, risu cognoscere matrem
(matri longa decem tulerunt fastidia menses);
incipe, parve puer: cui non risere parentes,
nec deus hunc mensa, dea nec dignata cubili est.

从字面上来看，这几句的意思是："孩子呀，你要开始以笑来认你的生母（十月怀胎期间她曾备受苦楚）；开始笑吧，孩子，如果双亲不对他笑脸相向，他便不配与天神同食，与神女同寝。"诗中的含义（确实"让人费解"[53]）想必是说，那个孩子闪耀、神圣的未来取决于父母给予他的温暖，这种温暖便体现在他们对着孩子露出的 risus 里。

不过，现代学者大都认为这首诗虽然说不上牵强，但也确实很难理解，所以他们决定把原文调整一番，以改变诗句中"互动"的本质。在调整之后的诗句里，不是父母（parentes）对着孩子（cui）笑（risus），而是让孩子（用 qui 取代 cui）对着母亲（parenti）笑。按照这种解读，最后两句诗中的互动就变成了这样：

Incipe, parve puer: qui non risere parenti,
nec deus hunc mensa, dea nec dignata cubili est.

这两句的意思便是"开始笑吧，孩子，如果不能对母亲展笑，便不配与天神同食，与神女同寝"。也就是说，造就光明未来的，实际上是这个孩子自己的作为。

这样调整的理由很充分。总体上来看，修改过后的语句似乎更能说得通一些。一方面，"开始笑吧，孩子"这样的句子看上去是在要求孩子做出一些举动来，而不是像原文里那样是要求父母去做些什么。另一方面，如果说父母在面对孩子时的"自然"反应（risus）能够预示孩子的未来的话，这实在让人有些摸不着头脑。不仅如此，尽管在维吉尔的原文中并没有能够为这一版本提供直接依据的地方，但它确实好像更接近昆体良在一百多年之后看到的文稿——毕竟众所周知，他在讨论罗马语法中的一个难点时提到了这几句诗。[54]

不过，不管这些调整究竟对不对（其实我怀疑我们对此可能永远都不会有定论），其中牵扯到的问题都使得笑成为焦点——或者说得更准确一些，我们关注的是如果能把笑的问题研究得再透彻一些，我们会对这一文本产生怎样的理解。研究这几句诗的时候，评论家们往往会对影响到古罗马的笑的语言学和社会规约做出一系列过于自信的假设，甚至还会把各种关于 ridere 和 risus 含义的说法奉为圭臬。我们能从中发现许多关于古罗马的笑的错误立论。

举个例子来说，其实在调整上面的诗句时，还有一种幅度稍小一些的修改方法——这种方法只用改变原文中的一个字母，就能让整个句子的意思变成是孩子在笑：我们可以把 cui 换成 qui，并且保留原文中的复数用法 parentes，这样那句诗就变成了"qui non risere parentes"。假设 parentes 是受格用法的话，这句话的意思就变成了"那些不笑对双亲的人"。这起码算得上一种非常方便的解决方案，不过也常常会遭到质疑，理由是"rideo 后面接受格只能表示'嘲笑'或'讥讽'之意"（好笑的是，这么一来这句话的意思就变成了那个孩子在嘲笑他的父母）。其实，这种理由是站不住脚的，就连最严谨的评论家也要承认，在拉丁语中，ridere 后面接受格宾语表示正面意思的例子数不胜数。[55]

普林尼曾提出，婴儿长到四十天大之后才开始笑——只有琐罗亚斯德是个特例，他从出生时便会放声大笑（risisse）。许多学者便从另一种角度入手，将普林尼的这一说法作为依据。他们认为，维吉尔是在暗示这个男婴异乎寻常地早熟，以此表现他身份的神圣。不过话又说回来，我们不知道维吉尔诗中的孩子有多大，也不知道普林尼的这种说法在古罗马的流传范围有多广，而且那段极为相似的文字（我们随后会说到）并没有为宗教解读提供任何依据。[56] 此外，针对前面的第 60 行（"risu cognoscere matrem"，即"以笑来认你的生母"），也有人就这里指的是谁的笑发表了坚定的看法，不过也存在互相抵触的现象。这句话说的肯定是那个孩子在认出母亲时会露出笑容来吧？又或者，它指的其实还是母亲的笑，意思是说母亲的笑能让孩子认出她来？[57] 如果按照拉丁语的行文习惯来看，这两种意思都是说得通的（或者也许原文就是想要同时表达这两种意思）。

不过，也许更重要的一点在于，几乎所有对于这首诗的现代解读都会带有少许感情色彩。就连罗宾·尼斯比特（Robin Nisbet）这位最讲究实际的拉丁语学家也认为，这个场景中体现出的"人性"（无论他所说的"人性"指的是什么）能够说明，维吉尔所说的是一个"真实的孩子"，而不是某些象征和平和繁荣的抽象存在；还有些评论家虽然并不赞同把这首诗解读成对基督教的预言，但他们联想到的场景依然更像是圣母玛利亚怀抱婴孩耶稣的画面，而不是我们所知道的罗马异教的任何场景。[58] risus 和 ridere 在此处的标准译法也巩固了这种华丽的基调：它们被译为"微笑"，而不是"大笑"。这么一来，这句诗的意思便是"孩子呀，你要开始以微笑来认你的生母"。[59] 于是，我们便会在脑海中想象出这样的画面来：一抹充满爱意的微笑将母亲和孩子连接在一起，同时也让我们对婴孩和舐犊情深的理解产生了强烈的共鸣。这种理解的误导性究竟有多强？

到目前为止，我一直都坚持以拉丁语为基准，好避免这一问题。但是，先不说"微笑"从来都不是翻译 ridere 时的首选，还有一点也能够清楚地说明诗里所说的"笑"是有声音的——那就是与这一场景最为相近的一幕，可以称得上是它的前身。维吉尔笔下的这个画面很可能是从卡图卢斯的作品中借鉴过来的：卡图卢斯在为曼利乌斯·托尔夸图斯（Manlius

Torquatus）创作婚礼的颂歌时，联想到未来托尔夸图斯后代的降生——一个男婴坐在母亲的膝上，向他的父亲伸出小手，"小嘴半开，向他甜甜地笑着"（dulce rideat ad patrem / semihiante labello）。[60]那可不是弯着嘴唇安静地微笑，而是发出声音的大笑。在我们的脑海里，维吉尔笔下的也应该是这般情景。

可能对于那些还没有怎么深入研究维吉尔作品传统的人来说，他们更能够从这里看到殊为广泛的可能性，而且他们的不同视角往往具有很大的启发意义。现代有些文学理论家和精神分析学派人士把笑看作沟通的一种隐喻，对于他们而言，这几句诗便显得尤为重要，尽管鲜少有人对其进行充分的探讨。比如，乔治·巴塔耶（Georges Bataille）在一篇著名的相关文章中提到了维吉尔的话。"笑，"他写道，"一般可以被还原为孩子认出人时露出的笑——维吉尔的这几句诗让我想起了这一点。"[61]同样，在研究笑在母婴关系和婴儿自我认知成长过程中的作用时，朱莉娅·克里斯蒂娃（Julia Kristeva）也提到了维吉尔描述的这一场景。[62]这些学者都能从文化评论家玛丽娜·沃纳（Marina Warner）的作品中找到共鸣，后者在从更广泛的意义上探讨"有趣"（funniness）的问题时，对《牧歌》第四首的最后几句做出了直接评价。她没费多大周折便将维吉尔原诗中的 ridere 翻译为 laugh，并且指出了笑的意义所在："'孩子，要学会以大笑来认你的生母。'他（维吉尔）指的是孩子的笑，还是妈妈的笑？又或者，他之所以忽略所有格，是不是希望读者能够想到，在理解、认同和生命的最开始，认人和笑的动作是一同发生的？"[63]

这种解读和前面介绍的种种看法大相径庭。我猜想，许多古典主义者并不愿意赞同沃纳的观点，更别提巴塔耶和克里斯蒂娃的想法了，我们也不会过多讨论他们的观点孰优孰劣。[64]不过最起码，他们从各种不同的角度解读了这段备受争议的诗句，而且也论证了诗中所说的笑是有声音的。因此，他们也有力地提醒着我们，如果我们总认为自己了解拉丁语中的"risus"代表的是什么的话，其后果会有多严重——更不用提把某些"婴儿的第一次微笑"的说法强加到古罗马文化中的行为了。

在希腊语中寻找古罗马的笑

不过，并不是只有在拉丁语中才能找到古罗马的笑。虽然这一章到目前为止一直都在讨论拉丁语文学，但是其实早在公元前 2 世纪，罗马就已经形成了双语的文学文化，因此对笑的研究和探讨是用拉丁语和希腊语一同进行的。

就这种语言学层面和文学层面的双语现象而言，其实我在第一章中讨论的两个故事都是这种现象的典型例子。第一个场景（见本书第 1—10 页）发生在罗马的竞技场里，罗马皇帝康茂德和一群政界精英的对峙真是让人既惊惧害怕，又忍俊不禁。这个故事出自一位元老院成员用希腊语写就的罗马历史，他来自以希腊语为主要语言的行省比提尼亚（在如今土耳其境内）。第二个故事（见本书第 10—19 页）则出自一出拉丁语喜剧，最早出现在公元前 2 世纪，（几乎可以肯定）一般会在罗马城内的一个宗教节日期间上演。不过，它其实是融合了公元前 4 世纪晚期的雅典剧作家米南德（Menander）的两部喜剧，并进行了罗马化改编的成果——一直以来，研究希腊和罗马喜剧的学者们一直围绕着这种文学融合的形式争辩不休。这两部作品最终都没能完整地流传下来，如今只剩下古埃及莎草纸上的断篇残章，还有后来的作家们引用的片段。不过，尽管现在只能找到这些只言片语，我们也能清晰地感受到，前文中那些妙趣横生的台词虽然经过调整，但仍然可以追溯到米南德的那两部喜剧之一。

问题并不在于这两个故事对于研究古罗马的笑有没有那么重要。答案当然是肯定的：它们都发生在罗马社会的架构内，只不过展开的方式不尽相同；而且两个故事的讲述者都是"罗马的"作家（狄奥是罗马元老院的成员，而泰伦斯则可能是一个脱离了奴隶身份的公民）。它们带来的问题是：我们应当怎么界定"古罗马的笑"。在罗马帝国时代，希腊世界正处于罗马的政治和军事控制之下。有许多那一时期完成的希腊语文学流传了下来，其中有琉善的讽刺诗，有"金嘴"狄翁的演讲文稿，还有阿喀琉斯·塔提奥斯（Achilles Tatius）的浪漫小说（《琉基佩与克勒托丰》[Leucippe and Cleitophon]），更不必提普鲁塔克的传记和哲学作品，狄奥、阿庇安（Appian）和狄奥尼修斯的历史著作，埃利乌斯·阿里斯提德（Aelius Aristides）让人疲惫不已的疑心病，还有盖伦那冗长（但也让有些人着迷）的医学论述。不过，它们都能算得上是罗马的作品吗？"罗马"的笑指的是整个罗马帝国的笑吗？从西班牙到叙利亚全都囊括在内？希腊的笑和罗马的笑有什么区别呢？我在前文中也提到过，在拉丁语和希腊语中有些用来形容笑的词是对应不上的。那么，这究竟在多大程度上意味着需要纳入文化差异进行考虑呢？

正因为有了这些疑虑，所以历史学家和考古学家们才会围绕"罗马"文化的本质展开了一场热烈而又广泛的论辩。虽然这场论战很是复杂，但其实我们可以用一个简单的问题来概括它：当我们在使用这个表面上无可争议的形容词"罗马的"（不管是"罗马的笑"，还是"罗马文学""罗马雕塑""罗马奇观""罗马政治""罗马默剧"）的时候，指的究竟是什么？我们在讨论的是哪些罗马人？有钱、有学问的精英阶层？还是穷人、农民、奴隶或者女性？说得再直白一些，我们所设想的这个概念是否和政治、社会地位，以及某些独特的行为准则和文化之间，有着地域层面、历史层面或者更整体层面的密切联系？比方说，公元2世纪时的希腊尚是罗马帝国的一部分，如果当时的一位雅典贵族用希腊语写了一篇论著，我们能把它算作罗马社会的产物吗？如果这位希腊语作家同时也是罗马元老院的一员（就像狄奥那样），或者我们了解到当时罗马说拉丁语的人也拜读、讨论了这篇文章，那它作为罗马作品的说服力会不会更高一些？

当然，这些问题是不存在所谓的正确答案的。最近影响比较大的研究都坚持要分解"罗马"文化的单一概念，同时也反对为古代地中海地区经历的文化变迁建立任何简单的递进式模型。[65] 过去，由于罗马与希腊世界之间的交集，有人会把古时的罗马城看作一个文化真空地带，然后认为它是在一个被称为"希腊化"的过程中才逐渐吸收到文化的——现在，已经没人会这么想了。（罗马诗人贺拉斯曾写道，"被俘的希腊，又俘虏了野蛮的胜利者"，这句话却被后人单独拿出来，作为罗马文化比希腊文化低劣的佐证。我猜他如果知道了这事，一定会震惊不已。[66]）同样，也没有多少历史学家会把罗马时代对西方世界日益显著的影响归结为简单的"罗马化"；或者换句话说，他们并不会把"罗马"的文化形式和不同程度地抵抗过罗马帝国扩张步伐的地区的文化形式之间的关系看作纯粹的对峙。

相反，他们指出在这一过程中，"罗马性"（Romannesses）的跨文化多样性（cross-cultural multiplicity）出现了变化，主要表现为一系列动荡的文化交融，它们可以用各种隐喻来概括。这些隐喻有时富有启发意义，有时显得过于异想天开，有时甚至（恐怕）具有挺强的误导性，比如群系、杂糅、克里奥尔化、双语现象或者异种交合。[67] 事实上，一些最为偏激的作品甚至彻底推翻了对罗马帝国文化差异与变迁的基本描述。比如，在安德鲁·华莱士－哈德里尔（Andrew Wallace-Hadrill）的颠覆之作《罗马的文化革命》（*Rome's Cultural Revolution*）中，罗马文化和希腊文化之间的对立关系就被彻底推翻了。也就是说，华莱士－哈德里尔在书中通过一系列强有力的论述，将罗马树立为"希腊化"的原动力，使"希腊化"变成了"罗马化"的一部分，并最终让"罗马"的影响力变成了实现希腊世界"再希腊化"的推动力量！[68]

在像本书这样的作品中，这些让人晕头转向的问题肯定是存在的。但是对我来说，本书中最关键的问题比这些问题的范围更窄，也更好梳理一些。首先，我们要直面一个现实，那就是我们几乎根本没法接触到罗马社会中非精英阶层的笑文化。"乡下人的笑"真如我们想象的那样，与城里精英的笑不一样吗？天晓得。（我们不该忘记，乡下人那种"精力充沛"的形象既可能只是精明的城里人臆造出来的，也可能确实准确地反映出在单纯的农民社会中的人们是怎样笑的。）[69] 无论如何，如果去研究"罗马的笑"，就势必得去研究精英文学作品建构（或重构）、调和出来的笑。问题在于：哪些是罗马的笑？尤其是，在那些用希腊语展现出来的或者部分源于希腊世界的笑中，哪些才是我们的研究对象？能不能划出明确的界限来？怎么划？普鲁塔克身为一名希腊作家、德尔斐（Delphi）神庙里的祭司和热衷于学习"罗马"文化的学者，我们应该把他归入本书，还是归入斯蒂芬·哈利韦尔的《希腊的笑》（Greek Laughter）呢？又或者两本书都可以？我们会不会把"希腊的"笑和"罗马的"笑弄混？这个问题又有多紧要呢？

这个问题并没有什么固定不变的规则。在近来对罗马帝国的希腊文化展开的批判性研究中，学者们都强调了其中有许多不尽相同，甚至有时还很自相矛盾的方面。比如，这种文化中显然包含有希腊化（甚至"反罗马化"）的属性，积极地重新阐释"希腊的"和"罗马的"两种范畴，同时还支持罗马对希腊推行政治和社会霸权。[70] 而实际上，现代人在对"希腊的"和"罗马的"进行区分时，有时只考虑题材（如果要讨论的作品和罗马有关，那么就可以把它当作"罗马的"；如果和希腊有关，那就是"希腊的"——尽管像普鲁塔克这样拥有"希腊－罗马"［Greco-Roman］双重视角的存在，使这种归类方法变成了无稽之谈）。老实说，其实还有一种更常见的情况，那就是按照现代学术界规定的领域分界进行区分。一方面，研究古典希腊文学的学者往往会将这一材料看作其领域内容的延伸（毕竟，它是用"他们的"语言写就的，而且从构成上来看也与更早前的古典希腊作品有关）。但另一方面，许多研究罗马文化的历史学家会将其看作他们研究范围内的一部分（它是在"他们的"时期写就的，而且往往会直接或间接地表现出罗马帝国的权力结构）。事实上，我们并没有什么万全的办法，能把一部文学作品完全划分为"希腊的"（being Greek）或是"罗马的"（becoming Roman）——这里借用了两本书的书名，它们是对这一论题贡献最大的两部现代作品。[71]

接下来，我想继续谈谈自己一直谨记于心的一些非常基本的方法论准则。首先，在罗马帝国期间，"希腊的"笑文化和"罗马的"笑文化是相互陌生的，但与此同时，二者之间又有着纠缠不清的关系，因此不可能完全分割开来。就算是只看语言，我们也能发现某种程度上的文化差异。比方说，我们不妨想象，当维吉尔想要创作自己的《荷马史诗》，考虑着该怎样表达希腊单词 meidiaō（见本书第 123—124 页），他一定仔细地衡量了希腊单词和罗马单词在表现笑时的不同意义，以及它们可能带来的问题。此外，我们还注意到在马克罗比乌斯的农神节晚宴上（见本书第 129—130 页），精英用餐者们在说笑时是有一定的种族偏好顺序的：希腊人、埃及人，然后是罗马人。我们一定要注意哪些地方体现出了文化上的差异。但是基本上，如果只是拆分罗马帝国文学中的笑文化的话，是不会有什么好处的；如果非要把那些渗透有多样文化的论著分成"罗马作品"或者"希腊作品"的话，那就更是毫无裨益（比如我们不能说普鲁塔克的《罗马问题》［*Roman Questions*］是罗马作品，而《琉基佩和克勒托丰》不是；阿普列乌斯《金驴记》的拉丁文版本是罗马作品，而对应的希腊语版本不是）。不论居住于帝国的何方，罗马的精英都是在与希腊语和拉丁语两种语言的文本论辩的过程中学习"思考笑的问题"的。所以起码从很大程度上来说，我们所探讨的其实是一种关于笑和"笑学"的共享文化，一种双语的文化对话。

我的第二条准则则会稍稍对此提出一些限制。如果我们把罗马帝国的文化看作一种对话（我得承认，这是继杂糅、群系等之外的另一个隐喻）的话，那我的注意力就要放在某些希腊语文学作品中，在那里我们能找到明确表现出受罗马影响的地方，而不是那些笼统地具有罗马社会政治背景的作品。有时，我们会在一段对话中发现有些角色被明确地设定为罗马人（比如普鲁塔克的《席间闲谈》[*Table Talk*] 就有这样的细节）；有时，这一点体现在某些具有罗马特色的题材或者环境中（比如组成部分背景的名字、货币或事件，以及古罗马晚期的笑话书《爱笑人》里的逗乐的段子）。

不过，罗马对这一对话的影响之深着实让人印象深刻。其实，我们现在也能看出来，有些笑的传统虽然表面上看起来单纯是"希腊"文化的产物，但实际上其中蕴含的"罗马"元素比我们想象的要多许多。有时我们会发现，那些被当作古典希腊的笑的重要传统其实大多是在罗马时代形成的；还有些时候，我们会发现，有些关于笑的希腊习语是从拉丁语中的观点和表达改编过来的。而当情况反过来，罗马作家们借用了希腊语的笑话时，我们便能够证实作家为了迎合罗马的观众，对原本的材料进行了有创意的改编。说到这里，我们还要再提及泰伦斯的《阉奴》——前面我们介绍过寄生食客格那托、士兵特拉索，还有一个关于罗得岛小子的笑话。这部作品引入了本章最后一小节中一些更为重要的问题，同时它也让我们清晰地看到希腊笑文化中"罗马化"的痕迹，以及一个罗马笑话的演变历程。

泰伦斯的希腊笑话

一直以来，普劳图斯和泰伦斯的喜剧都能够清晰地展现出希腊文化与罗马社会千丝万缕的联系——爱德华·弗伦克尔（Eduard Fraenkel）在 20 世纪 20 年代完成的语言学著作便为许多这类观点奠定了基础。[72]这些戏剧作品显然取材自希腊文化中的范本，不过剧作家们对"原版"进行了加工，力图创作出与之迥异的内容，并在罗马社会中产生新的共鸣。比如，无论普劳图斯的《安菲特律昂》（Amphitruo）源自什么希腊故事（这一点至今仍有争议），它都与罗马最独特的一种庆典——为庆祝战争胜利而举办的凯旋式庆典——有着十分紧密的联系。其实，普劳图斯几乎是把原版的（希腊）故事改编成了一出介绍（罗马）凯旋式庆典起源的恶搞喜剧。[73]

在泰伦斯的《阉奴》中，这种充满创意的调整便体现在其中的一个个笑话里，它们能让第一章中探讨过的那些出现笑声的场景多一些转折，也为我在那一部分的论述画上了句号。这部剧的序言里明确提到，它的范本是米南德在公元前 4 世纪晚期的两部剧作，分别是《阉奴》（The Eunuch）和《献媚者》（The Toady, Kolax），士兵和食客／奉承者（或献媚者）的角色都是从中借用来的。我们从无数莎草纸上遗留的残篇和引用中收集到了《献媚者》的一百多句台词，这些台词都能够证明格那托和特拉索的角色来源于此（尽管他们在米南德的作品中不叫这两个名字）。[74] 我在第一章中曾经引述了这两个角色之间的一段对白，而普鲁塔克引用的一小段对话似乎就是这个场景的灵感之源。这段对话是一个非常典型的例子，说的是在解释自己为何发笑时故意给出的误导。正如我们所见（见本书第 14 页），泰伦斯的版本是这样的：

格那托：哈哈哈

特拉索：你笑什么？

格那托：您刚刚说的话，还有之前那个罗得岛小子的故事都很好笑——我一想起来就忍不住要笑。

从普鲁塔克（他当时探讨的是和献媚者打交道的问题）这边来看，下面这段话是《献媚者》中的"原创"片段，只不过被泰伦斯借用过来了。两段话表达的感情很相似，而且说话人都是标题里的食客/奉承者：

一想到您对那个塞浦路斯人开的玩笑，
我就会笑出来。[75]

不管米南德笔下的这句解释是不是像泰伦斯的喜剧那样充满了坏心眼的误导之意，我们都没有足够的信息来证明这一点（不过普鲁塔克形容那个献媚者因为"战胜"了士兵而"手舞足蹈"，因此说明了确实如此）。但有一点似乎是肯定的：在每一出戏剧中都有一些笑点借鉴了前人的笑话——尽管那个笑话的具体内容会有些不同。在《阉奴》中，泰伦斯写的是一个和罗得岛的小子有关的笑话（"找食儿"）。而米南德戏剧中（业已失传的）那个段子则是关于一个"塞浦路斯人"的——或许就像某些评论家所认为的那样，这个笑话和那句说塞浦路斯的牛吃粪便的古老希腊谚语（所以"所有塞浦路斯人都吃屎"）有关。[76]

若果真如此，我们就只能猜想泰伦斯为何要这样改编了。或许是因为塞浦路斯的牛这样的笑话本来就不属于罗马的表演剧目，所以可能在泰伦斯的第一批观众面前并不能达到预期的效果。也可能他之所以改编这个笑话，其实是想要暗示当时的一个热门话题，即罗马和罗得岛之间的政治关系。不过，或许泰伦斯只是把被打趣的主角（那个"找食儿"

的男孩）的家乡从塞浦路斯改成了罗得岛。毕竟，在《阉奴》中，那个让男人们魂牵梦萦的女孩也来自罗得岛，这其中的联系可能是作者故意安排的。这样一来，这种改变就会让有学问的观众产生一种更深层次的共鸣，意识到这其实是一个很古老的笑话（见本书第 17—18 页）。确实，这个笑话实在太古老了，不光能追溯到利维乌斯·安德罗尼库斯，甚至（先不论从塞浦路斯到罗得岛的改变）还能追溯到公元前 4 世纪的米南德所在的时期。也就是说，流传下来的希腊文化不光要根据不同的喜剧情境进行调整，它们也会变成罗马笑话中不可分割的一部分。

在希腊的笑中寻找罗马元素

长久以来，古典主义者一直都纠结于罗马的作家们是怎样复兴（或者重新利用）在他们之前的希腊文化的，他们指出，在罗马人（重新）利用希腊的文化形式（包括希腊的笑）的过程中，其实有特色地结合了两种文化之间的相似点和差异点。但是，他们鲜少从另一个角度来看待这一问题。为了给这一章做一个总结，也为了更深入地思考"希腊"的笑中潜在的"罗马"元素，我从安德鲁·华莱士-哈德里尔和托尼·斯波福思（Tony Spawforth）的著作中撷取了一些观点，毕竟这二位都认为罗马对希腊世界产生了广泛的文化影响（从罗马帝国时期雅典制作的灯盏风格，到这一时期希腊精英阶层的"文化行为"）。[77] 有些被视为古典希腊风俗的传统其实也和（希腊-）罗马帝国的文化对话有着千丝万缕的联系。

说起希腊的笑，最让人难以忘怀的莫过于公元前 5 世纪的哲学家德谟克利特了。他出身于希腊北部的阿布德拉，在历史上素来被称为"笑的哲学家"——不光是在古代，就连现代的彼得·保罗·鲁本斯（Peter

Paul Rubens）和塞缪尔·贝克特（Samuel Beckett）等现代艺术家和作家也对他这一名号大加称道。常与德谟克利特的名字一同出现的是赫拉克利特（Heraclitus），后者则被称为"哭的哲学家"。在古代的典籍中，人们也总是一再提及德谟克利特作为"笑之人"（或"懂笑之人"）的标志性形象。[78] 比如，在《论演说家》中，西塞罗对笑在演说术中的作用大加讨论了一番，打算先不考虑"笑是什么"这个根本无法解答的问题，于是他写道，"我们可以把这个问题留给德谟克利特"；[79] 其他人则记录道，德谟克利特对同胞们的讥诮为自己赢得了一个叫作"笑口"（Laughing Mouth）的诨名，或者像斯蒂芬·哈利韦尔所说的那样，这样的作风使他成为讽刺幽默的"守护神"（"德谟克利特总是会捧腹笑得没完没了。"尤文纳尔[Juvenal]这样写道，尽管他所处的时代其实并没有那么多值得嘲笑的事物——既没有无聊的恭维话，也没有带有紫色条纹的托加长袍，更没有抬人的轿子。）[80]

不过就目前而言，对德谟克利特的笑记录得最为详实的，其实是一本书信体小说。这本书里包含了一系列虚构的希腊语信件，写信的双方分别是阿布德拉的公民和希腊的传奇医生希波克拉底（Hippocrates）——现在这本书已经作为与希波克拉底相关的作品被保留了下来（不过它们都是伪造的信件，因为几乎没有一封真的出自这位医生之手）。[81] 在这个故事里，阿布德拉人（我们会在第八章中提到这些人，他们在笑和笑话的历史中也占据着一席之地）越来越关心德谟克利特的精神问题，原因很简单，这位著名的哲学家总是在笑，而且笑的对象都很不合宜。"别人结婚了，他笑；别人要去经商，他笑；别人在发表公开演说，他笑；别人获得了公职、去做使者、去投票、生病了、受伤了，甚至死掉了，他都在笑"。[82] 他们带着满腔愤怒，写信给希波克拉底，请他来阿布德拉把德谟克利特治好。医生同意了这一请求（这本小说还描写了医生准备外出时的一些好笑的状况——包括他出行的坐骑和他为留在家里的妻子所做的安排)。但是,我们从那些书信的内容里了解到,当医生见到德谟克利特时,他很快就发现这位哲学家根本就没有疯:他只不过是在笑人类的愚蠢罢了("你以为我的笑有两个原因——好事和坏事。其实,我笑的只有一点——那就是人类"[83])。

在得到这一(让人愉悦的)结论的过程中,各方都有大把的机会可以阐述他们眼中的笑有什么作用。其实,在从历史上流传下来的作品中,有不少对笑的问题进行了十分深入的哲学探讨,这部小说便是其中的一本。但我想要强调的一点是,目前还没有任何证据可以表明德谟克利特和古罗马时期之前的笑有任何特殊的联系。关于这种联系,我们能援引的最早的出处是西塞罗随意说的几句离题话,而上面的这本小说大概成书于公元1世纪,比两位主要人物的死还要晚上好几百年。[84] 从我们修复的版本来看,德谟克利特的作品主要阐释了他的"原子论",及其本身的道德立场——较之上述那部小说表现出来的"荒诞主义"行为,其实他的立场要温和得多。1世纪的人是怎么用这些迥异的说法重新塑造他的形象的,为什么要这样做——关于这些问题,我们也只能猜猜罢了。

与之极为相似的模式也出现在希腊笑文化的另一个重要标志中,那就是独特的"斯巴达式"笑的传统。除了虚构的作品之外(见本书第300—303页),斯巴达据闻是古代世界里唯一一个有笑的雕像的城市,城里甚至还有笑的神殿和宗教派别——这主要归功于神秘的立法者吕库尔戈斯(Lycurgus)。[85] 此外,在斯巴达城内的铁血军营氛围下,想必说笑和诙谐也扮演着重要的角色。据说,年轻的斯巴达人要学会在"公餐食堂"(sussitia)里打趣,以及忍受别人的打趣,而当那些年轻人无法达到训练体系定下的标准时,斯巴达城的女人就会对他们冷嘲热讽。[86] 在留存下来的资料里,提到斯巴达式俏皮话的部分无一不强调了它们的实在与坦诚,甚至包括它们表露出来的攻击性(比如,当那个跛着脚的斯巴达士兵被战友们嘲笑时,他反击道:"一群白痴,有本事在战场上不要逃跑呀！"[87])。虽然我们很容易把这些证据拿去填补目前所知的古典时期（公元前 5 世纪到公元前 4 世纪）斯巴达文化中的一些空白，[88] 但事实上这些记录都出自古罗马时期的作家之手——主要是普鲁塔克（当然并不仅仅只有他一个）。这在一定程度上也反映了对斯巴达"例外论"的怀旧式建构，同时那些所谓的笑的"原始"传统也被这些后来的作家们用来体现斯巴达体系的奇特。[89]

当然，在说起这两个例子时，我们要注意不能言过其实。如果假设在最早的幸存资料之前不存在所谓的传统，我们就会对古代历史产生一种非常奇怪的看法（毕竟就像那句推论性的老话说的那样，"没有证据并不能证明证据不存在"）。难道德谟克利特与笑的关联是西塞罗随口捏造出来的？这简直叫人难以置信；与之相比，他更可能是在引用之前早就存在的老生常谈（虽然我们无法知晓他对此事的了解程度）。根据我们所掌握的证据，是没法弄清楚德谟克利特是何时从原子论者转变成"笑之人"的。[90] 斯巴达的笑的传统也是如此，其中一定存在着更深层次的前因：事实上，普鲁塔克在描述"笑的神殿"时，引用的是公元前 3 世纪的一份文献，而许多号称是斯巴达过去的名人所说的俏皮话，其实都有更早的渊源。[91] 不过，事实依然如此：正是罗马帝国时期的文学作品使得德谟克利特以及斯巴达人的这些传闻流传至今——尽管它们肯定是经过选择、修饰和美化的。在如今的学术界，历史学家们一直致力于在古典希腊的黄金时代追溯众多传闻的滥觞，我们一定要记得，这其中的许多细节、相互关系和文化特征都是希腊-罗马帝国时期的产物（即便并非所有情况都是如此）。

最后，还有一个很好的例子也能让我们对"笑文化"中的这种双向关系窥探一二——不光希腊对罗马产生了影响，罗马元素也出现在希腊的文化中。18 世纪的英国社会推崇文雅的风气，这股浪潮中出现了一个口号叫作"阿提卡的盐"（Attic salt）*——它指的便是与古雅典密切相关的那种优雅诙谐的俏皮话。我们前面提到过对"笑出声"嗤之以鼻的切斯特菲尔德勋爵，他便是这种诙谐风格的热烈拥护者。他在给长久以来饱受折磨的儿子的信中写道："几乎整个希腊都在用阿提卡的盐来调制菜肴，除了彼奥提亚。后来，这种盐还大量出口到罗马；在那里，它被伪造成了一种叫作'文雅'的合成物，这种物质在某一时期被认为接近于原本的阿提卡盐的完美形式。这两种盐洒得越多，你就越健康、越有气质。"[92] 不过，可怜的切斯特菲尔德勋爵在时间顺序的问题上犯了个大错，因为他认为"阿提卡的盐"是从希腊传到罗马的。的确，罗马的作家们一直都很推崇雅典式风趣，他们将其看作一种值得效仿的形式，并且在风趣的文化地理图谱中将雅典人作为典范，随后是西西里人和罗得岛人。[93] 但是据我们所知，将"风趣"比作"盐"（sal）的说法原本就是罗马人首创的：在拉丁语和罗马的一些文化譬喻中，人们将打趣和说笑同用餐和烹饪联系在一起。"阿提卡的盐"并不是从希腊语里来的，而是罗马人在形容他们呈现出来的雅典式风趣。

就我们目前所了解的来看，没有哪个雅典人曾经庆祝过自己的"阿提卡的盐"。在古典时期的希腊，hals（即"盐"）并不是和戏言有关的词。不过，这种说法最终还是向东流传开来了。有些罗马时期的希腊人也曾采用、结合或者调整了这种十足"罗马式"的视角，来探讨笑的问题。我们发现，普鲁塔克在公元 2 世纪就把阿里斯托芬和米南德的幽默称为 hales——他们"洒下的一撮撮盐"。[94] 因此，在研究希腊 - 罗马的

---

* Attic salt 的字面意思为"阿提卡的盐"，引申义为"优雅的俏皮话"。源自西塞罗的《论演说家》，他认为，妙语应当含有"盐味"，像"阿提卡的盐"那样有味。自此，attic salt 便用来表示说话特色或文章的风格，喻指像阿提卡的盐那般精细有味以及如阿提卡人那般幽默诙谐。

笑文化这种密不可分的混合体时，我们要确保自己不会低估其中罗马元素的分量。

现在，我们要转向讨论这个不可分割的混合体中的诸多方面了。前四个章节中讨论的问题为本书第二部分的论述奠定了基础。在第二部分，我们将研究罗马的笑中的某些特定方面，以及在罗马的"笑学"中起到独特作用的鲜明特征。我们会说到笑着的皇帝们、捉弄人的各种把戏，还有一些差强人意的笑话。不过在这之前，我们要先了解罗马世界里最有趣的男人——西塞罗——还有他的同侪演说家们。先前已经有一些十分精彩的研究探讨了风趣和笑在罗马法庭上的用处，不过我关注的是这位开着玩笑、想逗得观众哈哈大笑的演说家所面临的两难境地。借此，我希望能够揭示古罗马笑文化中隐藏着的某些含糊不清的意味，以及焦虑的情绪。

注　释

[1] 比如，《牛津拉丁语词典》（*OLD*）就将 arridere/adridere 定义为"对着、朝着或者因……微笑"，而把 irridere 定义为"嘲笑、嘲弄或取笑"；与格的 ridere 意为"大笑以示友好"。我们还不确定单词 ridere 的词源是什么，尽管间或有人会试着将它和梵语中的"害羞"，或者彼奥提亚语单词 κριδδέμεν（γελᾶν [大笑] 的一个变体）联系在一块。

[2] Ovid, *Ars am.* 2. 201; Terence, *Ad.* 864; Horace, *Ars* P. 101.

[3] Silius Italicus 1. 398；本书第 133 页讨论了 arridere 的另一种显然很阴暗的用法（Seneca, *Controv.* 9. 2. 6）。它在 Cicero, *De or.* 2. 262 中很可能指的便是嘲笑。

[4] *Eun.* 249-250; *GLK* 3. 351. 11(= *Inst.* 18. 274)中的普里西安(Priscian)。有许多现代译者和评论家都曾准确地分析过这篇文章（如 Damon 1997, 81 ; Fontaine 2010, 13-14 ），但不管他们选择怎样翻译 adridere 一词，其中大部分人都没能注意到这里体现的所有细微差别。

[5] Martial, *Epigram.* 6. 44 : "omnibus adrides, dicteria dicis in omnis: / sic te convivam posses placere putas"（ ll. 3-4，文稿内容即如此 ）。关于对原文的修改，见 Shackleton Bailey 1978（ 引自 279，见我的强调——他又接着写道：" 由于这个复合词在古典拉丁语中不会接与格，所以 omnibus 必须得改成 omnis" ）；他于托伊布纳 1990 年版的论述纳入了这一解读，后来又在洛布古典丛书 1993 年版中重申了这个看法。有些学者围绕这一修改和沙克尔顿·贝利对这首诗的解读进行了批判性的讨论，见 Grewing 1997, 314 ; Nauta 2002, 176-177。

[6] Catullus 39, 多处 ; Tacitus, *Ann.* 4. 60（ 语境没那么正面 ）。

[7] Ovid, *Ars am.* 3. 283（ 建议女孩不要在笑的时候露出 immodici rictus）; Lucretius 5. 1064（ 关于狗 ）; 更多讨论见本书第 268 页。

[8] Nonius Marcellus 742 (Lindsay): "non risu tantum sed et de sono vehementiore vetustas dici voluit."

[9] *Verr.* 2. 3. 62. 这里起码可以说是西塞罗对这个场景添油加醋地描绘了一番（西塞罗承认阿帕罗尼乌斯的叫嚷只是根据后者在庭审中的大笑推断出来的）。

[10] Persius 1. 12 ; 与贺拉斯的直接比较见 1. 116-118。

[11] Catullus 13. 5; Suetonius, *Vesp.* 5. 2; Lucretius 4. 1176.

[12] Nonius Marcellus 742 (Lindsay) 有两点引述了 Accius (= *ROL*2, Accius, *Tragoediae* 577)：一是关于海浪的冲打声，此处的文本还不能完全确定；二是关于 cachinnare 的另一种解读，它也可以指海鸟的尖叫声。Catullus 31. 14（ 关于加尔达湖中的细浪 ）, 64. 273（ "leviter sonant plangore cachinni" ）。它们同希腊语中与笑有关的词语之间存在着一些很有趣的关系。Γελᾶν 在希腊语中一般用来形容大海。Cachinnare

与希腊语中的 καχάζειν 相对应（尽管前者并不是后者直接派生出来的），后者一般不会被用来喻指水声，但是另一个与它很相似的希腊语单词 καχλάζειν（多了一个"λ"）常用来指"水的激拍声"。这很容易让人觉得这里的对应关系也许可以从某个角度解释卡图卢斯对 cachinnare 的使用（又或许，καχάζειν 与 καχλάζειν 之间的关系并没有在现代词典学中体现的那么远。）

[13] M. Clarke 2005 是一项近期的有益论述，其回顾的相关材料强调的是"微笑"在希腊语义学中的陌生感：另见 Lateiner 1995, 193-195；Levine 1982；Levine 1984。关于对面部的强调：Sappho 1. 14；*Hom. Hymn* 10. 2-3（要注意的是，Homer, *Il.* 15. 101-102 罕见地描写了赫拉"咧开嘴"大笑的情景）。

[14] Halliwell 2008, 524；这里是一段篇幅更长、巨细靡遗的讨论（520-529）的一部分，围绕的是希腊关于笑的词语以及它们所指的身体动作，不过除了这个附录之外，这本书几乎再没提过 μειδιῶ 一词。

[15] 例如，Virgil, *Aen.* 1. 254（另见 Homer, *Il.* 15. 47）；Servius Auct. (ad loc.) 引用了恩尼乌斯所著的一篇与之相似的文章，里面用的是 ridere 而不是 subridere：Ennius, *Ann.* 450-451（*ROL*）= 457-458（Vahlen）。

[16] Catullus 39. 在 Kaster 1980, 238-240 中，主要的例子是 *Sat.* 1. 4. 4, 1. 11. 2（引用），3. 10. 5, 7. 7. 8, 7. 9. 10 和 7. 14. 5（卡斯特编辑的洛布古典丛书版马克罗比乌斯作品对其进行了相应的翻译）；不过也要注意 1. 2. 10（涉及整个面部）和 7. 3. 15（伴有明显的侮辱之意），这两部分都不太对得上。我怀疑，卡斯特可能太过热衷于在《农神节》和他用来做比较的文本中找到微笑的痕迹了。比如，他把西塞罗对话中的微笑称为"以诙谐的方式进行辩论和反驳的工具"，但是他所引用的西塞罗文章中又直接提到了各种各样的"大笑"（ridens、adridens 等）。让我感到宽慰的是，König 2012, 215-226 在提到卡斯特关于微笑的论断时，也对其中的细节提出了保留意见，虽然他这

么做的原因与我不尽相同。

[17] Catullus 39. 16; Ovid, *Ars am*. 2. 49; Ovid, *Met*. 8. 197; Livy 35. 49. 7; Quintilian, *Inst*. 6. 1. 38（renidentis 是对手抄稿中 residentis 的一个合理修改）。

[18] Apuleius, *Met*. 3. 12; Valerius Flaccus 4. 359; Tacitus, *Ann*. 4. 60. 2.

[19] 1. 2. 10.

[20] 由于 os 和 oris（有时会和 renideo 一起使用，见 Ovid, *Met*. 8. 197）也可以指脸或者嘴巴，这显然会让事情变得更加复杂。

[21] 此处，我想到了 Paul Ekman（1992; 1999）等学者的研究，以及本书第三章第 18 条注释中论及的著述。我希望至此，我在本书中已经不需要再解释采用这种普遍主义方法的原因。

[22] Chesterfield 1890, 177-179（1765 年 12 月 12 日，写给其教子的信），重印于 D. Roberts 1992, 342-343："粗野之人常常会大笑，但从不会微笑；与之相反，有教养的人常常会微笑，却很少大笑。" Chesterfield 1774, vol. 1, 328（1748 年 3 月 9 日的信）也表达了类似的观点，重印于 D. Roberts 1992, 72。

[23] 琼斯于 2002 年在哥伦比亚大学写下的《亲吻》(*Kissing*) 一文迄今仍未发表，这篇文章还指出古代人会对不同的亲吻风格进行细致的衡量。

[24] Le Goff 1997, 48（"我在想微笑是不是中世纪的一个产物"）；另见 Trumble 2004, 89。

[25] Plutarch, *Caes*. 4; Edwards 1993, 63.

[26] 罗马时代有许多关于演说术的论著都被保留了下来（其中有一些涉及我们应该如何逗乐听众或者是否应该这样做，见本书第 177—195、199—203 页），这可能会夸大形容玩笑（joking）的词相对于形容大笑（laughter）的词所具有的显著优势；不过，我们没有理由想当然地认为整体的不平衡也应归结于这一点。

[27] 这句大众格言遭到了昆体良的反对："不能宁愿得罪朋友，也要去

耍嘴皮（Potius amicum quam dictum perdendi）（6. 3. 28）。这句话可能也在 Horace, *Sat.* 1. 4. 34-35（但是这句话在不同版本中的文本和断句导致它有几种不同的意思；见 Gowers 2012, 161）和 Seneca, *Controv.* 2. 4. 13 中得到了呼应。现代也有一些口号式表达模仿了这句话，不过它们的意思却总是反过来的："宁愿不要嘴皮，也不能得罪朋友。"

[28] Cicero, *De or.* 2. 222 (Ennius, frag. 167 Jocelyn; *ROL* 1, Ennius, unassigned fragments 405-406).

[29] "Cato", *Disticha*, 序幕："Miserum noli irridere"（同样还有 "Neminem riseris"）。

[30] Sonnabend 2002, 214-221 简要地总结了针对这些故事的学术研究; A. Cameron 2011, 743-782 对此作了更加全面的探讨，而且时间也比较晚近（虽然他也像大部分评论家那样，不论其虚构性如何，低估了这部作品在某些方面的重要性："不足称道的……产物"，781）。这部合集可能成书于公元 4 世纪晚期。

[31] SHA, *Heliog.* 32. 7, 29. 3（"ut de his omnibus risus citaret"), 25. 2.

[32] *Sat.* 2. 1. 15-2. 2. 16.

[33] 2. 3. 1-2. 5. 9；关于这些笑话的风格以及马克罗比乌斯可能参考的来源，见本书第 173—175、219—220、341 页。

[34] 2. 2. 16 (antiqua festivitas)；2. 4. 21 (Augustus' "Fescennines")；见本书第 105—106 页。

[35] 2. 2. 10, 2. 2. 12-13. 关于埃万革卢斯和塞尔维乌斯，见 Kaster 1980, 222-229。

[36] *Sat.* 2. 6. 6-2. 7. 19（为了避免"不雅"，2. 7. 1）；关于笑剧中常见的下流角色，见本书第 282—285 页。

[37] *AP* 7. 155；*PLM* 3, 245-246；对此更进一步的讨论，见本书第 283 页。

[38] 2. 7. 16（关于笑剧与幽默剧之间界线的模糊，见本书第 281、284 页）。

[39] 概述见 Bonner 1949；Bloomer 2007；Gunderson 2003, 1-25（理论

性更强一些）。Spawforth 2012, 73-81 探讨了希腊与罗马传统之间的边界。

［40］ *Controv.* 9. 2.

［41］ 主要可见 Livy 39. 42-43；Valerius Maximus 2. 9. 3；Cicero, *Sen.* 42。Briscoe 2008, 358-359 则总结了它们之间有哪些差异。

［42］ 关于这个案例中的法律，见 Bonner 1949, 108-109。

［43］ 9. 2. 9，9. 2. 11。

［44］ 喝醉：9. 2. 3；拖鞋：9. 2. 25；说笑：9. 2. 1；打趣：9. 2. 9-10；大笑：9. 2. 6。

［45］ 关于大笑的情色意味，见本书第 4、265—268 页。Halliwell 2008, 491 收集了许多（希腊语）事例，都是关于被性欲化的大笑，其中最早的来自古典时代，最晚的来自早期基督教时期。

［46］ 马克西穆斯（Maximus）据传是罗马帝国埃及行省的长官，不过很有可能是个虚构出来的人物。有关他的审判是这方面的另一个例子，让我们看到（被性欲化的）大笑是怎么僭越性地闯入公共政务领域的（*P. Oxy.* 471）。根据起诉陈述的"抄录"来看，它关注的是马克西穆斯与一个年轻男孩的关系，前者在处理公务时也不忘带着后者。其中有一项指控声称这个男孩曾经在马克西穆斯的门客中间大笑起来。见 2007, 140-150（但需要注意的是，这里的原文并不是说这个男孩在"马克西穆斯的门客面前"大笑，148；重点在于，他是在处理公务的严肃氛围中笑出来的）。

［47］ *Controv.* 9. 2. 7.

［48］ *Ars am.* 3. 279-290（本书第 265—268 页对这一点进行了探讨）。

［49］ *Aeneid* 4. 128；Konstan 1986 对其进行了研究，并谨慎地承认了将这里解读成微笑的问题（"她的微笑，或称其为大笑"，18）。尽管目标读者是高中生，Gildenhard 2012, 138-139 依然用一段言简意赅的文字总结了"维纳斯的大笑"中存在的主要解释性问题。

［50］ *Ars P.* 1-5（"Humano capiti cervicem pictor equinam iungere si velit...risum teneatis?"）。这篇文章比看上去还要让人费解，因为好笑的乖讹事物其实是罗马绘画中的常见题材。见 Frischer 1991, 74-85；Oliensis 1998, 199-202。

[51] Coleiro 1979, 222-229 回顾了较为主要的观点；更为简短的探讨见 Coleman 1977, 150-152。

[52] Du Quesnay 1977, 37 罕见地提出这里单数形式的 parent 指的是父亲。

[53] "让人费解"是 Nisbet 1978, 70 针对这首《牧歌》最后四句提出的委婉看法。

[54] 这几句诗引起的争议起码可以追溯到文艺复兴时期，波利提安（Politian）和斯卡利哲（Scaliger）便提出了现如今被视为标准、与原文稿相悖的一种解读，而他们的立脚点主要还是昆体良书中的一个相似片段（*Inst.* 9. 3. 8）。昆体良的文稿中收录的诗句的确和维吉尔文稿中的版本一样。但是，昆体良之所以引用了这一小节，是为了举例说明一个复数的关系代词（qui）后面跟着一个单数的指称代词（hunc）——显然，按照现代编者的解读来看，他所说的是另一个不同的文本。而这也让问题变得更复杂了。对这些问题进行回顾的论述包括 Coleman 1977, 148-149；Clausen 1994, 144（我所说的"自然"一词便取自于此）。不过有一点需要注意的是，仍有一些人表示支持原文稿的解读，例如 F. della Corte 1985, 80。

[55] 这里的引文出自 Clausen 1994, 144（见我的强调）；类似的还有 R. D. Williams 1976, 119；Norden 1958, 63（"Ridere c. acc. heisst überall sonst 'jemanden auslachen', nicht 'ihm zulachen'"）。Perret 1970, 55 与 Nisbet 1978, 77n135 都认为这样太笼统了，而且举出了许多反例，包括 Ovid, *Ars am.* 1. 87。

[56] Pliny *NH*, 7. 2, 7. 72（见本书第 37 页），及 Norden 1958, 65-67；Nisbet 1978, 70。这种认为这个婴儿的满面笑容（risus）与琐罗亚斯德的笑相似的现代说法大抵可以追溯到 Crusius 1896, 551-553。

[57] 例如，见 Perret 1970, 55（"Il ne peut s'agir du sourire de la mère à

l'enfant"）；R. D. Williams 1976, 120 和 Coleman 1977, 148 简要地概述了不同的版本。

[58] Nisbet 1978, 70；"温柔""亲密"等词语（Putnam, 1970, 162；Alpers 1979, 173）反复出现在这些讨论中。

[59] 无论这是出于怎样的感伤情怀，尼斯比特的确是少数几位坚定地将其译为"大笑"而非"微笑"的译者（见 Nisbet 1978 在 2007 年重印版中的翻译）。

[60] Catullus 61. 209-213（"Torquatus volo parvulus / matris e gremio suae / porrigens teneras manus / dulce rideat ad patrem / semihiante labello"）。关于这里是否只是一句与其十分相近的颂歌（可能是维吉尔的引用），抑或是它的直接来源（例如，Putnam 1970, 163："借用"），现代的评论家也是众说纷纭。Hardie 2012, 216-218 研究了这首《牧歌》与 Catullus 61, 64 之间更广泛意义上的联系。我们也应该注意到，Catullus 61 中的大笑不含有任何神性的因素，而 Theocritus, *Id.* 17. 121-134 中隐含的神性（这也可能是《牧歌》最后一行的灵感来源）和大笑的婴孩没有任何关系。

[61] Bataille 1997, 60. 他接着说道："突然之间，**是什么控制着孩子的问题就显而易见了**。这不是授权，而是一种融合。这个问题不在于欣然接受人之于低劣形态的胜利，而关乎自始至终传达出来的亲密感。归根结底，大笑来源于人的沟通"（黑体部分是原文中就有的）。

[62] Parvulescu 2010, 161-162 准确地指出，克里斯蒂娃对母子之间的相视大笑的研究会让人想起维吉尔（尤见 Kristeva 1980, 271-294）。

[63] Warner 1998, 348.

[64] 令人吃惊的是，几乎所有从古典主义视角探讨这一文本的研究都没有提到它在现代理论中的作用——对此我们必须承认，反之也亦然。其实，在一些非古典主义讨论中还出现了拉丁语的错用现象；例如，Warner 1992 第一次印刷时出现的"Incipe, puer parvo"（348，后来得到了更正），就让复杂的文本又多了一个不合语法的抄写错误。

[65] 现在，关于希腊-罗马世界中的身份建构和文化变迁的文献堪称汗牛充栋。除了下文注释中引用的其他论述之外，做出重要贡献的著作包括 Millett 1990；Woolf 1994；Goldhill 2001；Dench 2005；Mattingly 2011。

[66] *Epist.* 2. 1. 156 ("Graecia capta ferum victorem cepit")。Wallace-Hadrill 2008, 24-25 指出，现代学者很少会引用 Ovid, *Fast.* 3. 101-102 中与之明显不同的观点（行文间提到了贺拉斯）。

[67] 例如，见 Van Dommelen 1997 和 Hill 2001, 14,（群系）；Webster 2001, 217-223（杂糅和克里奥尔化）；Wallace-Hadrill 2008, 27-28（双语现象）；Le Roux 2004, 301（异种交合 [métissage]）。像 Bhabha 1994, esp. 112-116（关于"杂糅"）和 Hannerz 1987 这种理论及比较性研究的影响（和专业名词）是很明确的。

[68] Wallace-Hadrill 2008, 17-27 对这些论断做了最为清晰的总结；这一部分内容对时下某些备受青睐的隐喻提出了有力的批评，同时也体现了对双语模式（以及一种基于人体心脏运作中舒张与收缩阶段的希腊-罗马文化互动模式）的倾向。Wallace-Hadrill 1998 早前也简略地阐述过自己的语言学（语码转化）类推法。

[69] Horsfall 1996, 110-111 针对精英阶层和非精英阶层之间共同的笑传统提出了一些合理的观点（不过霍斯福尔 [Horsfall] 比许多人更加坚信我们有能力了解罗马的"大众文化"）。

[70] 同样，这方面也已有大量的文献。在针对希腊在帝国期间的文学与文化发展的新一波研究中，做出卓著贡献的论著包括 Swain 1996（研究了"希腊的精英阶层是怎样利用语言将自己塑造成具有文化及政治优越性的团体的"，409）；Whitmarsh 2001（其研究的问题是"'文学性'是如何被用来建构相对于过去的希腊和当下的罗马的希腊身份的"，1-2）；Spawforth 2012（"就希腊文化来看，'帝国式的显著合并'明确体现了'纯粹'的希腊化，而统治者试图去维护这种希腊化，以使得罗马人在道德层面上接受它"，271）。Konstan & Saïd

2006 包含有一系列颇有价值的论述。

[71] Goldhill 2001；Woolf 1994（Woolf 1998 的书名也用了这个短语，这本书研究的是高卢人）。

[72] Fraenkel 1922（其英译版 Fraenkel 2007 总结了这本书的影响，见 xi-xxii）。从更严谨的历史学角度来看，埃里希·格伦（Erich Gruen）也对这一点影响深远；例如见 Gruen 1990, 124-157。

[73] Christenson 2000, 45-55; Beard 2007, 253-256。

[74] Terence, *Eun*. 1-45；及 Barsby 1999, 13-19；Brothers 2000, 20-26。泰伦斯笔下的特拉索脱胎于米南德剧作中的比阿斯。但是，米南德的喜剧《献媚者》中也有一个叫作格那托的人物，而其笔下的另一个人物斯特儒提阿斯（从现存的剧作片段来看）似乎也是泰伦斯笔下的格那托在某些方面的原型——这么一来，问题就更复杂了。可能，泰伦斯将这两个角色融合了一下，然后保留了人物的名字；也可能，这其实是米南德戏剧中的同一个角色，只不过顶着不同的名字。关于这一点的进一步讨论，见 Brown 1992, 98-99；Pernerstorfer 2006, 45-50（关于"一个角色，两个名字"的说法）。Pernerstorfer 2009 试着对这出戏剧进行大规模的重构，并重申了前一篇文章中的结论；另一处对这一情节的简要概述，见 Gomme & Sandbach 1973, 420-422。

[75] Menander, *Kolax* frag. 3 (= Plutarch, *Mor.* 57a=*Quomodo adulator* 13): γελῶ τὸ πρὸς τὸν Κύπριον ἐννοούμενος. 普鲁塔克没有提及这出戏剧的标题，但是提到了其中的两个角色。见 Gomme & Sandbach 1973, 432；Pernerstorfer 2009, 112-113。Lefèvre 2003, 97-98 几乎是唯一一位相信这些词"与泰伦斯无关"的学者（而且并不能让人信服）。

[76] Gomme & Sandbach 1973, 432; Brown 1992, 94; Pernerstorfer 2009, 113。

[77] Wallace-Hadrill 2008（灯盏：390-391）；Spawforth 2012（文化行为：36-58）。

[78] Halliwell 2008, 343-346, 351-371（及 332-334, 清楚地总结了其依据及影响——包括 Beckett 1938, 168）。McGrath（1997, vol. 1, 101-6；vol.2, 52-57, 58-61）对鲁本斯为德谟克利特创作的几幅画作进行了有益的讨论。关于赫拉克利特，见 Halliwell 2008, 346-351。

[79] *De or*. 2. 235. 他假设德谟克利特拥有关于笑的专业知识，倒并不一定是觉得德谟克利特以"笑之人"著称。

[80] "笑口"（Γελασῖνος）是埃利阿努斯（Aelian）的说法（*VH* 4. 20）；Halliwell 2008, 351, 369（关于"守护神"）；Juvenal 10. 33-34；另见 Horace, *Epist*. 2. 1. 194-196。

[81] Hippocrates, [*Ep*.] 10-23（及 W. D. Smith 1990 中的文本与翻译）。Hankinson 2000 与 Halliwell 2008, 360-363 给出了清晰的介绍。

[82] [*Ep*.] 10. 1(ὁ δὲ πάντα γελᾷ).

[83] [*Ep*.] 17. 5(ἐγὼ δὲ ἕνα γελῶ τὸν ἄνθρωπον).

[84] 在（疑似）德谟克利特真作流传下来的一个片段里，唯一一处提到笑的地方便是 68B107a DK，这里指出不应该笑其他人遭到的不幸。最早直接提到德谟克利特以"笑之人"（而不是关于笑的专家）著称的是 Horace, *Epist*. 2. 1. 194-196。

[85] Plutarch, *Lyc*. 25（雕像）；*Agis and Cleom*. 30（神殿）；Halliwell 2008, 44-49 简要地概述了斯巴达式笑的依据。

[86] Plutarch, *Lyc*. 12, 14.

[87] Plutarch, *Mor*. 217c = *Apophthegmata Lac*., Androcleidas.

[88] David 1989 就忍不住这样做了。

[89] 罗马时期对于欠发展的斯巴达的重建（与投入）是 Spawforth 2012 中的一个主题（例如，关于"公餐食堂"的传统, 86-100）。一方面，这一传统无疑是斯达巴人用以显示独特身份的一种方式（他们乐于以这种主题公园的形式重现原始的仪式）；另一方面，它又是一种文学性/话语现象，因为罗马时代的作家们展现了斯巴达往昔的独特

场景。

[90] Cordero 2000, 228 概述了这些可能性。它们说明这一传统或许可以追溯到 3 世纪，但是"rien ne le prouve"（没有证据证明这一点）。

[91] Plutarch, *Lyc.* 25 援引了希腊化时代的历史学家索西比奥斯（Sosibios）的说法（Jacoby, *FGrHist* 595F19）。

[92] Chesterfield 1774, vol. 1, 262–263（1747 年 4 月 3 日的信）。

[93] Cicero, *De or.* 2. 217 进行了总结；Plautus, *Pers.* 392–395 以喜剧的形式展现了这种层级关系。

[94] Plutarch, *Mor.* 854c = *Comp. Ar. & Men.* 4. 普鲁塔克不光在谈及希腊戏剧作家米南德的时候将一个罗马说法进行了希腊化，紧接着还将米南德的"盐"与阿佛洛狄忒（Aphrodite）诞生的海中的盐进行了比较——这便恰恰显示了此处的文化复杂性。Plato, *Symp.* 177b 中提到的几乎可以肯定是"盐"，而非风趣。

第二部分

第五章
演说家

西塞罗最好的笑话？

在这一章的开始,我们先来看一个让人困惑的问题吧。马尔库斯·法比乌斯·昆体良(Marcus Fabius Quintilianus,我在前面直接称其为"昆体良")写下了一系列著作,旨在为那些想要成为公共演说家的人提供指导。在这一系列的第六卷中,他用很长的篇幅探讨了笑在演说术中应扮演怎样的角色,还在中间穿插着阐述了自己对双关语的认识。"尽管人们可以从各种领域中发现笑话(dicta ridicula,字面意思为'好笑的谚语')的存在,但我一定要再次强调的是,这些笑话并不适合演说家来说,尤其是那些基于双关语(在拉丁化的希腊语中叫作 amphibolia)的笑话。"紧接着,他便引用了几个没能达到他的高标准的双关语,尽管它们都出自西塞罗之口。第一个例子是对一个公职候选人的低微出身进行诋毁,利用两个发音很相似的拉丁语单词 coquus(厨师)和 quoque(也)玩了一个不甚高明的文字游戏。这个候选人据说是一个厨师的儿子,白手起家一步步实现了高升。当西塞罗无意中听到这个人正在拉票，争取支持时，他嘲弄道："我会为你也（quoque）投上一票的。"昆体良解释说，这种笑话实在是有失这位精英演说家的水准，以至于他甚至考虑把它完全排除在修辞技巧的范围之外。不过他也承认，这类笑话里还是有一个妙不可言（praeclarum）的例子，"单单它本身便足以让我们无法去谴责这一类笑话"[1]。

那个例子同样出自西塞罗之口。那是在公元前 52 年，当时他正在为提图斯·安尼乌斯·米洛（Titus Annius Milo）辩护，后者被指控谋杀了行事激进、充满争议的政治家普布利乌斯·克洛狄乌斯·普尔喀（Publius Clodius Pulcher）。人们一般认为西塞罗在这场审判中的表现是失败的，如果谈不上是耻辱的话（最终陪审团中绝大多数成员都认定米洛罪证确凿）。不过, 昆体良却很推崇西塞罗在此次审判中口才上的表现。他解释说，这个案件有一部分取决于时间，包括克洛狄乌斯死去的确切时间。所以检察官也会一再催促西塞罗明确地说明克洛狄乌斯是何时被杀死的。西塞罗只是一直重复着同一个词："sero"。既有"晚些时候"（late）的意思，也可以表示"太迟了"（too late）。他是想说克洛狄乌斯是在那天的晚些时候死去的——但同时也是在说他早都该死了。[2]

要看出这个笑话来并不难。问题在于，到底为什么昆体良会认为这个笑话的效果如此出众，以至于挽救了所有本该被完全禁止的同类笑话？这个笑话到底好在哪里？

本章着重关注的是罗马演说术中的笑，以及罗马法庭上响起的大笑和轻笑。哪些笑话最容易让观众们开怀大笑？一位演说家应在何时逗笑听众（以及何时不该这样做）？用笑去攻击对手的策略有哪些利弊？古罗马社会中公共场合中的笑的攻击性有多强？笑话、笑和不实之词（或者彻头彻尾的谎言）之间有着怎样的关系？在这一章中，我们会讲到技艺超群的表演者们，他们会模仿对手说话时的那种优雅的腔调，逗得人们大笑；我们会引述一些风趣的单词，它们总能让听到的人忍俊不禁，欢笑起来（如 stomachus，即英文 stomach［胃］，显然总能让一个罗马人兴奋起来）；我们还会说起一个滑稽的比赛，那是一个农夫和一个职业说笑人争相模仿猪叫的故事。我也希望在读完这一章之后，大家能够更加理解为什么西塞罗说的那句双关语能够得到昆体良的大加称赞。

西塞罗与笑

毫无疑问，这一章的主角便是古典时代名声最大的幽默家、双关语爱好者和爱开玩笑的人——西塞罗。确实，现在就连许多学者也认为，西塞罗更出名的是他那毫无幽默感的自负，而不是充满才思的风趣。"西塞罗简直讨厌得可怕"——20 世纪时一位为他作传的优秀作家曾这样写道（可能她这样说更多的是在表达对自己的不满，而不是对西塞罗本人的评价。）后来，又有一位资深的古典主义学家（笑）称西塞罗就是那种一起进餐时毫无乐趣可言的人。[3] 然而在古典时期，不管是在他还活着的时候，还是在那之后不断被后人重塑形象的几百年间，好也罢坏也罢，他的一大标志，就是逗人们发笑的能力——或者可以说是他无法克制自己卖弄幽默的恼人本事。[4]

这也是普鲁塔克为他撰写的传记中的一个重要主题，这本传记成书于西塞罗去世的一百五十多年后。从第一章开始（普鲁塔克在第一章里复述了西塞罗根据自己的名字讲的笑话，因为"cicero"在拉丁语里是鹰嘴豆的意思），这本传记反复提及这位著名的演说家对笑的利用：有时是提到他几句风趣的妙语，有时是说他口无遮拦，总爱开一些不合时宜的玩笑。普鲁塔克承认，西塞罗的自命不凡是他在某些人中不太受欢迎的原因之一，但他还有一个十分遭人恨的地方，那就是他总是胡乱攻击别人,"而目的只是逗乐大家"。普鲁塔克在其中列举了许多西塞罗嘲笑别人或者使用双关语的例子——对象包括一个女儿容貌不佳的男人、一个凶残的独裁者的儿子,还有一个酩酊大醉的监察官("我怕他会惩罚我——就因为我喝的是水")。[5]

说起西塞罗肆意卖弄风趣的例子,最臭名昭著的一次发生在罗马共和国的最后一次内战期间,对战的双方是尤利乌斯·恺撒和庞培——这场战争拉开了恺撒独裁统治的序幕。再三犹豫之后,西塞罗最终在法萨卢斯战役之前,于公元前49年的夏天加入了庞培位于希腊的军营。但是,据普鲁塔克说,西塞罗在军队里并没有受到欢迎。"这都怪他自己,因为他并不讳言自己后悔去了那里……而且他总是大肆开同僚的玩笑,或措辞巧妙地嘲讽他们。其实他自己在军营里四处走动时总是不苟言笑、皱着眉头,但他却不顾别人的意愿,总想着逗乐他们。"比如,据说他曾经揶揄多米提乌斯·阿赫诺巴尔布斯(Domitius Ahenobarbus)说:"所以你为什么不让他来看护你的孩子们呢?"后者当时正要提拔一个完全不像军人的人担任指挥的职务,因为他认为那人"性情温和、明事理"。[6]

几年之后,恺撒遭到暗杀身亡。西塞罗在一个小册子里回应了部分批评的声音,这个小册子就是我们现在熟知的《反腓力辞》(Philippic)二篇,他在其中对马尔库斯·安东尼发起了猛烈的攻讦,因为除了其他原因以外,后者还曾明确控诉或者反复强调过西塞罗某些滑稽言行的不妥。[7] 在当时如此糟糕的情形下,西塞罗却总是不顾同僚们的意愿(这其实也是在宣示他可以掌控同僚们"不可控"的爆笑),逗他们放声大笑,安东尼应该也对他这样的习惯颇有微词——就像普鲁塔克一样。在小册子中,西塞罗采用了一个典型的修辞策略,先把安东尼对他的指控撇到了一边:"你指责我在军营里说了那些笑话,但我不会对此做出回应。"但随后,他还是发表了简短的反驳:"当然,我得承认,军营里的气氛太压抑了。但是不管怎么说,就算一个人处于水深火热之中,也要时不时地休息一下——人性使然罢了。不过，当同一个人（即指安东尼）既挑剔我的忧愁，又对我的打趣感到不满时，这便有力地说明了我在这两个方面保持了适度的原则。"[8] 西塞罗认为笑是人类即使处境艰难也会出现的一种自然反应，同时也指出他的行为是适度的。[9]

普鲁塔克比较了西塞罗与希腊演说家德谟斯提尼，以此作为两人传记的补充。通过比较，他针对西塞罗对笑的利用，提出了自己最为尖锐的看法。这两位是希腊-罗马世界中最杰出的演说家（所以才会被相提并论），不过他们利用笑的方式却大为不同。德谟斯提尼并不是一个爱开玩笑的人，他严肃、正经，甚至会让有些人觉得他性格孤僻、郁郁寡欢。而西塞罗则完全相反，他不光"沉迷于笑"（或者说"大笑才能让他自在"[oikeios gelōtos]），甚至会"被自己的笑话弄得忘乎所以，现出滑稽的丑态(pros to bōmolochon)；为了能在给案件辩护时随心所欲，西塞罗会用讽刺、笑和玩笑来处理需要被严肃对待的事物，总是视体统为无物"。[10]

说到西塞罗的滑稽言行时，普鲁塔克引用了一个生动的罗马趣闻。公元前 63 年，西塞罗当时担任罗马的执政官，他要为被指控受贿的卢基乌斯·利基尼乌斯·穆列纳（Lucius Licinius Murena）出庭辩护。在进行答辩演说（该演说的一个版本流传了下来）时，他拿斯多葛学派中的各种谬论大开玩笑——而当庭的检察官之一马尔库斯·波尔基乌斯·加图（Marcus Porcius Cato，即小加图）正是这一哲学体系的忠实拥趸。当观众和法官中传来"清晰可闻的笑声"（希腊语原文是 lampros，字面意思为"明亮的、清晰的"）时，小加图一脸"笑盈盈"（diameidiasas），仅仅说道："我们的执政官多 geloios 啊。"[11]

在将原句翻译成英语时，希腊语单词 geloios 有很多种处理方法，比如"我们的执政官多有趣啊！"（What a funny consul we have!）或者"我们的执政官真逗！"（What a comedian we have for a consul！）[12]

不过，小加图当时用拉丁语是怎么表达的？一种可能是他把西塞罗称为一个"滑稽的执政官"（ridiculus consul）。如果真如此，这会是一个很不错的笑话，毕竟 ridiculus（拉丁语中与笑有关的基本词之一）是一个意义含糊的单词。它可以指"好笑的"或者"引人发笑的"，而这让罗马文本中关于笑的观点变得更加莫测：一方面，它可以指人们嘲笑的对象，也就是笑柄（和现代语境中的 ridiculous [滑稽可笑的] 多少有些像）；而另一方面，它也可以指让人们发笑的人或事（从这种意义上来说，它便意味着 witty [风趣的] 或者 amusing [有意思的]）。我们接下来会看到，这种模糊性在罗马文化中是不容忽视的，后人们也从各种角度对此进行了挖掘和探讨。在上面的故事里，如果小加图果真说西塞罗是一个 ridiculus 的执政官的话，那么他其实是巧妙地表达了对对手的指责，暗示这样一个风趣而又爱开玩笑的人也应该是观众的笑柄。

昆体良对西塞罗和笑的看法也丰富了这一领域的内容。他同样也在德谟斯提尼（"很多人认为他根本没有让法官发笑的能力"或者他根本就不想做这样的事情）和西塞罗（"很多人觉得他在这方面没有分寸"）之间做了比较。昆体良本人则对这两种情况都很宽容。他主张，德谟斯提尼并不是有多发自内心地厌恶笑话，只是不擅长做这种事罢了。至于西塞罗（"无论我对他的判断是否正确，或者无论我是不是因为太过崇拜这位杰出的演说家而产生了偏见"），他表现出绝妙的风趣和雅致；而且，"不管是在日常对话中，还是在法庭答辩和证人交互诘问中，他说出的风趣言论（facete）是任何其他人都难以企及的"。昆体良认为，有些人相信出自西塞罗之口的不雅言辞可能只是张冠李戴。[13]

不过，在随后的那段篇幅不短的讨论中，昆体良多次感到疑惑：西塞罗的某些妙言是不是真的不符合他作为有教养的演说家这一身份？我们下面会看到，在研究笑的修辞时，免不了要谈到两种爱说笑话的人，即笑剧演员（或者叫 mimus，是本书第七章的重要角色）和卖笑人（scurra，一种神奇地集合了弄臣、食客和花花公子三种身份的人，本章和下一章都会提及）——不同于有教养的风趣，他们反而好说粗野庸俗的笑话。昆体良也承认，尴尬的是，有时西塞罗为了逗乐听众而采取的策略同笑剧演员、卖笑人的手段很是相近。昆体良不是唯一一个抱有这种疑虑的人。马克罗比乌斯以及老塞涅卡的某次演说都提到了一个有名的故事。在这个故事里，西塞罗和笑剧作家得基穆斯·拉贝里乌斯（Decimus Laberius）展开了唇枪舌剑（当时这两人在某个表演或戏剧现场拥挤的座位之间狭路相逢，一言不合便开始相互奚落）。[14] 马克罗比乌斯还指出，有一件众所周知的事情是，西塞罗的敌人总把他叫作"卖笑的执政官"（consularis scurra）。[15] 其实，还有一个可能是，小加图当时用拉丁语所说的原话是"我们的执政官是个多好的卖笑人啊！"而希腊语里又没有单词可以对应 scurra，所以普鲁塔克就干脆把它粗略地翻译成 geloios 了。[16]

为了解释西塞罗为什么会在这方面毁誉参半，昆体良把部分责任归咎于他的秘书提罗（Tiro），或者"负责将关于这一主题的三卷书出版的人"。他所说的"这一主题"指的就是风趣或者玩笑，而这三本书则收录了西塞罗说过的笑话（bona dicta），不过并不是每一个笑话都那么有"笑果"。历史上的笑话书有一个共同的问题，那就是它们往往都包含了一些站不住脚的，或者说"笑果"堪忧的笑话。昆体良接着写道："如果他能少收录一些笑话（dicta），或者在选择笑话的时候多加甄别，而不要光顾着收集工作，那么西塞罗就不会受到批评者们这么多的非议了。"[17] 我们对这几卷风趣与智慧的结晶之作知之甚少，但是这位伟大的演说家的笑话集并不止这一部。公元前46年，西塞罗给他的朋友盖乌斯·特瑞博尼乌斯（Gaius Trebonius）写了一封信表达谢意（这封信幸而被流传了下来），因为后者刚刚给他寄了一本书，里面收集的全都是他说过的诙谐妙语。有人也许会说，这是给自恋者最好的礼物。但是这本书也出现了甄选的问题，或者说是不加甄选的问题。"我说过的话可能对你来说是巧妙的（facetum），"西塞罗在信中写道，"只不过不见得别人也这样认为"。所幸，特瑞博尼乌斯还是很擅长汇编这类妙语的。"您的叙述使这些话充满才智（venustissima），"在回复中，西塞罗以一种讽刺的语气表达了他的感谢之意，"事实上，读到这本书的人在见到我之前，可能就已经快要笑死了。"[18]

想必正是凭借这些如今早就失传了的合集，马克罗比乌斯和昆体良才汇编出了"西塞罗笑话集"（它们收录了西塞罗的"俏皮话"，规模要小得多）。这其中，我本人最爱的笑话是他对女儿图利娅（Tullia）身形矮小的丈夫的嘲讽——"当西塞罗看到小个子的女婿伦图卢斯（Lentulus）身上佩着一柄长剑时，他说：'是谁把我的女婿绑到了他的剑上？'"[19]不过，我们也要注意到西塞罗的 sero 笑话还有一个变体，这说明"晚些时候"和"太迟了"这样的双关语其实是很典型的。这个笑话出自内战期间，当时西塞罗还在庞培的军营之中。当他在踌躇中做出决定，刚刚来到军营里时，人们对他说："你来迟了（sero）"——这可能相当于带有挖苦意味的"晚到总比不到好"。"我来得不晚（sero）啊，"他反驳道，"我看晚饭都还没备好呢（nihil hic paratum）。"[20] 事实上，西塞罗的笑话（dicta，或者称为 facetiae，后一种叫法更为常见）是文艺复兴时期的风趣和学问的重要组成部分，甚至在 18 世纪的笑话书和其他此类汇编作品中也占据着一席之地。[21] 只不过现代人却常常会忘记西塞罗是这样的一个"爱笑人"。

这倒并不是说所有被认为出自西塞罗之口的笑话真的都是他说的。昆体良认为有些被归到西塞罗身上的拙劣笑话并不是他亲口说的——前者这么说并不单纯是在袒护自己的偶像。公元前 50 年，西塞罗在西里西亚（西塞罗当时在此地就任行省总督）写了一封信，他抱怨说"所有人的笑话（dicta）都推到了我身上"，还开玩笑地责备了收信人没有帮自己说话，撇清自己和那些糟糕的冒名之作的关系——凑巧的是，收信人的名字正好是普布利乌斯·沃伦尼乌斯·欧特拉佩鲁斯（Publius Volumnius Eutrapelus，"eutrapelos"在希腊语里的意思是"言辞风趣的"）；同时，他还不忘自夸（或者假装自夸），声称自己的那些笑话在风格上是自成一派的。"你不抗议一下吗？"他写道，"归根结底，我还是希望自己留下的都是这样特征鲜明、独树一帜的笑话，这样人们就能一眼看出它们都写着我的名字。"[22]

事实上，就像"伟人们"总会冒出充满智慧的妙语一样，他们也同样会"吸引"这些妙语（冠上他们的名字），因为说笑话的人常会在他们中间变来变去（比如，在说到同一个笑话时，昆体良认为它出自西塞罗之口，而马克罗比乌斯则认为是奥古斯都皇帝想出来的）。[23] 不过，不论是真是假，我们的重点其实在于，西塞罗在古典时期的名气不光来自他的演说与著作，他的笑话也功不可没，而就笑的问题而言，他的确名不虚传。

忍住别笑？

尽管庄重严肃的神态已经成为西塞罗在现代认知中的标志，但他的笑、风趣和"幽默"（这个词是我们无法避免使用的，尽管它并不完全适用于古代社会）中的某些方面仍然吸引着学者的注意。[24] 比如最近，格雷戈里·哈钦森（Gregory Hutchinson）等人就研究了西塞罗的《书信集》（Letters）是怎么利用诙谐、揶揄，以及"同乐"的文化来构建书信双方的关系的。哈钦森指出，《书信集》里的欢笑和打趣一般被认为是友善的，而不是那种充满攻击性的，而且它们往往可以作为一个标志，用来说明"收信人是十分值得信赖的，或者心理关系尤为亲近"；当阿提库斯（Atticus）不在的时候，西塞罗写信给他，告诉他再没人能让自己"自在地说笑"了。[25]

不过，还有一类研究的影响力更大，它的主题是幽默的抨击在西塞罗演讲中的作用，以及这种方式对于社会和文化控制的意义。埃米·里克林（Amy Richlin）的著作《普里阿普斯的花园》（*The Garden of Priapus*）初版于 1983 年，讲的是罗马讽刺诗、诙谐短诗、讽刺文章和讨伐文章中的性幽默都与权力等级有着密切的关系（其论述方式如今已被广泛认可）——该书是这类研究的奠基之作。按照里克林的模型来看，当西塞罗嘲笑对手们的性关系时（声称他们不符合得当、标准的罗马男性气质，反而做出了各种僭越的行为，比如阴柔［*mollis*］和不够阳刚［*cinaedus*］），他就是把风趣和笑作为赢得主导地位的武器。[26] 这种便不再是善意的幽默，而是以攻击为目的。弗洛伊德认为幽默可以分为有偏见的幽默和无辜的幽默，而这种便是属于前者的典型案例。按照弗洛伊德的说法，在这种幽默中，"通过矮化我们的敌人，使他们显得逊色、卑劣或可笑，就能够迂回地感受到战胜他们的愉悦——而第三方（在西塞罗的演说中便指的是观众）不用花费气力，就可以用大笑来见证这一切"[27]。

在里克林研究面世的十年之后，安东尼·科贝伊（Antony Corbeill）在《忍住别笑》（*Controlling Laughter*）一书中，展开阐释了这些观点；在聚焦于西塞罗的演说的同时，他的著作还囊括了许多更为广泛的问题，包括性别上的柔性气质（这也是里克林的一个主要关注点）以及各种形式的身体特点——痛风、破坏形象的肿胀或者"有趣的"名字等。科贝伊认为，无论是在法庭、元老院里，还是在集会上，西塞罗对敌人使出的嘲笑策略其实都是一个强大的双重机制：一方面体现出了隔离的目的（因为它能够将敌人孤立起来，使他们脱离一定的社会范围）；另一方面则是为了说服（因为它能够将发笑的观众联合起来，认定他们拥有共同的"道德标准")。说得再直接一点,通过对行为不轨之人或者西塞罗希望将其表现为如此形象的人发出具有攻击性的群体笑声,能够"创造、强化群体的道德价值观。这样一来,笑话就变成了一种调整社会现实的方法"。我们来看一个颇具启发性的案例。那是在公元前56年,西塞罗在一次演讲中对一个叫作瓦提尼乌斯(Vatinius)的人发起了攻击。他在演讲中大肆嘲笑了此人怪异的长相(肿胀的脖颈、鼓起的眼睛和恶心的甲状腺肿 [strumae]),同时又将瓦提尼乌斯外表的丑陋和他在道德、政治生活中的过失联系在一起。科贝伊指出,当观众们笑成一团时,"西塞罗就变成了社会的道德发言人,他抨击的是讨厌的瓦提尼乌斯表现出的种种特性"[28]。

这种研究角度的影响力是很大的。事实上,现在大部分研究罗马公共生活和公共演说的历史学家都会从两个方面来看西塞罗对笑的利用:他一方面将其作为一种攻击方式,另一方面也将其作为一个强化或构建社会规约的机制——这两个方面的力量是同等强大的。[29] 同时,它还是一种攻击性极强(而且说实话并不怎么有趣)的方法,可以在演说中激起观众的笑,我希望能在本章的其余部分补充这方面的一些细节。我并不打算推翻这一点。罗马广场上、法庭上或元老院里响起的笑声既能够孤立行为不端之人,也能够强化人们共同的社会价值观——我从未怀疑过这种说法;与此同时,我也认同昆体良的一个看法,那就是罗马的笑有时"和嘲笑相去不远"。[30] 但是,我们要说的远远不止这些,且一直都没能得到应有的关注。

我关注的是西塞罗对在公共演说中利用笑声的看法,以及这种手段的好处和风险(后者尤为重要)。我的研究重点不是他的演说,而是他的著作《论演说家》第二卷中的核心章节,这一部分常被吹捧成关于笑的"迷你专著"[31]。尽管其实并不够格,但不管从哪个角度来看,它在探讨笑时表现出的深度、延续性和颠覆性都是其他流传至今的古代作品无法比拟的——我们在寻找亚里士多德业已失传的观点时，总是会轻易地忘记这一点（见本书第 42—46 页）。

与西塞罗其他流传于世的著作不同，[32]《论演说家》从理论分析和具体案例两个方面讨论了多个问题，包括什么最有可能让罗马的观众放声大笑，怎样激起人们的笑，以及笑会给演讲者、听众或大家的笑柄带来怎样的后果。事实上，在阅读西塞罗的演说时，我们往往会猜想哪些东西是有趣的、观众到底是在什么时候笑的——以及笑得有多热烈。我们可以泛泛地讨论西塞罗在演说时对瓦提尼乌斯幽默的叱责，这是一回事；但是，要去判断具体哪个片段的"笑果"最好（所有的身体畸形都一样有趣吗？），或者如何传达这些话以实现"笑果"时，就又是另一回事了。不过，就像泰伦斯的"哈哈哈"为我们指明了一个确切的时间点一样，西塞罗在《论演说家》一书中也针对笑的爆发给出了明确的信息（至少在西塞罗看来是这样的），甚至有时还会具体到笑的强度；此外，这本书还反思了一位罗马演说家在利用诙谐和笑时应遵循的一些主要原则。因此，它其实正面探究了笑本身及其前因后果。

西塞罗的观点让他的读者意识到，在嘲笑和控制这样老生常谈的话题之余（说实话，"嘲笑"的主题在这里并没有多突出），笑的过程中还有一些十分重要的问题。我们了解了笑的身体特性、让观众发笑的不同方式（从有趣的言辞到滑稽的表情），以及哪些人或事不适合作为嘲笑的对象。但是，这里还有一个相当重要的潜在问题，那就是引起大笑的同时也会带来风险。笑总面临着反弹的风险：在观众们的大笑声中，被孤立、被暴露的不只是演说家的对手，还有演说家自己。单词 ridiculus 的两种意义（"他把我们逗笑了"与"我们嘲笑的那个人"）总是交织在一起的。因此，在使用"笑"的手段时，一定要万分小心。[33]

西塞罗论（开玩笑的）演说家

西塞罗的《论演说家》大约成书于公元前 1 世纪 50 年代中期。那时，他刚刚结束流放生活，回到罗马，想要在那里恢复自己的权力和影响力，不过所做的努力并没有收到多少成效。[34] 这部书共有三卷，与其说它是教导新手演说家的修辞训练手册（它确实包含了大量具体的技术性建议），倒不如说它其实从更广泛的意义上探讨了一个完美的演说家的本质，以及他应当具备的技能（包括身体、智力、个性、道德和哲学等多个层面）。当时的社会正针对多个议题展开辩论，它们包括修辞的道德性（有效的劝服在多大程度上具有不可避免的欺骗性？），修辞与哲学同其他形式的知识之间的关系，修辞是否应作为一门可以教导的学科，若可以又该如何教导——这些悠久的论题至少可以追溯到公元前 5 世纪的希腊。[35]

西塞罗效仿柏拉图（《论演说家》第一卷的开头便直接提到了他），以讨论的形式展开了该书的论述：书中，一群博学多识的罗马"外行"在探讨演说的艺术。[36] 这场讨论的时间设定在公元前 91 年，而且参与的人物也都是精心挑选出来的。其中的主角是卢基乌斯·利基尼乌斯·克拉苏（Lucius Licinius Crassus）和马尔库斯·安东尼乌斯（Marcus Antonius），讨论的地点就是前者的宅邸。两位都是那一时期的著名演说家，也是西塞罗年轻时的老师。参与这场讨论的还有其他人，西塞罗在书中设想他们在展开讨论的两天中的全部或大部分时间都在场。这些人包括年轻时的盖乌斯·奥勒利乌斯·科塔（Gaius Aurelius Cotta，从书中虚构的情节来看，西塞罗便是从他那里了解到了这次讨论的内容）和盖乌斯·尤利乌斯·恺撒·斯特拉博·沃皮斯库斯（Gaius Julius Caesar Strabo Vopiscus，独裁者恺撒的旁系先祖），后者主导了针对笑的讨论部分。[37]

在这三卷书中，他们的讨论涵盖的话题范围十分广泛，既有口才的力量和坏处、一个优秀演说家应当具备的知识（卷一），也有在演说中进行说服的多种方式（卷二），还有风格的问题以及语言传达的不同形式（卷三）。在大多数情况中，书中人物之间的辩论都是很温和的。尽管柏拉图式的文学与哲学背景都清晰可察，但书中的对话却不是苏格拉底式的。并没有一个苏格拉底式的人物用令人眩目的智慧和迅速机敏的应答来击溃对手，并将自己的观点强加于在场的听众与读者。我们从书中发现了一种攻击性要弱得多的对抗式论辩，各个主要参与者会用长篇大论阐释自己的看法，应答则出现得更少一些（西塞罗曾在一封信中写到他在《论演说家》中采用了"亚里士多德模式"[38]，可能指的便是这一点）。尽管书中的不同角色之间存在着分歧（比如卷一中讨论到理想的演说家所需的知识时），且不论对错，人们一般认定克拉苏所表达的大体上便是西塞罗的观点。[39]

相对来说，《论演说家》是一部实打实的讨论古代演说理论的作品。让人意外的是，它近来吸引了许多罗马历史学家和评论家的关注。除了其他因素以外，人们感兴趣的是这部著作鲜明的"罗马"特色（尽管其中也有明显的早期希腊学说的痕迹），与当时（既包括书中故事发生的时期，也包括西塞罗撰写这本书的时期）政治格局的关系，西塞罗是怎么借此自我塑造成"新人"的，以及罗马的演说术和男性气质的表现。（我猜想，如果西塞罗知道他的著作在一个标题为《爱》的章节里被洋洋洒洒地讨论了一番的话，一定会很吃惊）[40]。在卷二中，有七十多章（大约占了卷二的五分之一内容）都在讨论笑在演说中的应用，这都是为整部书的核心内容服务的。[41] 这一部分先是介绍了说服的种种方法，主要的发言人是安东尼乌斯；接下来的内容几乎全都是尤利乌斯·恺撒·斯特拉博的发言，好让人们能够从前面冗长的阐述中脱离出来，稍微松一口气。安东尼乌斯说道:"我已经被自己那曲折的论证搞得筋疲力尽了;恺撒说话的时候,我要好好休息一会儿,就像自己置身于一家近便的旅馆一样。"[42] 与此相应,我们在这一部分中发现,参加讨论的人不时放声大笑,或互相打趣。[43]

现代的评论家们往往会误导大众,声称这些章节只是针对"幽默"或"风趣"或者"风趣和幽默"(Witz und Humor)而展开的题外话。可以肯定的是,这些话题在书中的讨论里占有相当大的比重,它们承接了前面那个探讨如何吸引观众的章节("既有吸引力,又往往能产生极佳效果的,便数笑话和俏皮话"[44])。但是,当书中的斯特拉博(我后面就这么直接称呼他了)在这次论辩中开始发言时,他的主题便是坚称笑可以分为五个方面:(1)笑是什么;(2)它从哪来;(3)一位演说家是否应该意欲引起(movere)观众的笑;(4)演说家应该在多大程度上利用笑;以及(5)"好笑的人或事"(ridiculum)有哪些不同的种类。[45] 前三个方面只是稍微讨论了一下。最后两个方面——尤其是最后一个——则探讨得充分得多。

尽管有些人异想天开,认为这本书脱胎于斯特拉博的一篇论述,但毋庸置疑它是西塞罗的著作。可以说,这部作品很有勇气,也很新颖;不过说句老实话,它有时也非常混乱。过去,曾有人认为这本书不过是在复制粘贴前人的东西,照搬希腊理论家们关于笑的论点,然后间或掺杂了一些罗马的例子——不过多亏有了埃德温·拉比(Edwin Rabbie)的缜密分析,再也不会有人这样想了。[46] 当然,我们这样说并不是在否认希腊与笑有关的修辞和哲学观念对西塞罗的影响。斯特拉博在发言中明确地提到了一些"关于可笑之人与物"(de ridiculis)的希腊书籍,他声称自己先前拜读了这些书。[47] 还有几处观点以及用到的一些词都能体现出亚里士多德的影响,或者起码可以说是逍遥学派的影响。比如,这一部分的第一个单词 suavis（令人愉快的）大概和亚里士多德所说的 hēdus 是一个意思；再比如，这一部分更普遍的观点是，可笑的"locus...et regio quasi"（范围或者说范畴）其实就在于"你认为不光彩或者不好看的地方"，而这和亚里士多德在《诗学》中的说法有异曲同工之妙，也很可能是他的学生们引以为鉴的一句话。[48] 这样的联系并不让人感到惊讶：几乎公元前 1 世纪每一个知识分子在围绕某一论题著书立说时，都不可避免地要考虑到逍遥学派的观点。[49]

不过更重要的是，这部作品同样带有浓重的"罗马"色彩。西塞罗在书中总结的一些十分关键的区别（比如 cavillatio 和 dicacitas 的区别：前者是贯穿一篇演说中的风趣言辞，而后者则指的是"单个独立的笑话"），都依赖于特色鲜明的拉丁词语；而且据我们所知，希腊学说中没有这些说法的直接先例。[50] 在这本书里，西塞罗描述的所有关于笑和妙语的例子都来自罗马的历史和演说术（不过这些例子并不是生硬地穿插进去的，它们是整个立论不可或缺的一部分，甚至有时还引导着论证的推进[51]）。另外，当斯特拉博提到希腊早前关于"可笑者"的研究时，他并不是要遵循这些理论，而是为了说明自己对它们的不屑。"我本来希望，"他说道，"自己能够从中学到一点东西……但是那些想要阐释关于这一问题的理论体系的人却总显得那么愚（insulsi，字面意思是'盐放少了'），以至于他们身上除了这种愚蠢（insulsitas）也没有其他可笑的地方了。"[52]

这也就是说，在这段关于演说中的笑的冗长讨论中，我们看到的是具有鲜明的罗马特色的文化产物：一位罗马学者在与他的希腊前辈们对话的过程中，阐释了罗马社会中的行为与传统。

争论：结构、体系与术语

在这段围绕笑展开的争论里，有几处细节很难理解，个别段落（和笑话）晦涩难懂，而且流传下来的文本也常有错漏或不准确的地方。[53]不过尽管如此，这一部分的主旨已经很明确了。在安东尼乌斯把发言权交给斯特拉博，让他开始讨论新话题后（因为后者在 iocus 和 facetiae 这样的话题上表现得很出色），斯特拉博先（218）总结出了一个基本的区别点：facetiae（风趣）被古典作家（veteres）[54]分为两类，一类叫作 cavillatio（贯穿始终的诙谐之言），一类则叫作 dicacitas（个别的笑话）。他认为，这两种风趣都是教不来的，全靠先天的条件；而且为了证明这一观点，他还举了很多例子，一方面想要表明像这般的诙谐言辞有多大的用处，另一方面也是说明想要培训这种能力是一件多么异想天开的事情。其中让人印象最为深刻的一个例子（220）是斯特拉博的异母兄弟卡图卢斯（Catulus，字面意思为"小狗"）的一句急中生智的妙语（也是 dicacitas 的一个例子）。当时应该是在一起盗窃案的庭审中，卡图卢斯遭到了对手的叫板："乱叫什么，你个小狗崽子（Catule）！"他当即便回嘴道："因为我看到了一个小偷。"[55]

随后，这场讨论的参加者们又进行了一番对话（228），其间还打趣了一番他们中到底谁才是最擅长讲笑话的人。但是到了最后，他们还是把发言权交给了斯特拉博，并一致认为尽管逗别人笑不是一门可以教授的学科，但还是有一些实用的原则（observatio quaedam est）可以供他探讨、解释。就这样（235），斯特拉博列出了关于笑的五个问题（见本书第 181 页）。对于前三个问题，他只是一带而过。说起笑的本质，他把这个问题推给了德谟克利特；他声称，就连那些所谓的专家也说不明白。关于人们的笑因何而起的问题，他指出，就是那些"你认为不光彩或者不好看的地方"(236)，不过并没有对此多做解释。而说到第三个问题，答案则是肯定的，演说家应该试着逗笑观众，原因有几点：愉快（hilaritas）会让人心生好感；每个人都会被演说者的机智折服；这种做法能够帮助演说者打败、矮化或者干扰对手；它能够帮助演说者塑造优雅、风趣的（urbanus）个人形象；最重要的是，它能够缓解整个演说的严肃感，并且避免一些无法轻易地用理智应对的冒犯性建议。

下一个问题便是演说家应该在多大程度上利用笑。有关这一问题的讨论就长得多了，占了不止十一个段落的篇幅（237-247）。斯特拉博在这里提出了一系列警告，提醒大家哪些场景中不适合笑（比如，人们不会因为严重的罪恶或痛苦而发笑），以及哪些逗观众笑的做法是演说家的禁忌。其中，尤其需要避免的便是卖笑人或者笑剧演员引起的那类笑声。[56] 他还举了一些例子来说明哪些做法是可以接受的，哪些是不能接受的。在说起一件涉及另一位讨论者克拉苏的事时，他解释道，克拉苏曾经明目张胆地模仿过一位颇为优雅的对手，并成功地使聚集起来的人们捧腹大笑：他站了起来，模仿那位对手的面部表情、（想必也很优雅的）口音，甚至还有他的塑像摆出的姿势（242）。[57] 但是，斯特拉博强调，这样做时一定要"万分小心"：稍作模仿是完全可以接受的（这样听众"脑海中的画面可能比看到的更丰富"），但是做得太过了就和演笑剧的没什么两样了。克拉苏的表演其实很危险地打了个擦边球。其他重要的原则还包括不要试着去抓住每一个看似适合逗观众笑的机会，逗观众笑的行为一定要有意义（不能只是为了引起他们的笑声），还有就是不要做得像是提前准备好了笑话似的。他引用了一句对一个独眼男人的打趣（"我会来和你一起吃饭，因为我看到你这儿有个空位"）。这是一个卖笑人说的笑话，因为它是事先准备好的，可以说给所有的独眼男人听（而不只是当下的对象），而且这个笑话听起来有些没头没脑（246）。

就在讨论演说家该在多大程度上利用笑的过程中，斯特拉博首次提出了 wit dicto（言语形式的：这种笑话的好笑之处在于所用的具体词句）和 wit re（实质上的：这种笑话就算换一种讲述方式，也同样能够引起笑声）之间的区别。这一对比也成为最后一段长篇讨论中的主线原则（248-288），这一部分针对的是不同种类的"可笑者"。在这两大分类下，斯特拉博分析了诙谐语的主要类型，包括模糊引起的笑话，意外之事的干扰引起的笑话，文字游戏类笑话，引入诗句的笑话（257-258，这种在现代社会并不常见），字面解读引起的笑话，有趣的比较或图片引起的笑话，潜台词中的笑话，还有讽刺的笑话，等等。但是斯特拉博的警告贯穿了这一部分，他一再指出哪些利用笑的做法是不合宜的。其实，在书中的人物刚刚开始讨论起笑的类别时，他们短暂地说了些题外话（251-252），谈到有些引发笑的方法尽管好用得很，但是演说家都应该避免使用。这些做法包括滑稽的模仿、愚蠢的走姿、做怪相和说下流话。归根结底就是说，并不是所有能引发笑（ridicula）的东西都是风趣的（faceta），一位理想的演说家应当具备的品质是智趣。

斯特拉博很快说够了自己关于上述类别的想法（"我感觉自己的分类有些夸张了"），然后浮皮潦草地总结了一番可能会引发笑的做法：让人们的期望落空，嘲笑其他人的特性，与某些更加不光彩的事物作比较，讽刺，说一些蠢话，或者批判愚蠢的事物。他最后坚称，如果你想要以戏谑的口吻说话（iocose），就必须有这方面的天分，而且还要有一张适合做这种事情的脸。但是他指的并不是一张"有趣"的脸，事实上恰恰相反。"一个人的面部表情越正经、越严肃，他的话往往就越让人觉得'辛辣有趣'（salsiora）"（288-289）。这么说完了之后，他就把发言权交回给了安东尼乌斯，好让他继续讨论更为艰深的问题，即演说理论中一些更加严肃的话题。

在围绕笑展开的这次讨论中，有许多有意思的疑惑和问题都远远超出了这些立论的确切来源。在西塞罗的对话体作品中，人物的选择也常常是一个研究的方向。为什么西塞罗会选择斯特拉博来主导这次讨论？不管怎么说，我们没有任何理由去假设后者曾写下过一篇关于笑的论著（就像阿恩特［Arndt］天真幻想的那样），尽管西塞罗确实在该书和其他地方把他看作一个以风趣著称的人。[58] 或许，西塞罗只是在拐弯抹角地恭维当时权力愈发强大的尤利乌斯·恺撒，因为斯特拉博正是他的远亲。[59] 又或者，这个选择其实没有我们想象的那么重要。毕竟，在完成《论演说家》的六年之后，西塞罗在给沃伦尼乌斯·欧特拉佩鲁斯的信中提到了这场讨论（见本书第 174—175 页），他在信中的说法是，"我在《论演说家》第二卷中借安东尼乌斯之口讨论过"风趣的各种形式。[60] 难道他已经忘了这部分的发言几乎都是斯特拉博说的吗？若果真如此，那这里对人物的选择可能并没有多少深意。[61]

此外，关于这场讨论的整体结构，以及其中用到的一些确切说法，甚至还有更多争论。斯特拉博刚刚开始发言的时候，他采取古典作家们的说法，将 facetiae 分为 cavillatio 和 dicacitas，并似乎以此为基础展开了自己的立论——我个人觉得，这种做法也很好地展现出了笑史中怀旧的特点（见本书第 103—106 页）。但是很快，当他重新开始阐述观点时，那五个关于演说家利用笑的基本问题便成了结构中的主线（还引出了"wit dicto"和"wit re"之间的区别）。即使是再聪明的现代人也没法使第一个分类和第二个分类互相说得通；而且，大部分评论家现在都认为，cavillatio 和 dicacitas 之间的对立关系完全可以被搁置起来，如果这场讨论中新的五分结构能将其取代的话。其实，也许西塞罗这样（巧妙）处理的部分原因就在于，他想要表现出斯特拉博的发言中风格的转变——前面被认为是一种笑话的分类方法，[62] 后面便转换成了一种更具知识性和希腊风格的方法。而他本就不打算让这两种方法互相兼容。

西塞罗在《论演说家》中将 facetiae 二分为 cavillatio 和 dicacitas，但在后来的作品《演说家》（*The Orator*，成书于公元前 1 世纪 40 年代中期）

中，他又采取了一种看上去与此相悖的分类方法，将诙谐语（sales）二分为 facetiae 和 dicacitas。[63] 同样，我们也不清楚这两种分法该怎么建立联系。他之所以做出了这样的改动，是（像拉比等人猜测的那样）因为 cavillatio 那时已经开始变成"发牢骚"的意思了（英语中 cavil 保留了这个意思）吗？[64] 也许是这样，但是十年的时间似乎不足以发生这样显而易见的语义变化。无论如何，这都无法解释为什么《论演说家》中用来指风趣的词语（即 facetiae）在后来的《演说家》中却变成了它的其中一个组成部分。[65]

这就引出了一个更为重要的问题：我们在《论演说家》和其他针对笑的罗马著作中发现了各种描述风趣和玩笑的词语，它们究竟表达的是什么意思？在前面的一个章节中，我断言说（见本书第 127 页）我们没法准确地界定 sal、lepos、facetia、urbanitas 和 dictum 等词之间的区别——同样，如果轻轻地笑（chuckle）和咯咯地笑（chortle）之间有任何区别的话，我们也没法解释清楚。我的这种看法是不是过于悲观了？毕竟，我们似乎能够合理地说明咯咯地笑（chortle）和吃吃地笑（giggle）之间的区别。* 那么，《论演说家》中的讨论能不能帮助我们更清楚地阐释这些词语之间的差异？

当然，西塞罗在书中列出了许多"半定义"，并且还谨慎地强调了其中形成对照或者互相对应的词。比如，并不是所有的 ridicula 都是 faceta，而且 frigida 可以表达与 salsa 相反的意思，而短语 bona dicta 中的 bona 则多少可以作为 salsa 的同义词。[66] 这让部分学者燃起了希望，他们觉得也许能够找到一个更精确的罗马类型体系来形容风趣，特别是因为其中有些词语（最显著的例子就是 urbanitas，它当时已经表现出现

---

* 在英语中，chuckle 和 chortle 均指因高兴和满足而笑，故难以区别。而如作者前文所述，giggle 带有性别色彩，有时甚至含贬义，故与前者较易区分。

代意义上的"文雅"之意）显然在西塞罗写作的时期已经有了十分浓厚的意识形态色彩，成为演说中和生活中出现的某种特定风格的流行语和口号。[67] 当时，已经有许多文章和整本整本的著作都探讨了这一问题，（尽管它们都很有启发意义）但是，我们要想给这些定义找出一个可信的框架来，还有很长的一段路要走。这并不奇怪。毕竟这些单词的意思并不完全一样。不过，《论演说家》和《演说家》两本书中出现的（有关 facetiae、sal、dicacitas 和 cavillatio 的）不同用法也说明了，使这些单词各具意义的对比和搭配都是不稳定、临时性的，而且极度依赖语境——更别提有些用法还是根据一系列同样不稳定的希腊词语中的对比和搭配构造出来的。

举个例子，克洛斯滕科（Krostenko）详细地记录过，西塞罗（以及更多的其他作家）用单词 lepos 指一种十分动人的风趣，而且它可以通过文化教育培养出来，也是让人钦羡的品质（包括 humanitas、sal 和 suavitas）之一；但与此同时，它在拉丁语中相当于希腊语中的 charis，同时也可以用来指不文雅的卖笑人（scurrile lepos）的特性。[68] 昆体良同样也强调了这个单词表意的不稳定。在《演说术原理》一书中，他发现拉丁语中好像有一些词语是用来形容相似的风趣特质的，所以就试着把它们区分开（diducere）。说起 salsum（即 salty，指辛辣风趣的），他是这样想的："平时说话时，我们把 salsum 当作 ridiculum（好笑的）来用。这并不是前者的本意，尽管但凡是 ridiculum 的东西就一定是 salsum 的。西塞罗说 salsum 是雅典人的一个特质，但这并不是因为雅典人笑得更多。而当卡图卢斯说'她体内一丁点 sal 也没有'时，他也不是说那位女性的身上没有一点 ridiculum 的东西。"说到这里，他只能无奈地选择放弃，只是给出了一个谁都能看出的结论："所以说，salsum 指的就是那些并不 insalsum（unsalty）的东西。"[69] 这是一个很典型的走进死胡同的例子。

但是，如果我们先撇开修辞和风趣的问题不谈，转而专注《论演说家》

这一部分的主要论题"笑"时，就能够得到一些新的认识。这些章节以一种很独特的形式，试着阐释笑在公共生活和演讲中起到的作用——而它们的作者是一个处于罗马政治与社会精英阶层核心的男人（尽管他可能仍是一位"新来的"）。因此，从这个角度对这些章节进行推敲是值得一试的。

笑与笑的风险

斯特拉博并没有在前三个和笑有关的问题上再做赘述（笑是什么、从哪儿来、一位演说家是否应该逗笑观众），但是这寥寥数章观点也比一般认为的更具有启发性。说到为什么要引观众发笑的话题时，他给出了几个简短而又不失花样的理由，从获取好感，到打败对手，再到缓解演说的严肃感——这些理由都远远不只是攻击性的嘲讽和讥笑那么简单。他的其他观点也为我们指明了可走的方向。

说到第一个问题的时候，斯特拉博确实立马把它推给了德谟克利特，顺带还批评了无知的"专家们"。但是在那之前，他先简单地描述了人类笑的特征。他说，笑"爆发得如此出乎意料，以至于尽管我们努力尝试，但还是没能忍住"（显然也体现出了关于不可控性的迷思）。此外，他也解释了它是如何"同时占据了 latera、os、venas、vultum 和 oculos[*] 的"。[70] 说起笑影响到的身体部位，这可能是现存的古代文献中最全面的清单了；但令人沮丧的是，我们很难完全理解这份清单。这里的 latera 指的是两肋（就像胸腔起伏时那样）吗？又或者指的是肺部（也就是气喘吁

---

[*] 正如作者在下文所说的，这五个单词分别指代人的身体部位。

呼的样子）？那么 os 指的是嘴巴、声音还是脸（因为这个清单后面出现了 vultum，即"面部表情"，那么或许可以排除是脸的可能性）？此外，venas 真的是在说血管（一说为脉搏）吗——又或许正像有些编者怀疑的那样，原文中写的其实是 genas，即"脸颊"，这样会不会更容易理解一些？眼睛（oculos）又和笑有什么关系呢？不过不管我们怎样解读他的意思，显然都是为了弄清笑对人的身体产生的强烈影响，远不止嘴部的动作那么简单。西塞罗并没有考虑到安静的微笑，而且说实话，如果不看那些富有创造力的翻译版本的话，我们会发现这场讨论里并没有涉及微笑。我们要讨论的是引起（movere）大笑的问题。

第二个问题的答案引出了一个更为微妙的观点，这一点可能从一开始就已经很明显了。在斯特拉博来看，可笑的"locus...et regio"（范围或者说范畴）在于"你认为不光彩或者不好看的地方"。不管他受到了亚里士多德怎样的影响，这其中的含义其实都比认为人们只是在"笑丑"的简单观念要复杂得多。准确来说，他的原话是，"笑只是或者主要是由人们在表明或指出某件不体面的事物时所说的话引起——而且这话说得很是体面"[71]。也就是说，引得人们大笑的并不是丑陋本身，而是次级层面上的说笑人的风趣（利用丑陋制造笑点）。其实，在斯特拉博的阐述中，我们多次发现笑话和说笑话的人作为重要的媒介，出现在发笑的人和他所笑的对象之间——如果你喜欢，也可以说它们起到了催化剂的作用。

这一点在之后的一段内容中得到了强调，斯特拉博在这一部分解释说，他会因为人物暴躁、爱发脾气的笑话（stomachosa et quasi submorosa ridicula）而受到触动，但是如果讲笑话的也是一个动辄发怒的人的话，就没有这样的效果。为什么在后一种情况中，他就不会有所触动呢？这是因为让人发笑的不是这个人的"风趣"（sal），而是他的本性（natura）。[72] 斯特拉博这是在说，笑源于说笑话的人对丑陋的、不光彩的事物或者坏脾气进行诙谐的再现，而不是来自这些特质本身。或者，起码可以认为这解释了文雅的精英阶层如何合宜地笑。事实上，这段讨论的大部分重心都在于哪些说笑的方式是不合宜的——尽管它们也能够让人们爆发出最为热烈的笑声。

笑的主题和起因都难以解释，它们取决于不同的情境，而且不遵照任何既定的规则——西塞罗对此心知肚明。在讨论中，他有条不紊地阐述了这一观点：在一开始尝试对风趣进行分类时，斯特拉博解释说几乎所有 ridicula 的起源同样也可以是严肃想法（graves sententiae）的起源，只是"唯一的区别在于严肃的（gravitas）想法源自体面、真诚的事物，而玩笑则源自那些不体面的，甚至堪称丑陋的事物"。[73] 他继续说道，其实完全一样的话有时既可以用来赞美别人，也可以用来嘲笑别人，这里他引用了一个（可能是）盖乌斯·克劳狄乌斯·尼禄（Gaius Claudius Nero）的故事，其在公元前 207 年任执政官。当时让他觉得好笑的（ridiculum）对象是一个不实诚的、惯于偷盗的奴隶："唯有对他而言，我家里的任何东西都不用锁，也不用藏。"由于知道这个奴隶是小偷，所以这话会让听到的人大笑出来（既锁不住也藏不住）。但是就像斯特拉博坚称的那样，同样的话也可以一字不变地用来夸奖一位诚实的奴隶。[74]

不过，尽管这一关于笑的观点有些让人费解，我们还是在《论演说家》中找到了一些经验性原则，以便了解哪些事物对于罗马观众来说是最好笑的。大体而言，单单口中说出的妙语并不是引人发笑最有效的方法。斯特拉博两次提及双关的使用，并认为它会让人们对其中显露的机智大加称赞，但不会引起大笑："其他种类的玩笑引起的大笑更为激烈。"[75] 为了让人们笑得再厉害一些，就要试着将不确定的（ambiguum）元素与一种不同类型的笑话相结合。出人意料的话（"我们以为会说这件事，结果却说了另一件事"）更容易让听的人发笑，而且甚至会让说话人自己也忍不住大笑起来:"我们自己的偏差(error)甚至会让自己也大笑起来。"又或者就像斯特拉博之后强调的那样:"我们的错误也会自然而然地逗乐自己。所以当我们仿佛被自己的期望欺骗了的时候,就会大笑起来。"这也是我们在古代世界中找到的最接近现代完善版本的乖讹论的观点,而且它确实已经十分接近了。[76]

不过可惜的是,在说到文字游戏和出乎意料的结合时,斯特拉博给出的主要例子是我们多少有些理解不了的笑点,正如古时的许多笑话一样。他提到的这个笑话来源于一出滑稽戏,说的是一个男人看到一个被判了死刑的欠债人要被带走了,生出了同情之意。"他这是欠了多少钱啊?"这人问道(说得好像他要自己拿钱去救这个人似的)。"一千塞斯特斯(古罗马货币)。"有人回答他。斯特拉博然后打断了这个故事:"如果这人接下来说的话(addidisset)只是'你把他带走吧',这就是那种出乎意料的回答带来的笑点。但是,他实际上接着说的是(quia addidit)'不加价(nihil addo)——你把他带走吧'。这么一来,他就在里面添了一个文字游戏(addito ambiguo),也就是另一个好笑的地方。在我看来,他的确非常机智(salsissimus)。"这里的 nihil addo 可能是针对罗马拍卖场上的用语(双关,既指"我没什么要说的了",也可以表示"不加价")而设计的文字游戏,但我们并不是很清楚为什么这样说就能显得那人"的确非常机智"。不过,由于斯特拉博在发言中多次用到了动词 addo 的多种形式,我们便不难得出一个结论,那就是西塞罗的行文中其实也隐藏着某些内化的笑话——它们建构着书中对于妙语的描述,并且在自我指涉的双关语中造出了双关。[77]

双关、文字游戏和俏皮话也不是什么风险都没有。如果它们显然是预先准备好的,或者使用时不加区分,只为了博人一笑,又或者太过宽泛而不具有针对性时,这些笑话就成了卖笑人的惯用手法,而不是一位演说家的技巧。它们引发的笑散发着商品化的气息(第八章将会提到),

这是玩笑者失格的标志。不仅如此，这些笑话也往往难以达到预期的效果。斯特拉博讲述了一个反面教材的故事，好让人们明白为什么尽管有些场合出现了可说的笑话，还是要克制住别说出来。这个故事中的笑话发生在法庭上。菲利普斯（Philippus）希望能够获得主审法官的许可，讯问一名证人，而这名证人碰巧个子很小（tiny）。法官很快便同意了："但前提是时间不能太长。""没问题，讯问很短（tiny）的。"这说起来是挺好笑的。但不巧的是，庭上有一位法官比这位证人还要矮，人们的笑同样也是针对他的。这么一来，这个笑话似乎就有些诋毁的意味了。斯特拉博解释说："如果一个笑话让计划外的目标也成为笑料的话，那么就算它再巧妙，从定义来看也仍然是卖笑人的手段。"[78]

斯特拉博很清楚地阐释了，在罗马，机智的双关语、口头上的俏皮话，或者适时地引用诗句都不是引起听者大笑的最稳当的方法。只有多种形式的身体失调才能最充分地保障"笑果"。有什么东西能够比小丑还容易让人发笑（ridiculum）呢？他问道。而小丑利用的就是他的脸、他惟妙惟肖的模仿、他的声音，还有他调动全身的方式。不过确实，这种让人们发笑的方式颇为庸俗，精英演说家几乎是完全被禁止采取这些手段的："做怪相会损害我们的尊严……下流的言论在绅士的晚宴上是格格不入的，更别说在集会的广场上了。"唯一一种得到勉强许可的做法便是模仿，前提是"只能暗中、顺带着模仿一下"。[79]

其实，模仿是罗马的笑中的核心元素之一（从演员到猿类均是如此），我们在第七章会再探讨这一说法。但是不管怎样，在得体的演说智慧中，模仿仍然处于最边缘的地带。当然，有些模仿是得到了高度认可的：就像安东尼乌斯在《论演说家》前面部分强调的那样，对楷模演说家的模仿是演说训练的一个重要元素。[80] 其他形式的模仿虽然也会带来激烈的笑，但也可能会越过界线。

我们前面介绍过一个精彩的故事，说的是克拉苏模仿了一位颇为优雅的对手。这个例子便很好地说明了模仿和笑的层次之间的关系（同时也描绘了一幅十分鲜活的图景，表现出了罗马社会中有些政治辩论的呈现风格）。当他呼喊出"以你尊贵的出身和血统"时，听众就因为他"对（对手的）面部表情和音调的模仿"而笑了起来。但是当他接着说"以你的雕像"并伸长了胳膊（应该是在模仿罗马共和国时期一位演说家在雕塑中的经典姿势）时，"我们简直是哄堂大笑（vehementius risimus）"。[81] 为什么这次的笑更加激烈呢？从斯特拉博的讲述来看，有两个因素起到了作用：第一，演说者的身体参与了进来（不光是面部和嘴部的动作）；至于第二点，我猜测是克拉苏的模仿体现出来的还原与荒唐，因为演说者克拉苏所模仿的雕塑本身也是对演讲姿态的一种模仿。

不过，这里的问题在于，这种引人发笑的手段（尤其当它们涉及"过度模仿"时）往往会让演说家看着像是笑剧演员或者职业的模仿丑角（ethologus）似的，很是尴尬。就与卖笑人的对比而言，这种对比可能承载着更多的意义。最近大量重要的研究表明，人们围绕着罗马社会中的演说表演产生了许多疑虑，其中一个便体现在对精英演说家与不光彩的"戏子"（后者和娼妓、角斗士一样，被法律标上了"恶名"[infamis]）之间具有倾向性的边界上。[82] 怎样才能够妥善地区分演讲行家说服力极强的表演，和伤风败俗的"戏子"同样具有说服力但又被社会嫌恶的表演呢？一位演说家能否完全避开这类冷嘲热讽，即确保没人影射他更接近一个"戏子"（比他自己愿意承认的更接近）。而如果这位演说家开了玩笑的话，这种情况中的意识形态上的困境还要更极端一些。因为当他能够以一己之力让听众发笑时，人们可能不光会把他和一个"戏子"相混淆，甚至还会把他和滑稽的笑剧中那种粗野不堪的"戏子"混为一谈。

在罗马的笑文化中，笑剧演员的存在也带来了另一个严峻的难题：你怎么区分哪些人利用自己的风趣逗笑了人们，而哪些人又是人们嘲笑的对象？你怎么能确定说笑话的人便不是众人嘲笑的笑料？在前面"坏脾气笑话"的例子中，我们已经见到了这个问题的一个版本，当时斯特拉博称自己认可的是由于风趣的才思而产生的笑话，而不是由一个"坏脾气"的人说出的笑话——这意味着，在那种情况下，这个人的性格特质便成了笑料。这一点在斯特拉博讲述的小丑的例子中更为明显，因为小丑借由做怪相或通过其他手段，既成了被笑的对象，也是激起笑的动因："他便被大家笑了。"(He is laughed at [ridetur])[83] 尽管在西塞罗的著作中，主动语态的 ridiculus 往往更常见，但其实被动形式（用我们的话来说就是 ridiculous，即"可笑的"）出现得也不少。当一位演说家在开玩笑时，他的问题在于，在逗乐观众的同时，他自己也会成为被笑的对象：也就是说，笑的风险就是可能会搬起石头砸了自己的脚。

罗马演说中笑的攻击性有多强

《论演说家》的这一部分充斥着各种焦虑、矛盾和棘手的难题；然而，这与最近从西塞罗的演讲中摘录出来的带有攻击性的、相对肆无忌惮的笑的画面有很大不同。当然，这其中肯定有重叠之处。在斯特拉博引用的俏皮话中，其中有些显然针对的便是说话人的对手身上的某些古怪特征（比如，证人出奇矮小的身材，或者独眼）。有时，它们又取材于某个特定对手的名字（奥卢斯·森普罗尼乌斯·穆斯卡［Aulus Sempronius Musca］便被戏称为"一只嗡嗡叫的虫子"，因为 musca 的意思是"昆虫"；还有一个名叫 Nobilior［诺比利奥尔］的人被戏称为 Mobilior［摩比利奥尔］，意思是"没定性"）。除了它们体现出的风趣或机智之外，斯特拉博同样强调了这些嘲讽之言的风险所在。比如，他批评了那个针对穆斯卡的笑话，因为它的意图"仅仅是博人一笑"(risum quaesivit)。[84]

大体来看，斯特拉博并没有正面说明演说家在各种情况和注意事项下应如何利用笑，只是提到不能开玩笑的对象包括罪行深重的犯人、遭遇不幸的人和那些一向深受尊重的人（以免自己反过来成了笑料）。有几次，他甚至还提到了笑的约束问题，现代学界一直认为不管是从理论还是实践而言，罗马演说中关于笑的规约里完全没有涉及这个问题。比如，科贝伊研究了罗马人怎样看待取笑个人特征（这些特质并不是被取笑的人造成的）的做法。亚里士多德的理论也倾向于认为，这种情况不应使人们沦为被攻击的对象（毕竟如果你个子矮小，那也不是你的错）。科贝伊提出，与之相反，"在面对这些针对身体缺陷的指责时，罗马人的态度并不是这样的……不管缺陷的根源何在，罗马人总认为那些存在缺陷的人需要为此负全部责任"[85]。不过，在斯特拉博引述的众多"唇枪舌剑"中，有一段辩论围绕这一问题展开。在这个故事里，克拉苏和一个相貌丑陋的（deformis）对手发生了冲突，这人一直在打断他的发言。"让我们来听听这位美男的说法吧。"克拉苏这样说了一句。等到这话引发的笑平息了之后，他的对手反击道："我没法改变我的容貌，但是我可以增强我的才智。"克拉苏随即便反驳了回去："那我们就来听听这位能言善辩的演说家想说什么吧。"（这个笑话应该是在笑对手既不好看，也没什么口才）。[86] 这话一出，人们笑得更厉害了。无疑，克拉苏获得了这次交锋的胜利，而且还牺牲了他的对手，赢得了人们的大笑。但与此同时，这个故事也清楚地说明，罗马社会中也曾讨论过亚里士多德关于个人责任的问题。

那么，我们该怎么解释为什么一方面西塞罗的演说中响起的笑那么具有攻击性，而另一方面他在《论演说家》中又做出了这番更具理论性的探讨呢？肯定会有人认为我们不该这样钻牛角尖。理论和实践是可以分开的，而且这样的偏离甚至是有好处的（比方说，西塞罗针对神学提出了许多哲学观点，而且人们普遍认为应将这些观点与他作为一名罗马祭司的日常做派分离开[87]）。或许，这种建立理论的尝试只是一种近乎独立进行的探索，与之联系更紧密的不是他自己的演说实践，而是希腊更早前的理论学说。不过这个角度还是存在着一个显著的问题，那就是它没能考虑到在《论演说家》这本书中，西塞罗始终都在着重强调**罗马演说术的遗产与传统**。

在面对这种理论著述和演说实践之间的显著偏离时，还有一种不同的建议是基于西塞罗的形象和名声来看待这一问题。如果说有人批评他总是不明白什么时候不该开玩笑、什么时候该博取人们的笑，嘲笑他是一个"卖笑的"执政官，那么书中这段针对笑在演说中的作用而展开的讨论或许隐藏着其他意图——是他用来反驳那些指控的自我辩护；或许正是这个原因，他才把这一部分作为全书的核心内容。[88] 这种看法可能是有根据的。自然，当我们看到西塞罗认为人们应当在演说家的笑话和卖笑人的笑话之间划上明确的界线时，也不能忘记他本人就常被指责逾越了这条界线。不过，现在并没有直接证据能够表明书中这么长一段全是对他遭受的人身攻击的回应，或者是为了进行自我辩护，又或者过去曾有人提出过这样的看法。

为了颠覆这种观点，有人强烈主张我们应通过《论演说家》中关于笑的规约，重新解读这些"攻击性幽默"在演说中的作用和影响，并更进一步认识到其中有些幽默比我们通常认为的更加有趣。毋庸置疑的是，演说过程中的某些笑和笑话确实符合科贝伊等人的看法。毕竟，就算我们把《论演说家》中体现出的规则当真，也还是要承认任何演说规则都有被打破的时候（不然这些规则的意义何在呢？）。不过，斯特拉博申明的原则其实遵循着一个模式，而符合这一模式的笑比我们想象的要多。我们可以把这个模式概括为：演说家们引人发笑不光是为了"击溃"对手，也是为了赢得听众的好感，缓解演说的严肃感；而且，笑的对象并不是什么骇人的罪过或恶行，而是那些较为轻微的错误。

西塞罗对瓦提尼乌斯的嘲笑就很能说明问题。那些话被认为是用玩笑折辱他人的最极端的案例之一。我们前面说过（见前文第177页），西塞罗多次对瓦提尼乌斯那惹人嫌恶的相貌（尤其是脸上的肿胀）大加挖苦，而且他把这副长相作为此人"本质卑劣"的象征，使之被排除在大笑着的众人所体现的公共价值和理性之外。当然，我们不了解瓦提尼乌斯究竟长什么样，也不知道他的甲状腺肿到底有多难看（对此作出评述的后世罗马作家们同样一无所知）；如果我们知道那位被攻击的对象到底是有严重的容貌缺陷，还是只是脸上有一些肿胀，长了几个瘊子而已，那么我们当然会对这段巧妙的话有不同的评判。不过值得注意的是，说到这种嘲弄瓦提尼乌斯来开玩笑的模式时，古时有些看法与现代评论家的表述方式大有不同。举个例子，老塞涅卡谈到了瓦提尼乌斯是怎样自嘲长相来转移对手的奚落的，[89]而昆体良和马克罗比乌斯（后者的贡献尤其大）收集的一些有趣的对话也能说明其实西塞罗和瓦提尼乌斯之间更像是那种互相逗乐打趣的关系。马克罗比乌斯解释说，有一次，瓦提尼乌斯病了，还抱怨说西塞罗没去看他。"你在当执政官的时候，我是想去看你的，"西塞罗开玩笑道，"还没等我来呢，天就黑了"（这其实是系列笑话之一，主要是在讽刺尤利乌斯·恺撒掌权时期执政官的在任时间短得可笑）。马克罗比乌斯接着讲述说这里西塞罗是在反击，因为当他刚结束流亡回来时，瓦提尼乌斯反唇相讥道："你总是吹嘘，自己是被国家的肩膀扛回来的，那么，你这静脉曲张是怎么来的呢？"[90]

问题在于，我们很难从外部衡量玩笑和诙谐中隐含的攻击性，这也是现代许多研究英国下议院活动的观察者的感想——你会很惊奇地发现，那些两个小时前还在用尖刻的语言互相攻击的人们，现在正坐在下议院的酒吧里举杯共饮。因此，我们不能认为西塞罗玩笑般的"攻讦"每次都是为了实现社会排外和政治排外的攻击性手段；它们也许只是这位演说家和表面上的受害者你来我往的说话方式罢了。[91]

昆体良给开玩笑的演说家的建议

就在西塞罗写下《论演说家》的一百五十多年之后，昆体良完成了长达十二卷的著作《演说术原理》。其中，第六卷主要讲的是演说家应如何调动观众的情绪（让人惊讶的是，这一卷一开篇便记述了作者的妻子和两个儿子的死亡）。在这一卷的中间，有一个篇幅很长的章节是围绕笑的主题展开的，其长度几乎可以和西塞罗书中斯特拉博那段"偏题"的论述相媲美。正是在这一部分，我们发现他拿西塞罗和德谟斯提尼做了比较（见前文第172页），坚称笑（risus）和嘲弄（derisus）之间有着紧密的关系（见本书第41页），还绞尽脑汁为单词 salsum 下了一个定义（见本书第188页）。[92]

可以想象，西塞罗肯定是昆体良观点的主要来源之一，[93] 而且这两位的想法中的确有很多重合的地方。比方说，昆体良也将诙谐分为 dicto（指在于言语的运用，昆体良用的词语是 verbo）和 re（指叙述性的诙谐）两类，同时还反对身处精英阶层的演说家将做怪相作为一种可以接受的逗乐方式，并建议他的读者不要不加区别地打趣所有阶层的人。[94] 甚至，他引用的一些笑话和俏皮话的例子都和西塞罗一模一样——尽管他在叙述方面的天赋并不能和西塞罗相提并论。他还把那个惯偷奴隶的笑话给搞错了（"尼禄谈起一个讨厌的奴隶时说，家里没人比他更受信任了，因为没有一件东西被藏着或者锁了起来"）。[95] 此外，在说起《论演说家》中另一个更好玩的段子时，他好像也没有切中要害。谈到那种言过其实的笑话时，斯特拉博举的例子是克拉苏对盖乌斯·门弥乌斯（Gaius Memmius，公元前111年的护民官）的嘲笑："他自视甚高，以至于他在走进罗马广场，经过法比乌斯之门（Arch of Fabius）时还低了头。"而在昆体良的叙述中，就变成了"西塞罗是这样描述那位个子很高的人的：他的头撞到了法比乌斯之门上"。[96]

但是，两人的著作中也有着十分显著的区别。首先，和西塞罗相比，昆体良写入书中的诙谐语录涵盖的范围要广得多：《论演说家》受到了故事设定时间的限制，只能收录公元前91年之前的笑话；昆体良却可以引用后期那些著名的诙谐大师们说的笑话，包括西塞罗本人和奥古斯都皇帝的。昆体良也从其他关于笑的讨论和相关的话题中找到了可用的内容，其中包括多米提乌斯·马苏斯（Domitius Marsus）写的一本关于"文雅"的书。昆体良还在一份附录中对这本书进行了评述（其中一个观点就是马苏斯对"文雅"[urbanitas]的定义太宽泛了）。[97] 此外，他在书中还起了不同的标题，以组织对观点的论述，各个部分的重点也各不相同，有时还会提出一些明显的差异，或主要或次要的话题和纠结的问题。

比如，昆体良多次将风趣和烹饪进行类比。西塞罗在《论演说家》中已经表露过这种想法了：斯特拉博某次说他所讨论的那些事物就像是在给日常的谈话或法律案件"调味"（condimenta）一样。不过，昆体良把这一思路延伸成了笑和食物的类比，而这种类比的形式在其他作家的作品中是一个重要的主题（见后文第241—245页）。他明确地指出了salsum这一单词的根源，描述它是"演说中一种简单的调味品。可以通过某种无意识的判断来感知，而不是味觉……当我们在食物上撒下足量而又不过分浓厚的盐时，就会感受到它给我们带来的愉悦；和盐一样，演说中的俏皮话（sales）也有这样的魔力，会让我们渴望听到更多"。[98] 除此之外，他比西塞罗更强调演说中的诙谐应当保持温和的特质。"永远不要想着（用玩笑）去伤害任何人，"他这样主张，"也不能宁愿得罪朋友，也要去耍嘴皮。"[99] 我们也许会发现演说的风格随着年代的变迁也会发生变化（从罗马共和国时期不留情面的风格，到元首制时期略显寡淡、稳重的风格[100]），不过说实话，两篇相对独立的论述并不足以为这一结论提供坚实的依据。

在昆体良的书中，有一些让人耳目一新的见解是《论演说家》没有涉及的。比如他提出，卖笑人的另一个特征就是他会开自己的玩笑（"演说家则不会这样做"）。[101] 而且，有些单词本身就是很好笑的。"stomachus（胃）这个单词就很有意思"，satagere（即"奔忙"或者他所指的"举止夸张"之意）也是如此。[102] 不过，和西塞罗相比，昆体良更强调了两点关于笑的用处的疑虑：一是笑可能会反作用在讲笑话的人身上，二是引发笑的事物常常是不真实的。

斯特拉博的发言表明，他还是隐隐地担心演说家会像小丑一样，变成被笑的对象——而且这笑还是由他而起的。这一点在昆体良的《演说术原理》中得到了强调，其中尤其提到了在几个场合中，笑的性质会变得相当模糊。比方说，昆体良提到西塞罗认为，笑的基础便在于"你认为不光彩或者不好看的地方"；他基于这一点提出，将矛头对准这类事物的做法可能会有反作用："当说话人指出他人身上的这些特性时，这种做法叫作文雅（urbanitas）；当它们反弹（reccidunt）到说话人身上时，那就叫作愚蠢（stultitia）了。"随后他称，有些人甚至根本就不避开那些可能会反过来让自己遭殃（in ipsos reccidere）的笑话；说到这里，他又接着说了一个故事，故事里的这位演说家长得很丑，却还暗暗挖苦别人的相貌，最后自己成了被攻击的对象。[103]

此外，在说到 ridiculus 的主动和被动含义时，昆体良也比西塞罗阐释得更清楚一些，以说明引发笑的人很可能会（在我们看来以被动的形式）变成笑柄。对于这一点，昆体良在讲到笑的用途之前提到的一个故事，便是最典型的例子。在探讨演说的收尾部分（此时应该显示出说话人的风趣机智）时，昆体良也描述了哪些做法应当避免。他解释说，某一次，检察官在法庭上挥舞着一把沾了血的剑，声称这就是杀害被害人的凶器。另一位辩护人佯装害怕，躲了起来；当法庭要求他发言时，他这才探头朝外张望，一部分脑袋仍躲在里面，还在问那个拿着剑的人离开了没有。"他逗得人们大笑起来，但显得很滑稽"（Fecit enim risum sed ridiculus fuit）。[104]西塞罗可能会觉得这种行为和笑剧演员的表演差不多。

昆体良很注重真实和虚假的问题，这就和西塞罗的论题离得更远了。其实，西塞罗并不在意玩笑中可能包含的谎言或者欺骗——斯特拉博讲述的另一个关于门弥乌斯（公元前111年的护民官）的笑话便是如此。按照斯特拉博的说法，克拉苏有次在演说中称，门弥乌斯和一个叫拉尔古斯（Largus）的人在特腊契纳城为了一个女孩打了一架，把那人的胳膊咬掉了一大块肉。不仅如此，整个城里开始流传起这样一串字母"LLLMM"——克拉苏解释说它们代表着"Lacerat Lacertum Largi Mordax Memmius"（按照洛布本中巧妙的英文翻译来看，这句话的意思是"恶毒的门弥乌斯弄伤了拉尔古斯的胳膊"）。所有人听了都开怀大笑起来——而其实，这个故事从头到尾都是编造出来的。对西塞罗来说，他并不在乎这究竟是一个掺杂了些许捏造成分（mendaciunculis）的真实故事，还是一个彻头彻尾的谎言——它不过是一个好笑的笑话罢了，演说家这么说也没有什么问题。[105]

但昆体良不这么认为。他以一种更为严肃的形式表现了传统的古代社会对于言论真实性的关切。在"引起发笑"这一部分的开头，他首先表达了对玩笑中不实之词的担忧："首先，这个问题最大的难点在于笑话（dictum ridiculum）往往都是不真实的。"尽管他在后面的论述中并没有常常直接谈到这个问题，但其实它的影响一直都在——就像他说的那样，"所有明显是捏造出来的东西都会带来笑声"[106]。

关于笑声中的真假虚实，有许多涉及笑的罗马作品都谈到了这个问题，尽管它们的体裁其实有着天差地别。其中，最让人印象深刻的是成书于1世纪上半叶的斐德罗（Phaedrus）的《寓言》（Fables）。我们说的这个故事讲述的是一位卖笑人和一位农夫（rusticus）当着观众的面展开对决。值得一提的是，这位卖笑人"以他那优雅风趣的才思而著称"

（notus urbano sale）。两个人要比的是谁模仿猪模仿得更像。卖笑人第一天便开始了表演，并凭借模仿猪的叫声博得了满堂彩；但一到第二天，那个农夫便来挑战他，要求再来一轮。这次现场聚起了更多的人，大家都打定主意要嘲笑（derisuros）农夫一番。卖笑人重复了他在前一天表演过的内容，同样获得了观众的掌声。接着，那个农夫站了出来，假装他的衣服底下藏着一头猪——而事实的确如此。他拧着猪的耳朵，使它（真的）发出尖叫声来，但观众们仍然更喜欢卖笑人的表演，觉得他的模仿比真猪要好得多。当他们把农夫扔下台时，农夫便把衣服底下的那头猪露了出来，让那些人看看他们错得有多离谱。[107]

这个故事有点绕，一层套着一层的模仿和伪装（就连那位农夫也是"假装在假装"）让整个问题变得更加复杂了。不过它所表达的意思很简单，那就是卖笑人作为一位职业的说笑人，他用模仿出来的声音讨观众喜欢的本事，比农夫用真猪的效果要强得多——而这，正是昆体良担忧的问题。

晚还是迟？

在这一章的开头，我讲述了一个被昆体良大为推崇的双关笑话。在审判米洛的法庭上，西塞罗被要求说明克洛狄乌斯究竟是何时死亡的。他只回答了一个（有意思的）单词："sero"（意为"晚些时候"或"太迟了"）。昆体良为什么会觉得这个回答是一个优秀的笑话呢？我还不能确定自己是否已经找到了这个问题最终的答案。不过，通过阅读《论演说家》和《演说术原理》两部著作对演说中的笑的讨论，我们确实能够更好地理解它对昆体良的影响。人们之所以格外欣赏这句俏皮话，是有几个原因的：它是西塞罗一时兴起说出来的，而不是事先准备好的；它是一句回应，而不是无来由的攻击；它只适用于克洛狄乌斯，而不是所谓的集体诉讼；同样重要的一点是（最起码对昆体良而言如此），它是真实的……而我们在下一章说到的罗马宫廷中的一些笑和笑话则并非如此。

注　释

[1] Quintilian, *Inst.* 6. 3. 47-49. 这个双关的关键在于 quoque 和呼格的 coquus（coque）十分相似，所以"我会为你也（quoque）投上一票的"听上去就像"我会为你投上一票的，厨子"——这其实就是用玩笑的口吻在强调此人卑微的出身。第二个双关取笑的是一个年少时曾遭到父亲鞭打的男人：父亲很 constantissimus（坚定不移），而儿子却 varius（"摇摆不定"或者"五颜六色的"，意即此人身上青一块紫一块的）。

[2] Quintilian, *Inst.* 6. 3. 49. 讨论这场审判的背景与结果的著述包括 Mitchell 1991, 198-201；Riggsby 1999, 112-119；Steel 2005, 116-131。在思考这个双关时，我也深入地讨论了其他存在可能的语言学联想（sericus 意为"丝绸"；sero 指"上插销或者拦住"；sero 也指"加入或者图谋策划"），但是并没有找到任何合理或是明了的结果。

[3] Rawson 1975, xv；在接受一家澳大利亚报纸（《澳大利亚人报》，2008 年 9 月 24 日）的采访时，西蒙·高德希尔（Simon Goldhill）被问到古人中适合一起共进晚餐的理想人选，他选择了萨福（Sappho）、希帕提娅（Hypatia）、阿里斯托芬、阿尔喀比亚德（Alcibiades）和芙丽涅（Phryne），理由是"那肯定比和奥古斯都、恺撒、耶稣、圣保罗和西塞罗一起进餐有意思多了"。不过对此我并不十分确信。

[4] Brugnola 1896 这部著述树立了西塞罗在古代传统中"爱说笑"的形象。

[5] Plutarch, *Cic.* 1（鹰嘴豆），24（自命不凡），27（笑话——ἕνεκα τοῦ

γελοίου)。面对那个女儿容貌不佳的男人时,他引用了某部悲剧中的台词("福玻斯·阿波罗 [Phoebus Apollo] 并不情愿生育自己的孩子")。嘲弄浮斯图斯·苏拉(Faustus Sulla,独裁者的儿子)的笑话也是一语双关的。此人债务缠身,所以发布了告示(προέγραψε)宣传兜售自己的房产;西塞罗打趣说比起父亲的告示,他还是更喜欢儿子的(老苏拉会在发布的告示上列出被处以死刑的人员名单——单词προγράφω,或者拉丁语中的 proscribo,可以代指这两种告示)。

[6] Plutarch, *Cic.* 38.

[7] 尽管这篇文章是以演说的形式写就的,但西塞罗从没有真正发表过这篇演说,所以很有可能本来就只是为了以书面形式流传才写下来的; Ramsey 2003, 155-159。

[8] Cicero, *Phil.* 2. 39-40.

[9] 处境艰难时大笑的可能性(或难度)是西塞罗信件中的一个常见主题: *Att.* 7. 5. 5 (SB 128); *Fam.* 2. 4. 1 (SB 48); 2. 12. 1 (SB 95); 2. 16. 7 (SB 154); 15. 18. 1 (SB 213)。

[10] *Comp. Dem.& Cic.* 1.

[11] *Comp. Dem.& Cic.* 1 (也在 Plutarch, *Cat. Min.* 21 中得到了引用);关于 λαμπρός 可能具有的含义,见 Krostenko 2001, 67-68。

[12] "有趣": Rabbie 2007, 207;"逗乐": Krostenko 2001, 224。Dugan 2005, 108 则提出了"搞笑"(amusing)的说法。洛布古典丛书中的 *Cat. Min.* 21 则将其理解为"我们的执政官是个多好笑的人啊";而该丛书中的 *Comp. Dem.& Cic.* 1 则译为"我们的执政官是个多有趣的人啊"。

[13] *Inst.* 6. 3. 1-5.

[14] Macrobius, *Sat.* 2. 3. 10, 7. 3. 8; Seneca, *Controv.* 7. 3. 9. 在这场舌战的开始,西塞罗先奚落了拉贝里乌斯,后者刚刚被恺撒授予骑士身份,正想要在指定的骑士区落座——然而在场的人互相之间都坐得很近,以至于没法让他坐进来。西塞罗见状便揶揄道:"我本想让你进来的,

但是不巧我坐着已经很挤了"（言下之意就是上层座位区已经坐满了恺撒提拔的各类乌合之众）。拉贝里乌斯反唇相讥道："太奇怪了，毕竟你一向一个人要坐两个座位的"（这是在讽刺西塞罗在支持恺撒和庞培之间摇摆不定）。老塞涅卡直接将两人做了比较："两个人说起话来都很风趣，但他们都没有在这一方面的界线感。"

[15] *Sat.* 2. 1. 12（人们认为这话是瓦提尼乌斯说的）；及 Cicero, *Fam.* 9. 20. 1 (SB 193)，暗指他的朋友派图斯曾将西塞罗称为 scurra veles（"轻装卖笑人""军中卖笑人"），想必只是善意的打趣。

[16] 其他观点认为加图使用的原词包括 facetus 或 lepidus（Leeman 1963, 61, 398n100；Krostenko 2001, 225），不过在我看来可能性不太大。因为如此一来，这句俏皮话体现的就是这些措辞被"过度美化"的含义，这样就与公共演说和公职中的男性化传统不符了。

[17] *Inst.* 6. 3. 5. Macrobius, *Sat.* 2. 1. 12 提到，有人怀疑其中有些笑话是提罗自己编造出来的。

[18] *Fam.* 15. 21. 2 (SB 207).

[19] Macrobius, *Sat.* 2. 3. 3.

[20] Macrobius, *Sat.* 2. 3. 7. 英戈·吉尔登哈德（Ingo Gildenhard）使我意识到，这里的双关比乍看上去更加微妙，因为它利用的是准备交战和准备晚饭之间的矛盾（见 Brugnola 1896, 33-34）。从我的翻译来看，这个笑话的笑点在于：西塞罗避开了内战中的生死问题，转而说起了应该何时到达晚餐地点这么一件小事，但是这里当然也的确隐藏着军事层面的解读，毕竟"nihil...paratum"也可以指当时庞培的军队整体尚未做好准备（"瞧瞧是谁在说话：军营里的准备情况真是堪忧"）。科贝伊的解读（1996, 186）提出了一个更冷（frigidus）的笑点："天都要黑了你才到"……"不过也不算太晚，毕竟你们什么都还没准备好呢。"

[21] 14 世纪的彼特拉克（Petrarch）为人文主义者塑造了西塞罗喜爱逗乐的形象（*Rerum memorandarum Lib.* 2. 37, 2. 39, 2. 68），Bowen 1998

中对此进行了进一步讨论。

[22] *Fam.* 7. 32. 1-2 (SB 113). 收信人的名字（也有可能是他的诨名）体现了这封信的巧妙与风趣——这一方面本身就是一个笑话，另一方面也是西塞罗对自己的笑话受到的待遇做出的评价；对此做出进一步讨论的著述包括 Hutchinson 1998, 173-174；Fitzgerald 2000, 97；Krostenko 2001, 223（它让这篇文章多了一个不同的重点——西塞罗很乐意别人的笑话被归到自己头上，条件是它们都是好笑话）。需要注意的一点是，西塞罗在其他地方声称恺撒能够辨别哪些笑话真的出自他的口中：*Fam.* 9. 16.3-4 (SB 190)。

[23] Quintilian, *Inst.* 6. 3. 77；Macrobius, *Sat.* 2. 4. 16 [为了显示自己的痛风已经好了，瓦提尼乌斯夸口说自己一天走了两里路（马克罗比乌斯的版本中是一里路）。他得到的回应是："是的，我一点都不奇怪；毕竟现在日子越来越长了"]。Laurence & Paterson 1999, 191-194 讨论了笑话被套用到不同人身上的现象。

[24] 比我在这里所讨论的著述时间更早的研究中，须注意 Haury 1955（尤其关注反语的问题）；Geffcken 1973（关于《为凯利乌斯辩护》[*Pro Caelio* 中的喜剧元素），及最近的 Leigh 2004；Saint-Denis 1965, 111-161（主要针对《为凯利乌斯辩护》、《反维瑞斯》[*In Verrem*] 和《论演说家》[*De Oratore*]）。

[25] *Att.* 1. 18. 1(SB 18)——他没法与人说笑，也没法长吁短叹。Hutchinson 1998, 172-199（引述内容见 177）；另见 Griffin 1995。

[26] Richlin 1992a. 关于辱骂的修辞与性幽默中的主要坐标，见 57-104。

[27] Freud 1960 [1905], 132-162（引述内容见 147）；Richlin 1992, 59-60。

[28] Corbeill 1996（引述内容见 5, 6, 53）；关于笑话与笑的劝说或安慰功能，另见 Richlin 1992a, 60（依然是利用并发展了弗洛伊德的学说）。

[29] 反映这一点的论述包括 Connolly 2007, 61-62；Vasaly 2013, 148-149；等等。我们在 Krostenko 2001 中发现了另一个重要的领域，这一领域十分强调语言学层面（尽管就许多方面而言，他对"社会效益"

的关注使我们找到了一种补充性方法，通过风趣、笑及其相关术语来研究身份的建构）。此处有必要强调的是，这种"新的正统"与先前一些与之明显相似的方法（侧重于嘲笑和诙谐的辱骂）之间的区别在于，前者认为笑具有建构性的社会功能（即 Corbeill 1996 的书名中"控制"的其中一层意义）。

[30] *Inst.* 6. 3. 7.

[31] 出自 Fantham 2004, 186。

[32] 特别是 *Orat.* 87-90 和 *Off.* 1. 103-104 中篇幅较短的章节。

[33] Guérin 2011, 151 恰如其分地将笑的触发称为"une zone de risque"（"风险区"）；Richlin 1992a, 13 认为，对下流话的使用（而不是笑的模糊性），让法庭上的玩笑变成一个风险颇高的命题。

[34] 西塞罗在公元前 55 年 11 月给阿提库斯写的信中第一次明确提到了《论演说家》（当时这部作品已经完成得差不多了，西塞罗便建议阿提库斯抄写一下），*Att.* 4. 13. 2（SB 87）。

[35] 所有关于这部作品的近期研究都是基于哈姆·品克斯特（Harm Pinkster）等人所著的五卷评注进行的；这些评注于 1981 年到 2008 年间问世（与《论演说家》第二卷中对笑的探讨有关的一本是 Leeman, Pinkster & Rabbie 1989），我们可以想见它们是下文的主要参照点。这个版本基本已经取代了威尔金斯（A. S. Wilkins）更早于 1879 年到 1892 年发表的评注（其中对应的一本是 Wilkins 1890）。迄今最好的翻译版本（还附有导言）是 May & Wisse 2001；Fantham 2004 对于我们探讨这一文本及其文学、文化和历史意义具有很大的启发与指导价值。

[36] 在 *De or.* 1. 28 中，参与者们都同意"模仿柏拉图《斐德罗篇》（*Phaedrus*）中的苏格拉底"，坐在一棵梧桐树下讨论；见 Fantham 2004, 49-77。虽然用我们的话来说，他们都是演说术的专家，但他们都想把自己和职业的希腊专家区分开来（例如 *De or.* 1. 104）。

[37] May & Wisse, 2001, 14-15 简要地介绍了这些人物；Fantham 2004,

26-48 详细地谈论了克拉苏和安东尼乌斯两个人物。西塞罗采取了柏拉图的写作策略,设定对话发生在主导角色去世之前(同柏拉图的《斐多篇》[Phaedo]和《克里托篇》[Crito]中的苏格拉底);此处除科塔之外,其他所有角色到了公元前 87 年年底时都已经去世了。公元前 91 年这个时间可以看作一个沉重的选择:就在前一年,监察官克拉苏将教授修辞的拉丁语老师们(Latini magistri)驱逐出了罗马(De or. 3. 93;Suetonius, Rhet. 1)。

[38] Fam. 1. 9. 23 (SB 20)。亚里士多德的对话几乎已经全部失传了,但那里面一定没多少短兵相接的针锋相对,而是会有很多参加讨论的人发表的长篇大论。西塞罗可能是在借鉴亚里士多德对话中的内容与形式。

[39] 例如 R. E. Jones 1939, 319-320;Dugan 2005, 76。

[40] 除了已经引述的这些作品之外,近期的重要研究还包括 Gunderson 2000, 187-222(《爱》);Krostenko 2001, 202-232;Dugan 2005, 75-171;Guérin 2011——它们往往都格外关注探讨笑的这个章节。

[41] De or. 2. 216-290。除了上文提到的评注之外,Monaco 1974 呈现了这部著述的一个意大利语版本,以及大量针对这一章节的注释;Graf 1997, 29-32 也简要地进行了分析。

[42] De or. 2. 234。这一章节的末尾再次提到了这一幕(2. 290)。

[43] De or. 2. 217, 2. 231, 2. 239.

[44] De or. 2. 216.

[45] De or. 2. 235.

[46] Leeman, Pinkster & Rabbie 1989, 188-204;Rabbie 2007, 212-215(一个修改过、不那么"抽象"的英文版)。早前传统的代表是 Grant 1924, 71-87, 100-131(基于 Arndt 1904)。公正地说,它确实承认西塞罗对希腊前人的成果做了一些补充或改动("Sed iam abscedere videtur Cicero a fontibus Graecis ac suum tenere cursum", Arndt 1904, 36,关于 De or. 2. 268.),但是其默认的是所有内容都可以追溯到一

部业已失传的希腊作品，除非有确凿证据表明与此相反。如今，关注这一问题的一些通俗著作（如 Morreall 1983, 16）仍然采取了这种老观点，而 Watson 2012, 215-223 也将它基本重搬了出来，再次尝试将《喜剧论纲》（见前文第 45 页）与亚里士多德联系在一起。

[47] *De or.* 2. 217；另见 2. 288。这些希腊著述都没有流传下来；见本书第 49 页。

[48] *De or.* 2. 216 (suavis)，2. 236 (locus...et regio)——不过 Corbeill 1996, 21-22 指出了亚里士多德与西塞罗所用的说法之间的细微差别。

[49] 关于古希腊、古罗马时期的人能否读到亚里士多德部分作品的问题，目前仍存有争议（Fantham 2004, 163-164 进行了简要总结），西塞罗能直接接触到哪些作品的问题同样尚无定论。

[50] Leeman, Pinkster & Rabbie 1989, 188-189.

[51] 例如，可见 Monaco 1974, 29 在谈及 *De or.* 2. 283 中门弥乌斯的故事时进行的探讨。

[52] *De or.* 2. 2.

[53] 关于 locus 与 iocus 在文本上产生的混淆，见本书第 86 页。

[54] 理论上来说，这些古典作家不是希腊人，就是罗马人（Pinkster, Leeman & Rabbie 1989, 214 明确指出了这一点）。但是这些说法中显著的拉丁语特色使后一种情况的可能性更大，尽管他们无疑很精通希腊语的理论。

[55] 这段对话其实比看上去还要机智。A. S. Wilkins 1890, 113 与 Leeman, Pinkster & Rabbie 1989, 216 明确指出，"吠叫"（latrare）这个词常常用来形容那些讲话声音十分刺耳的人。Krostenko 2001, 214-215 谈到西塞罗使用 venustus（漂亮的）一词来形容这种"灵光一现"的幽默。

[56] Guérin 2011, 271-303 详细地讨论了这两类代表，不过也指出二者之间存在着过于系统化的硬性区别（卖笑人代表的是演说中的 dicacitas，而笑剧演员代表的则是演说中的 cavillatio）。Grant 1924, 88-96 适当地收集了相关资料。更多讨论，见本书第 247—251、

280—285 页。

[57] 我们很难敲定拉丁原文的意思："In re est item ridiculum, quod ex quadam depravata imitatione sumi solet; ut idem Crassus: 'Per tuam nobilitatem, per vestram familiam.' Quid aliud fuit, in quo contio rideret, nisi illa vultus et vocis imitatio? 'Per tuas statuas,' vero cum dixit, et extento bracchio paulum etiam de gestu addidit, vehementius risimus."我采纳了 Monaco 1974, 124 中的观点，认为是模仿（depravata imitatione）引发了笑声——克拉苏对雕像的模仿（extento bracchio）让人们发出了十分喧闹的笑声。Leeman, Pinkster & Rabbie 1989, 248 提出这个笑话在于"per tuam nobilitatem, per vestram familiam"后面加上了一句出乎大家意料的话（aprosdokēton），"per tuas statuas"；同时他们认为，伸长的手臂指的是人在起誓时的姿势。但这种解读就和西塞罗所强调的模仿行为不一致了。关于进一步讨论，见本书第 194 页。

[58] *De or.* 2. 216; *Off.* 1. 108. Dugan 2005, 105 提供了近来最强有力的证据，证明西塞罗选择斯特拉博["他（斯特拉博）的公众形象与演说风格引起的猜疑同西塞罗自己引起的猜疑很相似"]是有意义的。

[59] Zinn 1960, 43.

[60] *Fam.* 7. 32. 2 (SB 113).

[61] 英戈·吉尔登哈德告诉我这个名字是很重要的：西塞罗让一个名字意为"斜视眼"的人发表关于玩笑的长篇大论——起码这一做法便带有一些玩笑的意味。而且，我们可以假设"斯特拉博"是一个常规的喜剧人物，那么我们或许也能想象在对笑剧的批评中体现了一个老生常谈的元文学笑话。

[62] *De or.* 2. 218 ("leve nomen habet utraque res").

[63] *Or.* 87.

[64] Leeman, Pinkster & Rabbie 1989, 189. Fantham 2004, 189 也参照了这一观点。

［65］不可避免的是，学者们研究了早期希腊词语产生的影响。例如，Kroll 1913, 87 认为 facetiae/dicacitas 的背后其实就是逍遥学派所说的 charis/gelōs[不过在这里，就连 Grant（1924, 103-118）都没有被说服，也没有在希腊语中找到能够准确对应它们的单词]。

［66］*De or.* 2. 251 (ridicula/faceta), 2. 260 (frigida/salsa), 2. 222 (bona dicta/salsa).

［67］Grant 1924, 100-131 在承认困难的同时，也尝试了一系列系统性的概念；同样的还有 Leeman, Pinkster & Rabbie 1989, 183-188 ("Einige Differenzierung zwischen dem Gebrauch der verschiedenen Termini ist...möglich, wobei aber Grant...manchmal zu weit gegangen ist", 183) 及 Guérin 2011, 145-303。Krostenko 2001 针对其中的许多词进行了一项高度专业的社会语言学研究，并着重分析了它们的可变性。Ramage 1973 尝试在罗马历史中寻找与"文雅"（urbanitas）相关的观念。Fitzgerald 1995, 87-113 对这些问题的介绍最为清晰。

［68］Krostenko 2001, 207-214.

［69］*Inst.* 6. 3. 18-19: "Salsum in consuetudine pro ridiculo tantum accipimus: natura non utique hoc est, quamquam et ridicula esse oporteat salsa. Nam et Cicero omne quod salsum sit ait esse Atticorum non quia sunt maxime ad risum compositi, et Catullus, cum dicit, 'Nulla est in corpore mica salis,' non hoc dicit, nihil in corpore eius esse ridiculum. Salsum igitur erit quod non erit insulsum." 说起罗马人围绕风趣及其相关词语的论述，这个段落便揭示了在翻译它们的过程中出现的一些棘手问题——更别提要想准确地理解它们的意思该有多难了。在第一个句子中，昆体良是说 salsa 也应该是 ridicula，还是 ridicula 也应该是 salsa？单词 et 所在的位置显然表明应该是前者，但是随后（在 nam 之后）的解释却又让人几乎可以肯定是后者的意思。还有，ridiculum 是什么意思？现代的译者们将昆体良对卡图卢斯的评价译为"他并不是说那位女性的身上没有任何可笑的东西"（见洛布古

典丛书中的拉塞尔译本）或者"Non c'è niente di ridicolo"（Monaco 1967）。这在英语（或意大利语）中是完全说得通的，但是忽略了 ridiculum 在拉丁语中的另一层主动的含义——使人发笑。卡图卢斯也很有可能是在说她身上"没有一丁点风趣"（现代有些评注者也同意这种说法；例如 Quinn 1970, 424）。在整个段落里，这些单词在主动与被动的含义之间摇摆不定（就像 ad risum compositi）。然而，西塞罗（De or. 2. 251）又试着将演说家与笑剧演员的辛辣风趣（salsum）区分开来（或许带有成见），这就让问题变得更加扑朔迷离了。

[70] *De or.* 2. 235. 关于对 venas 或 genas 的解读，见 Leeman, Pinkster & Rabbie 1989, 238。

[71] *De or.* 2. 236.

[72] *De or.* 2. 279.

[73] *De or.* 2. 248.

[74] *De or.* 2. 248.

[75] *De or.* 2. 254.

[76] *De or.* 2. 255, 2. 260；另见本书第 42 页。

[77] *De or.* 2. 255（关于其中的经济意义，见 Plautus, *Rud.* 1327）。

[78] *De or.* 2. 245.

[79] *De or.* 2. 252.

[80] *De or.* 2. 90-92；不过正如安东尼乌斯指出的那样，就连这种模仿都是危险的（你得确保自己复制了原型最重要的特征，而不光是那些容易模仿的特征）。

[81] *De or.* 2. 242.

[82] 例如 Edwards 1993, 98-136（关于演员与演说家的比较，见 117-119）。Dupont 2000 细致地讨论了罗马的演说术与喜剧之间的相互关系，Fantham 2002 则更为简要地对这一问题进行了探究（主要基于 Quintilian, *Inst.* 11. 3）。更多探讨见本书第 280 页。

[83] *De or.* 2. 251.

[84] *De or.* 2. 247, 2. 256.

[85] Corbeill 1996, 26.

[86] *De or.* 2. 262.

[87] Feeney 1998, esp. 14－21 提出了针对这一"大脑巴尔干化"的经典论述。

[88] Krostenko 2001, 223－225；Dugan 2005, 105－106。

[89] Seneca, *Constant.* 17. 瓦提尼乌斯在这里（像西塞罗一样）被称为"卖笑人"——同时也被夸赞"风度迷人"（venustus）"言谈机智"（dicax）。"他经常会拿自己的脚和伤痕累累的脖子开玩笑；这么一来，他便避过了对手们（尤其是西塞罗）的谐智（urbanitas），而且对手身体上的畸形比他的多多了。"

[90] Macrobius, *Sat.* 2. 3. 5. 西塞罗和瓦提尼乌斯之间的关系比一般形容的那种单纯的敌对关系更加复杂。西塞罗曾在公元前 54 年为瓦提尼乌斯辩护过。尽管当时主要是受到了来自恺撒和庞培的压力［见他在 *Fam.* 1. 9 (SB 20) 中所做的冗长解释］，后来还是有一些迹象能够清楚地表明他的诚恳，例如见 *Att.* 11. 5. 4 (SB 216)；*Fam.* 5. 9-11（SB 255－259）。

[91] "你来我往"（英戈·吉尔登哈德鼓励我使用这一说法）的互动性是这里的关键，同时也是演说在以书面形式流传的过程中因其非对话性而失去的一个特征。有人便会得出结论，认为攻击性的幽默是书面版本的特色，而不是原本的演说现场的特色；他们还认为，在写作中，辱骂取代了对话性的揶揄打趣，而后者是《论演说家》中玩笑的核心。

[92] *Inst.* 6. 3（及 Monaco 1967，包括意大利语译文与注释）；Fernández López 2007 对这部作品整体做了一个简要的介绍。

[93] 例如，*Inst.* 6. 3. 8 (*De or.* 2. 236)，6. 3. 42 (*Orat.* 87) 显然都参考了西塞罗的叙述。

[94] *Inst.* 6. 3. 23 (verbo/re)，6. 3. 26 和 6. 3. 29（怪相），6. 3. 34（人的阶层）。

[95] *Inst.* 6. 3. 50.

[96] *De or.* 2. 267; *Inst.* 6. 3. 67.

[97] *Inst.* 6. 3. 102-112.

[98] *De or.* 2. 271（亦见 2. 227）; *Inst.* 6. 3. 19。

[99] *Inst.* 6. 3. 28.

[100] 正如 Sherwin-White 1966, 305 在另一篇文章中(本书第 220—221 页，及第六章第 11 条注释) 所述。

[101] *Inst.* 6. 3. 82. 见本章第 89 条注释，卖笑人瓦提尼乌斯显然就会拿自己开玩笑来达到目的。

[102] *Inst.* 6. 3. 112, 6. 3. 54 ("est enim dictum per se urbanum 'satagere'"). Martial, *Epigram.* 4. 55. 27-29 指出外国的地名也可以很有意思。

[103] *Inst.* 6. 3. 8, 6. 3. 32.

[104] *Inst.* 6. 1. 48.

[105] *De or.* 2. 240-241.

[106] *Inst.* 6. 3. 6, 6. 3. 70 ("ridiculum est autem omne quod aperte fingitur").

[107] Phaedrus, *Fabulae* 5. 5；另见 John Henderson 2001, 119-128。在亨德森（Henderson）看来（见 224n70），短语 urbanus sal 标志着罗马的"娱乐行业"（show biz）。

第六章
从皇帝到弄臣

笑与权力

在本书的开头,我们讲到了罗马竞技场中发生的一个场景,主要人物是皇帝和一名罗马元老。两个人都笑着,尽管形式有所不同:那位罗马元老正是作家狄奥,他嚼着月桂叶来掩饰脸上的笑意;而另一边的康茂德皇帝则笑得一脸耀武扬威,还带有恐吓之意。我们也简单地讲到了其他几个和笑有关的、寓意良多的故事,还有埃拉伽巴路斯皇帝(公元218—222年在位,比康茂德晚了三十多年)伤人不利己的滑稽言行(见本书第129页)——一本荒诞的传记*用戏谑的口吻记录下了他做的那些事情。不过人们一般认为,这本书里的描述比事实要夸张一些。

据我所知,这便是使用"放屁坐垫"最早的历史记载。《埃拉伽巴

---

* 即《罗马君王传》。

路斯传》(《罗马君王传》中关于他的部分)描述了这位皇帝是怎么在宾客们被"放了气"时引起哄堂大笑的——据说,为了完成这一恶作剧,他请来的八个宾客要么全是秃头,要么全是独眼,要么全部耳聋或患了痛风。这样的阵容一出现就已经很好笑了。而在剧院里,他的笑也总是会盖过其他观众的笑声。在这本风格浮夸、不甚靠谱的传记中,还有一些故事讲述了他是怎样"和自己的奴隶开玩笑,甚至命令他们去弄一千磅重的蜘蛛网来,还说会有奖赏",还有"当他的朋友喝得大醉之时,他就会把他们锁起来,然后到了夜里把狮子、豹子和熊放进去,当然这些动物都是驯化过的——这样等到这些人第二天一早或当天夜里(后者更糟糕)醒来时,他们就会发现自己和狮子、豹子,还有熊待在同一个房间里。有很多人甚至因此丧了命"[1]。

《罗马君王传》中记载的这些过于夸张的传说所具有的历史意义,往往比表面看起来的更大——因为其中不单单有凭空编造的内容,还有对罗马社会中一些传统问题的荒诞化夸张。在埃拉伽巴路斯的故事中,有一些其实从反面反映了昆体良对笑话和笑中的真假虚实的担忧。我认为,罗马社会中的独裁统治有一个让人胆寒的后果,那就是专制君主能够让他的玩笑(可怕而又意外地)变成现实:前面所说的老虎等动物本身是无害的,但是那些宾客最终还是死了。[2]

很显然,笑和权力以及权力的分化是有着紧密联系的(又有哪种社会现象不是如此呢?)。本章想要引入的是一个很有意思的问题,那就是笑究竟是怎样和罗马社会中的权力扯上关系的。我们会先从皇帝和独裁者们说起,然后通过描述主仆之间的相处,还有一个觐见卡利古拉皇帝的搞笑故事,思考说笑者或者弄臣在罗马究竟有着怎样的地位——包括他们在宫廷内外的身份,以及他们作为一种文化定势和日常社会现实中的一个角色的处境(关于后者我们可以窥见一些端倪)。我们还会提起前一章中说起过的一些话题,尤其是与精英阶层演说家相对的一类落魄者——卖笑人，这个棘手、多变的问题便是本章最后一部分的主题。我的目的是把笑重新放回到宫廷或类似的场景中，并突出弄臣在罗马精英文化中扮演的角色；结果证明，他们的分量和重要性都远远超出我们的认知。

好皇帝和坏皇帝

罗马的专制统治深深地影响着笑（laughter）和玩笑（joke）的文化——这种模式早在第一位皇帝奥古斯都之前便已经出现了。[3] 可能凶残的独裁者苏拉现在已经不是名声最响的那个了，但在公元前1世纪80年代前，他曾短暂地掌握过权力，其治下的罗马城堪称血雨腥风；不过在古典时代，像许多希腊化时期的僭主和统治者一样（见本书第245—246、347页），他狂热地爱笑也是出了名的。所以他和一些弄臣之间的渊源也绝非偶然——在西塞罗和昆体良看来，这些弄臣的诙谐风格是演说家所要避免的。"他特别喜欢笑剧演员和小丑，是一个很爱笑的人，"公元前1世纪晚期的历史学家、大马士革的尼古劳斯（Nicolaus of Damascus）这样写道，"甚至把许多公有土地都赏给了那些人。他自己用母语（拉丁语）写了很多声色犬马的喜剧，它们能够清楚地说明他有多享受这些事物。"[4] 普鲁塔克也记录下了这种说法，还表示这位独裁者"很喜欢笑话"（philoskōmmōn），而且晚宴上的他和其他时候严肃的形象判若两人。就连死之前（按照普鲁塔克笔下那个骇人听闻的故事来看，他的死是因为身体出现溃烂，生了蠕虫），他都还沉迷于喜剧演员、笑剧演员和模仿者们的表演。[5]

独裁者和笑之间的某些联系是可想而知的。在罗马社会，有一条基本的规律（中世纪"诙谐国王"[rex facetus]的传统便是从这儿直接流传下来的[6]）：宽厚的明君所开的玩笑也是仁慈的，他们从来不会用笑去羞辱别人，而且还能够大度地接受取笑他们的俏皮话；而另一方面，糟糕的统治者和独裁者甚至对没有一丝恶意的打趣也要施以暴力压制，同时还会把笑和笑话当作对付敌人的武器。许多关于宫廷的笑的轶事都能够证明这一规律。我们也不知道这些故事是不是真的，而且我们也能看到，有些笑话在这里说是这个著名的笑匠说的，但在那里又被说成是出自另一个人之口（见本书第 175 页，及本章第 23 条注释），这显然表明我们所了解到的只是文化定势，或者是被流传下来的故事，而不是事实。但它们也指出了一个更为重要的事实（既算是一则政治启示，也是一个迷思）：笑能够帮助我们鉴别好的统治者和坏的统治者。[7]

狄奥在论及韦帕芗时便利落地总结了这一观点的一个方面：这位皇帝的风度（civilitas，这里指将百姓看作同胞而非臣民的优秀品质）体现在"他像普通的百姓（dēmotikōs）一样开玩笑，能够欣然接受对自己的打趣，而且每当有人匿名贴出了那种写给皇帝看的标语，以此侮辱他时，他也会以同样的方式回应，并不会因此而恼火"[8]。当然，风度一向只是一种虚饰（皇帝和公民之间是不可能实现真正的平等的，皇帝和平民之间更是如此，像后者这种非精英阶层的公民在这些笑话中往往会起到重要作用）。不过，在皇权的复杂斗争中，这的确是一种十分重要的伪装，而这些斗争的基本规则早在奥古斯都皇帝治下就形成了。所以，有许多轶事都是围绕奥古斯都展开的，这些故事中既有得到容忍的笑话，也有让人们欣然接受的笑话。

马克罗比乌斯收集了许多关于奥古斯都妙语如珠、逗乐打趣的故事，从中可以看出这位皇帝是怎么和手下开玩笑的（比如，当有人犹豫着要不要向他呈递诉状，不停重复伸手又收回的动作时，他见了便说道："你以为你是要把钱递给一头大象吗？"[9]）。不过，在这些故事中，我们看到他也会容忍那些拿他打趣的俏皮话。在马克罗比乌斯的《农神节》一书中，有一个人物这样说道："说起奥古斯都，和他说出的那些笑话相比，他容忍下来的笑话更让我感到吃惊〔这里我想表现出原文中 pertulit（put up with，"容忍"）和 protulit（put out，"放出"或"说出"）之间的对立关系〕。接着，他便引述了很多例子，其中有一个很出名的笑话，我们发现（见本书第 367 页）它具有经久不衰的魅力，毕竟从西格蒙德·弗洛伊德到艾丽丝·默多克（Iris Murdoch）都在讨论它，而且它的渊源可以追溯到罗马共和国时期。"一个外乡人编的讽刺笑话（iocus asper）变得广为人知。说的是罗马城里来了一个人，长得很像奥古斯都皇帝，所以他总是吸引着大家的目光。奥古斯都便下令把那人带到他面前来。他一看到那人，就问他说：'年轻人，告诉我，你的母亲来过罗马吗？''没来过。'那人回答道。但他并不甘心就这样离开，便又接着说道：'不过我父亲倒是常来。'"要知道，罗马父系权力的基石就在于父亲的身份。也就是说，奥古斯都竟然连事关此事的玩笑都能够忍受。[10]

不过，并不是所有的说笑者都有着卑微的出身。有些时候，我们会发现罗马社会中的上层人士拿来打趣的话也得到了这样的宽容。在公元 2 世纪初的一桩引人入胜的奇事中，笑话在元老院里成了一种工具，被用来分寸合宜地讽刺别人。这个故事出自小普林尼的一封信件，它让我们对一贯庄严肃穆的元老院有了全新的认知——尽管写下这个故事的小普林尼自己并没有被逗乐。在那封信中，小普林尼讨论了在元老院选举中使用不记名投票有哪些明摆着的后果，而且他认为这些后果将是灾难性的："我跟你说过，"他给收信人写道，"你应该担心不记名投票会导致它们被滥用。好吧，这已经发生了。"他解释说，在上次选举中，有人在选票纸上草草地写了几个笑话（iocularia），甚至还有污言秽语；其中一张上写着的是支持者的名字，而不是候选人的名字。可以想见，这些行为都是故意的，只是为了粗俗地评判独裁统治下的这种无意义的流程。那些忠诚的元老气鼓鼓地要求图拉真（Trajan）皇帝惩罚肇事者，但此人一直聪明地保持低调，所以从来都没有被发现过。从小普林尼信中的内容来看，图拉真对这种现象是睁一只眼闭一只眼的，并没有采取行动。[11] 小普林尼还提到，当其中一些比较古板的旁观者感到失望时，其他人则会祝贺皇帝表现出了极佳的风度。

通过他们笑和开玩笑的风格，"坏"皇帝同样暴露无遗。从卡利古拉到图密善（Domitian）再到埃拉伽巴路斯，古时的人说起这些高居皇位的"恶魔"时，总是会一遍遍地借由笑以及对其规则、传统的僭越，来定义和衡量不同形式的残酷和暴行——这和风度正好相反。在有些故事中，皇帝们忍受不了拿自己逗乐的笑话。比如，罗马的竞技场里有一群水兵，平日里的工作是看管那些用来给竞技场遮阴的巨型遮篷。据说，如果康茂德觉得观众中有谁在笑他的话，就会命令这些水兵取了那人的性命（难怪狄奥那么担心自己会大笑出来）。[12] 而另一些故事则说的是皇帝们会以错误的方式，在错误的场合，或者对着不合宜的事物大笑起来，又或者他们会说一些残酷（或者单纯只是十分糟糕）的笑话供自己取乐。

说到克劳狄，他的俏皮话都不太好笑，或者说有点"冷"（frigidus）：他曾用一个叫帕伦布斯（Palumbus）的角斗士的名字说了个双关的笑话，因为这个名字的字面意思是"斑尾林鸽"（当人们喊着要帕伦布斯上场时，克劳狄承诺"如果他被逮住了"就让他上场），而苏维托尼乌斯对这个笑话并不感冒。[13] 卡利古拉的笑话倒不是冷，而是充满了咄咄逼人的威胁意味。"在他举办的一次极为奢侈的宴会上，"苏维托尼乌斯写道，"他突然狂笑起来（in cachinnos）。他两旁的执政官礼貌地询问他这是在笑什么。'没什么，不过是想到我只要一点头，你们两个就会立马人头落地而已。'"[14] 而在《罗马君王传》中，康茂德的传记作者则清楚地写道，"他的笑话也都是要人命的"（in iocis quoque perniciosus），接着讲述了一个可怕的故事：有个男人的一头黑发中夹杂了些许白发，这个皇帝就在他头上放了一只椋鸟；这只鸟开始啄那些白头发，以为那些头发是虫子，这使得那个男人的头皮开始发脓溃烂——想必最终还要了他的性命。[15]

这个故事也呼应了《埃拉伽巴路斯传》中的一个十分重要的主题：独裁者的笑话的确是会要人命的。不过，这并不是全部。在这部半真半假的传记里，康茂德的恶作剧也效仿了戏耍白发或秃头之人的一整套帝国传统。皇帝们在愚弄别人时，一个最常见的主题便是那人脑袋的状态：尤利乌斯·恺撒就因为秃头多次被嘲笑过，据说他把剩下的头发全部往前梳，好盖住秃掉的部位（这种做法很早就有了，而且也早就成了人们进一步嘲笑的对象）；图密善（即"秃顶尼禄"）也把别人打趣他秃头的做法看作侮辱。[16] 不过，我们前面说到了康茂德的故事，他的做法显然借鉴了马克罗比乌斯的记录中奥古斯都对女儿朱莉娅开的玩笑。传说朱莉娅很担心自己头上的白发，所以她会让女仆把那些白发拔出来。一天，奥古斯都来看她，在那之前她已经让仆人把白发都拔了。"奥古斯都装作没有看见朱莉娅衣服上落着的白发……问她等到几年之后，她是更愿意秃着，还是满头白发。朱莉娅回答道：'父亲，就我个人而言，我更愿意长着一头白发。'他便指责女儿说了谎：'那么，为什么要让这些女人把你这么快就变成秃子呢？'"[17] 这里有一个很鲜明的对比。明君奥古斯都用开玩笑的口吻，数落自己的女儿为什么要把白发给拔出来。而暴君康茂德却把一只鸟放在无辜之人的头顶上，让它去啄那人的头发——甚至还让那人因此丧了命。

不过在谈到皇帝们的笑时，其他方面的特点就没那么容易看出来了。在这一类传闻或者传记中，还存在着一个不同的主题，那就是利用笑来突出和控制有关的各种问题。对罗马人来说，他们在日常生活中的笑极有可能是可以控制的，正如我们一样（见本书第60—62页）。不过那个时代有一个关于笑的重大迷思（正如我们的迷惑一样），那就是作为一种自然的爆发反应，笑挑战着人们对其进行掌控的能力——因此，如果一个人（通常是男性）能够恰当地遵守关于笑的社会规约的话，就标志着他能够完全掌控自己。克劳狄皇帝的一个缺陷就在于，他发现很难控制自己的笑。当他第一次尝试公开朗读自己刚刚创作完毕的《罗马史》(History of Rome) 时，一开始就出现了麻烦：现场有一个很胖的男人坐坏了几张长椅（想必是体重造成的后果），人们看到了以后便爆发出一阵笑声。不过，更糟糕的是，这位可怜的年轻君主在朗读的时候，只要回想起这滑稽的一幕，就会忍不住大笑起来。这显然说明他在心理和生理上都缺乏相关的能力。[18]

不过在罗马社会中，关于控制的规约有时也会以另一种形式发挥作用：这不仅仅关乎一位绅士究竟能不能控制自己的笑，还涉及他能不能压抑住自己想要讲笑话的念头（就像恩尼乌斯的那句名言所说的那样，"把俏皮话憋住"；见本书第 128 页），或者说他能不能抵挡住开不合宜的玩笑的诱惑。苏维托尼乌斯曾用两章的内容介绍了韦帕芗诙谐的言行，他的描述便很好地说明了这一点。和狄奥一样，苏维托尼乌斯也称赞了这位皇帝的风趣，而且他还赞口不绝地引用了各种符合西塞罗或昆体良的标准、堪作范本的俏皮话——从说话时巧妙插入的诗句，再到利用玩笑话转移仇恨的妙招。（事实上，苏维托尼乌斯的看法和这些演说术论著中的内容太一致了，所以我们可以猜想苏维托尼乌斯的想法可能便来源于他们对笑的见解。）不过即便是在这个问题上，我们仍然没有摆脱卖笑人的影子：苏维托尼乌斯坦陈，韦帕芗的玩笑也颇为低俗 (scurrilis)。[19]

不过，说起皇帝们的笑，他们最鲜明的优势并不在于控制自己的笑或者开玩笑的能力，而是体现在他们尝试控制其他人笑或者开玩笑。有一个很经典的例子：卡利古拉在自己的妹妹德鲁西拉（Drusilla）去世之后，便下达了一项专横的禁令，让所有人都不准笑。据苏维托尼乌斯描述，卡利古拉下令，在哀悼德鲁西拉期间，任何人都不得大笑、洗浴或者和家人一起进餐（这是三项重要的"常规"社会活动，并且苏维托尼乌斯把"笑"放在了第一位），否则便会以死论处。这个规定虽然不能说执行不了，但显然也没什么结果，而且（不管事实如何）正因如此才被收录到了传记之中。不过，还有其他一些与之相似的或成功或失败、或真实或虚构的专横行为，它们的目的都是左右自然的力量：就像薛西斯（Xerxes）下令建桥横跨赫勒斯滂海峡一样，卡利古拉也想要征服臣民们的笑这种自然力量（只不过范围限于他的国家之内）。[20]

皇帝们的操纵还存在着一种更为阴暗的情况，那就是他们不试图去阻止笑或者开玩笑的行为，反而将它们施加在不情愿的人身上。在讲述了卡利古拉下达的服丧规定之后，苏维托尼乌斯马上又谈到了另一个精心挑选出来的故事，以表现皇帝的残暴。卡利古拉坚持让一个男人去目睹自己的儿子被行刑，接着又命他在当天下午来参加晚宴：在晚宴上，卡利古拉表现得万分和蔼，"逼着那人去笑，去逗乐"（拉丁文原文用的是 hilaritas 和 ioci）。塞涅卡也说过这个故事，不过版本略有些不同。他很疑惑：那个男人到底为什么要照做呢？答案很简单：他还有一个儿子。[21]

此外，像皇帝针对笑提出的这种严苛要求，我们在苏维托尼乌斯的《神圣的奥古斯都传》（*Life of Augustus*）这一章中找到了一个更为温和的版本。当奥古斯都快要接近生命的尽头时，他正住在位于卡普里岛的宅邸之中，并且直到那时依然保持着大度、诙谐的本性：他总是会赠送别人礼物，并且还调皮地坚持让随行的希腊人和罗马人互换着装，说对方的语言；的确，"他在享受任何一种乐趣（genus hilaritatis）时都不会克制自己"。不过就算是在这样的情况下，就算是这位最"有风度"的皇帝，他的笑中总还是带有一丝威吓的意味——至少从苏维托尼乌斯的描述看来是这样的。在那些趣味盎然的晚宴上，奥古斯都不单单是"允许，甚至还会命令"年轻的客人们表现出"说笑的充分自由"来（permissa, immo exacta, iocandi licentia）。[22] 如果说"笑"是最不可控的一种身体反应的话，那么它恰恰（或者说正因如此）就是皇帝们想要掌控的对象，只不过有些皇帝比其他人要稍微温和、收敛一些。换言之，在帝国统治的文学体系中，皇帝对笑的管控可能是一个清晰的政治符号，象征着专制制度的"非自然性"，即使它们的形式再温和也依然如此。

笑的高低贵贱

可能更能说明问题的是，这些故事常常讲述的都是皇帝和非精英阶层的臣民之间的笑——这些臣民往往包括罗马平民、外乡人，还有普通士兵。当古代的作家们想要表现统治者和某些平民之间的互动，或者想要描述统治者在宫殿之外的公共场合中的样子时，他们几乎全都会选择采用比较诙谐的说法。在前文中，我们已经看到（见本书第220页）奥古斯都容忍了"某个外乡人"对他的父系血缘开的玩笑。据说，就连卡利古拉（他对笑的专制管控尤为显著）都忍下了一个高卢鞋匠某次对他的打趣。狄奥是这样描述这个故事的："曾经有一个高卢人看到卡利古拉皇帝坐在一个高高的台子上，身上穿着朱庇特（Jupiter）的装束，正在传达神谕。这人不禁放声大笑起来。卡利古拉便把他召到面前，问道：'你觉得我看起来怎么样？'那个男人回答道（我说的是他的原话）：'完全就像是个傻瓜。'不过，他并没有受到惩罚，因为他是一个鞋匠。我猜想，对于像卡利古拉这样的人来说，普通平民的直言不讳比那些身居要位的人的坦率应该更加容易忍受。"[23]

不过，这里也有一个更为宽泛的问题，那就是皇帝和平民的互动究竟是怎样表现的，或者说用到了怎样的修辞语言。最典型的就是奥古斯都和那位紧张的上诉人之间风趣诙谐的交谈("你以为你是要把钱递给一头大象吗?")。另一个生动的例子是哈德良(Hadrian)皇帝在浴场里的打趣(iocus balnearis)。据说,哈德良在进入公共浴场时,发现有一个老兵正靠在墙上蹭着后背。哈德良便问他为什么要这样做,这个老兵回答说是因为他没有奴隶给自己擦洗身子。这话得到了哈德良慷慨的回应:他马上赐了几个奴隶给这个老兵,还给了他一笔钱来养活他们(这也巧妙地印证了这些奴隶本身并不是免费的赠礼)。不过很显然,这事之后便传开了。又有一次,哈德良到了浴场,看到一群老人全都在靠墙蹭着自己的后背。这回他们并没有得到奴隶:哈德良命令他们聚到一起,互相给对方擦洗身子。这个故事想要表达的是,哈德良是一位亲民的皇帝,他很热心,不过并不愚蠢——毕竟他是那种会用玩笑来回应赤裸裸的骗局的人。[24]

我并不是说罗马皇帝和臣民之间的所有关系都能归结为"一笑",也不是说当统治者和罗马平民面对面时,他们之间存在着一种始终如一的诙谐氛围(无论是紧张的还是放松的)。当然,绝不可能一直如此,甚至这种情况的频率其实并不算高,那些故事中展现出来的直接对话几乎也很少见。如果哈德良真的去了大众浴场的话,我猜想他和平民百姓相遇时开的玩笑都一定是精心编排、控制好的。我的意思是,在罗马作家们的笔下,统治者和被统治阶层的单个代表之间的来往被大肆描述、议论,而且都是以笑和玩笑的形式展开的。至少,文学作品中的表述会利用笑的不同形式来表现各个政治阶层之间的沟通,并且使得地位高低不同的人之间也可以发生某种颇为诙谐的对话。从某种程度上来说,这无疑能够掩盖地位的差异。与此同时,笑也体现出专制君主们的风度是有限的,并揭露出他们的真面目:是一个暴君(正如它也能够表现出无法无天的说笑者的破坏性)。这也就是说,在和罗马君臣政治权力关系有关的话语中,"笑"其实是一个很关键的操作词。

因此，它其实也穿过了其他几条权力的轴线，即罗马文化和社会中某种权力的话语结构——而且大体上来看，它们往往是互相映射的（尽管细节上有些差别）。比如说，在看到"暴君与臣民"的论题时，我们会解读出"神与人"或者"自由与奴役"这样的意义。在这些例子里，笑之于权力的运作也是一个很关键的标志和能指符号——正如这方面的一些生动的例子所表明的那样。

奥维德常把《变形记》（*Metamorphoses*）中的笑作为凡人和神祇之间关系的标志。你不需要仔细阅读这个关于变形的诗体故事，也能够发现当人们在表述人类和神灵之力的权力关系时，各种语域中的笑（包括沾沾自喜的傻笑、阵阵喜悦和得意扬扬的大笑）都是很重要的元素。一方面，神可以利用笑来展示他们的愉悦，因为他们可以改变人类的外形和样子。比如，墨丘利（Mercury）抓到那个想要愚弄他的老牧人巴图斯（Battus），便把老牧人变成了一块燧石，并且大笑起来。[25] 另一方面，人类对一位神祇的笑有时便预示着这人马上就要变成一头野兽、一只鸟，或是某件死物：笑是人类反抗的表现，而神祇会马上施以惩罚，除去那人的人形和作为人的地位。不过在这首诗中，当奥维德从更广泛的层面表述权力时，笑也会作为一个标志，提醒读者后面就要揭示或者重新强调凡人和神祇之间的权力差异了。举个例子，当侍女噶兰提斯（Galanthis）觉得自己成功地骗过了朱诺，使得阿尔克墨涅（Alcmena）顺利地生下了赫拉克勒斯时，便畅快地大笑起来——然后马上就被变成了一只黄鼠狼。[26] 在庇厄琉斯（Piereus）国王的女儿们的故事里，也有一个相似的情节：她们向缪斯女神发起挑战，举行了一场歌咏比赛，并且在比赛中输掉了。当她们嘲笑胜利的女神时，转眼就被变成了喜鹊。[27]

当然，在《变形记》中，笑的象征意义要比这有分量得多，这主要是因为笑成了人类处境的一个标志。在一些描绘人与动物界关系的罗马故事中，失去笑的能力可能是一个富有揭示意义的暗示，说明人与动物之间的界线遭到了侵越（见本书第 299 页）。在奥维德的诗中，一些受害者会在被变形之前大笑起来，显然是要提醒读者这是这些人的最后一声笑，毫不夸张：噶兰提斯被变成一只黄鼠狼以后，就再也不能笑了。[28]

更重要的是，笑还能用来表现主仆之间的关系。我们在第一章中已经了解到，罗马喜剧（部分脱胎于早期的希腊传说）中的许多主题都涉及奴隶制的等级关系和主仆之间的相处。通过玩笑，它们一方面挑战、缓和了这些等级关系，一方面也使它们得到了强化和固化。当一个聪明、诙谐的奴隶凭借打趣自己那愚笨的主人而博人一笑时，这种情况不光会颠覆奴隶制度中的权力关系，我觉得同时也会认证这种关系的正当性。[29] 不过，最主要的一点仍然在于，主仆之间的关系就像皇帝和臣民之间的关系一样，都通过诙谐的说法被表现了出来。

这便让我们注意到了另一部体裁完全不同的作品，那就是《伊索传》（Life of Aesop）。和罗马的舞台喜剧相比，这本书的名气要小得多，就连许多古典学者也对它所知甚少。这本作者不详的传记是用希腊语写就的，其主角便是著名的寓言作家——奴隶伊索。这部作品读来十分费解、复杂，而且糅合了许多内容。它很可能成书于公元 1 世纪罗马帝国治下的埃及，尽管其最初的起源要早上许多，可以追溯到古典世界各个不同的地区和场合。[30] 此外，它并不遮掩自己的虚构性质（很可能根本就不存在伊索这个人，更遑论他还以自己的名义写下了这些寓言[31]），并且时常会触及意识形态上的核心——尽管它并不能达到完全的真实。

伊索是一个"很有意思"的人物。他个头矮小，大腹便便，塌鼻梁，驼背，还有一对罗圈腿——现代的一位评注者恰如其分地将他形容为"一个行走的灾难"。[32] 不过，尽管伊索长成这副样子（或者说正是因为他长这样），他仍然是一个风趣、聪明的人，既擅长拿别人说笑话打趣，也很会凭借自己的身体缺陷逗大家笑。让人感到出乎意料的是，在《伊索传》一书的开头，伊索原本也是一个很愚笨的人。从这本书的主要版本来看，故事发展了几页篇幅之后，女神伊西斯（Isis）将演讲的才能赐给了他；不仅如此，她还说服了缪斯女神，请她们也将各自的天赋赐予伊索，比如讲述故事的能力便是其中之一。[33] 然而，正如莱斯莉·库尔克（Leslie Kurke）强调的，在故事的第一部分中，当伊索仍然是个沉默寡言的人时，他却雄辩地揭露了另外两个奴隶想让他当替罪羊的事实——这里的"罪"指的是偷吃主人的无花果。他设法让那两个人把吃下的无花果吐了出来，以此证实了他们的罪行。[34] 在笑闹和娱乐的世界里，这是一种很常见的罗马悖论，即那些现在或过去脑子不灵光的人也能展现出无需语言的风趣和滔滔不绝的样子——不过这和前文中强烈建议演说家使用的语言形式绝不是一回事（见本书第236—237页）。

《伊索传》其余的大部分内容说的都是伊索和他的新主人之间发生的让人忍俊不禁的故事。这位新主人的名字叫作克珊图斯（Xanthus），是个哲学家。在伊索获得了说话的能力之后，他便买下了伊索。自伊索出现在奴隶市场上后，这段故事便开始笑声不断。在那里，克珊图斯试着提问待售的奴隶，想要了解他们的素质如何。"你们都会做什么？"克珊图斯问他看中的奴隶们。"我什么都会做。"其中两个奴隶这样回答道。伊索听到这话便大笑起来（他笑得很厉害，以至于脸都变形了，牙齿也露了出来，克珊图斯的学生们觉得他看起来像是个"长着牙齿的大萝卜"）。[35] 当轮到伊索回答这个问题的时候，他说的话颇似苏格拉底的风范："我什么都不会……因为那两个男孩什么都会。"这便是他笑（他们）的原因，因为那暴露了他们对自己的能力抱有愚蠢的过度自信。伊索和克珊图斯接着又你来我往地进行了一番风趣而又不失哲理的交谈，后者最终决定买下这个"行走的灾难"，而不是那些看着更机灵、英俊的奴隶。见状，那个卖奴隶的人怀疑克珊图斯这是在嘲笑他的营生。"你是想取笑我的生意吗？"他问道。不过，负责收取销售税的税吏却觉得这桩生意好笑极了，他们大笑起来，还免除了税款。这也就是说，这个故事中一次次插入这类（写明的）大笑是为了表明不同身份等级的人在权力、知识和理解上的差异。[36]

这个故事其余的大部分内容也延续了这样的风格——直到伊索重获自由，最后迎来了巴洛克式的结局：被迫在德尔斐跳下悬崖，命丧于此。[37] 这本书里大多用充满趣味的语言描述了他和主人克珊图斯之间的关系，这让我们联想到了臣民和君主之间的故事。一次，克珊图斯没能回答出来园丁给他出的哲学谜题，接着便听到了伊索的笑声。他大为光火，忍不住问道："伊索，你是在单纯地笑，还是在取笑我（katagelas）？"伊索随即便巧妙地帮自己洗脱了罪名（同时又更加犀利地羞辱了对方）："我笑的是那位教导您的老师。"[38]

不过，最有趣的地方莫过于伊索在回应克珊图斯的吩咐时，表现出的那种伪装的天真或者故作迂腐的样子。昆体良在《演说术原理》一书中提到了这种玩笑的风格，并且对其大加赞扬（一次，当坎帕提乌斯[Campatius]离开剧院时，提丢斯·马克西穆斯[Titius Maximus]傻乎乎地问他刚刚是不是在看戏。"我没看戏，我在乐团里玩球呢，你个傻子。"[39]）。在《伊索传》中，当奴隶伊索和主人你来我往地说笑时，这种风格便是他常用的手段。在那些对话中，最典型的莫过于他们去浴场时发生的轶事了。"把油壶和毛巾带上。"二人准备出门时，克珊图斯对伊索这样说道。一到浴场，克珊图斯就问伊索要油壶，想用油来擦身子，但发现壶里连一滴油也没有。"伊索，"他说道，"油哪儿去了？""在家呢，"伊索开玩笑道，"你说让我把油壶和毛巾带上，可没说让我带油啊。"紧接着，克珊图斯就让伊索回家"把扁豆放到锅里"，他便这么照做了。当克珊图斯带着一群一起洗了澡的人回家吃晚饭时，却发现晚饭只有一颗扁豆。"你只说让我'煮扁豆'，但没说让我'煮一些扁豆'吧？"伊索如是辩解道。[40] 我们看到这里便会大笑起来。

这里并不是说奴隶制是一种有趣的制度；它当然谈不上有趣，专制制度也不遑多让。不过，在罗马需要发挥想象力的领域中（包括剧院和讽刺性的传记），笑和玩笑尽管包含着许多细微的差别，但使人们找到了一种方式，来表现或者固化奴隶和主人之间的界限。笑就处于权力的边界之间（或者说人们是这么设想的）。

笑与宫廷里的现实：皇帝与弄臣

不过这和社会现实又有什么关系呢？在研究文字中的笑于罗马的文化世界起到了怎样的作用时，我一直坚持认为这些针对笑和开玩笑的古代记载并不一定是真实的。我们没法认为自己单凭这些，就真的能了解那时的笑，仿佛我们在宫廷或者养有奴隶的家庭里亲耳听到或者亲眼看见了一样。不过，尽管这些说明很重要，它们却依然无法完全解决那个恼人的问题：这些杂乱无章的话语修辞同现实世界中统治者与被治者面对面的交锋有多大的关系？如果下层奴隶厨房中的世界已经完全无迹可寻的话，那么我们究竟能否一探罗马的宫殿，观察皇帝与臣民之间的互动，尝试着再多了解一些上层的社会现实中的笑呢？

或许我们是可以做到的。有迹象表明，这些滑稽诙谐的故事并不只是皇室的传记作家或者精英阶层的希腊－罗马历史学家们写下的成文惯例，而是在表现宫廷中某些真实发生过的场景。在这类风趣的对话中，有一个故事让人印象十分深刻。故事发生在公元40年，是从一个亲历者的视角展开的——此人便是犹太哲学家斐洛（Philo），他是从亚历山大港前来觐见卡利古拉皇帝的犹太使团的一员。[41] 当时，埃及的亚历山大港充斥着宗教和民族矛盾，而该使团此行的目的就是要代表城里的犹太族群告与其敌对的非犹太希腊使节们一状。说实话，这段文字非常"具有文学色彩"：斐洛是一位富有智识的精英，一直观察着罗马社会中的帝国统治；他将自己与卡利古拉的相遇记载了下来，这段描写含义颇深、构思精妙，而且融合了当时的大背景，即皇帝与犹太人之间更为广泛的矛盾（其中一部分专门讲到卡利古拉计划在耶路撒冷的神殿里立一座自己的雕像）。不过，斐洛是游离于罗马正式的权力等级体系之外的，而且他所属的是一个想要反抗的族群。尽管如此，在描述自己与皇帝的会面时，他戏谑打趣的风格和我们前面接触过的一些例子很是相似。这一次，我们至少采取了这位诉愿者的视角，看他的笔记录下了怎样的情景。[42]

斐洛生动地描述了在和卡利古拉交锋时自己感受到的羞辱，还有这一过程中种种形式的滑稽——既让人安心，又让人疑惑，同时还充满了深深的威胁性。在卡利古拉位于罗马城边上的庄园（horti）里，斐洛和同来的犹太特使将诉状呈给了皇帝。一开始，皇帝看起来有些漫不经心，带着明显的敌意，而且斐洛抱怨说皇帝并没有认真听取使团的诉求（卡利古拉一边听着，一边查看着庄园里的物件，考虑该怎么改建房屋，而没有将注意力放在亚历山大港来的犹太人身上）。[43]皇帝的第一反应是带有威胁地朝着他们"咧嘴一笑"（sesērōs）——就像康茂德对着竞技场里的元老"咧嘴笑"那样——然后，还把他们叫作"恨神者"（因为犹太人不相信他是神）。听到他这么说，同样来自亚历山大港的另一群使节喜出望外："他们挥舞着双臂，手舞足蹈，还用所有神的名号呼唤着皇帝。"随后，他们又开始争论到底犹太人有没有对皇帝进行忠诚的献祭——这时候，卡利古拉又开始查看自己的楼宇，并下令置办新的家具和物件。这时，斐洛又控诉了古代笑文化中的另一个方面：他写道，他们的对头嘲笑着犹太人，仿佛后者是在表演笑剧一样；事实上，整桩事情就"像是一场笑剧"。[44]

这之后，情况又发生了变化。卡利古拉质问面前的犹太人："你们为什么不吃猪肉呢？"这让犹太人的死对头"爆发出一阵笑声"——一方面是因为皇帝说的话让他们感到好笑或者高兴，另一方面也是在讨好皇帝。我们在前面也说起过，在泰伦斯的《阉奴》中，笑在某些对话中带有奉承的意图（见本书第 17 页）。斐洛认为，这些人是在佯装自己觉得卡利古拉说的话"既风趣又有魅力"，好拍一拍这位皇帝的马屁。不过这次，他们奉承得太过了：他们的笑太吵闹了，以至于有一个侍卫甚至觉得这是对皇帝不敬的表现（我们可以猜想到他又往跟前走近了一些，以免出现任何麻烦）。[45]

那么，当皇帝开玩笑时，你应该笑得多开怀才算合适呢？关于这个问题，有些看法显然大相径庭。谨小慎微的斐洛认为，除非你是皇帝十分亲近的朋友，否则就连无声的"微笑"或者"笑眯眯"（meidiasai）也依然是不安全的。不过如果真是这样，那就明显和我们在其他文学文本中看到的君臣笑谈有很大的出入，就连斐洛自己记载的故事也表现出了与之不同的氛围。[46] 其实，他接下来又描述了卡利古拉和两个使团之间的另一番表面上很诙谐的逗乐笑谈，主要还是围绕饮食禁忌的话题展开。犹太人试着向皇帝解释不同的人有着不同的禁忌和偏好，而且其中一个人还插话说，别说猪肉了，很多人还不吃羊羔肉呢。这话让皇帝再次大笑起来："你说的很对，"他说，"那是因为羊羔肉不好吃。"斐洛觉得这是对犹太使团变本加厉的嘲讽，但很快皇帝又变得温和起来（斐洛认为这是受到了上帝的感化）。尽管卡利古拉更关心宅邸里的新窗户，以及怎么挪动墙上画作的位置，他最终还是觉得虽然犹太人拒绝承认他是神，但这种行为只能算是愚蠢，还称不上是有什么坏心眼。所以，他只是打发了他们，并没有就亚历山大港的犹太人和非犹太人之间的争端给个说法。[47]

尽管斐洛带着不加遮掩的偏袒，将这段故事精心重塑成了公元 1 世纪宗教矛盾的实录，但它的确非常详细地展现了皇帝的笑。这个故事告诉我们，犹太人和罗马人（斐洛将诙谐看作带有攻击性的嘲讽，这其中误解的成分有多大?他有没有正确地理解哪种笑在宫廷之中是合宜的?)、侍卫和亚历山大港的希腊人(侍卫认为希腊人纵情的大笑会引起混乱或者带有明显的威胁性)各自关于笑的礼仪是有一些失谐的。不过,这个故事在解释身居下位的使节和皇帝之间的互动时,也采用了那种诙谐的手法——我们在前面探讨过的类型各异、背景不一的文学语篇中也看到过大抵一样的手法。

需要重申的是,正如基思·托马斯所说,我们并不能真的听到萦绕在罗马皇帝耳边的笑声(见本书第82页);而事实上,在斐洛记录下来的故事里,侍卫对希腊使团的笑声的不满也在提醒我们,像这样突如其来的身体反应在那时受到了怎样的管制。不过,它也说明,尽管笑的确具有某种威胁性,但我们还是可以把它看作现实世界里君臣之间权力关系中的一个重要元素,而且它在罗马宫廷文化中的声量和刺耳程度超出我们一贯的想法。

弄臣与小丑

还有一些迹象也能够表明笑有多重要——尤其是当特定的"弄臣"出现在宫廷或者其他精英阶层的场所中时。说实在的,从性质上来看,埃拉伽巴路斯皇帝的有些玩笑(虽然在《埃拉伽巴路斯传》中被夸张化了)可能和弄臣、玩笑者的某些笑料及滑稽举动没什么两样——后者的这些笑话是面向罗马社会的,其中便包括(或者说尤其面向的是)罗马社会中地位最高的人。

皇帝的宫廷里似乎少不了各种各样的滑稽事,而且据我们所知,有些著名的弄臣的名字总会和某几位统治者联系在一起。我们在前面曾经说起过萨尔门图斯(见本书第105页),这位是梅塞纳斯(Maecenas)

和奥古斯都门下的弄臣，昆体良还提到过他的玩笑（现在流传下来的文本有缺误，意思已经说不通了）。[48] 伽巴（Gabba）是奥古斯都时期另一位著名的弄臣——直到一百多年以后，他的名字仍然是文学作品中家喻户晓的存在，就连马提亚尔都拿他和卡皮托利努斯（Capitolinus）相提并论，后者是涅尔瓦（Nerva）和图拉真时期一位卓有名气的弄臣（马提亚尔觉得卡皮托利努斯更有意思，不过我们并不知道他做出这一判断的依据是什么——除了"生者为大"的策略性偏好之外）。[49] 还有一个很有名的弄臣是尼禄门下的瓦提尼乌斯：十分离奇的是，或者说颇具戏剧性的是，他的名字和西塞罗那个滑稽的对手是一样的（见本书第177、198页）。[50] 不过，我们也发现，在笑的世界里，还有许多弄臣或者其他类型的表演者的地位太低了，因此他们的身影并没有单独出现在精英史中。

还有一群人似乎是罗马宫廷或者罗马独裁者专有的乐子。在拉丁语里，他们被称为（或者被戏称为）"小丑"（copreae），在希腊语里则叫作"小人"（kopriai）。[51] 这至少体现了这些词用法的含义（尽管留存下来的佐证寥寥无几），因为他们只用来指宫廷之内与皇帝亲近的人物。[52] 举个例子，据狄奥记载，康茂德死后，那些尚在人世的"小人们"的事闹得沸沸扬扬。据说，在反对纪念康茂德的宣传活动上，当人们得知那些弄臣的昵称时，全都止不住哈哈大笑；但当他们知道这些人赚了多少钱时，又暴怒起来（和现代某些人对公共部门人员报酬的不满并无不同）。[53] 苏维托尼乌斯就顺嘴提到过提比略（Tiberius）皇帝晚宴上的小丑,[54] 还细数了这些人在克劳狄登上王位前对他开的那些可恶的玩笑。

克劳狄迟钝、笨拙，长得也不好看，因此他的侄儿卡利古拉（当时的皇帝）便经常拿他开玩笑——尤其是当克劳狄不顾还没结束的晚宴，动不动就在吃完饭后睡着的时候。小丑们会用鞭子把他给叫醒，"好似他们在做游戏一样"（velut per ludum）；可以想象，趁着克劳狄打鼾时把"拖鞋"（socci）放在他手上的应该也是这群弄臣——如此一来，当他动弹的时候，"就会用拖鞋擦脸"。[55] 不过，我们还不太清楚这里的笑话有什么说法。拖鞋的底部很粗糙，所以估计克劳狄会把自己的脸划伤。不过，这里还有没有更深层次的含义呢？恐怕答案是肯定的。拖鞋是一种足部用具，往往和女人或者女性化的奢侈享受相关，所以当克劳狄发现自己的手上放着拖鞋时，单单这一点便会引起众人的大笑——或许放在现代，这就相当于他手上放了双镶了钻的细跟高跟鞋一样。[56] 不仅如此，拖鞋还是喜剧演员（这种联想关系会让这位笨手笨脚的亲王显得滑稽可笑）和食客（我随后会介绍他们在笑文化和晚宴中的作用）的装备之一。[57] 但是，不管我们对这个笑话解读得多精准（毕竟它可能有很多种不同的含义），也不管这件事多贴切地反映了现实世界里的宫廷生活，我们都没法否认，其中某些东西会让人联想到埃拉伽巴路斯在这个场景中的玩笑。[58]

这些小丑很有意思，但也让人有些捉摸不透。他们偶尔会在描述罗马宫廷生活的作品中出现，但我们没法找到任何记录了他们生平的墓碑或者纪念碑的书面铁证。不过，从罗马城的丧葬记录中，我们确实发现了一位来自宫廷的奇怪的弄臣，这缘起于人们在罗马城外一个埋葬宫廷成员的公共墓地里找到了一块小小的、残缺的纪念牌。[59] 它最初是用来标记一个人的骨灰瓮的：根据纪念牌上的介绍来看，此人是"恺撒的俳优"（lusor Caesaris）。到今天，他的名字已经不可考了，但是光凭这两个单词也能看出他是恺撒皇帝的奴隶，而且以提供某种娱乐为营生。接下来的这段简短描述也让我们大概了解了其人及生平："沉默又善辩（mutus argutus），提比略皇帝的模仿演员，第一个知道如何模仿律师（causidici）的人。"

我们很难理解这段话到底是什么意思，以及从中能够了解到他的哪些行为特征。甚至人们一度以为穆图斯·阿尔古图斯（Mutus Argutus

就是此人的名字。[60] 这个可能性微乎其微（因为他的名字肯定在目前已经失传的前几行文字中）。不过，假设那真的是他的名字的话，那也一定是他的艺名，因为这两个单词是互相矛盾的，意思是"沉默却又机敏"或者"沉默却又善辩"。[61] 不足为奇的是，也有些人认为它可能是笑剧演员的口号，这么一来这个人所做的表演便是笑剧了（从现代意义上来说，他是一个哑剧演员，即在表演中全程不说话）。[62] 但是此处和伊索的故事有一点让人无法忽略的联系：毕竟我们在前文中提到过，伊索起初显得很笨拙，随后却能言善辩，十分厉害。不仅如此，这里也许同样揭示了《伊索传》和宫廷滑稽文化中的说笑风格有着异曲同工之妙。

这段描述接着又说此人是"提比略皇帝的模仿演员"，这应该是指他是提比略门下的模仿演员。但是这句拉丁语其实有些别扭，因为我们也可以理解成他是一位专门模仿提比略的演员（尽管大家都知道这么一门营生的风险很大）。[63] 不过，这段描述的最后几个字又明确了此人的拿手绝活——或者说自己独创的本事——就是模仿律师。乍一看，我们很难想象提比略的晚宴上会出现这样的场景（假设这些表演都是在晚宴上进行的[64]），而且最主要的人物还是一个模仿演员。皇帝真的想在晚宴后看到模仿律师的表演吗？又或者这种表演更多是对演说的滑稽模仿？这些我们都无从得知。不过，这些残缺、短暂而且往往会被忽视的证据所传达的信息似乎很明确：笑不仅在描述皇权的话语中十分重要，它在宫廷的社会行为中的重要性也远远超出我们一贯的想象。

那么，更广泛而言，它在罗马精英家庭的行为中也同样扮演着重要角色。最起码，为这些家庭服务的小丑比我们注意到的要多。精英阶层的家庭可能会雇用各种能够在晚宴上提供乐子的表演者。[65] 除此之外，我们发现，有一些弄臣显然是常住富人家中的。在写给卢基利乌斯（Lucilius）的一封充满哲思的书信中，塞涅卡简单地说起过一个很有意思的例子——主人公甚至还是个女人。他说自己家中有一位名叫哈尔帕斯特（Harpaste）的老人，是为他妻子服务的女小丑（fatua），当初是作为一部分遗产继承过来的。这段介绍很复杂。塞涅卡称哈尔帕斯特在一部分喜剧表演中是以"怪人"（prodigium）的形象出现的，随后他又简单（且不失机智地）思考了一番能够引发笑的因素（"如果我想被一个小丑逗乐的话，我都不需要看太多东西：我会笑我自己"）。他还向卢基利乌斯介绍了自己对于人类的愚蠢和盲目的道德反思——这也是这封信中最核心的哲学思想——因为哈尔帕斯特近来眼睛已经看不见了，但她自己并没有意识到这一点，还总是抱怨房间里太暗了。[66] 无论塞涅卡的这番话是不是哲学隐喻，它都清楚地表明小丑在罗马富人的家庭中是有着一席之地的。

如果能够再进一步、再大胆一些，我们也许会想要了解这么一个问题：在谈到如今所谓的罗马精英的"自我塑造"时，弄臣和逗乐文化在这一过程中究竟起到了何种程度的结构性作用？也就是说，如果弄臣在精英家庭中很常见的话，那么我们可以在多大程度上认为，罗马精英男性形象的构建和自我塑造是与小丑那畸形、粗鄙、机灵、诙谐的形象相对或者相逆的过程？我们该不该认同卡林·巴顿（Carlin Barton）老早之前的看法，将小丑看作一面扭曲的镜子，而罗马人正是在这面镜子中看到自己，定义自己？[67]

在这一章的最后一部分中，我会从卖笑人的角度再次探讨这个问题。不过就现在看来，我认为这一思路可以让我们从完全不同的角度，去考虑罗马文化与宗教历史中两个最让人牵肠挂肚的难题。第一个难题的主角是出现在罗马社会精英阶层葬礼上的弄臣和模仿演员，他们往往会模仿逝者的行为动作。比如，在为韦帕芗送葬的队伍中，"著名的笑剧演员法沃尔（Favor）就戴着他（指韦帕芗）的面具，大声地质问检察官葬礼和出殡花了多少钱。当他听说总共花了一千万塞斯特斯时，就大声喊道：'给我十万塞斯特斯，把我扔到台伯河里吧！'"苏维托尼乌斯认为这个笑话很有意思，正好打趣了因小气而出名的韦帕芗。[68]第二个问题涉及人们在罗马凯旋式上，为取笑大获全胜的统帅唱起的粗鄙下流的歌韵。公元前46年，在尤利乌斯·恺撒的一场凯旋式上，人们口中唱着"罗马人，把你们的妻子锁起来。秃头奸夫又回来了"，这还不忘用上罗马笑话中的经典主题——脱发。[69]

这些传统有什么作用一直以来都是个谜。最常见的一种解释很省事，基本上实现了一石二鸟的效果。即两种情况中的下流或诙谐元素都"可以辟邪"。"辟邪"这种说法很巧妙，既具有解释性，同时又显得很原始——仿佛我们已经追溯到了早期罗马传统的源头。这些说法究竟有没有对罗马社会的笑做出有用的解读？这一点尚无定论。[70]不过，我一直都觉得，就上面两种情况（以及我在前面说起过的门口的恶狗图案的问题，见本书第92—93页）而言，"辟邪"两个字只是避开了问题，并没有解决问题。其中一个原因是，我们根本不清楚笑要辟的是什么邪——人们用笑来驱除什么。[71]

我冒昧地认为，如果我们不完全把这些问题看作维多利亚时代的那种人类学难题的话，或许便可以对它们有更深层次的理解。值得深思的一点是，这些场景其实同样能够说明罗马精英阶层与弄臣之间有多亲近。或许说得再直接一些，我们发现这些仪式不遮不掩地展现出，弄臣不光在宫廷或富人的宅邸中拥有容身之处，在公共场合中同样也占据着一席之地。最起码，在了解了他们在家庭内扮演的角色之后，再在这样的礼仪性场合中发现如此引人注目的弄臣和玩笑时，便不会像我们通常认为的那么大惊小怪了。在最荣耀的时刻陪伴着罗马人的，是弄臣；送罗马人走上最后一程的，仍然是弄臣。正是在弄臣粗鄙诙谐的表演中，罗马精英身份的某一方面得到了定义和展现。[72]

现在，我要更进一步地分析罗马社会中的这群弄臣，包括他们周围的文化意识形态，他们所代表的文化联系，他们带来的问题，以及他们主要在哪些环境中发挥着作用。这次，我仍然选择先抛开现实罗马社会中那些遥不可及的日常生活不谈，而是回到那些具有虚构性、象征性的假设和模式，探究它们轮廓更为清晰的结构。首先，我关注的是食客群体和罗马餐桌上的种种大笑。特别需要指出的是，我会在这一部分提出两个问题，一个关于笑的真实与纯粹，另一个则涉及"遵照命令发出的笑"是怎样既能促进罗马社会等级体系的发展，同时又对它的秩序产生威胁的。在最后一部分，我会更加细致地分析卖笑人的问题。在大多数情况下，罗马皇帝还是会潜藏在故事的背景之中；不过，在本章最后，我们将直接面对一位诗中呈现的基督教殉道者，这首诗会颠覆精英阶层脑海中对戏笑（scurrilitas）的刻板印象，将受罗马迫害的这位勇敢的受害者描述为一位出色的卖笑人。

晚宴上的笑，食客，还有一位奴隶国王

在前面说起的笑和玩笑中，一方是尊贵的皇帝，另一方则是身居下位的臣民，而且它们发生的场景也各不相同：有的发生在浴场里，有的发生在大街上，还有的发生在皇帝的花园里。但是对于那些能够跨越权力等级的弄臣、欢笑和诙谐的对话来说，最重要的场景却是罗马社会中看似最（不）讲究等级关系的地方：宴会或是筵席上。正是在宴会上，埃拉伽巴路斯皇帝放掉了"放屁垫子"里的气；正是在宴会上，"小人们"用拖鞋恶搞了克劳狄；同样是在宴会上，卡利古拉邀请过来的宾客正是他刚刚处死的那个男人的父亲，还"强迫这位父亲玩笑、逗乐"。这些故事都说明，宴会远不仅仅只是人们嬉笑玩闹的场合那么简单。笑话与说笑话的人之间、恭维与食物之间都有着十分重要的相互关系——毕竟在当时的背景下，罗马的进餐礼仪及其表征的结构是相当不平等的。

罗马的筵席传统非常自相矛盾，这一点几乎毋庸置疑。一方面，它促进了社会平等，因为一起吃饭是让所有人平等参与的最有效的途径之一；共餐的基本原则是，吃同样食物的便是同样的人（或者起码在那个当下可以将他们视作同样的人）。另一方面，罗马的筵席又总能十分鲜明地展现出进餐者之间的不平等：上菜的形式、顺序还有座位的安排，都加强而不是削弱了社会的等级关系。有几位罗马作家不悦地指出，当时还有让地位较低的宾客吃劣质食物的做法。[73] 而且据《罗马君王传》记载，埃拉伽巴路斯还设计过另一个恶作剧，将这种不平等展现了出来。在前来参加晚宴的宾客中，地位较低的人不光比身居高位的人吃得差，他们的食物甚至是完全无法下咽的："到了餐后甜点环节，他常让仆人给那些吃白食的人（parasiti）端上用蜡、木头或者象牙做的食物，有时甚至是用陶土、大理石或者石头做的。这么一来，这些人面前该摆上的一样没少，只不过他们只能干瞪眼看着这些东西，因为这和皇帝享用的食物用的可不是同一种材料。一道道菜布了上来，但他们只能一直喝着酒，还要清洗自己的手，仿佛他们也已经吃了东西似的。"[74] 这个笑话的部分笑点便在于模仿和伪装：有些东西不是食物，却被伪装成了食物（正如佩特罗尼乌斯［Petronius］在描绘特里马尔奇奥的晚宴时，也颇为风趣地集中展现了那些虚实难辨、被以各种形式"伪装"起来的食物[75]）。不过，这个笑话更为恶毒的一面在于，它通过石头（或者是石蜡、木头）清清楚楚地表明了宫廷里的餐桌有多么不平等。

有一种观点已经很明确了，那就是罗马精英阶层的宴会其实是展现社会等级关系的一个主要场合（尽管它们也有一部分打着共餐的幌子）。[76] 人们对另一个问题的讨论则没有那么多，那就是笑话和笑在这种不平等的进餐体系中到底起到了怎样的作用：从说笑者在揭露权力、地位差异的过程中扮演的角色，到下层的人是怎样被表现出以笑话（以及与笑话相伴的谄媚之意）换取食物的形象的。[77] 在古代的文字作品中，一些展现了强大的自我意识的篇章便重点表现了这样一个由笑、谄媚和食物构成的"餐桌三角关系"。[78]

在处于古典时期和希腊化时期的希腊，有这样一种在罗马同样受到普遍认可的观点（或者说奇想），那就是没钱又白吃白拿的人可以通过笑赢得在餐桌上的一席之地——或者说得再宽泛一些，笑的体系和食物的体系之间是可以进行交换的。在第一章里，我们已经在泰伦斯的《阉奴》中见识到了"食客"是怎样的人：他糊口的方式就是在听到主人那些站不住脚的笑话之后哈哈大笑，也不管那些笑话到底好不好笑。后世古代的一位注解者在评述泰伦斯的另一篇文章时给出了一个定义，同样也反映了这条基本原则："食客（parasite）指的是那些与我同食或者在我家吃饭的人，因为（希腊语中的）'para'意为'在'，'sitos'意为'食物'。或者，也可以认为'parasite'的这一说法体现了'遵从'（parendo）和'支持'（assistendo）这两层意思——因为他们要支持自己的主人，并且以奉承来博取主人的欢心。"[79]

这位注解者在分析 parasite 一词的词源时给出的两种解释，一说来自希腊语，一说则来自拉丁语。这样一来，他便点出了一个十分重要的论题：希腊的食客和他们的罗马"同行"之间有着怎样的关系，尤其是当他们出现在普劳图斯和泰伦斯的喜剧作品中时。当这种本质上希腊化的观点被粗略地翻译为罗马人的语境时，有多大程度的变化？罗马人对它做了哪些调整或者贡献？总体而言，有一点似乎很明确，无论"食客"群体在希腊有着怎样的来历，他们在罗马得到了归化，成为罗马文化讨论的一部分，这一点超越了他们在希腊的"元祖"们（尽管两个群体之间保持着交流）。辛西娅·戴蒙（Cynthia Damon）就曾明确指出，食客群体作为一个文化范畴，已经深深地融入了罗马围绕这一核心庇护制度展开的辩论之中。或者说得再明确一些，人们对罗马的这群门客产生了一些偏见，包括他们的阿谀奉承、利用别人，还有不知羞耻，这成为他们身上的负面标志性特征。[80]而在埃拉伽巴路斯皇帝那些充满歧视性的菜单上，吃到劣质食物的人正是那些食客们——这绝非巧合。

笑也是一个很关键的坐标。毕竟一方面，吃白食的人会用笑来展示存在感，好让他的庇护人在说笑话时能够看得到观众确实在笑，无论他们的笑话好不好笑；另一方面，当他坐在一群宾客中间时，就要用自己的笑来换取一餐可口的饭菜——正如我们在色诺芬（Xenophon）的《会饮》（*Symposium*，大约成书于公元前 4 世纪上半叶）中看到的那样，饥肠辘辘的弄臣菲利普不请自来，然后用模仿和玩笑受到了在场人士的欢迎。[81]这种想法在多部罗马喜剧中得到了更加鲜明的体现（这里且不论它们与为其提供灵感的希腊作品有何关系）——其中，我们看到有很多角色都用笑话换到了免费的一餐饭，同时还吵吵嚷嚷地抱怨着自己的命运。[82]这在普劳图斯的《斯提库斯》（*Stichus*）中是一个尤为生动的主题，里面最主要的人物便是一个食客（虽然书名用的是另一个人的名字），名字也很贴切，叫作革拉西穆斯（Gelasimus，即"笑先生"，源自希腊语里的 gelaō）。这出戏剧残酷地展现了一位食客充满磨难的一生。[83]

在这出戏的前面，革拉西穆斯朝向观众，想要用一个笑话从他们中某个人那里讨来一顿晚餐："我在兜售笑话，"他说，"来吧，出价吧。谁来负责我的晚餐？有没有谁愿意让我饱餐一顿？……您是在点头吗？您在别处可听不着更好笑的笑话了。"[84]其实，这位食客看着像闹着玩似的，但他拍卖的不仅仅是笑话，还有他整套用来表演戏仿的行当，包括他本人的一部笑话书，里面记录的全是他事先准备好的俏皮话和一句话笑话——在所有的用餐邀约了结之前，这些可都是他的长期饭票。随着情节的发展，革拉西穆斯放弃了叫卖，我们发现他开始翻读自己的那本笑话书，想要找到一些合适的笑话来打动他的庇护人（"我已经查过书了：我相信能用自己的笑话把他留住"）。[85]整出戏里出现了多次暧昧不明的笑的场景，简直就像是一个贯穿始终的主题。正如我们所预料的那样，其中一个场景着重体现的是 ridiculus 这个单词：这位食客的 ridiculus 是有意为之的，因为他会用风趣诙谐的段子逗大家笑；但同时他的 ridiculus 也是被动的，因为人们总是会笑他和他那困窘的处境。俄皮戈努斯（Epigonus）是这出戏中的一个角色，他过去曾供养过革拉西穆斯，未来也很可能重新把他招到门下。这个人物从另一个角度利用模糊性做了番文章。在和革拉西穆斯说话时，他拿革拉西穆斯的名字开了个玩笑——当然，他根据的是已经拉丁化了的希腊语，其衍生于希腊语中的单词 katagelaō（讥讽或嘲笑之意）。"我不希望你放弃做一个爱笑的人，"他说，"然后变成一个嘲笑我的人。"（"Nunc ego non volo ex Gelasimo mihi fieri te Catagelasimum"）。[86]

食客的形象和他们所发出的、引发的笑牵扯到一系列十分复杂的问题和特性。当然，我们手头的资料全都来自罗马精英阶层和心怀不满的观察者的视角。尽管有些喜剧的情节可以让我们想象弱者眼中的罗马世界，但是"食客"这个词本身和"马屁精"一样，始终承载着一种意义颇深、充满敌意的价值判断，而不是一个能够用来自我指称的词。话虽如此，罗马的文学作品里显然还是反映（并探究）了一条主要的社会分界线，那就是奉承、笑和所谓的主客情谊之间让人头疼的关系——或者说得再宽泛一些，就是权力在手的人和他们的依傍者之间的关系。在说到社会行为中体现的希腊罗马伦理观时，有一个很重要的问题是"如何认清谁是马屁精，谁是'真'朋友"。[87] 在围绕食客形象展开的辩论中，这个问题得到了放大——这些唇枪舌剑让我们明白奉承的需求冒着很大的风险：它可能会削弱笑里的诚意，暴露（饥饿的）拍马者和虚荣的主人的本来面目。不仅如此，当马屁精笑起来时，他的主人或者庇护者很难判断这究竟是在嘲笑他，还是只是恰好朝他笑了一下而已。其实，《斯提库斯》中俄皮戈努斯的感觉和《伊索传》中克珊图斯的想法（见本书第 230 页）没什么两样："你这是单纯的笑，还是在嘲笑谁？"

在一封书信中，塞涅卡对这些难题进行了巧妙的分析。除了提到其他语言上的细微差异之外，他还利用了单词 arrideo 可能产生的歧义——这个词既可以指"用笑来回应"，也可以指"讨好地笑"以及"奉承"（见前文第 120—122 页）。塞涅卡的这个故事里有一个既无聊又愚蠢的主人，此人名叫卡尔维乌斯·萨比努斯（Calvius Sabinus），是公元 26 年的执政官。他的奴隶接受了专门的训练，逐字逐句地把文学著作记在脑子里；每到晚餐的时候，这些奴隶就站在他的长椅旁，然后在他背诵作品里的词句时给他提词（不过就算这样，他还是背不下来）。他门下有一位宾客叫作塞特利乌斯·夸德拉图斯（Satellius Quadratus），这人实在受不了了，所以禁不住就嘲笑了这件蠢事。在讲述这个故事时，塞涅卡把以下三类人的行为联系在了一起：一是那个把食物吃光的人（arrosor），另一个是奉承主人、讨好地笑着的人（arrisor），还有一个便是打趣或嘲笑"饭票"的人（derisor）——当然，在这个故事里，这三种身份聚集在了同一个人身上。塞涅卡描述说，夸德拉图斯"吃那些愚蠢的富人的，当然便要奉承他们，同时和这两种行为都有关联的是——他还会嘲笑他们"[88]。

狄奥尼修斯二世（Dionysius II）是公元前 4 世纪锡拉库萨城的一个僭主。他的一个故事让我们从另一个角度看到了笑的诚意牵扯到怎样的问题。它出自阿忒奈乌斯（Athenaeus）著书于 2 世纪晚期的百科类文集著作《哲人燕谈录》（*The Philosophers' Banquet*），其出现的章节记载的全都是食客们的轶事，包括他们的逾矩行为、嬉笑玩闹、忠诚和不忠。[89] 阿忒奈乌斯笔下描绘了许多形色各异的这类人物，包括马其顿国王腓力二世（Philip of Macedon）供养的食客克雷索普斯（Cleisophus，此人在国王伤了腿时也会一瘸一拐地走路，在国王尝到了苦味的食物时也会做出怪相，仿佛自己也吃到了似的[90]）和利基尼乌斯·克拉苏的食客卡莱的安德罗马尔库斯（Andromachus of Carrhae，此人后来向帕提亚人出卖了他的庇护者，最终导致克拉苏在公元前 53 年的卡莱战役中被击败 [91]）。狄奥尼修斯二世的故事说的就是和笑有关的一些问题。克里索孚斯（Cheirisophus）是这位僭主的一位食客，此人注意到狄奥尼修斯二世在不远处笑了，不过听不到他在笑什么，然后也跟着笑了起来。狄奥尼修斯二世便质问他，你都听不到说了什么，到底为什么要笑呢？这个问题可能会破坏庇护者与笑着的奉承者之间的默契（即当庇护者笑起来的时候，奉承者也一定要跟着笑），因为它揭露了其中隐藏的虚伪和假意。那个聪明的奉承者回答道："因为我相信您，当时肯定有人说了什么好笑的话。"也就是说，他重新建立了两人之间的契约（虽然再容易上当的庇护者也不会把这话当真）。[92]

在公元前 1 世纪，狄奥多罗斯（Diodorus，来自古罗马的西西里行省，因此一般也被称为西西里的狄奥多罗斯）用希腊语完成了一部巨著——《史库》（Library of History）。我们在这部作品中找到了另一个有关此类矛盾的例子，只不过这里面的情况更复杂，也更能说明问题。《史库》是一部综合性著作，将已知世界的历史从神话传说起源到当时的风云变迁全部历数了一遍。[93] 在其中一个章节中（这一章节目前只能在拜占庭人的作品中找到一些引述的内容），狄奥多罗斯分析了公元前 2 世纪西西里爆发的奴隶起义的根源。起义的领袖是一个来自叙利亚阿帕米亚古城的奴隶，名叫欧努斯（Eunus）。他主张自己的地位凌驾于其他奴隶之上，其中一部分依据在于他声称叙利亚女神阿塔耳伽提斯（Atargatis）直接授意他成为国王。狄奥多罗斯记载说，欧努斯的主人安提革涅斯（Antigenes）把这些说法当作可笑的乐子，所以他便让欧努斯做起了弄臣，不过故事的结局却出乎他的意料：

> 大家都把这事当成是乐子。他的主人安提革涅斯觉得他的胡言乱语很有意思，便在晚宴上向客人们引见了欧努斯（即

这个江湖骗子的名字），然后问他国王的预言是怎么一回事，以及他会如何对待在座的各位宾客。当他不假思索、一五一十地说清楚之后……宾客们纷纷大笑起来，有些人还从桌上拿起几块美味的食物送到他面前，插嘴说如果他有朝一日成了国王，一定要记得自己的恩德。不过到了最后，他凭着这套江湖骗术竟然真的当上了国王，而且对于自己在宴会上受到的玩笑式（engelōti）优待，也都真诚地给予了回报。[94]

这就是说，在随后的那场屠戮中，他并没有杀掉那些曾在餐桌上使他得以饱腹的人。

这一段的信息量相当大，因为它揭示并串联了许多本章中的议题：用餐、等级、玩笑、倒错的现实、真假虚实，还有独裁和权力。故事里的这个奴隶被当作弄臣，用餐的宾客在听到他的笑话后会给他食物吃。只不过，这些笑话最后被证实并不完全是虚构（如昆体良所言，"笑话即谎话"；见本书第202—203页）出来的。这个奴隶一直声称自己会成为国王和庇护者，而这些笑话实质上就是他的真实计划。事实上，在欧努斯做了皇帝以后，他依然十分尊崇晚宴中的这种庇护关系（尽管它们有一些玩笑的性质在里面）——这也救了那些过去曾维护这一关系、喂给他零碎食物的人们的性命。就这么一个简简单单的故事，却集合了几乎所有与就餐、庇护和诙谐有关的文化规范。

卖笑人

比起其他，罗马的卖笑人群体是贯穿本书的一个主题。我们在前面已经见识过卖笑人展现的那种风评不佳的玩笑：粗俗下流，具有模仿性，而且是事先安排好的——尽管这种玩笑几乎总能让人们大笑起来。与此同时，我们还了解了罗马精英在内斗时是怎么互相指摘对方"谈吐粗鄙"的。西塞罗在他的敌人眼中，是"一个卖笑的执政官"，而他反过来也同样批评其他人的笑话是卖笑人才说得出的机灵话。可以说，卖笑人往往会表现得出言不逊或者咄咄逼人；用罗马人的话来说，正是韦帕芗皇帝的粗鲁（dicacitas）才让他看起来像一个卖笑人似的（scurrilis）。苏维托尼乌斯的一个故事也生动地展现了这种逗乐的风格（及其危险的后果）。这个故事说的是有个卖笑人拿提比略皇帝的抠门开了个尖刻的玩笑。那人在路过一场葬礼时，大声地朝尸体呼喊，让它给死去的奥古斯都皇帝带个话，说罗马人民都还没拿到他留下的遗产。然后他就自食其果了：提比略命人把他处死，不过在那之前先把钱给了他，这样他到了阴间之后就能带话说自己应得的钱已经拿到了。[95]

卖笑人这个群体的某些特性是罗马社会特有的——或者说当时的人是这么觉得的。至少，就连在古希腊和古罗马时期，人们也认定这个词几乎没法用希腊语完整地表达出来。我在前面说过，普鲁塔克在描述加图对西塞罗的调侃时，将其简单地译为 geloios（见本书第 171—173 页）。更让人惊奇的是，当西顿的芝诺（Zeno of Sidon）说起苏格拉底，想让人们注意到他那些颇具颠覆性的妙语应答时，称他为"雅典的一名卖笑人"（an Athenian scurra）——正如西塞罗所言，芝诺用的是"拉丁词语"。[96] 我们可以想象，希腊语里应该没有哪个词能够准确地反映这个词的意思。无疑，爱德华·弗伦克尔之所以会用 Skurrilität 一词来代指普劳图斯作品中的某些普劳图斯式（即非希腊的）元素，部分原因也在于 scurra 这个单词中鲜明的"罗马特性"。[97]

不过，我们还能不能对卖笑人的特征、身份或者社会角色进行更深层次的分析？过往对此做出的探索都十分艰辛。[98] 我们可以研究卖笑人同希腊、罗马社会中所谓的食客群体有哪些相似之处。比方说，想必你很难忘记革拉西穆斯的那些事先准备好的笑话集，而它们似乎非常符合西塞罗和昆体良对于卖笑人诙谐风格的批评。即，卖笑人的诙谐是事先准备好的，它们的目标往往是整个群体，而不是单单某个人。虽然没有人把革拉西穆斯称作卖笑人，但普劳图斯喜剧中的其他角色的确属于这一群体，这些人有的既机智又有风度，有的则爱瞎扯些飞短流长[99]——贺拉斯《讽刺诗》中的弄臣萨尔门图斯同样如此。scurra 一词在英语里的标准翻译一般是 buffoon（丑角），当然这个词也只表现出了它某些用法的部分含义而已。

事实上，如果我们仔细观察古代文学中所有被冠以这一身份的人的话，就会发现他们的范围让人有些摸不着头脑，因为其中既有罗马喜剧中颇具风度的浪子，也有狭义上的说笑人和弄臣，甚至还包括苏格拉底和罗马禁卫军的成员。其实，根据《罗马君王传》来看，那位爱开玩笑的埃拉伽巴路斯皇帝最后就是被卖笑人给杀死的。我们可能会觉得这个结局十分巧妙、恰到好处（"卖笑的"皇帝被卖笑的人 [scurrae] 给杀了），不过人们一般认为这里的 scurrae 其实指的是卫队里的士兵（scurra 一词在这里用来反映他们的城市性，或者叫"都市气派"，以便与驻扎在帝国各地的军队形成对照）。[100]

那么，正如菲利普·科比特（Philip Corbett）在关于卖笑人的论著中提出的那样，这个词的意思随着历史的变迁有没有发生过变化？会不会一开始指的只是一种业余身份，后来变成了一种职业？或者演变轨迹正好与此相反？卖笑人作为社会中的一类人，他们的角色在罗马历史的发展中有没有发生过变化？不论出于何种原因，有没有哪些非常不同的社会现象可以被一同归结到"卖笑人"群体名下的？这些问题并不一定是愚蠢的，但它们可能忽略了"卖笑"的主要特点。在戴蒙的分析中，和食客一样，"卖笑人"并不是一个简单的指称词。相反，它其实属于罗马笑文化中虚构性领域和社会监管的范畴，即与精英男性玩笑人相对的一种业已形成并不断变化着的形象；这些人的玩笑违反了精英男性关于玩笑的价值观。这两种相对的形象共生共存，理解起来缺一不可，而且总是很容易融为一体（这是西塞罗付出了代价后得到的教训）。也就是说，"卖笑人"并不是一个描述词，而是对笑的行为的一种（反面的）价值判断，也是罗马精英的诙谐世界中的一个文化建构元素（和一面镜子）。[101]

或者可以说，从我们手头的精英文本来看的确如此。不过，对于那些与罗马笑的精英文化并无关系的人们来说，这个词有没有不一样的含义？有没有哪些情况能够明确地重新定位这个词，甚至把它当作一种（颠覆性的）荣光的象征？我前面说过，遗憾的是现存的所有关于"食客"群体的记载都出自那些一心瞧不起他们的古代作者笔下。"卖笑人"的情况也差不多——好在我们还可以经由一份公元4世纪从宗教冲突角度做出的宝贵记载来认识他们。这份记载来自普鲁顿提乌斯（Prudentius）那册阴森可怕的诗集《牺牲之冠》（*The Crowns of Martyrdom*），我们在诗中发现"卖笑人"的角色被重新应用到了一个完全不同的基督信仰环境之中。[102]

在这本诗集中，第二首诗用将近六百行诗句讲述了圣劳伦斯（Saint Laurence）殉教的故事。公元258年，他被施以酷刑，在铁架上被活活烤死。其中有一个广为人知的片段（第401—404行），几乎成了圣劳伦斯殉教的标志：劳伦斯请求人们在自己死后把身体翻过来，因为一面已经经过了烈火的灼烤（这也是他后来成为厨师守护神的部分原因）。普鲁顿提乌斯用诗详尽生动地描述了这位圣人与那位上层社会的异教检察官之间的交锋——这一段如果说不上是虚构，也肯定是经过加工的。一开始，那位罗马的异教徒要求基督教会上交财富，因为他认为教会把钱财藏了起来，没有"归还给恺撒"（第94—98行）。劳伦斯恳求他们宽限一点时间，好把"基督拥有的所有宝物"（第123—124行）全都拿出来。

检察官被戏弄了：被带到他面前的全都是罗马贫苦、病弱的人们，劳伦斯声称这些就是教堂的财富。他的这一举动惹恼了对方，并最终为自己招来了火刑。

这次冲突的特色十分鲜明。劳伦斯聪明、足智多谋，也很风趣，他狠狠地戏弄了检察官一把，而大笑在这个过程中起到了十分重要的作用。当看到眼前被当作教会财富的穷人和病人时，那位检察官说，"我们被嘲笑了（ridemur）"（第313行）。接着，他便大发雷霆道："你这个无赖！你以为像这样摆出'卖笑人'的架势，装模作样地讽刺我（cavillo mimico），耍出这种把戏，就能脱身吗？用笑话戏弄我（ludicris）符合你的风度吗？我什么时候成了节日的乐子，被卖给演戏的了？"（第317—322行）。在这首诗的最后，我们发现那些敬拜圣劳伦斯的人不光祈求他的帮助，口口相传他的故事，甚至还学会了他的风格和"笑话"（iocantur）。[103]

风度、讽刺、卖笑人和模仿。这首诗里展示出了古罗马所有与诙谐相关的词语——这也证明了它们长久的文化生命力。凯瑟琳·科尼比尔（Catherine Conybeare）不久前完成了一篇针对这首诗的重要分析，她从性别的角度探究了其中的诙谐。也就是说，她研究的是气势汹汹的检察官体现出的男性气质，和风趣的圣劳伦斯体现出的柔弱气质之间的冲突。[104]不过，说起笑，这里还有一点需要表述得更为直接一些。这首殉教诗重现的是罗马上层人士与弄臣之间的共生关系，只不过利用一个全新的环境对其进行了颠覆。这位基督教作家重新呈现、定位了卖笑人的角色，把故事中那位嬉笑调侃的英雄看作卖笑人：作为卖笑人的殉道者便成了与异教检察官共生的对立面。

再往前推几百年，那时还没有出现"异教"与基督教的矛盾，庙堂之外的人会不会对"卖笑"充满了自豪？谁又知道呢？

注 释

[1] SHA, *Heliog.* 26. 6, 25. 1.

[2] 在其他一些探讨独裁者同笑和玩笑的关系的古代论著中，我们也能找到这一主题的各种变体——比如年轻的尤利乌斯·恺撒遇到海盗的故事。当恺撒被囚禁起来时，他跟那些海盗开玩笑说，等他被放出去，就要把他们钉在十字架上——并且最终真的这么做了。苏维托尼乌斯（*Iul.* 4；另见 74）强调了这一点：他（恺撒）真的让"之前拿来威胁他们的笑话"（"quod saepe illis minatus inter iocum fuerat"）成了真。这说明，掌权者的玩笑的真值可能会超出你的意愿，只不过方式有所不同。

[3] Laurence & Paterson 1999 针对"皇帝与玩笑"的主题做了重要的引导性研究。

[4] 尼古劳斯的《历史》一书并没有完整地保留下来；Athenaeus, *Deipnosophistae* 6. 261c = Jacoby, *FGrHist* 90F75 引用了这个段落。尼古劳斯的书是用希腊语写的，所以格外强调"母语"。

[5] Plutarch, *Sull.* 2, 36.

[6] Le Goff 1993, 26 及 Bowen 1984 对此进行了简要的描述。

[7] 进一步讨论见 Laurence & Paterson 1999, 191-194；SHA, *Avid. Cass.* 2. 5-6，体现了古典时代晚期针对笑话不同出处的讨论。在接下来的内容中，我希望这一点不须多加赘述："奥古斯都打趣道"其实就是"据说奥古斯都打趣道"的简约说法。

[8] Dio 65(66). 11.

[9] *Sat.* 2. 4. 3；Quintilian, *Inst.* 6. 3. 59 引述了这个故事，以举例说明对照引发的笑声。关于皇帝开的这种友好的玩笑，其他例子包括 Suetonius, *Tit.* 3. 2（"cum amanuensibus suis per ludum iocumque certantem"）；SHA, *Hadr.* 20. 8。

[10] *Sat.* 2. 4. 19–20. 瓦勒里乌斯·马克西穆斯（Valerius Maximus，9. 14 ext. 3) 也曾说过一句差不多的俏皮话，其对象是罗马共和国西西里的总督。

[11] *Ep.* 4. 25(从 *Ep.* 3. 20 中选了一个故事)。这个趣闻的大体意思很清晰，但是细节中存在着一些问题。有一个很关键（也很棘手）的句子是 "Quid hunc putamus domi facere, qui in tanta re tam serio tempore tam scurriliter ludat, qui denique omnino in senatu dicax et urbanus et bellus est?" 我和其他人一样，把这句话翻译成：" 这种人在如此庄重的事务之中、如此严肃的时刻，像个卖笑的一样吊儿郎当，我们还能想象他在家中会干什么呢——毕竟就连在元老院中，他都总是冷嘲热讽、乱开玩笑，说起话来滔滔不绝。" 这或许便意味着，普林尼认为元老院不应该出现玩笑（dicacitas）等备受西塞罗推崇的元素（在 Sherwin-White 1966, 305 看来，这其实说明了风趣文化中出现的变化）。但是我在想，这句话的意思会不会其实是：" 这个人在如此庄重的事务之中、如此严肃的时刻，像个卖笑的一样吊儿郎当；但在元老院里，他又是一个风趣、优雅、机智的演说家——你能想象他在家中会干什么呢？"——这么一来，这句话就暗含着对 dicacitas 等元素的认可。

[12] SHA, *Comm.* 15. 6. 另见 Suetonius, *Cal.* 27. 4（一个 " 亚提拉闹剧 "["Atellan farces"] 作家因为一个危险的双关["ob ambigui ioci versiculum"]，在圆形剧场里被卡利古拉活活烧死了)。

[13] *Claud.* 21. 5.

[14] Suetonius, *Cal.* 32. 3. Suetonius, *Cal.* 33 中重复了一句相似的俏皮话（这是 " 他开过的各种各样的玩笑之一 "，当他亲吻着他的妻子或情妇的脖子时，就会说，" 多美的脖子——只要我一声令下，它可就断了 ")。

[15] SHA, *Comm.* 10. 4.

[16] Suetonius, *Iul.* 45. 2; Suetonius, *Dom.* 18. 2; Juvenal 4. 38 (*calvus*

Nero)。皇帝们也会拿别人的秃顶开玩笑；卡利古拉有个尽人皆知的故事，他曾恶劣地下令处死一排囚犯，他们"从第一个到最后一个全是秃头"（Suetonius, *Cal.* 27. 1; Dio 59. 22. 3）；另见 SHA, *Heliog.* 29. 3（见本书第 129 页）。

[17] *Sat.* 2. 5. 7.

[18] Suetonius, *Clauds.* 41. 1（"ne sedato quidem tumultu temperare potuit, quin ex intervallo subinde facti reminisceretur cachinnosque revocaret"）。

[19] *Vesp.* 22-23（相关比较，例如 Cicero, *De or.* 2. 236, 2. 257）。奥古斯都皇帝也一直受到不合时宜的风趣的困扰。打个比方，苏维托尼乌斯（*Aug.* 99. 1）记载了奥古斯都的遗言：他问道，自己有没有在人生的笑剧里扮演好自己的角色——我们也许会想要知道，这里的"笑剧"有多大程度上指的是它的负面影响？

[20] Suetonius, *Cal.* 24. 2；对薛西斯在赫勒斯滂海峡的故事的经典描述，可见 Herodotus 7. 33-35。

[21] Suetonius, *Cal.* 27. 4; Seneca, *De ira* 2. 33. 3-5（没有明确地提及笑）。

[22] *Aug.* 98. Wallace-Hadrill 2008, 38-41 讨论了这段情节的其他方面。

[23] Dio 59. 26. 8-9. 就像其他统治者的故事一样，有一个关于哈德良的故事讲的是他在旅途中与一个普通女子相遇时发生的事情，也体现了类似的思想。在狄奥的描述（69. 6. 3）中，这个女子试着拦住哈德良请求他一件事情，但是哈德良把她撇到了一边，说自己没有时间。不过，这个女子的反击让他停下脚步转过头来："那你就别做皇帝了。"这里有一个很简单的观念，皇帝应该腾出时间接待地位低微的人，而地位低微的人也可以跟皇帝回嘴。Millar 1977, 3-4 对此（以及相似的事件）进行了讨论。

[24] SHA, *Hadr.* 17. 6-7.

[25] *Met.* 2. 676-707. Barchiesi 2005, 295 将其与 Homer, *Od.* 13. 287 中雅典娜与奥德修斯的故事进行了比较——据说雅典娜在这个故事中

露出了"微笑"（μειδιᾶν）。他承认，故事"的发展很不一样"（"lo sviluppo sarà ben diverso"）——在我看来，这里的差别太大了，以至于它表明了 ridere 和 μειδιᾶν 的不同意义。

[26] *Met.* 9. 306-323.

[27] *Met.* 5. 662-678. 斯蒂芬·哈利韦尔让我意识到，这些动物中有的声音和人的笑声存在着某种相似之处，甚至我们很容易就能想象出来；关于把鸡（与喜鹊同属一科）的啼叫声听成人的笑声，见 Halliwell 2008, 3。

[28] 毫不奇怪的是，奥维德的作品里包含有许多关于人类和神祇的笑的高见与思考。在下一章（见本书第265—268页），我们会重点关注其中一些观点。关于更多针对神祇的笑的讨论（以及希腊语中的 μειδιᾶν 同拉丁语中和笑有关的词语对应不上的问题），见 Ovid, *Fast.* 4. 5-6，以及 Fantham（1998, 91）提及的恩尼乌斯与卢克莱修（Lucretius）笔下的类似内容，不过她认为这里把 ridere 理解成"微笑"是没有问题的。

[29] 对喜剧中"聪明的奴隶"这一形象进行的有益讨论见 Fitzgerald 2000, 10-11, 24-26, 44-47 及 McCarthy 2000, esp. 211-213。

[30] 这本书最易读的版本见 Perry 1952, 35-208（我参照的便是这个版本，"G"和"W"指的是不同的文稿版本）。关于其译本，见 Lloyd Daly in Hansen 1998, 111-162；Jouanno 2006。Hopkins 1993 (esp. 11) 对文稿和莎草纸学传统的复杂性和文化背景问题进行了简要总结，Kurke 2011, 1-49 的总结则更加详细一些（包括对二次文献的出色论述）。大体而言，库尔克比我更倾向于找到《伊索传》中的早期希腊传统，而不是强调罗马的表面细节（比如货币面额；见 *Vita Aesopi* W 24, 27）；Pelliccia 2012 也不认同库尔克这种"强行推翻依据"的做法（40）。

[31] 注意 Kurke 2011, 13 提出了谨慎的不可知论观点（进一步提及了关于伊索是否"真实存在过"的长期争论）。

[32] Hopkins 1993, 13; *Vita Aesopi* G 1; *Vita Aesopi* W 1.

[33] *Vita Aesopi* G 7（在 W 7 中，涉及的女神是堤喀）。

[34] *Vita Aesopi* G 2-3；W 2-3，及 Kurke 2011, 191-192。库尔克也指出了不语症在这部作品中的其他文化作用。例如，它可以作为社会排斥的标志（162-163），或者被用来类比寓言中的讲话（201）。无花果在前文讨论的许多与笑有关的故事中都起到了重要作用，见前文第 294—295 页。

[35] *Vita Aesopi* G 24；W 24（G 中没有提到"萝卜"）。

[36] *Vita Aesopi* G 25-27; W 25-27。

[37] 自由：*Vita Aesopi* G 90；W 90。在德尔斐殒命：G 140-142；W 140-142。Kurke 2011, 53-94 充分讨论了这个故事中暗含的对德尔斐当局的批评。

[38] *Vita Aesopi* G 36; W 36.

[39] *Inst.* 6. 3. 71. 和英语中对于这类笑话的说法不同的是，原文的拉丁语版本末尾并没有像这样直接说出"傻子"这个词，但是意思确实也差不多："Stulte interrogaverat exeuntem de theatro Campatium Titius Maximus an spectasset. Fecit Campatius dubitationem eius stultiorem dicendo: '<non> sed in orchestra pila lusi.'"

[40] 洗澡：*Vita Aesopi* G 38；扁豆：G 39-41；W 39-41。

[41] Philo, *Leg.* 349-367.

[42] Smallwood 1970, 3-50 讨论了《晋见盖乌斯》（*Legatio ad Gaium*）的历史背景与文学传统。Conybeare 2013, 28-39 研究了斐洛在哲学的理论著述中对于笑的重视。

[43] Stackelberg 2009, 135-140 探究了皇帝会见使团时的实际情境。

[44] *Leg.* 349-359；笑剧：359 (καὶ γὰρ τὸ πρᾶγμα μιμεία τις ἦν). Smallwood 1970, 321-322 从斐洛和其他人的著述中，收集了其他将犹太人比作笑剧演员的论述——她本人相信，在有些原型可能是笑剧演员的古代小人像上，我们或许能发现一些明显的犹太人的面貌特征。351

和 368 的词语也说明这段情节从更广泛的意义上来说是"具有戏剧性"的。

[45] *Leg.* 361: πάλιν πρὸς τὴν πεῦσιν γέλως ἐκ τῶν ἀντιδίκων κατερράγη τοσοῦτος, τῇ μὲν ἡδομένων τῇ δὲ καὶ ἐπιτηδευόντων ἕνεκα κολακείας ὑπὲρ τοῦ τὸ λεχθὲν δοκεῖν σὺν εὐτραπελίᾳ καὶ χάριτι εἰρῆσθαι, ὥς τινα τῶν ἑπομένων αὐτῷ θεραπόντων ἀγανακτεῖν ἐπὶ τῷ καταφρονητικῶς ἔχειν αὐτοκράτορος.

[46] *Leg.* 361. 正如 Smallwood 1970, 322 所指出的,如果这就是规则的话,那么"狄奥和苏维托尼乌斯对此真是一无所知"。

[47] *Leg.* 362-367.

[48] *Inst.* 6. 3. 58 (现在常见的现代版本直接选取了 *Sat.* 1. 5 中贺拉斯的描述,以此来弥补现存的昆体良书中明显缺失的部分)。

[49] Martial, *Epigram.* 1. 101. Plutarch, *Mor.* 760a (= *Amat.* 16) 中记载了伽巴 (被称为一个 γελωτοποιός) 和梅塞纳斯相遇的趣事;另见 Quintilian, *Inst.* 6. 3. 27, 6. 3. 80 (6. 3. 62 可能也提到了伽巴)。

[50] Tacitus, *Ann.* 15. 34: "Vatinius inter foedissima eius aulae ostenta fuit, sutrinae tabernae alumnus, corpore detorto, facetiis scurrilibus."

[51] 单词 copreae 可能解释成"在粪堆上"(found on the dung heap,源自 κοπρία [粪堆])更合适,但我还是忍不住把它理解成"小人"。

[52] 我把对手或者敌人的"宫廷"也包括在内了;狄奥(在有关屋大维的一次演说中)提到陪伴安东尼和克利奥帕特拉一同进餐的人被称作 κοπρίαι (Dio 50. 28. 5)。

[53] Dio 74 (73). 6.

[54] *Tib.* 61. 6.

[55] Suetonius, *Claud.* 8.

[56] Pliny, *HN* 37. 17; Seneca, *Ben.* 2. 12. 1. 据说那就是卡利古拉先前脚上穿着的拖鞋——见 Suetonius, *Cal.* 52: "socco muliebri"。

[57] 事实上,拖鞋可以用来代喻喜剧,就像长编扣凉鞋(cothurnus)可

以代指悲剧一样；见 Horace, *Epist.* 2. 1. 174；Ovid, *Rem. am.* 376。关于一个食客的拖鞋，见 Plautus, *Persa* 124。

［58］我明白，做出苏维托尼乌斯的描述比 SHA 更贴近真实的宫廷生活的假设可能存在一定风险。不过，其实风险也不是很大。苏维托尼乌斯本人亲历过罗马宫廷内的生活（Wallace-Hadrill 1983, 73-96），而不同作者在不同情况下对 copreae 一词的使用也说明它是有一个易于识别的指称对象的。我一直认为这其实是又一个例证，说明了这些晚期的皇帝传记即使没法揭示罗马帝王生活的历史事实，也能揭示其中的精神所在。

［59］*CIL* 6. 4886 (= *ILS* 5225): "...] Caesaris lusor / mutus argutus imitator/ Ti. Caesaris Augusti qui / primum invenit causidicos imitari." Purcell 1999 是近来对此最全面、最准确的讨论（不过他的版本中用的是"mutus et argutus"）。

［60］Wallis 1853, 79-80.

［61］从更广泛的意义上来说，argutus 这个词本身就与罗马的风趣之人或者玩笑者机智的应答相关联；例如见 Plautus, *Truculentus* 491-496。

［62］Garelli 2007, 251；古典时代晚期的一个汇编词典将一位女性默剧演员定义为 omnium artium lusor（*CGL* 5. 380. 42）；Petronius, *Sat.* 68 中提到了一个可能类似的家养"模仿演员"。

［63］Laes 2011, 470 通过采取不同的断句（将词句理解成"沉默而又聪明的模仿演员。在提比略门下"），避开了这个问题。但是单独的这句"在提比略门下"是很奇怪的，即使用这种蹩脚的拉丁语标准来看也依然如此。

［64］Purcell 1999, 182-183 总结了可能的各种场景设定（包括公开表演），但是文本对这位皇帝的反复强调，有力地说明这应该是一位宫廷艺人。

［65］例如 Pliny, *Ep.* 3. 1. 9, 9. 17；及 C. P. Jones 1991 与 Dunbabin 2008 中更进一步的引述与讨论。

[66] *Ep.* 50(esp. 2). Pliny, *Ep.* 5. 19 也涉及一位住家的家养喜剧演员；类似的可见 Petronius, *Sat.* 68 (n62)。

[67] Barton 1993, esp. 107-108（"罗马人在畸形的镜子中看到了什么？"）和 141（塞涅卡家中的哈尔帕斯特是这位精英阶层哲人"怪异版的化身"）。他的论述产生了极大的影响（也将我在下章中探讨的几部笑剧联系到了一起）；不过大体而言，巴顿对嘲笑和畸形的强调确实超出了我认为的合理水平。

[68] *Vesp.* 19. 2.

[69] Suetonius, *Iul.* 51. 另见 Suetonius, *Iul.* 49. 4；Dio 43. 20；及 Beard 2007, 247-249 中的论述。

[70] 我们在古希腊包玻（Baubo）的故事中发现了一个最明显的例子，可以说明这类说法中的笑：包玻故意把自己的私处露了出来，成功地让正悲恸不已的得墨忒耳（Demeter）破涕为笑；Zeitlin 1982 (145) 等直接指出这里的笑就是辟邪用的。关于更多引述与简要讨论，见本书第 290 页。

[71] "邪恶之眼"的说法实在太笼统了，不能算作有用的答案；更多讨论见 Beard 2007, 248。

[72] Barton 1993, 140 简要地讨论了韦帕芗的葬礼（虽然并不是凯旋式）——按照这个逻辑，我们可以把弄臣看成是皇帝的"邪魔替身"。

[73] 例如 Juvenal 5；Martial, *Epigram.* 2. 43, 3. 60, 4. 85；Pliny, *Ep.* 2. 6。Gowers 1993, 211-219 探讨了与这种不平等相关的观念与做法。

[74] SHA, *Heliog.* 25. 9.

[75] Petronius, *Sat.* 49 提出了各种关于食物与伪装的问题。阿皮基乌斯（Apicius）所说的"一盘没有凤尾鱼的凤尾鱼"是更常见的一个例子（4. 2. 12）。

[76] D'Arms 1990 对筵席上平等与不平等的普遍矛盾进行了有益的概述；对这一问题的更多方面进行探讨的论述包括 Barton 1993, 109-112；Roller 2001, 135-146；Roller 2006, esp. 19-22, 85-88, 130-136（关

于姿势体现出的等级关系）。

[77] 对于这一方面的讨论最为准确的著述包括 Roller 2001, 146-154（主要针对晚宴上或风趣或无趣的口头交谈）和 Damon 1997——后者是一项十分重要的研究，也是我在后文中的许多论述的参考依据。

[78] 这里我借用了列维 - 斯特劳斯（Lévi-Strauss）的名言，具体可见 Lévi-Strauss 1997 [1965]。

[79] Schlee 1893, 98. 18-21.

[80] Damon 1997, 1-19 出色地介绍了关于食客的一些主要争论，还附有更进一步的文献；23-36 概述了这一人物的主要特征；252-255 总结了她对庇护人制度中"不适部位"（255）的关键结论。其他近来对食客身份的不同方面及其文化起源做出的有益探讨包括 Nesselrath 1985, 88-121；J. C. B. Lowe 1989；Brown 1992；J. Wilkins 2000, 71-86；Tylawsky 2002；König 2012, 242-265。

[81] Xenophon, *Symp.* 1. 11-16 及 2. 14, 2. 20-23, 4. 50 等部分内容。Halliwell 2008, 139-154 敏锐地讨论了这部作品中笑的不同模式，在合理地强调了模仿的作用的同时，也提出了疑问：我们应该如何设想菲利普有多不受欢迎（143-155）。Huss 1999, 104-106 列出了古代许多与之十分相近的事例（也有一些的相似度没那么高）。

[82] Damon 1997, 37-101 介绍了这些戏剧。Maltby 1999 讨论了四个特殊的人物（出自普劳图斯的《孪生兄弟》[*Menaechmi*]、《俘虏》[*Captivi*]、《波斯人》[*Persa*] 和《斯提库斯》）。我们在多大程度上想要在这组人物中分辨出显著不同的类别来？也就是，将"食客"和"奉承者"区分开来？这一点并不清楚。我在这里并没有试着去讲述如何精准地衡量这些饥肠辘辘、阿谀奉承的说笑者。

[83] 在介绍这部戏剧及其中的食客角色的论述中，Arnott 1972 仍然是其中最出色、最富同情心的一篇。

[84] *Stich.* 221-224: "logos ridiculos vendo. age licemini. / qui cena poscit? ecqui poscit prandio? /...ehem, adnuistin? nemo meliores dabit." *Logi*

是一个外来词，可能与希腊语有着紧密的联系（另见 ll. 383, 393），但到了后来（l. 400），拉丁语单词 dicta 就被用来指代这些笑话了。

[85] *Stich.* 454-455: "Libros inspexi; tam confido quam potis, me meum optenturum regem ridiculis logis." 关于笑话书的角色，见本书第 340—345 页。

[86] *Ridiculus*: *Stich.* 171-177（确切的顺序还不确定），389。*Catagelasimus*：*Stich.* 630（稍显别扭的翻译点出了关键）。Ritschl 1868, 411 声称 ridiculus 在这一时期绝不会表示被动的含义（"non sit is qui risum movet invitus, sed qui iocis et facetiis risum dedita opera captat"），这也是现在被广为推崇的一种观点（其拥护者包括 Maltby 1999）。我认为这似乎并不能说得通，而且它忽略了 l.630 中体现出来的微妙之处，进而使《斯提库斯》沦落成一部在人们眼中素来十分无趣的戏剧。（见 Arnott 1972, 54 中总结的针对它的一针见血的评价。）Bettini 2000（esp. 474）在讨论革拉西穆斯时，得出的结论与我的十分相似，只不过途径不同；尽管 Sommerstein 2009 很明显想要将阿里斯托芬作品中的笑过度体系化，但这篇论述还是指出了其中的一些矛盾之处。

[87] 例如，它为普鲁塔克的一篇长论文提供了主题：*Mor.* 48e-74e(= *Quomodo adulator*)。

[88] Seneca, *Ep.* 27. 5-7: "Habebat ad pedes hos [servos], a quibus subinde cum peteret versus quos referret, saepe in medio verbo excidebat. Suasit illi Satellius Quadratus, stultorum divitum arrosor et, quod sequitur, arrisor et, quod duobus his adiunctum est, derisor, ut grammaticos haberet analectas." 塞特利乌斯的打趣（他应该让"学者们收拾桌上吃剩的食物"）之所以奏效，是因为一方面他进一步推动了知识商业化的想法，另一方面这句话也和奴隶经济有关系：analecta 指的是那些负责捡起餐桌周围食物残渣的奴隶，而他们在这里却被想象成把主人背语录时掉得七零八落的"残渣"捡起来的学者。Roller 2001,

148-149 简要地讨论了这段内容，并用一种截然不同的方式将这三个词联系了起来。Juvenal 5 有一个很巧妙（不过往往被忽略掉）的双关语也体现了类似的联系。这首诗描述的是在一场混乱的晚宴上，一位受庇护人忍受着别人对他的身份的羞辱。临近末尾时，我们了解到了这个受庇护人吃的都是怎样的残羹剩饭，与主人享用的美味佳肴形成了鲜明对比。这里的残羹剩饭指的是 semesum leporem——评注将其解释为"吃了一半的兔肉"（衍生自 lepus, leporis）。不过当然，leporem 一词也可能衍生自我们在上一章中说到与玩笑相关的词时提到的 lepos 和 leporis（谐智或玩笑）。所以，这个受庇护人的菜单是吃了一半的兔肉，但同时也可能指的是被吃了一半的笑话。这完美地体现了笑与分等筵席之间的重叠！

[89] Athenaeus, *Deipnosophistae* 6. 234c-262a；Whitmarsh 2000 心怀恻隐地探讨了这些轶事，参照了希腊围绕食客与奉承者的更广泛的（行文）传统。

[90] 6. 248d-f.

[91] 6. 252d.

[92] 6. 249e.

[93] Green 2006, 1-47 清晰地介绍了这部作品（尽管他最感兴趣的是狄奥多罗斯笔下对公元前 5 世纪的描述）；Stylianou 1998, 1-139 讨论得更为细致（专门针对公元前 4 世纪早期）。

[94] Diodorus Siculus 34/5. 2. 8-9. 我们可以在 Shaw 2001 中轻松地找到关于西西里奴隶起义的资料以及简要的讨论。

[95] Suetonius, *Tib.* 57. 2.

[96] *Nat.* D. 1. 93, "Latino verbo utens scurram Atticum fuisse dicebat." 这一段让评论家们大为苦恼（例如 Dyck 2003, 177），不过有一个（往往会被忽略的）基本事实是，这里几乎明确揭示了希腊人和罗马人关于笑的表达中存在着一种不可译的差异（但同时又自相矛盾地用具有鲜明罗马风格的措辞来形容苏格拉底）。我说"几乎明确"是因为，

（斯蒂芬·哈利韦尔提醒了我）如果听芝诺讲话的观众中包含有罗马人（比如西塞罗），那么他可能会相应地调整自己选用的词语。

[97] Fraenkel 1922（在 Fraenkel 2007, xiii 中得到明确）。

[98] Corbett 1986 收集了许多这类范围广泛的引述，不过他还是努力想要给 scurra 一词时而相当多变的用法构建一个明确的解释性框架（在我看来最终可能依然是徒劳无功）。而且，他的努力显然并没有打动唐·富勒（Don Fowler）："它几乎是劝人们不要进行此类研究的典范"（1987, 90）。迄今为止，我认为对此最清晰的探讨莫过于 Barton 1993 和 Habinek 2005, 182-185：前者提出 scurra 是罗马社会中与精英相对的一类人，后者则强调 scurra 体现了一种焦虑。

[99] 例如 Plautus, *Trin.* 199-211；*Curc.* 296-297（假设卖笑人的奴隶们像他们的主人一样）；*Most.* 15-16。

[100] SHA, *Heliog.* 33.7；Corbett 1986, 73。

[101] 从这一点来说，这个词的广泛用法其实反映了不同地方针对罗马的笑合宜与否划定的界限范围，不过现在已经很难重现了。

[102] Palmer 1989 与 M. Roberts 1993 对这些诗作进行了有益的概述。

[103] Conybeare 2002, 197-198 解释了评论家们是怎样试着摆脱 iocantur 这个词的，不过它的文稿没什么问题。

[104] Conybeare 2002.

第七章

在人与动物（尤指猴子和驴）之间

到目前为止，本书并没有提到多少罗马的女性人物。我们曾说起过大笑的娼妓的形象（见本书第4、133页），也说起过奥古斯都的女儿朱莉娅（见本书第222页）——后者因为白发和秃头的问题，被她的父亲善意调侃了一番。在罗马传说中，朱莉娅并不总是被别人调侃的对象。除了拔白发的故事之外，马克罗比乌斯在《农神节》里还收录了朱莉娅说出的许多令人难忘的俏皮话，据说都是她自己想出来的。其中有几段还颇为大胆地僭越了其父亲治下的道德政策。[1] 其中最为现代学者津津乐道的，是她在偷情（原文是 flagitia，意为"不检点的行为"）和生孩子的事情上表现出的精明："当那些知道朱莉娅私生活不检点的人看到她的儿子们时，都很惊讶，因为尽管许多名不见经传的人都曾与她发生过关系，但她的儿子们都长得很像她的丈夫阿格里帕（Agrippa）。她对那些人说道：'船不满的时候，我是不会载客的。'"[2]

人们便觉得，这位公主在自己怀上丈夫的孩子时（即"船满载的时候"），才会趁机与人寻欢偷情——这种想法被认为是在不留情面地抨击奥古斯都制定的道德法律。不过，回想起这位皇帝那些充满诙谐意味的故事（见本书第 220 页），或许我们也可以把这种想法看作在打趣其中某些故事里的低俗元素。不论怎么理解，但那些知道前因后果的人应该都记得，朱莉娅后来因为通奸罪遭到了驱逐，最后孤身一人，和她父亲在同一年死去 [3]——这样的结局大大地挫伤了这种想法中体现出的盲目轻率的自信。

有一样东西在罗马几乎无迹可寻，那就是女性那种颠覆性的笑——我们称之为"吃吃地笑"（giggling）。这种笑是现代西方文化中的一个特色鲜明的组成部分，最早可以追溯到杰弗里·乔叟（Geoffrey Chaucer）。在本书的第一章，我曾半开玩笑地把狄奥坐在竞技场里的闷笑称为"吃吃地笑"，但是在我们看来，这种笑（包括它的文化和文学意涵）一般只跟女人和"女孩"有关；最极端的说法就是安吉拉·卡特说的那样，它是"女人羞辱男人时的那种天真的愉悦"。[4] 如果罗马文化中真的存在这种根深蒂固的女性傻笑传统，那在流传下来的文学作品中一点也没有反映出来。[5] 这并不奇怪，或许是因为尽管这种笑在女性大众文化中有着重要地位，但直到近年来它都一直游离于主流的正统观念之外——几百年来，男性文学或文化传统中几乎见不到它们的踪影，除非它们是作为被取笑的对象（"吃吃笑着的女学生们"）。在乔叟的《磨坊主的故事》（The Miller's Tale）中，女主人公阿丽生（Alison）嗤笑了被自己戴了绿帽的丈夫——正如卡特所言，这笑声并不是"在文学作品中时常能够听到的声音"。[6]

一般而言，在古罗马社会中，人们对女性的笑在文学作品中的呈现管控得很严格。作为一种性别化的笑，它并没有表现出对男性自负情绪或男性的笑与玩笑传统的威胁；或者我们至少可以说，当时那些或明确或隐晦的规则和制度就是为了确保它不会表现出这种意味来。奥维德在许多问题上的见解都十分睿智，这一次也不例外。在《爱的艺术》第三卷中，他仿写了一首诗，教人怎么才能赢得（和留住）一位伴侣。其中，他戏仿了女性发笑时的常见姿态，因此也让我们看到了罗马笑的传统中某些文化上的分界线。此外，他还引出了本章的主题，即人与动物之间的界线——而笑既有助于明确这一界线，又会对这一界线构成挑战。女人的笑"自然而然地"让人联想到动物王国中的嘶叫和咆哮——对于熟悉古代思想中厌女情结的读者而言，这一点不足为奇。

奥维德用了两卷书的篇幅阐述对年轻男性们的忠告——包括去哪里闲逛才能创造机会（比赛场地和凯旋式游行是热门选项）、一定要记住女方的生日、如何欲擒故纵，等等——而在下一卷书中，他的教导对象变成了另一群人。这位（言辞戏谑的）模拟爱情"导师"继而将目光转向了女性。奥维德先是用几百行文字告诉女性要爱惜自己的身体，注意发型，将身上不太雅观的特征隐藏起来，接着便话锋一转——他警告女性，如果她们的牙齿不好看的话（包括牙齿发黑、个头太大或者不整齐），那就不要笑；警告之余，他还针对笑的问题，给女孩们提供了一些更为普遍的指导。"谁会相信呢？"他说道，"女孩们竟然要学习怎么笑。"[7]

好吧，也不管读者信不信，他接着又梳理起这堂课的重点来。"你把嘴巴只张开一点点就好，"他这样要求道，"同时要让两侧的酒窝（lacuna）保持较小的状态。"这里的 lacuna 一般指"缝隙"或"洞"，在这里却用来指代我们所说的"酒窝"——而且我们只在流传下来的罗马文学作品中找到了这种用法。[8] 当然，我们很难想象一个女孩该怎么做才能够控制自己的酒窝。不过，接下来的这句忠告更让人摸不着头脑："她们应该确保嘴唇的底部能够包住牙齿的上端，同时不应该咧着嘴笑个不停，而应当发出悦耳的、稍微女性化的声音。"

我们在这一部分发现了许多奥维德式的风趣之处。一个好笑的地方在于，他把笑当成了一个可以进行指导的问题。"你肯定不会信的。"这位聪明的老师已经这么说了。我们当然不会信——但他还是给我们上了这堂课。其中有些技巧，比如对酒窝的控制，的确不太可能实现。至于其他的，就简直让人费解了。后世注解和翻译这本书的人们一直都在苦思冥想怎么让"Et summos dentes ima labella tegant"这句话说得通。"确保嘴唇的底部能够包住牙齿的上端"当然是其中一种译法，或者我们也可以把这句话翻译成"确保下唇能够包住上排牙齿"。不过，这两种说法到底是什么意思呢？有一位注解者丧气地表示："奥维德妙笔写下的文字往往读起来没问题，但总让人拿不准是什么意思。"[9] 不过，这难道不正是奥维德的目的所在吗？他是在告诉读者，如果有人说你能够学着控制笑的身体反应的话，那就是在搞笑。我们绝不能遵照这种看似巧妙的教导——这便是这个笑话的含义。

奥维德最后又举了几个例子，警告女孩们哪些笑是不对的，而他的说法几乎让我们马上就联想到了动物世界。"有一种女孩，"他写道，"她们会发出很讨厌的狂笑声，弄得整张脸都扭曲了；另一种女孩呢，她们有时皱着一张脸看着像是在哭似的，但其实是在笑。还有一种，她们（笑的时候）会发出非常刺耳的声音，没有丝毫魅力可言——那笑声就像是一头丑陋的驴子围着粗糙的磨盘打转时发出的嘶叫。"[10] 拉丁原文中在这里将女人比作驴子的做法非常明显：奥维德显然玩了一个文字游戏（ridet / ut rudet），即女孩笑得（ridet）像驴子在叫（rudet）。

这处双关让我们注意到罗马作家们笔下一个关于笑的重要悖论，这是后世的理论家们总结出来的。一方面，笑可以被看作人类的一个独特属性。但与此同时，人类和其他动物最像的地方，就是他们的笑，包括这一过程中发出的噪音、面部表情以及身体的扭曲。简单来说，最尴尬的就是，定义了人性的那个属性恰恰也使人显露出兽性——比如上文，一头嘶叫着的驴子。正如西蒙·克里奇利在说到幽默（而不是笑）时概括道："如果幽默是人的特性的话，那么有意思的是，它也展现出了人性的界限。"[11]

罗马的文学作品往往凸显了这一悖论。在奥维德关于笑的训诫里，体现出这条悖论的不光是利用 ridet 和 rudet 的文字游戏。在前面一部分，诗人还建议女孩应该"把嘴巴只张开一点点就好"，原文中用来形容人在笑时上下唇之间的缝隙的词是 rictus——"sint modici rictus"[12]。这个词有两个主要的指代意思：人在笑时张开的嘴巴，以及动物张开的上下颚。当它指人的笑时，一般意味着人脸扭曲得如同兽类一般。卢克莱修用它形容死神的狞笑，而苏维托尼乌斯则用它来形容畸形人克劳狄皇帝口吐白沫的嘴巴。[13] 但是，这个词最系统、最精妙的用法出现在奥维德的《变形记》中。我们在前面（见本书第 227—228 页）已经了解了这首诗是如何用笑来表现神与人之间的权力关系的。在这首以人与动物身份转化为主题的诗中，rictus 常常是人和动物身份变化的一个标志。比如，当伊娥（Io）被变成一头母牛时，她变形的其中一个标志就是嘴巴变成了 rictus；而当她又变回人类时，脸上的 rictus 又缩了回去（contrahitur rictus）。[14]

卡图卢斯在第四十二首诗（"Adeste hendecasyllabi"）中提出了一个相似的想法：在这首诗里他描述了一个女人的笑，这个女人手中有他的诗稿，却拒绝物归原主。这是一首复杂的诗，尽管用的词句看似很简单，但它涉及辱骂的传统，罗马社会粗糙审判的传统，还有罗马喜剧的传统——这其中的第三点在近代社会也得到了重新探讨。[15] 同时，它针对笑也提出了许多见解。那个拿着诗稿的女人（一个"肮脏的贱妇"[putida moecha]）嘲讽卡图卢斯是个"笑话"（iocum），卡图卢斯随即便攻击了她的笑以及她本人，成功占据了上风。他在诗中写道，她"moleste ac mimice"地笑着。这个词的意思是"烦人地"，同时字面上还意为"像笑剧女演员那样"——我们在后面（见本书第 285 页）会了解到，这个词的内涵比翻译过来的要复杂许多，而且直接触及罗马笑文化中一个重要方面的核心问题。不仅如此，他还写道，她笑的时候"脸就像高卢猎犬似的"（catuli ore Gallicani）。有个好笑的地方在于，诗人用了一个很明显的双关，即 catuli/Catulli，同时整个画面总体上也削减了这个笑着的女人的人性：大张的嘴巴、扭曲的面孔，当然还有露在外面的牙齿——这些把这个女人变成了一头野兽。[16]

在本章的其余部分，我会分析笑是怎样对人与动物之间的界线产生影响的——在这一过程中，我不仅会突出食客形象（在这里化身为动物）的其他方面，还会更深入地探究笑剧和模仿（成功和失败的例子都不胜枚举）作为罗马社会中引人发笑的关键引子，起到了怎样的作用。我会先从"猴子"说起，或者说是"猿类"（我厚着脸皮把所有灵长类动物都归到这两个常见的类目下[17]），然后会重点提到一条重要的古代理论，来说明这些动物是怎样招人笑的。最后，我会用驴子来结束这一部分——而在这一过程中，我们会了解到罗马世界中的几位非常著名的"不笑者"，这些人的不苟言笑是出了名的。阿普列乌斯的《变形记》（*Metamorphoses*，也常被叫作《金驴记》）是一部非常重要的作品，因为这部小说不仅明明白白地将人与驴子之间的界线作为主题（主角卢基乌斯不小心被变成了一头驴子，最后在女神伊西斯的帮助下又变回了人），而且其情节中的一个主要场景就是笑神（Risus）的节日——不过是骗人的。

这些主题又引出了一堆理念上的难题。在第六章，我说明了笑与不同形式的政治和社会等级制度以及筵席之间的联系。但我要提醒你，这一章的难题甚至比那还要纠结：我们要探讨的是笑与戏仿的联系，以及笑剧和众说纷纭的人与其他动物之间界线的联系。这便是本章的部分要点。如果你沿着笑的线索追踪下去的话，就会发现一些叫人意外的文化联系——这便是我想要研究的内容。此外，我还会再次说起罗马的笑中的虚伪性：在古罗马，那些让你捧腹不止的人们和那些你所嘲笑的人们有着紧密的联系。

胡闹的猴戏

猴子和猿类总会让罗马人开怀大笑——这种说法最早可以追溯到古希腊早期,至少罗马人自己是这么认为的。[18] 在阿忒奈乌斯的《哲人燕谈录》中,晚宴上一位登场的宾客提到了一个故事,说的是(传说中)生活在公元前6世纪的叙利亚哲人阿那卡西斯(Anacharsis),这个故事正好切合这个主题。一次,阿那卡西斯参加了一个宴会,当时还来了一群弄臣供宾客消遣,但是他全程都一脸严肃,没有笑过(agelastos)。不过,当他见到有人把一只猴子带进来时,便开始大笑起来。[19] 猴子有意思在哪儿呢?猴子引起的爆笑能不能帮助我们理解罗马文化其他场景中的一些轻笑和大笑?

很容易就联想到灵长类动物。众所周知,从查尔斯·达尔文起,现代科学就已经开始讨论灵长类动物到底会不会笑了。如果它们会笑的话,人们又想知道它们那些可能(或者可能不会)被我们称为"笑"的身体反应与我们的笑有没有显著的区别。[20] 据我们所知,古希腊和古罗马的作家并不关注这个问题,因为他们并没有用猿类的行为来质疑只有人类会笑的观点(偶尔鹭也会笑,见本书第48页)。他们从其他方面讨论了猿类与人类之间的界线问题,不光涉及灵长类动物与人类的相似之处,还尤其提到这些动物酷爱模仿的特点。它们是不是真的和人类很像?或者说只是它们装作如此?这两种情况的区别在哪里?还有一些问题也让近现代的人们好奇不已。事实上,以本书部分读者的年龄(作者本人也是如此),他们一定还记得以前去逛动物园时,最有意思的部分便是黑猩猩的茶话会:它们穿着傻乎乎的人类的衣服,坐在桌子旁,被安排像人那样喝茶。那一幕其实是一个有力的提醒,促使人们思考自己和那些猿类动物之间有什么区别。[21]

在古典时代的希腊,猴子(即希腊语中的 pithēkoi)同各种形式的伪装与模仿联系在一起。在公元前 5 世纪上半叶,品达(Pindar)利用猴子的意象进行了一番看似很有说服力的表述(他写道,孩子们觉得猿类很漂亮或者很可爱[kalos],但是冥界的判官拉达曼堤斯[Rhadamanthys]不会在听到与这些动物有关的诋毁或欺骗时信以为真[22])。而在后来的喜剧作品和雅典的法庭演说中,弄虚作假(比如声称自己享有本不拥有的公民权利)一般会被攻击为是猴子的行径。[23] 事实上,阿里斯托芬为了表现被夹于欺诈和奉承之间的尴尬处境时,也曾利用过猿类的喜剧效果。他造过一个很有意思的词,叫作 pithēkismos(胡闹或戏弄),就表现出了两层意思:一是模仿或弄虚作假;二是摇尾乞怜或溜须拍马的样子。[24] 而且,他并不是唯一一位这样做的作家。还有一位公元前 5 世纪的喜剧作家叫作普律尼科斯(Phrynichus),他有一部作品只有一个片段残存了下来,里面把四个男人比作猴子——一个是胆小鬼,一个是马屁精,一个是具有十足欺骗性的非法公民(或者说是一个冒名顶替的骗子),可惜的是,最后一部分比拟已经找不到了。[25]

古罗马的作家把这些主题全都继承、发扬了下来。不过,由于罗马单词 simia(猴子)和 similis(相像或相似的)实在太相近了(而且人们很容易认为其中一个单词来源于另一个,但这种看法是错误的),罗马人在探索猴子身上善于仿拟的特点时便轻松多了。[26] 与这两个单词有关的双关语最早起码可以追溯到诗人恩尼乌斯,他的名言"猴子,这种丑陋的生物和我们何其相似"(simia quam similis turpissima bestia nobis)曾被西塞罗引用过。[27] 而且在很多不同的语境里,猿类和猴子都被作为模仿的代名词。

罗马喜剧作家们发现猴子的形象可以作为一个强有力的符号,象征着它所做的那些模仿把戏。特别是普劳图斯,他的戏剧里出现了许多猴子的名字(比如 Simia,Pithecium 等),和猴子有关的梦,甚至还有猴子咬人的故事；[28] 而这种以猴子为主题的构思则在一座颇为奇特的小雕塑上实现了具象化，我们几乎可以肯定这座小雕塑就来自罗马时代，它展现了一个喜剧演员，用一个猿猴脑袋，取代了戏剧面具（见图3）。[29] 贺拉斯也曾经将一个好模仿、总是拾人牙慧的诗人称作"猴子"，他这么说必然是受到了恩尼乌斯的某些影响吧。[30] 公元2世纪末或3世纪初前后，埃利阿努斯信心满满地提出模仿就是猴子的独特属性——这种观点与罗马的文化氛围是相符的。"猴子是最爱模仿的动物，"他解释道，"你每教它一个肢体动作，它都能学得像模像样，好显摆出来。当然，只要你教它，它连跳舞和吹笛子都能学会。"接着，他还提出猴子爱模仿的习惯可能会要它们的命（或者起码会让它们被捉住）。印度的捕猴人在

图3　一个猿头人身的演员铜像（古罗马时期）。这个雕像象征着演员的模仿与猿猴的学样之间的交叠。

第七章 在人与动物（尤指猴子和驴）之间 273

看到猎物时，就会把鞋子穿上，然后再丢下几双，让那些猴子也学着他们的样子穿上——关键是，他们给猴子留的鞋子是和陷阱连在一起的。[31]

在庞贝城发现的一些图像也体现出，猴子们爱模仿人类是出了名的。[32] 有一座小雕像上刻着一种猿类，它戴着顶弗里吉亚无边帽，手上抓着一把匕首。[33] 此外，古城里最气派的一座宅邸里有一幅看着很奇特的画，上面画着一个男孩和一只猴子，那猴子穿着件短袍，（想必是）随时准备着献上自己的模仿把戏（见图4）。[34] 但是这其中让人印象最深刻的是一块绘有图画的雕带，上面用滑稽的丑化手法刻着罗马的开国英雄们。其中有罗慕路斯（Romulus）的画像，还有埃涅阿斯与父亲、儿子从特洛伊出逃的场景（后者保存得更完好一些）。所有这些人

图4 一个男孩和一只正准备表演的猴子，出自庞贝城"狄俄斯库里之家"中的一幅画作（创作于公元1世纪）。这只猴子成为舞台上的表演者。

物都被刻画成模样奇怪的混种猿猴，他们都长着尺寸过大的生殖器、尾巴和狗头（见图5）[*]。[35] 人们对于这里想要表现什么笑话的问题一直都争论不休。有人觉得这里是一个颇能体现学识的形象化双关：附近的庇忒库赛岛（Pithecusae，字面意思为"猴岛"[Monkey Island]）也被叫作埃那里亚（Aenaria），许多罗马人认为这个名字的意思就是"埃涅阿斯岛"——所以图上把这两者合二为一了。[36] 还有一些人则觉得它以一种"喜剧"的方式，"抗拒"庞贝城的罗马化，以及奥古斯都时期对早期罗马传奇的利用。[37] 不过，无论我们怎么解读这些图像，它们至少能体现出猴子与神话英雄在喜剧的情境中是可以相互替代的；猴子甚至可

图 5 戏拟埃涅阿斯带领父亲和儿子逃离特洛伊的场景——只不过人的脑袋被替换成了猴子的脑袋（出自庞贝城 1 世纪时的原创画作）。

---

[*] 作者在图 5 的说明文字中将其称为"猴子的脑袋"，而非"狗头"。

以扮演罗马开国英雄们的角色——目的就是博人一笑。

然而，猿类动物到底为什么能如此逗乐呢？如果我们以为自己能够解释清楚某个罗马人看到猴子时便开怀大笑的原因的话，那就是在自欺欺人了（更别提他们看到的可能是猿猴模样的"埃涅阿斯"了）。不过，罗马文学中有一系列故事和说教式的讨论，它们能够帮助我们更好地理解所谓的"猴戏"与笑之间不断变化的关系。这些故事说明了模仿和奉承的重要性，同时也表明人与猴子之间明显存在着交叉。

从一种层面上来讲，正如阿里斯托芬所造的词表明的那样，猴子可以被看作兽类中的"食客"，即那些靠溜须拍马和逗笑换得饱腹、占尽便宜的宾客。普鲁塔克在《如何辨别奉承者与朋友》（*How to Tell a Flatterer from a Friend*）一文中便表达了同样的想法。"你看到猴子了吗？"他在文中这样问道，"它既不能像狗那样看家，也不能像马那样负重，更不能像牛那样犁地。所以，它要经受虐待和谐谑，容忍人们的把戏，把自己当作笑的工具一般。奉承者也是如此。"[38] 也就是说，大自然中的猴子对应的就是人类文化中的"奉承者兼小丑"。斐德罗有一篇寓言讲的是暴君和奉承者之间发生的故事，他在其中也表达了这种看法：他从动物王国中选了狮子来象征暴君，用猿猴来象征奉承者。[39] 无独有偶，阿那卡西斯的故事也强调了这一点。当别人问他为什么猴子让他发笑，而弄臣却不能时，这位哲人回答说，猴子的好笑（geloios）"是天生的，但人的好笑是做出来的"[40]。

另一个主要因素当然就是猴子的模仿行为。我们在前面说起过（见本书第194页），当罗马的演说家们模仿对手的声音和姿势时，几乎能确保观众会爆发出笑声来——尽管这种做法可能并不得体；那么，我们也应该简单地了解一下那些单纯只为逗笑观众、具有强烈模仿性质的喜剧表演形式。猿类和猴子之所以好笑，有一部分显然源于它们对人类的模仿。不过，有一两个隐藏包袱的故事的好笑之处比单纯的模仿要复杂一些。它们说明，这些灵长类动物尤其好笑的地方在于，它们正处在人与动物的分界线上——同时还有它们在尝试模仿人类时表现出的不稳定性。或者换句话说，人们有时会因为它们失败的模仿而笑得格外响亮，而这也揭示了模仿的实质。

在这些观点的基础上，公元 2 世纪的讽刺作家、散文家琉善写了一篇故事。故事的主角是一位埃及国王，他曾经教会了一群猴子跳古希腊战舞。这群猴子戴着面具，穿着紫色长袍，跳得很是像样——直到有一位观众在表演期间往台上扔了一些坚果——琉善这样写道。顿时，猴子们又变回了猴子，忘记了舞蹈，丢掉了身上精美的衣服，围着坚果你争我抢起来。底下的观众见状纷纷开怀大笑。[41]

利用这个故事，琉善试图在这场热闹而又具有讽刺性的哲学舌战中提出一个特殊的观点。这些猴子就像那些伪君子一样，他们声称自己对金钱不屑一顾，提倡财产共享……直到自己有一个朋友陷入困境，需要用钱，或者出现有利可图的情况。到那时，他们就会露出自己的本来面目。不过，琉善也对笑的机制提出了自己的见解。是谁引发了笑？怎么引发的？这里有两个不同的刺激因素：一方面是那个扔坚果的男人（琉善直接称其 asteios——这个希腊语单词对应拉丁语中的 urbanus，即"机智而又风趣"）；另一方面则是猴子本身。猴子的好笑之处便在于它们没能维持住人的角色——也就是再次穿过了猿类与人类之间的界线。

在《地理学》(Geography) 一书中，斯特拉波 (Strabo) 在介绍北非时讲述了一桩轶事，从中我们发现了一种不同的微妙之处，即猿类和人类之间那条模糊的分界线指向不同的压点。笑可以短暂地打断清醒、严谨的叙述。斯特拉波写这本书时正值公元 1 世纪早期，他借用的是斯多葛学派的哲学家、智者波西多尼乌斯 (Posidonius) 的记录——后者生活在那之前一百年左右。波西多尼乌斯在沿着非洲海岸线航行时，看到一片森林里住着一群野生的猴子。它们有些住在树上，有些在地上，有些在给自己的孩子喂奶，还有一些则让他大笑起来：有的长着沉重的乳房，有的头顶光秃，有的没有毛发，还有的有着明显的体貌缺陷。[42]当然，这些猴子并没有刻意模仿任何人；它们只是一群猴子罢了。通过这种方式，这个故事告诉我们，在"模仿"中，观者对相似性的认知同有意的拟态一样重要。这里好笑的地方在于，波西多尼乌斯因为这些特征笑了；而如果这些猴子是人类的话，他也依然会因为这些特征笑出来（我们前面已经说到过，秃头在罗马社会几乎总能让人忍俊不禁；见本书第 82、222、239 页）。再进一步的话，我们还能认识到，古代猴子引起的一部分笑其实来源于它们在人与动物分界线上的模糊位置——或者至少来源于我们对它的认知（也就是说，也许我们和波西多尼乌斯才是笑话）。

这些故事显然在暗示，灵长类动物和人类的笑之间是存在着联系的——不过也仅仅只是暗示，它们并没有直面人们为什么会笑猴子的基本问题。不过，罗马帝国有一位作家曾经直接探讨过这个问题，他就是医生盖伦。盖伦在几段精彩的文字中铺陈了自己的思考，他不光试着解释猿猴有趣在哪里，还差点用猿猴的例子来反思人类的行为，以此来分析为什么人类中的小丑（或者滑稽艺术家）能够让我们放声大笑。这段关于笑的大胆论述夹杂在长长的医学论著《论身体各部位的功用》（*On the Usefulness of Parts of the Body*）中，因此并没有受到该有的关注。

在第二章，我扼要地介绍过盖伦的想法，并总结了他的观点。用我们的话来说，盖伦认为猴子和猿类就像是人类的"讽刺画"。"我们所笑的"，他写道，"主要是它们的模仿。这些模仿在大部分方面都（与我们）高度相似，但是在最重要的几个方面却错得一塌糊涂。"而且他还拿猿类的"手"举了个例子：猿类的"手"和人的手很像——但它们的大拇指指端无法跟其他手指的指端碰到一起，所以猿类的拇指既无用又"可笑至极"（pantē geloios）。不过，这里还只是整段讨论的一部分，它引出了更深层次的问题，即视觉上的笑话是如何产生作用的。

在《论身体各部位的功用》中，有两段内容尤为重要。第一段便包括了上述关于猿类的"手"的讨论，盖伦在其中还进一步探讨了猿类的模仿能力，以及想要博人一笑的人类艺术家的行为。说到灵长类动物，盖伦有一个很基本的观点，那就是它们都是糟糕的模仿者——这也呼应了"猴子与坚果"的故事。品达曾有一句名言，说小孩子会觉得猴子"很漂亮"。盖伦解释说，品达的话告诉我们："对于正在玩耍的孩子们来说，猴子是一个很好笑（geloion）的玩具，因为它会试着模仿人类的行为，但最后总会可笑地以失败告终（epi to geloion）。你难道没见过一只猿类动物试着吹笛子、跳舞、写东西，做所有人类在做的事情吗？你那时是怎么想的？你觉得它们能像我们一样做所有的事情，还是觉得它们很可笑（geloiōs）？……就其全身而言，我的论证随后会表明那只是对人类的可笑（geloion）模仿而已。"[43] 接着，他还指出，我们可以拿滑稽艺术家的套路做一下类比："换作是一个画家或者雕塑家，当他在塑造（mimoumenos）一双人手，并且想要故意犯个错来博人一笑时（epi to geloion），那么他犯的错误便会和我们看到的猿类动物的错误一模一样。"随后，盖伦在这篇论著中总结了自己心中的首要原则，那就是身体各部位的特性与灵魂的特性是相匹配的；并且在这一部分，他又一次说起了猿类动物：

> 我们前面说起过，猿类是一种就灵魂而言十分荒唐可笑（geloios）的动物，而且还是不太高明（pros to cheiron）的模仿者。[44] 大自然为它们造就了一副与之相对应的身体。事实上，猿类腿骨的整个结构使得它们没法漂亮、笔直地站立，而且它们腿背上的肌肉还相当好笑（geloiotatous），与其身体构造并不协调。正因如此，它们没法安全、笔直地做出站立的姿

势。不过，当一个人想要逗别人笑（gelōtopoiōn），或者嘲笑（skōptōn）另一个跛脚的人时，他便会一瘸一拐地站立、走动、跑动——猿类动物就是这样使用自己的腿的。[45]

这段论述很大胆，不过确实也存在着各种各样的问题。盖伦在不同形式的模仿之间转换得太过轻松随便了：从最简单的"相像"，到主动的"模仿"，再到艺术家的"讽刺画"。但是，他做出了一个很极端的尝试（在古代看来如此），那就是解释为什么猿类的模仿特性会让它们看起来那么好笑。在盖伦看来，虽然这种生物可以"模仿"（ape，这里暂且用一下英语中形容猴子模仿的说法*）人类，在某些方面看起来真的和人类很像，但是它永远不可能完全跨过种族之间的界线，而这就是让我们笑出来的地方。

不过，这段论述依然具有莫大的意义，因为盖伦把猴子和猿类引起的笑同各种人类"开心果"带来的笑做了比较。在古代，只有为数不多的人尝试过像这样直接思考视觉图像引人发笑的原理。[46] 在我引述的上一篇文章里，盖伦把两种事物联系在一起：一是猴子天生笨拙的身体动作；一是一个人通过模仿跛脚之人逗乐大家时，做出的模仿性、表演性动作。反过来看这个问题，我们会发现，猿类好笑的天性有助于解释我们为什么要笑人类中的模仿者或者小丑。基于盖伦的论述，我们可以更进一步说，他几乎不光把猴子看作弄臣，其实同样也把弄臣看作猴子。这在一定程度上是前面那句话的变体，即猴子的好笑"是天生的，但人的好笑是做出来的"。

这些围绕猴子提出的主张奠定了本章其余内容的基础，我们会先

---

* 在英语中，ape 做名词时，意为"猿类"，后引申为"傻瓜""模仿者"等。做动词时，有"模仿"意。

了解人类社会中的笑剧和滑稽模仿，最后再介绍阿普列乌斯对于跨越种族界线的问题是怎么看的。在那之间，我还会再次提及阿那卡西斯的例子——就是那位在宴会的大部分时间里都没有露出笑容（agelastos）的人；同时，我还会再度探讨一个问题：什么才能让一位不笑者笑出来——这里面涉及模仿以及人与动物之间界线的类似问题。

笑剧、模仿和拟态

和其他动物相比，猴子更能代表模仿和笑之间的关联。不过，在罗马世界中，它们并不是唯一一群可以预示笑的模仿者。当一位罗马演说家禁不住想要恶意模仿自己的对手时，人们便会联想到罗马的笑剧和笑剧中的演员们。一般而言，在罗马，演说与舞台表演的关系是暧昧不清的：演说家可以从技艺娴熟的演员那里学到一些窍门，而且他们确实也这样做了；不过，和西塞罗之流相比，演员显然处于社会等级、政治等级和文化等级中的另一端；罗马权力的原则在一定程度上将地位与自身的话语所有权联系在一起，据此来看，演员注定只是他人所写文稿的代言人而已。[47] 但是说起笑剧，就不存在这样的矛盾。笑剧演员（mimus）就像卖笑人一样，是精英演说家的讨人厌版本。笑剧是一种古代的戏剧体裁，与笑有着紧密的联系；不过，如果说一位逗乐观众的罗马演说家是在扮演一出笑剧中的角色的话，则无异于是在暗指他干了件出格的事。那么，为什么笑剧会这么好笑——但又如此让人难以接受呢？它在罗马的"笑学"中起到了什么作用？

在现代学术界，笑剧是一种备受争议的体裁。事与愿违的是，我们对罗马笑剧所知甚少。一旦遇到自己并不了解的事情，我们就很容易带着不该有的信心进行猜测——而有时我们可能对自己做的一些明摆着的事情视而不见。关于笑剧的一个共识是，不管早期的希腊传统对它产生了什么影响，笑剧都是罗马的一种殊为重要的媒介，影响着各种形式的文学产物，包括贺拉斯的作品、拉丁语的爱情哀歌和佩特罗尼乌斯的作品（伊莱恩·范瑟姆曾将其称为"罗马文学史中失落的纽带"）。[48]另外，还有一个共识，那就是笑剧是古代戏剧中为数不多的包含女性表演者的体裁之一，而且男性和女性演员都有台词——它并不是我们一贯以为的那种（无声的）戏剧。[49]除这两点之外，和笑剧有关的一切都扑朔迷离。

人们一度认为笑剧和"幽默剧"（pantomime）之间有着显著的区别——后者（有别于现代语境中的默剧[pantomime]，尽管它们在英语中是同一个单词）的表演一般是舞者沉默地伴着歌者的歌声起舞。不过实际上，古代作家模糊了两者之间的区别，比如在马克罗比乌斯的《农神节》中，那些知识渊博的就餐者们就在笑剧和幽默剧的话题间自如转换（见本书第130—131页）。[50]我们常会说到，笑剧的表演者与古典时代其他主要戏剧体裁的表演者之间存在着一个显著的区别，那就是笑剧演员在表演时不会戴着面具。事实也许果真如此，但是这种说法的依据主要还是西塞罗在《论演说家》中的一篇文章——其中斯特拉博的角色问道："还有什么能比滑稽演员（sannio）更好笑呢？但他带来笑声（ridetur，'被取笑'）的是面部表情、神态、声音甚至形体姿态。我得说这很有趣（salsum），但是我并不想让演说家效仿，毕竟那副模样看起来像是笑剧演员一样。"[51]

现代人对此的解读是建立在一个观点之上的，那就是如果脸能够引人发笑的话，那么相关的角色便不可能戴着面具（因为面具会把脸掩藏起来）。但是上述这段话并没有这么说。它提到了某种小丑（即上文说的"滑稽演员"）的面部表情和神态，并且将其一贯采用的逗乐风格与笑剧演员的手段进行比较。[52]不管怎么说，有趣的表情可能实际上只是面具上的表情——尤其特土良（Tertullian）明确表明古罗马是有戴面具表演笑剧的传统的（"你的神的形象掩盖了他那肮脏不堪、臭名昭著的头颅"，他笔下所写的很可能就是一个笑剧演员）。[53] 或许，我们想要谋求的就是这种遍寻不着的一致性。

此外，还有许多其他关于罗马笑剧的性质的证言，它们往往互相冲突，所以我们很难整理出具有信服力的说法来。罗马的作家有时会把笑剧和下层社会紧密联系在一起，指出笑剧的表演场所一般在街道上，面向的是普通大众；但有些时候，他们提到上层人物的宅邸中也会有笑剧表演，这些演出面向的就是地位较高的剧迷了。[54] 这些作家还提到，笑剧是一种即兴表演，尽管我们对于笑剧的了解大多来自保存至今的精心编写的文学版本，包括（据称）腰缠万贯的拉贝里乌斯所写的作品。据说，尤利乌斯·恺撒曾叫此人参演其本人创作的一部笑剧（这是羞辱他还是笼络他？）。[55] 有时，我们查到的资料表明，笑剧中的情节都脱胎于人们的日常生活，而且大多都是些比较低俗的故事；这与《农神节》里那些体面的角色所设想的一致（见本书第 130—131 页），而且许多残存的莎草纸碎片上记录的也都是些和偷情、"屎屁尿"以及"下体因素"有关的故事。[56] 但是，其他一些笑剧的情节都带有明显的神话性，尽管它们最后都会成为狂放活泼的戏仿，而不是那种规矩的表演（比如拉贝里乌斯的《安娜·佩壬娜》[*Anna Peranna*] 或者维吉尔那几版由著名笑剧演员出演的《牧歌》）。[57]

不难看出为什么有些学者费尽心思地想要按照时间顺序理出笑剧的发展历程来（即笑剧的人物角色和观众是否存在从大众文化到精英文化的转变，或者笑剧是如何越来越无下限的——近来的一位评论家说，笑剧"随着时间的推移变得越来越粗野下流"[58]）。同样，我们也不难发现为什么另一些学者认为笑剧只是一个统称类别，指出它其实包含"所有不属于头戴面具表演悲剧或喜剧的戏剧表演形式"。[59] 这种认为古代的笑剧和现代的滑稽剧一样,只是一种含糊的表达的观点很有吸引力,而且能让那些互相矛盾的证据都说得通。但是尽管如此,这种看法还是回避了两点关于笑剧的确切事实(或者最起码没有给予足够的重视):笑剧的全部意义便是让人们发笑,而且它是一种模仿性极强的戏剧体裁。

笑剧与笑是相伴相随的,这一点毋庸置疑。而且单单凭这个原因,笑剧就值得成为本书的焦点之一。前面几章在提到笑剧时,都指出它能够引人发笑(无论它的性质好坏,或者粗野与否)。这样的联系被一次次记录了下来。比如,有些纪念知名笑剧演员或作家的缅怀诗就强调了这一点。菲利斯提翁(Philistion)是罗马帝国早期的一位笑剧作家,有一首诗歌对他大加赞扬,歌颂他"使哀痛的生命与欢笑交织在了一起"。为笑剧演员维塔利斯(Vitalis)竖起的纪念碑也传达了类似的讯息,因为他能够"将笑声从悲伤的心灵中释放出来"。[60] 后来到了公元 6 世纪,智者加沙的科里基乌斯(Choricius of Gaza)驳斥了基督教中批评笑剧的人们,为这一体裁具有的力量辩护,称赞它们能够使人恢复元气,放声大笑;有意思的是,他还就笑在种族界线中的角色提出了另一个看法,指出笑其实是人类与神祇共有的一种属性。[61]

那么,为什么笑剧会具有如此强大的逗人发笑的力量呢?同样的,我们没法了解某一个人就某一场表演发笑的原因——答案可能有很多种,比如此人可能从屁股和放屁的元素中得到了某种狂欢式的快感,又或者仅仅只是因为其他观众全都笑翻了天。但是,当精英阶层的作者们在论述笑剧时,关键点在于将笑与这一戏剧体裁的模仿性联系在一起——毕竟笑剧的名字便暗示出了这一层关系*。这便远远超出了所有戏剧表现形式背后关于模仿的一般问题(而且这个问题从哲学层面来看富

---

* 模仿(mimicry),笑剧(mime)。从字面上看,笑剧与模仿具有某种相关性。

有争议）；笑剧的好笑与其中的模仿行为有关联。[62]

在古代，主要悲剧和喜剧体裁中的演员在多大程度上是像现代这样"表演"的？这个问题至今仍然没有定论。有一些迹象表明，随着时间的推移，各种形式的模仿在主流的古代戏剧中变得越来越重要，而且它们更侧重于逼真地表现语言和口音——即使这一切是在程式化的面具后面进行的。[63] 尽管如此，这种模仿从未被当作悲剧或者喜剧的一个决定性特征，因为它是附属于笑剧之下的各种表演传统。西塞罗和昆体良都指出笑剧体裁中存在具有攻击性的模仿行为。马克罗比乌斯记录的那个关于笑剧（或者幽默剧）的故事说的就是对疯狂的赫拉克勒斯的逼真模仿，只不过被观众误读了（见本书第 131 页）。[64] 古代有些学者也试着去定义笑剧的本质是什么（现代学者并不是第一群想要理清错综复杂的古典文化的人），他们也多次强调这种戏剧的模仿性。比如 4 世纪的文法学家狄奥墨德斯（Diomedes）就描写过它"对不同形式的讲话的模仿"，它"对下流言辞与行径的粗野模仿"，以及它是怎样因自己的模仿属性而得名的（"仿佛它是唯一一种用到模仿的体裁似的，虽然其他文学形式 [poemata] 也这么做，但只有它像是得了某种特权，宣示自己对这种共同属性的拥有"）；埃万提乌斯（Evanthius）和狄奥墨德斯差不多处于同一时代，他也表达了相似的想法，指出笑剧"一般会模仿常见的事物和地位卑微的人们"。[65]

我们不能轻描淡写地把这一立论称为文法学家给出的答案，把词源学知识（"笑剧是具有模仿性的"[mimes are mimetic]）当作解释这个问题的捷径。西塞罗、昆体良和马克罗比乌斯都坚称笑剧演员的模仿有助于逗人发笑。观众会因为演员的模仿和伪装作态大笑，而如果为了表达上方便，也不那么追求准确的话，我们几乎可以说观众笑的就是演员本人（如果观众没笑，那么这场笑剧就失败了）。正因如此，再加上这种行为带有下层社会的气息，演说家才会这么害怕自己被错认为笑剧演员。这就意味着他没能战胜一位上层社会演说家所面临的挑战：如何既能逗观众发笑（作为一个逗乐之人［ridiculus］），又能保全自己不成为观众的笑柄（也就是变得滑稽，另一种意义上的 ridiculus）。

这些是笑和模仿、笑剧之间的几点显而易见的联系，它们能够帮助我们理解罗马文学作品中一些十分有名的篇章。我前面特别提到过卡图卢斯所作的一首诗里的句子（见本书第 268 页），这首诗里，他想拿回自己的诗稿。他在其中写道，那个拿着他的诗稿不愿物归原主的放荡女人 mimice ac moleste 地笑着。我当时暂且把这个短语理解为"像笑剧女演员那样"，而且大部分翻译这首诗的人也都是这样处理的。盖伊·李（Guy Lee）把这里理解成荡妇"面目可憎地像戏子一样笑着"；约翰·戈德温（John Godwin）觉得那个女人"笑得像女演员似的"；而彼得·惠格姆（Peter Whigham）则说她"像演戏的荡妇似的"。为这首诗做注解的人们也都大而化之地处理了这句诗的意思，比如肯尼思·奎恩（Kenneth Quinn）就把这个画面简化成一个现代的年轻电影女演员在那里噘嘴发脾气的古代版本。[66] 这种解读也许有一部分表达出了卡图卢斯这句恶言攻击的意思。当笑剧上演时，很可能幕布的两侧都有笑声，要是假设表演笑剧的男女演员脸上挂着清晰可见、可能还有些浪荡的笑的话，也没有什么不合情理的地方——虽然我个人觉得不太可能看到年轻女演员噘嘴的表情。不过，卡图卢斯对那女人的嘲讽比这更加尖锐。尽管原诗的意思没法翻译出来，但是诗人的确表明那个女人做出了不雅、可笑的身体模仿，好似一个小偷小摸的荡妇。同时，卡图卢斯还指出了一点，那就是如果日后还有人看到她在模仿伪装，我们还是会嘲笑她，就和她笑得"像演戏的荡妇似的"时一样。而卡图卢斯写下这首诗的目的就在于此。

其中有些问题也反映在夸尔媞拉（Quartilla）的故事里，这个故事记录在小说《萨蒂里孔》（Satyricon）的开头。《萨蒂里孔》成书于公元

1世纪,作者是佩特罗尼乌斯。现代的评论家们围绕夸尔媞拉的故事进行了激烈的讨论,部分原因在于我们现有的文本有太多空白的地方,所以搞清楚故事里究竟发生了什么、顺序是怎样的,就成了一个颇有意思的挑战。[67] 但是,有一点很清楚,那就是在这个故事流传下来的标准版本的开头里,小说的讲述者和非正统派主角在他们的寓所接待了夸尔媞拉的一位侍女——夸尔媞拉是男性生殖之神普里阿普斯(Priapus)的女祭司。这位侍女告诉他们她的主人夸尔媞拉马上就要到来,而后者去到那里拜访这些男人,是作为对他们先前破坏了普里阿普斯的神圣仪式的回应。女祭司不久之后便来到了这些男人的寓所,她先是为他们亵渎神祇矫揉造作地哭泣了一番,然后就开始了毫无保留的放纵狂欢——不过,现今流传的故事版本中有许多空白处,所以这其中的许多细节都已经找不到了(或许我们该为此感到庆幸)。

大多评论家都认为,笑在这段故事里是一个反复出现的元素(而玛丽亚·普拉扎[Maria Plaza]则准确地指出它使得叙述中出现了许多解读上的棘手难点——毕竟要说清楚谁在笑谁以及我们把谁的笑视作权威的并不容易[68])。不过,考虑到本章关注的问题,我们要注意到在那场狂欢开始之前曾爆发过一次笑声,这一点尤为重要。就在夸尔媞拉刚刚擦干鳄鱼的眼泪,要为后面的性爱派对做准备时,她突然大笑起来,样子十分骇人——接着到处都回荡着她的 mimico risu。[69] 这里再次出现了翻译问题。在这个故事的各个现代版本中,我们发现了多种译法,包括"做作的笑声"、"荒唐滑稽的笑声"、"戏剧性的笑声"和"下流粗野的笑声"。[70] 然而,这依然只是问题的一方面而已。科斯塔斯·帕纳约塔基斯(Costas Panayotakis)等人明确指出,《萨蒂里孔》中的这一段围绕的就是笑剧的主题和传统——同时还有笑剧般的情节。[71] 这或许就能说明,夸尔媞拉和她的侍女笑得就像是在"演戏"似的,毕竟前面也都在描述她有多做作，或者也可以说她们的笑带着笑剧演员的那种下流与粗俗。

不过，mimico risu 这两个直截了当的单词却促使我们更直接地关注其与笑剧的连接与关联，以及笑在这些表演中更为广泛的"体系"——毕竟它涉及演员和观众两个群体。佩特罗尼乌斯一方面利用了这个体系，另一方面又颠覆了它。夸尔媞拉的笑剧表演本应该让观众们发出愉快的轻笑声，因为这就是笑剧的本质和目的。而事实上，故事中的观众（即故事的讲述者和他的朋友们）却是一脸茫然和震惊。这些人既是被愚弄的笑柄，也是没能笑出来的观众，所以最后只能面面相觑。他们压根就没有笑。从某种程度上来说，这也是对这一戏剧体裁的颠覆。佩特罗尼乌斯不仅借鉴了笑剧，还破坏了它的常规传统——这让演员与观众之间原本的关系出现了动摇，也表明关于到底谁在笑谁仍有更多的疑问。[72]

笑死——以及某些不笑的传说

在罗马社会中，不同的模仿形式与笑的关系其实有着更加广泛的影响——有时这影响还颇为危险。其中有一点便在《辞疏》(On the Meaning of Words) 收录的一个故事里得到了凸显，这本书是费斯图斯（Festus）在 2 世纪完成的一部词典。[73] 在词条 pictor（画家）中，我们了解到公元前 5 世纪的著名艺术家宙克西斯是怎么死的，"画家宙克西斯是笑死的。当时，他因着自己画的一幅老妇画像而放肆地大笑起来，就此一命呜呼。维里乌斯·弗拉库斯（Verrius Flaccus）为什么要在解释词语的意思时提起这个故事呢？我实在不太明白——而且他还引用了几句不太高明的佚名诗，说的也是这件事：'那么，他要怎么停住笑呢？

难道他想像那个画家一样落得个笑死的下场？'"[74] 伦勃朗（Rembrandt）晚年的时候画了一幅自画像，便是上面这个故事在后世的翻版，还颇有名气。在这幅画上，艺术家大笑着，而背景里则是一个长得很丑的人。评论家常常会觉得这个画面的意义很费解。比方说，这是伦勃朗将自己扮作德谟克利特吗？我们几乎可以肯定地说，并非如此。因为画面中的那个次要人物看起来显然是一位女性，那么这样一来，伦勃朗所扮的自然是宙克西斯无疑了——他直面了自己的末路，并且还特地以一位画家的故事作为参考（见图6）。[75]

我并不关心宙克西斯笑死的故事是真是假（这个故事在宙克西斯去世的几百年后初次得到了证实，而且就算假设费斯图斯笔下奥古斯都时

图6　伦勃朗《扮作宙克西斯的自画像》（1668年）。请注意背景中的那位老妇人。

期作家维里乌斯·弗拉库斯提到的故事是真的，我们也没法知道他是从何处得知的）。同样，我也不关心"笑死"在生理学层面的可能性有多大——毕竟这是古今文化中都很知名的传奇故事。我关注的问题是，宙克西斯为什么会觉得一幅老妇的画像很好笑？而且好笑到要了他的命？

我们可以从主流古代社会厌女情结（再加上老太婆往往属于遭人嫌恶的文化范畴）的角度来考虑这个问题。老妇们就该被嘲笑啊，不然还能干什么呢？如果一个艺术家画了一幅老妇的画像，他除了笑这幅画，还能干什么呢？老妇们就这么要命吗，就连她们引起的笑都能置人于死地？像这样因厌女情结滋生的想法很可能是一部分原因，但这个笑的故事远远不止这么简单。[76]

无论宙克西斯的画是什么样的（毕竟全都失传了），后世的描述和讨论（大部分都是罗马时期的）关注的都是它们的模仿性。关于这一点，体现得最明显的莫过于老普林尼讲述的那个故事了。故事很有名，也被后人们好生分析了一番，讲的是宙克西斯和他的对手帕拉西乌斯比谁画的画更加逼真：宙克西斯先是画了一串葡萄，看着简直就像是真的，以至于把飞鸟都给骗了（惹得飞鸟前来啄食）；但这并没有让他获得胜利，因为帕拉西乌斯画的画骗到了他（帕拉西乌斯画了一幅窗帘，而宙克西斯见了还想要把它掀开）。[77] 费斯图斯讲述的故事虽然目前还没有得到认可，但其实说的是同一个主题，我们可以看到宙克西斯以假乱真的能力还有更具挑战性的一面，以及罗马社会的模仿中另一种好笑的特质。宙克西斯肯定觉得自己的模仿太好笑了——而这恰恰要了他的命。这让人难免会想到，伦勃朗在画中将自己扮作宙克西斯时，一定清楚自己在做什么。

宙克西斯的故事引导着我们从多个角度考虑问题。显然，它启发我们去寻找古代其他被自己笑死的例子。但与此同时，它又反过来让我们想到了古典时代的"不笑者"——（后文将会提到的）一个让人印象深刻的故事把两种人联系到了一起,一是那些因为自己的笑而不幸毙命的人,一是那个无人不知的、据说终生不曾笑过的罗马人。这使得我们可以一窥古代如此滑稽的场景,以至于它可以激发出强烈到让人毙命的笑意,也能够让一个出了名从来不笑的人轻笑出声。在本章的最后一节中,这让人难以忘怀的一幕会让我们重新回到人与动物的界线的问题——只不过这次我们关注的焦点是驴子。

笑的历史和文化必然和那些不笑的人有着紧密的联系。笑的故事也不应该遗漏那些没有捕捉到笑点的人。不过不笑者在文化中很少会得到关注(而且确实也很难研究),除非当他们也没能抑制住笑意,甚至最终也大笑出声的时候。在欧洲的童话故事中,让人印象最深刻的主题之一便是"不会笑的公主",以及她第一次笑时(往往)具有情色意味的前因和后果。[78] 古典时代的希腊也有一个著名的故事,引起了现代的女性主义文学评论家和古典学者的激烈讨论:当女神得墨忒耳在为死去的女儿珀耳塞福涅(Persephone)而悲痛伤心时,包玻把自己的裙子掀了起来,露出了私处,引得得墨忒耳大笑起来。[79] 阿忒奈乌斯简要地讲述了智者阿那卡西斯的故事,后者在看到一只猴子时才捧腹大笑起来;除此之外,罗马时代还有许多故事(尽管故事的主角往往都是古希腊过去的人物)也涉及一些更坚决的、很久都没笑的不笑者,或者有时不得已(才不笑)的人,它们揭示了是什么让这些人最终开怀大笑,而这又带来了怎样的后果。

这其中,有一个故事使我们能够从不同的角度来看笑与模仿之间的联系。[80] 这个故事也出自阿忒奈乌斯笔下,不过取材于提洛岛的一部多卷史(或许还进行了改编),作者是一个叫塞穆斯(Semus)的人——据猜测,这部书大概成书于公元前 3 世纪到公元前 2 世纪中晚期之间,目前只剩下一些简短的引语。[81] 故事的主角是麦塔蓬图姆地区一个叫作帕耳墨尼斯库斯（Parmeniscus）的人，他曾在彼奥提亚求询过特洛佛尼乌斯（Trophonius）*神谕。这个特殊的神谕有一个特点，那就是人们在求询之后会暂时失去笑的能力，[82] 但奇怪的是，帕耳墨尼斯库斯却仿佛永远失去了笑的能力——他不得不去寻求德尔斐神谕的建议。皮提娅（Pythia）给他的回答显然非常鼓舞人心："定不下心的人（ameiliche），你在问我关于能够安抚人心的（meilichoiou）笑的问题；家中的母亲会把笑容给你的——好好敬重她吧。"[83] 但是，当帕耳墨尼斯库斯回家见到母亲之后，仍然没有如愿恢复笑的能力。后来，仍然不会笑的他偶然间去了趟提洛岛，参拜了岛上阿波罗的母亲勒托（Leto）的神庙："……他想着她的雕像还是很值得一看的。但是，当他看到那雕像只是一块连形状都辨认不出的木头时，没想到竟然大笑了起来。他这才明白神谕是什么意思，就此摆脱了痛苦的折磨，因此十分郑重地表达了对这位女神的敬意。"

这个让人半信半疑的经典故事体现了神谕的模棱两可与求谕者的误读（帕耳墨尼斯库斯没想到神谕里指的是阿波罗的母亲），不过我们并不知道这里面有多少真实的成分。[84] 帕耳墨尼斯库斯到底是不是真实的历史人物？这些事情具体发生在哪一天？这些问题我们都无从得知。[85] 但不管严格来说是真是假，这个故事都表达了对于古代的笑和古代宗教理念的一些重要思考——在最近一篇详细分析帕耳墨尼斯库斯奇遇的著述中，朱莉娅·金特（Julia Kindt）便提出了这样的观点。[86]

金特认为，这个故事的重点在于理解宗教意象、不同形式的宗教观，以及神的人格化雕像与其他神祇形象（比如勒托的雕像，这一类形象以

---

* 传说中，古代最著名的神谕位于德尔斐、多多纳（Dodona）、特洛佛尼乌斯和拉托纳（Latona）。

一种反偶像、不太写实的方式，使用木板或未经雕琢的石头来表现神祇的本质）之间的关系。显然，如果我们不知道在古代宗教文化中有这样两种既相互补充又相互竞争的再现形式（即偶像与反偶像）的话，就很难透彻地理解这个故事。但是金特紧接着又提出，这个故事的真正精髓在于教导了人们视觉性的规则，因为帕耳墨尼斯库斯最后认识到了"神祇再现的复杂性"——同时还在笑的质变中体现出了这种意识，这就"变得更加具有自我反思性"。[87]

我对金特的看法持怀疑态度。在我看来，帕耳墨尼斯库斯最重要的认识其实是如何正确地解读神谕中的话，而那些"复杂性"充其量只不过铺垫和强调了这一教训罢了。而且，我们从这个故事里并没有看出他的大笑发生了哪些质的变化：帕耳墨尼斯库斯只是"竟然大笑了起来"而已。[88] 和金特的看法相比，真正重要的问题比这要简单得多：帕耳墨尼斯库斯为什么会笑？

部分来看，帕耳墨尼斯库斯会笑是因为期望落了空，以及雕塑的失谐。实际上，"竟然"（paradoxōs）一词可能还暗示了一点：不光帕耳墨尼斯库斯的笑是他自己没有预想到的，他所笑的事物同样也是让他深感意外的。不过，这里还隐藏着一个和模仿有关的问题。在阿忒奈乌斯的笔下，帕耳墨尼斯库斯是因为看到了那个雕像，才恢复了笑的能力，而在他看来，那个雕像是对神祇的一次非常糟糕的模仿。换句话来说，这个例子同样说明了模仿——或者说得更具体一些，对成功的模仿的界定——是怎样和笑的发生紧密相连的。与此同时，这个故事也再次清晰地体现了笑和可笑在罗马世界的两面性。因为这个故事的逻辑是这样的：这块木头被拿来象征勒托可能（从我们的角度）看似有些滑稽，但是它同时还蕴含着让某个人大笑的力量（而且在这个故事里，那是女神的力量，便一点也不滑稽可笑了）。

帕耳墨尼斯库斯的不笑是不得已的。和他相比，希腊和罗马文化中的其他不笑者都是主动为之。[89] 在罗马世界中，最尽人皆知的不笑者就是马尔库斯·利基尼乌斯·克拉苏。据西塞罗说，讽刺作家卢基利乌斯与老克拉苏处于同一时代，也是第一个把他戏称为 Agelastos（希腊语中的"不笑者"）的人；而西塞罗和圣哲罗姆（Saint Jerome）等一众作家一般都把他当作罗马人中厌恶笑的极端案例。老普林尼总结说，"人们常说，克拉苏——就是那个在帕提亚战死的克拉苏的爷爷——从来没有笑过，正因如此他才被叫作'不笑者'"[90]。

但是普林尼言过其实了。因为大部分罗马作家们很强调的一点其实是，克拉苏的确是笑过的——不过一辈子也只有那么一次（"但是这一次破例并不能让他免于被称作'不笑者'。"西塞罗坚持这样认为）。那么，究竟是什么让克拉苏在那个场合下开怀大笑呢？我们现在只能找到哲罗姆对此的解释，他再次提到了卢基利乌斯。戳中克拉苏笑点的是一句谚语，即"蓟*在驴子的嘴里就像莴苣一样"——又或许，我们可以想象克拉苏之所以会笑，是因为他看到一头驴子在吃蓟，然后因此想到了这句（很可能）十分常见的谚语。[91] 克拉苏的故事和罗马帝国时期的作家写的几个故事很像，说的都是一些有名的人物看到驴子在嚼一些让人意想不到的东西——然后还因此活活笑死。

"笑死"在很多文化中都是十分生动的一幕（而且也相当老套），比如那句随便而又夸张的短语"他们都快笑死了"（我们看到泰伦斯的《阉奴》中那个性格狂暴的士兵用到了这种说法，见本书第14、18页），还有很多稀奇古怪的故事也提到有人是笑死的。我们还可以找到宙克西斯在现代的许多翻版。比如，小说家安东尼·特罗洛普（Anthony Trollope）据传就是在看了一部喜剧小说时笑得无法自已，最终陷入了

---

* 蓟，一种草本植物，茎有刺。

昏迷；此外在 1975 年，英国金斯林恩地区（Kings Lynn）有一个泥瓦匠在观看了一档电视喜剧节目《超级三人行》*后，爆笑了三十分钟，继而死去。[92] 还有两位古人的经历足以跟克拉苏比肩。他们是斯多葛派哲学家克律西波斯和希腊的喜剧诗人菲勒蒙（Philemon），都生活在公元前 300 年。据说，他们看到一头驴子在吃无花果、饮葡萄酒，接着便因此笑死了。

在文集《令人难忘的言行》（Memorable Deeds and Sayings）里，瓦勒里乌斯·马克西穆斯在其中一节介绍了一些著名的死亡事件。他是这样描述菲勒蒙之死的："菲勒蒙之所以会死，是因为他笑得太厉害了。仆人为他准备了一些无花果，并且放到了他眼前。一头驴子开始吃这些无花果，他便叫仆人把驴子赶跑。但是，还没等仆人赶到那里，无花果就已经被吃光了。'反正你都这么慢了，'他对仆人说道，'那还不如给它拿点酒（merum，没有掺水的纯酒）来。'打趣了这么一句之后，他便上气不接下气地爆笑起来（cachinnorum），气喘吁吁甚至把自己脆弱老化的气管都笑破了。"[93] 第欧根尼·拉尔修在描写克律西波斯的死时，也描述了一个非常相似的故事（包括酒没有掺水的细节）。[94]

在这些故事里有许多让人百思不得其解的地方，也有许多让人好奇的细节。首先，"驴子吃无花果时发生了什么"的情节看起来很像那些能往任何人身上套的故事，而且（我们很快就会看到）有迹象表明，驴子的故事即便没有这种要命的后果，也是范围更广阔的大众笑话传统中的一部分。但是，有一点也许很重要，那就是西里西亚的梭利（Soli）应该是菲勒蒙和克律西波斯共同的故乡。这个故事会不会和这个特殊的

---

* 《超级三人行》(The Goodies)，是英国广播公司（BBC）1970—1982 年播出的一部情景喜剧，颇具卡通化的超现实主义色彩。

地方存在着某种联系？或者就在这个地方出身的人身上套来套去？若果真如此，这又说明了什么？故事中的细节也存在一些很有意思的问题。为什么偏偏是无花果？在希腊语里，对应无花果的单词 sukon 或 suka 有时也会被用来指生殖器，这是不是这个故事如此好笑的一部分原因呢？[95] 那么，为什么又要强调是没掺水的酒呢？在古代，喝纯酒往往是没有教养或者野蛮的标志。第欧根尼·拉尔修在叙述克律西波斯的故事时，提到他的死可能还有另一个原因：喝了没有掺水的酒。那么，这一点和驴子吃的东西是不是存在着某种联系？[96]

悬而未决的问题还有很多。但是有一点很清楚：这些关于致命的笑的故事，还有克拉苏那个一辈子只笑一次的传说（特土良在简略谈及克拉苏时着重说了这件事——在这个版本里，克拉苏生平的第一次笑太过激烈，最终要了这位"不笑者"的命[97]），都贯穿着一个共同的主题。引起这些异常激烈的笑的，是人类与驴子之间的（饮食）界线的模糊性：让克拉苏大笑的那句俏皮话是从人类的角度重新表述了驴子的吃食；而克律西波斯和菲勒蒙之所以会笑死，是因为一头驴子越过了动物饮食与人类饮食的界线。跟猴子一样，牲畜和人类之间那条尖锐的分界线便是笑声最常响起的地方。[98]

当然，阿普列乌斯在公元 2 世纪写的《金驴记》讨论的也恰恰是这个界线的问题。故事讲的是一个人变成了驴子，而且里面还提到了"笑神"的存在。在本章的最后一节中，我要讲一讲这部小说里一些好笑的地方。首先，我们先来看一个场景，说的也是驴子偷了人的食物，只不过这段情节要复杂得多。

让自己变成一头驴

　　大家都很了解阿普列乌斯这个故事的主要脉络。[99] 故事的讲述者名叫卢基乌斯，是一个出身优越的希腊年轻人，在这部小说的第三卷（共十一卷）中被变成了一头驴。[100] 不消说你也知道，他的变形是一个错误的意外。卢基乌斯到一户人家去做客，在女主人侍女的帮助下，误敷了女主人的魔药。他本来是想试试那个能让他变成鸟的药膏，不料侍女拿错了罐子，最终让他变成了一头驴。这部小说的大部分内容都是卢基乌斯以动物之身（或者说作为一个被困在动物体内的人）经历的冒险故事——这相当贴切地象征了对人与牲畜之间界线的（荒诞）僭越。在小说的最后一卷里，卢基乌斯在埃及女神伊西斯的帮助下恢复了人形，并被女神的丈夫奥西里斯（Osiris）任命为他手下的一名官员。[101]

　　几乎可以肯定的一点是，这个小说的情节并不完全是阿普列乌斯本人创造出来的。琉善的作品里保留了一个篇幅更短、内容更简单的版本，故事的标题是《卢基乌斯》(Lucius) 或者《驴》(The Ass)，但是我们还不知道这个故事在时间顺序和其他方面同阿普列乌斯的小说到底有着怎样的关系。[102] 同样，我们也不能确定它们和另一部已经失传的作品存在着怎样的关系，不过 9 世纪拜占庭帝国的主教佛提奥斯（Photios）称其为"《变形记》几卷中的帕特雷的卢基乌斯"。[103] 但是，不管这些文本之间存在着怎样的关系，阿普列乌斯又在情节里做了哪些改动，[104] 我们在现存的这两个版本中都发现了一个非常生动的场景，与前面所说的驴子的故事颇为相似，即克律西波斯和菲勒蒙在看到驴子大吃大喝的画面后都丢掉了性命。[105]

　　在阿普列乌斯的叙述（总体而言与那个更短的版本非常相似）中，当卢基乌斯快要结束自己以动物之身历经的冒险时，又被卖给了一对同为奴隶的兄弟俩：二人中，一人是糕点师，另一人是厨子。每天晚上，他们都会从工作的地方带回来许多残羹剩肴，摆在桌子上作为晚餐，然后再去洗漱一番。所以每天晚上，等到他们一走，驴子就会溜过去趁机饱餐一顿，"因为我本来就不蠢，也不是一头真正的驴子，我当然不会放着美味佳肴不吃，而去嚼那些干巴巴的草料"。[106] 最后，随着这头驴子吃得越来越多，而且挑的都是其中最美味的食物，这兄弟俩发现了不对劲的地方，怀疑是对方把食物给偷了（其实，从某种程度上来说，这就是一个人在指责另一个人犯了一桩"非人类所为"的罪过[107]）。不过很快，他们就注意到那头驴子怎么长得越来越胖，草料却几乎分毫未动。二人于是起了疑心，就在一天晚上偷偷监视那头驴子；而当他们看到面前发生了什么时，都忍不住哈哈大笑起来——他们的笑声实在太大了，连主人都闻声赶了过来，然后也跟着捧腹大笑起来，笑得肚子都疼了。事实上，主人因此大为开怀，干脆把驴子邀请过去，为他摆上了一桌像样的晚餐，上面全都是供人类吃吃喝喝的东西，大家都用标准的人类姿势屈身斜倚着。到这里，这头驴子扮演的就是逗乐的食客角色了，就连主人都把它称为"我的食客"。[108] 宾客们个个笑得不亦乐乎。

阿普列乌斯的故事都比乍一看要复杂得多，这一个也不例外。在上面的这段情节中，驴子已经很快就要重新恢复人形了，而卢基乌斯表现出的人类在饮食上的放纵，以及他作为食客甚至"大朋友"（contubernalis, sodalis）的角色都可以被解读为变回人形的前奏。[109] 这里体现了一种十分复杂的文学模仿手法。雷吉娜·梅（Régine May）认为，故事中的糕点师和厨子的原型其实来自普劳图斯喜剧中的厨子，他们奉上的肯定是罗马风格的菜肴。但是，普劳图斯笔下的厨子往往都会偷吃，这里的两兄弟就老实多了——反而是他们的驴子在偷偷摸摸。[110]

但是，我更想知道它同其他和驴子有关的故事有着怎样的联系。显然，这个延伸出来的笑话里有一个基本点和其他故事很相似：当原本给人类吃的食物进了驴子的肚子里时，这一幕便会引起人们激烈的大笑。的确，虽然在驴子和两兄弟的故事中，没有人丢掉性命，但是这两个版本都强调了当人们看到动物在吃人的食物时，会笑得有多厉害（比如，阿普列乌斯描写说那个主人笑得"肚子都疼了"[adusque intestinorum dolorem]，希腊语版本也多次提到这一幕引起的笑有多激烈[111]）。不过，有一点很明确的是，阿普列乌斯的故事同那些"笑死"的故事中的主题与情节之间的关系更加密切。他听过其中一些故事，或者说他很熟悉"大吃大喝的驴"这个很受欢迎的笑话主题，这些流传下来的故事就是佐证——所以他就直接利用了这一点。[112]

卢基乌斯的这一段经历在两个流传下来的版本中大体看来十分相似，但仍然有一处细节有着显著的差异。[113] 在比较短的那个版本里，当驴子最后和人们一起来到那个像样的饭桌前时，有人提议说应该给他一杯酒——不过是稀释过的（"'驴子也要喝一点酒才行，来人把酒兑一下给他端过来。'主人这样吩咐着，然后我就把拿过来的酒给喝了"）。[114] 而在阿普列乌斯的版本中，我们发现恰恰与之相反，里面的人物坚持要给驴子喝不掺水的酒，就同克律西波斯和菲勒蒙的故事里一样。在这场为驴子准备的晚宴上，一位宾客（一个卖笑的小丑）说："给我们的大朋友拿一杯没掺水的酒（merum）吧！"主人同意了。"他表示赞同，说道：'这个玩笑开得好，你个机灵鬼。我们的大朋友应该不会拒绝来一杯穆尔森酒（mulsum）吧。'"穆尔森酒是另一种不掺水的酒，只混了蜂蜜，而这就是这只驴子——"我们的大朋友"得到的酒。[115]

我们还是不理解像这样强调不掺水的纯酒意味着什么，但这显然表明《金驴记》与其他描写人物笑得无法自已或者笑死的故事是有联系的。阿普列乌斯采用了一种相当聪明的文学或文化模仿的手法，将最简单的驴子吃东西的故事变得更加复杂——他的方法是借用动物之"口"讲述整个故事，同时还区分出不同的视角，来看待这个故事和故事中往往因为将人与牲畜弄混而引发的笑。小说中的人物因为看到驴子像人一样吃东西而大笑起来；而读者之所以会笑，是因为他们知道驴子其实是一个人。即使我们笑的是不同的事物，也不妨碍大家一同大笑出来——阿普列乌斯提醒了我们，文本内外的笑之间有着十分微妙的关系。

这只是阿普列乌斯这篇小说中的一小段情节而已——这个故事时而有些阴沉，时而又体现出让人愉悦的精妙，因此近来得到了评论界的大量关注。有一些关注源于杰克·温克勒（Jack Winkler）研究这部小说的经典著作《作者与演员：对阿普列乌斯〈金驴记〉的叙事学解读》(*Auctor & Actor: A Narratological Reading of Apuleius' "The Golden Ass"*, 1985)产生的影响。温克勒明智地将焦点放在文本中体现的叙事学层面的复杂性，以及文本所热衷的同读者和口吻含糊的叙述者一起玩的阐释学游戏。这本书的标题（它已经成了古典文学领域的某种理念）表明，叙述者作为作者（auctor）的角色和叙述者作为书中人物（actor）的角色之间存在着一种逐渐变化、不确定的关系。温克勒并不是第一位强调阿普列乌斯的行文有多复杂精妙的评论家（与那些认为阿普列乌斯行文混乱、前后不一致的人形成对比），我们有时却很容易忘记这一点。[116] 不过，《作者与演员》一书的确掀起了新一波研究阿普列乌斯的浪潮，这些研究对这本小说体现的机智与复杂性以及它与早期文学之间的巧妙联系大加赞赏。

这种复杂性也体现在小说对笑的利用。在那个被认为出自琉善之手、更简短的版本中，笑只是一个简单的特征，符合古代人一向认定只有人类会笑的观点。也就是说，卢基乌斯在变成驴子前是会笑的，但是变形之后就没法笑了。事实上，据叙述者说，一变成驴子，他的笑就变成了驴子的嘶叫声（onkēthmos）。[117] 而在阿普列乌斯的小说里，笑（大部分是其他人在笑驴子）穿插在故事的情节中，而谁在笑谁、为什么笑的问题便是阐释文本时的一个难题。我想通过更深入地探讨笑在这部小说的结构中作用最为突出的一次体现,即在笑神的节日上,来对本章进行总结。就在卢基乌斯被变成动物之前,他还不情不愿地参与了庆祝这个节日的活动。这便是"作家和演员"(auctor et actor)这几个单词最初出现时的情境,而且我们发现它们在那个情境中的意思与我们现在熟知的意思大不相同。[118]

这段故事的基本情节依然很简单,不过这回它只出现在了阿普列乌斯的版本里。在小说前半段的一天晚上,卢基乌斯当时还没有变形,正待在帖撒利的许帕塔。他与城里的亲友一起享用了晚宴,喝得酩酊大醉。他们提到第二天要庆祝城里一年一度的节日(sollemnis dies)。[119] 这个名字利用拉丁单词"sollemnis"形成了一个巧妙的双关(既指"定期举办的重要仪式",也有"庄严隆重"之意)。因为他们要致敬的神是笑神,所以人们要为其奉上"愉悦、快活的庆典"。

不过,这个节日好像转眼就被遗忘了,因为故事的走向发生了变化。晚宴之后,情况开始不妙起来。卢基乌斯回到了他当时住的地方,却发现有三个大汉正企图破门而入。最后,他把这三个人全都杀死了。到了早上,他因为谋杀罪被抓了起来,然后被带到广场去接受审判。让人困惑的是,围观的人全都在开怀大笑 [120]——而且由于人来得太多了,审判不得不改在剧场里举行。在那里,卢基乌斯讲了一番话为自己辩护,心里还一直担心会出现最糟糕的局面。最后,法官坚持要求他把盖在三位死者身上的罩单揭开,以便估量他的罪行。当卢基乌斯终于把盖尸布揭开之后,他发现那下面根本不是三具尸体,而是三只皮囊——原来昨晚他醉得厉害,以为这三只皮囊是强盗,便把它们砍成了碎片。[121] 周围的笑声更响亮了,有些观众因为笑得太厉害,甚至弯腰"捂着肚子以免笑破肚皮"。

卢基乌斯既不解又沮丧。当法官们告诉他这便是致敬笑神的活动,而他们每次都要搞一点新奇的花样时,他也没觉得好受多少。也就是说,当年的"花样"就是拿卢基乌斯开的玩笑,还有对他进行的假审判了。为了让自己不再遭受更多的嘲笑("而这都是我自己造成的"[122]),他先去洗了个澡,然后才去见那位侍女——前几页我们提到过,就是那位不小心把他变成了驴子的侍女。

这段故事让人印象非常深刻。费德里科·费里尼(Federico Fellini)后来受到它的启发,在将佩特罗尼乌斯的《萨蒂里孔》改编成电影时,把这个故事的其中一个版本置换了进去。同时,它还激发了一代又一代古典学者的想象,他们试着去解释这个奇怪的节日是做什么的,在阿普列乌斯的故事情节里又发挥了怎样的作用。许多人做出了过于乐观的尝试,认为它和真正的宗教仪式以及一个真实存在的笑神有着明确的联系(但这一点并没有任何可靠的佐证);或者说得再可信一些,他们把后续的一系列事件,同古代宗教思想与实践中更普遍的机制联系在一起(尤其是替罪羊的仪式——卢基乌斯在这里扮演的就是替罪羊的角色[123])。其他人则更多地从文本篇章的角度,仅仅把它当作一种元文学工具,用来指明整本小说的喜剧体裁。近来还有一种观点,称这段故事脱胎于一出罗马笑剧。[124]

不过,不管是在这部小说里,还是在其他作品中,(文学层面上的)笑神节对我们理解古代的笑具有更加重要的启发意义。有几位评论家指出,这段滑稽的故事(紧跟着卢基乌斯就变成了驴子)和我们前面说的另一段好笑的情节(驴子、厨子和主人的那部分,随后卢基乌斯又变回了人)之间存在着相似(或相反)之处。在这两部分里,卢基乌斯都是被笑的对象:在笑神节上,他遭到了羞辱,出了丑;而在晚宴中,他却因为自己被笑而越发感到高兴。[125] 显然,阿普列乌斯这是在利用笑来表明人与牲畜之间并不稳固的界线。

除此之外,从更笼统的角度来说,这段情节还体现了笑的模糊性。一方面,这是一个术语上的问题(对于读者而言,笑神节上的一个笑话就在于，大声笑［cachinnare］和笑［ridere］被放在了同样突出的位置[126]）；另一方面，我们遇到了如何解释笑的原因的老难题（关于庆典上一系列事件的描述全都建立在卢基乌斯的疑惑之上——到底人们为什么要笑？）。不过，围绕笑的问题提出的想法中最尖锐的，还是"作家和演员"这句短语（甚至比作者本人以为的还要再犀利一些）——温克勒用这句话突出了小说中卢基乌斯作为叙述者和故事人物的两种角色之间的尖锐关系。那么在这里，我们便发现了一种让人印象尤为深刻的说法，可以用来总结古代关于笑的思考中反复出现的主题：笑的制造者与笑的对象之间的矛盾感。

在原本的故事里，这个短语是许帕塔的法官们说的，他们当时正在安抚卢基乌斯，告诉卢基乌斯他前面经受的一切磨难都只是笑神节的一部分而已。他们在说明了每年为笑神举办的庆典之后，坚称卢基乌斯现在已经在笑神的庇护之下了："神会带着仁爱与祝福，陪伴着那位 auctorem et actorem suum（为他制作节目的人以及角色的饰演者），无论他去到哪里，神总会消除你心头的伤痛，让你感受到静谧的愉悦、眉头舒展。"[127]

法官们说的"神会……陪伴着那位为他（suum，意为'他的'）auctorem et actorem"是什么意思？他们所指的，当然不是温克勒书中讲述者与人物角色之间的复杂关系，或者"文本意义的审定与自我叙事的可信度"之间的微妙关系。[128] 当然，这种乐观的预言恰好是在卢基乌斯被可怜地变成驴子之前出现的，也佐证了温克勒的想法。不过，不管他的解读有多深刻，法官们的话在原本的语境里其实表达的意思与其差异很大。亚历山大·基里琴科（Alexander Kirichenko）在论证这段情节与笑剧的关联时，将焦点放在了单词 actorem 上面。他认为，卢基乌斯在这个场景中便是一个 actorem：一名笑剧演员。[129] 但是，无论笑神是不是神祇，我们都不能忽略这个单词与笑神本身之间的明确联系（正如 suum 一词所强调的）：卢基乌斯在这里既是笑的制造者，也是笑的起因。也就是说，这里是借众法官之口向这个即将变成驴子的人揭示了这位"伪神"的本质，我们从中则再次认识到笑的两面性，以及笑的主动制造者（auctor）和笑的载体、起因或者我们常说的笑柄（actor）之间有着紧密的联系。[130]

就像卢基乌斯自己所说的那样，当他随后回想起这场"自己造成"（quem ipse fabricaveram）的哄笑时，使人们大笑的人和人们嘲笑的人之间仅一线之隔。而卢基乌斯则两者都是。

注 释

[1] Macrobius, *Sat.* 2. 5.

[2] *Sat.* 2. 5. 9.

[3] Long 2000 与 Richlin 1992b 专门研究了朱莉娅的笑话（前者尤其针对马克罗比乌斯的叙述，后者还讨论了朱莉娅的生平）。在马克罗比乌斯的文本中，虽然没有明说，但也暗示了朱莉娅的命运：里面的故事讲述到朱莉娅"三十八岁那年"（2. 5. 2），也就是公元前 2 年，当时她被流放到了潘达特里亚岛。Fantham 2006, 89-91 总结了她被流放期间的不同阶段，其间她经历了艰苦程度不一的生活。

[4] Carter 1992, 190.

[5] 我这里指的并不是一个（群）女人笑一个（群）男人的场景，而是说当她以女人的性别身份笑男人的时刻（从有力的积极评价的角度来看，这就是傻笑包含的意义）。Halliwell（2008, 491）笔下的娼妓和使用 κιχλίζειν 的大部分地方都不太符合这种情况，不过 Theocritus, *Id.* 11. 77-78（女孩们看着倒霉的波吕斐摩斯咯咯娇笑起来）中的描述就很

接近了；在拉丁语中，Horace, *Carm*.1. 9. 22 更是与之相差甚远。

[6] Carter 1992, 189（她在 190 又接着说道："要想重现这种娇笑，男人必须认同一个女人［而非另一个男人］的感受，然后认识到男性欲望中的某些方面是很愚蠢的"）。

[7] *Ars am*. 3. 279–290（"Quis credat? Discunt etiam ridere puellae"，281）。Martial, *Epigram*. 2. 41 中对马克西米娜（Maximina）的嘲笑显然就参考了奥维德（帕埃利尼语诗人）的观点。这个女孩有三颗牙齿是黑色的，于是便被人讥笑说："Ride si sapis, o puella, ride / Paelignus, puto, dixerat poeta."这段引述"Ride ..."应该是在隐晦地暗指《爱的艺术》中的这段内容，而不是从奥维德某首已经失传的诗作中摘选的；见 Cristante 1990；C. Williams 2004, 150–151。

[8] Gibson 2003, 211 列举了多篇拉丁语文章，这些文章中的 lacuna 被用来指代身体中其他类型的"凹陷部位"。Martial, *Epigram*. 7. 25. 6 使用 gelasinus（译自希腊语）来指代"酒窝"。不过大体而言，酒窝在罗马的文学文化中并不是很重要。

[9] Gibson 2003, 212.

[10] 我采纳的是 Gibson 2003, 60（及 212–213）的解读和断句——"est quae perverso distorqueat ora cachinno; / risu concussa est altera, flere putes; / illa sonat raucum quiddam atque inamabile: ridet / ut rudet a scabra turpis asella mola"（ll. 287–290）——虽然这里面不确定的地方并不影响我的主要论点。

[11] Critchley 2002, 29. 克里奇利在这个章节（25–38）中的观点影响了本章中的一些主题。尤其是他强调了幽默在人与动物边界上起到的作用（"幽默在人性与动物性之间的边界上来回游走，以此来探究'为人'究竟意味着什么，这便使得这条边界变得不稳定起来"，29）。正如我希望能够展现的，罗马时期的作品显然能够说明这一主要观点。

[12] *Ars am*. 3. 283.

[13] Lucretius 6. 1195; Suetonius, *Claud*. 30.

[14] *Met.* 1. 640（原文稿中的 ripas 被改成了 rictus，这处修改是有说服力的），1. 741。这个场景在这首诗里出现了多次。例如 2. 481（卡利斯托 [Callisto] 在变成一头熊的过程中，她那美丽的脸庞因为 lato rictu 出现了变形），13. 568（赫库巴 [Hecuba] 快要变成一只狗的时候，她张口说话就变成了狗吠 [rictuque in verba parato latravit]）。13 世纪时，有人借奥维德之名创作了《老妪》(*De Vetula*)，其中也体现了 rictus 中隐含的动物性："Rictus ei, non risus inest, et sacrificari / Deberet certe potius quam sacrificare"（2. 148-149）；这里的 rictus 是被献祭的动物的，而不是被献祭的人的。另见 Miller 2010, 15, 150。

[15] Fraenkel 1961 与 Selden 2007, 524-527 讨论这首诗时将其视作一部文学戏剧作品，主题是 flagitatio（一种民间维权形式）的传统。Goldberg 2000；2005, 108-113 则强调了它的喜剧性。

[16] 关于这里究竟把女人的什么特征与狗相比，译者和评论家们抱有不同的看法。和我一样，大多人都认为指的是面部的扭曲；有一小部分人强调了狗吠声，认为 os 指的是"嘴巴"而不是"脸"：Selden (2007, 525) 将这句话翻译成"发出了高卢猎犬般的吵闹叫声"（with the noisome yap of a Gallic hound）。关于狗的 rictus 与人的大笑之间可以进行比较的方面，见 Lucretius 5. 1063-1066；Plautus, *Capt.* 485-486；Apuleius, *Apol.* 6（Tilg 2008, 113-115 对此进行了探讨）。

[17] 关于这种习惯的说法（即不考虑不同的物种、亚种，不考虑有无尾巴，也不考虑具体是黑猩猩、狒狒、大猩猩还是其他猿类动物），我必须得向灵长类动物学家道歉。古今的科学家们发现它们有许多不同的特征和至关重要的区别。其中，猴子和猿类属于不同的科系（猿类属于人科动物，而猴子则可能属于猴科、卷尾猴科或者狨猴科）。但是这些专业上的区分并不会对日常的争论和表述产生太大影响。

[18] 这个章节的标题借鉴了 Connors 2004；这句话太妙了，实在让人难以舍弃（而且在古典时代也找得到类似的说法：见下文第 24 条注释）。

[19] Athenaeus, *Deipnosophistae* 14. 613d.

[20] 关于"大笑"的灵长类动物(和"大笑"的老鼠),见本书第64—66页。

[21] 在研究罗马人如何看待猿类的著述中,Connors 2004 是时间最近、内容最细致的研究成果[在179 总结了它们一直以来的魅力在何处:"我们的人形在它们身上得到了复制的同时,(从某个视角来看)也被扭曲了:粗野狂放、毛发旺盛,它们穿过了人与动物、自然与文化之间不可逾越的分界线,映入了我们的眼帘"]。McDermott 1935,1936,1938 仍然可作为有益的参考。它们为本章节其余的内容提供了一个重要的背景框架。关于后期的"猿学"和现代灵长类动物学的文化建构,见 Janson 1952; Haraway 1989; De Waal 2001。虽然黑猩猩的茶话会可能已经是明日黄花,但是在文化食物链高层利用灵长类动物的做法还依然存在着。例如 Self 1997——在这部讽刺小说中,人类被变成了黑猩猩。

[22] Pindar, *Pyth.* 2. 72-75。这其实是一个"让评论家头疼不已的句子",我回避了其中的一些难点;关于这个句子,见 C. Carey 1981, 49-55(引述自49)。

[23] 除了 McDermott 1935 和 1938,Demont 1997 和 Lissarrague 1997 也整理并讨论了古典希腊文本中许多提及猴子的习惯的例子;关于喜剧中的这类例子,见 Lilja 1980。这些研究表明,古典希腊对于猴子的刻板印象并不局限于模仿和伪装,还包括丑陋、出身低微和凶残等特性。

[24] Aristophanes, *Eq.* 887-890。这个故事说的是一段政治玩笑,其中有两个竞争对手都想用一件斗篷来贿赂德莫斯(Dēmos)——雅典人民的化身。这段巧妙的应答表明,他们提到的猴子既有模仿之意("不,我只不过是在跟你学罢了——就像酒宴上的一个人借了别人的拖鞋,然后去大便一样"),也能表示奉承或者贿赂("论拍马屁我是不会被你打败的")。Sommerstein 1981, 93, 191 忽略了其中一部分含义,Neil 1901, 127 和 Demont 1997, 466 指出了这一点。*Suda*, s.v. πιθηκισμοῖς περιελαύνεις 明确指出了"猴戏"可能存在的各种意义:

欺骗、奉承和模仿。

[25] Phrynichus, frag. 21 (Kassel and Austin). 最接近的猜测是，最后一个比作"猴子"的可能是一个谄媚者（另见 Demosthenes, De cor. 242；Aristophanes, Ach. 904-907）。

[26] Connors 2004, 183-184, 189 简要进行了总结。Isidore, Etym. 12. 2. 30 提到了这种词源的说法，不过坚持认为它是错的。希腊语中对应的 πίθηκος（猴子）和 πιθανός（有说服力的）或许可以让人们想到其他相关的可能性、双关语或者关联。

[27] Cicero, Nat D. 1. 97 (Ennius, Satir. frag 69 [Vahlen] = ROL2 Ennius, Satir. 23). 这个双关是说得通的，尽管（或者说因为）similis 里的第一个"i"是短音，而 simia 里的第一个"i"是长音。其他这类文字游戏的例子见 Ovid, Met. 14. 91-98；Martial, Epigram. 7. 87. 4；Phaedrus, Fabulae 4. 13。

[28] Connors 2004, 189-199, 202；John Henderson 1999, 34 言简意赅地击中了要害。

[29] Lissarrague 1997, 469.

[30] Sat. 1. 10. 18 及 Gowers 2012, 316-317。

[31] Aelian, NA 5. 26（另见 6. 10）；关于陷阱，见 17. 25（及 Diodorus Siculus 17. 90. 1-3——狄奥多罗斯声称是猴子教会了猎人们这个骗局，虽然这样一来便巧妙地颠倒了教和学的关系）。值得注意的是，亚里士多德对猿类和猴子的主要讨论（HA 2. 8-9, 502a16-b26）并没有强调它们的模仿能力。

[32] A. King 2002, 433-434 总结了庞贝城里对猴子等形象的展现，还简短地讨论了我在此处列举的这些例子；McDermott 1938, 159-324 全面地收录了古典时代及以前的地中海地区的所有媒介形式中表现出来的猿类动物的图像。

[33] M. Della Corte 1954, 210n498（现已失传）。

[34] 出自"狄俄斯库里之家"（6. 9. 6-7），见 PPM 4. 976, no. 225。庞贝

城里当时可能也有这种用于表演的猴子，因为人们在那里发现过一具猿类动物的骨架（Bailey et al. 1999）。

[35]"埃涅阿斯出逃"的图像一般都是单独讨论的，但是 de Vos 1991, 113-117 明确了它和罗慕路斯的图像之间的联系；J. R. Clarke 2007, 151-152 也参照了这一说法。关于长着狗头的狒狒（狗头猴身），见 McDermott 1938, 4-13, 35-46。

[36] Brendel 1953.

[37] McDermott 1938, 278-280；J. R. Clarke 2007, 153-154（"喜剧式的抗拒"）。Cèbe 1966, 369-370 列出了进一步的解释。

[38] Plutarch, *Mor.* 64e (= *Quomodo adulator* 23). Plutarch 在别处——*Mor.* 60c (= *Quomodo adulator* 18)——又让被变成猿猴的克尔科佩斯（人）（Cercopes）扮演了奉承者的角色，再次将猴子、大笑与奉承的元素糅合到了一起。这两个顽皮的克尔科佩斯想要偷赫拉克勒斯的武器，赫拉克勒斯知道后便把它们抓了起来，倒挂在肩膀上。在这个故事后来最长的一个版本中（ps.-Nonnus, *Comm. in IV Orationes Gregorii Naz.* 4. 39, 6 世纪；及 Nimmo Smith 2001, 29-30），它们开始讨论起赫拉克勒斯的"黑屁股"来——赫拉克勒斯听了放声大笑，便把它们给放了。关于克尔科佩斯（在有些版本中，"猴岛"，即今天的伊斯基亚岛就得名于它们）的那些错综复杂的传说，见 Marconi 2007, 150-159；另注意 Woodford 1992；Kirkpatrick & Dunn 2002, 35-37；Connors 2004, 185-188。

[39] Phaedrus, *Fabulae* 4. 14；John Henderson 2001, 180-186 对此进行了敏锐的讨论。这个故事流传下来的文本大半是中世纪的一个改写版本。

[40] Athenaeus, *Deipnosophistae* 14. 613d.

[41] Lucian, *Piscator* 36；佩里（Perry）的合集中将这个故事作为寓言收录了进去（1952, 504, no. 463）。

[42] Strabo, *Geographica* 17. 3. 4 (= Posidonius, frag. 245. [Kidd]).

[43] *De usu part.* 1. 22 (Helmreich)= 1, 80-81 (Kuhn).

[44] 我有点想从预期的角度看待这句话,即"猿类的模仿只会更糟"。

[45] *De usu part.* 3. 16 (Helmreich) = 3, 264-265 (Kuhn).

[46] Horace, Ars P. 1-5 或许(几乎)可以算作另一个尝试。

[47] 进一步讨论见本书第 193—195 页。

[48] Fantham 1988. 以下论述探讨了笑剧对特定的作者和体裁产生的影响: McKeown 1979; Wiseman 1985, 28-30, 192-194; Panayotakis 1995, xii-xxv(总结了该书的主题);等等。

[49] 现在有许多关于罗马笑剧的现代文学作品。Panayotakis 2010, 1-32 有益地概述了罗马笑剧,并列出了大量的文献; Bonaria 1955-1956 收集了相关的断简残章和证言; Webb 2008, 95-138 中的有些内容与罗马帝国早期的情况有关。关于女性表演者,见 Webb 2002; Panayotakis 2006。

[50] E. Hall & Wyles 2008 中的论述全面地介绍了关于古代默剧的争论。Hall 2008, 24 总结了一个标准列表,列明了应该可以将古代笑剧与默剧区分开来的一系列特征。但是 Wiseman 2008 提醒大家关注两者之间的重叠之处。Panayotakis(2008, 185)明确总结说:"有些学者试图在本就各异而又互相矛盾的素材中梳理出条理来,而笑剧和默剧之间的分界线并不总是像他们想象的那么明确。"

[51] *De or.* 2. 251 ("...non ut eius modi oratorem esse velim, sed ut mimum")。

[52] Marshall 2006, 7 与 Manuwald 2011, 183 提出了这一主流观点; Panayotakis 2010, 5-6 则更加谨慎一些。Hunter 2002, 204-205 讨论了 sannio 的特点。

[53] Tertullian, *Apol.* 15. 3. Plautus, *Truculentus* 594 提出,有面具不一定就说明面部表情没有起到作用;不过,Athenaeus, *Deipnosophistae* 10. 452f 更能证明笑剧中有不戴面具的传统。Richter 1913(过度自信地)认定稀奇古怪的小人像呈现的便是笑剧演员,因为他们没有

戴面具。

[54] 须注意,据塞尔维乌斯称(见下文第57条注释),甚至连西塞罗都去观看了笑剧女演员库特里丝(Cytheris)的表演——且不管他表达了怎样的不屑之情。

[55] Macrobius, *Sat.* 2. 7. 1-5;及 Barton 1993, 143-144 将拉贝里乌斯的故事看作罗马"嫉妒现象"的一部分。

[56] 最极端的例子便是所谓的"卡里提翁笑剧"(*P. Oxy* 413;Cunningham 1987, app. no. 6;时间目前还没有定论,不过应该是在公元200年之前,而且这是莎草纸文稿的成书时间)。

[57] Aulus Gellius 16. 7. 10 提到了《安娜·佩壬娜》中用到的粗俗词语;Panayotakis 2008, 190-197 讨论了笑剧对维吉尔作品的呈现,如 Servius ad *Ecl.* 6. 11——其表演者在别处(Cicero, *Phil* 2. 20)被称为mima(女演员)。帕纳约塔基斯认为这些表演相对来说是很规矩的。我在想……与大多数人相比,我更怀疑到底能不能查明那些被称为"第一部笑剧""第二部笑剧"的戏剧具体起到了怎样的作用。

[58] Walton 2007, 292.

[59] Panayotakis 2010, 1;Fantham 1988, 154("最好从反面进行定义。所有不属于悲剧或喜剧范畴的、亚提拉闹剧或意大利托加戏剧的,全部归入笑剧")。

[60] Philistion:*AP* 7. 155(在有关笑剧的论述中有许多地方都提到了"菲利斯提翁"——例如 Martial, *Epigram*. 2. 41. 15;Ammianus Marcellinus 30. 4. 21;Cassiodorus, *Var.* 4. 51;它可能是一个常见的艺名或笔名);Vitalis;*PLM* 3. 245-246。

[61] 例如,Choricius, *Apologia mim*. 31-32(在笑剧的情节中,狄俄倪索斯[Dionysos]对人类充满怜悯之心,而且他是"如此慷慨……以至于博得了各种各样的大笑"),93[人与神祇有两点共同之处:"理性(或讲话)和大笑"]。Malineau 2005 是近来的一项研究,清晰地总结了该文(还附有较早的文献);科里基乌斯在 Webb(2008, 95-

138）的讨论中非常重要；Bowersock 2006, 61-62 指出当时古叙利亚人对笑剧的辩护其实也包含有类似的关于大笑的主题。

[62] 模仿与罗马的大笑之间的紧密联系在 Dupont 1985, 298-299 中得到了强调（296-306 的内容是针对笑剧展开的更广泛的讨论），这同样从整体上将这些具有攻击性的模仿形式与文学艺术中的模仿行为区分开来了。

[63] Csapo 2002 概述了其中一些主要问题，并且还细致地讨论了亚里士多德笔下公元前 5 世纪的演员卡利庇德斯（Callippides）的轶事（*Poet.* 26, 1461b34-35），此人因为一副"猴子"样而遭到了抨击。乔波（Csapo）理由充分地坚称，别人批评卡利庇德斯并不是因为他表演的时候"动作太夸张"；他的罪过不是在我们看来表演得过分夸张，而是"模仿了那些最好别模仿的动作"（128）——用亚里士多德的话来说，这其中包括那些"下等人"和"下层女性"的动作（*Poet.* 26, 1462a9-10）。乔波为这种模仿和与悲剧中的模仿表演相关的更普遍问题划分了明确的界线，这是很有帮助的。

[64] 另须注意 Suetonius, *Cal.* 57. 4 中暗含的模仿行为——Kirichenko 2010, 57 围绕笑剧班子中不同演员扮演的（模仿）角色进行了探讨；我们的律师模仿演员（见本书第 237 页）可能也应归入这一范畴内。

[65] GLK 1. 491. 13-19; Evanthius, *Excerpta de comoedia* (Wessner) 4.1.

[66] Lee 1990, 43；Godwin 1999, 67；Whigham 1966, 100；Quinn 1970, 217（"笑剧女演员 [mimae] 就是古代的影星……她发脾气时就像狗在龇牙一样"）。

[67] 对这部小说完整情节的总体阐释（只有一小段章节保留了下来），见 Schmeling 2011, xxii-xxv；Sullivan 1968, 45-53 讨论了这个特定部分的时间顺序（这个问题并没有答案）。

[68] Plaza 2000, 73-83.

[69] *Sat.* 18. 7-19. 1（"Complosis deinde manibus in tantum risum effusa est ut timeremus...Omnia mimico risu exsonuerant"）。

［70］Branham & Kinney 1996, 17（"做作"）；Walsh 1996, 14（"下流粗野"）；"荒唐滑稽"是赫塞尔廷（M. Heseltine）在洛布古典丛书（27）中给出的版本；"戏剧性"则是埃尔努（A. Ernout）在比代古典丛书（15）中的翻译。

［71］Panayotakis 1994 强调了夸尔媞拉这个人物与笑剧表演之间的相通之处（"就像一部自导自演的笑剧中的女主角一样"，326），尽管其在处理那些相似点时有些过火（甚至在 329-330 把这段情节改写成了一部笑剧）；Panayotakis 1995, 38-51 重现了基本内容。其他研究也指出了笑剧对这部小说中的此处和其他地方产生的广泛影响。例如 Schmeling 2011, 55（附有早前的文献）。

［72］我在这里表达的是 Plaza（2000, esp. 77-79）对这段情节的讨论蕴含的某些寓意，包括她对"社会和文学规范的倒置"的关注。

［73］这部词典有着十分复杂的历史：费斯图斯借鉴了奥古斯都时期的学者维里乌斯·弗拉库斯的作品，但是这部词典有一部分已经失传了，我们只能通过 8 世纪的学者执事保罗（Paul the Deacon）对其的概述来了解一二。不过，这还只是这部词典历经的沧桑变迁的一部分——Glinister & Woods 2007 中有一系列论述专门探讨了这个问题。

［74］Festus, s.v. "Pictor Zeuxis", p. 228L. 我的译文掩盖了原文中一些意料之中的混淆之处。

［75］Golahny 2003, 199-205 条理清晰地解释了这个画面的意义。

［76］Parkin 2003, 86-87 简要收集了罗马文化中针对老妇的厌女主题。

［77］Pliny HN 35. 65-66（在这个故事的第二部分，宙克西斯画了一幅栩栩如生的孩子的画像，但他自己并不满意）。对此进行讨论的著述包括 Elsner 1995, 16-17；Morales 1996, 184-188；S. Carey 2003, 109-111。

［78］Warner 1994, 149-150.

［79］H. King 1986；Olender 1990；O'Higgins 2001, 132-142 等收集了古代一些零散的关于包玻（以及她跟与其相似的伊阿谟巴［Iambe］之间的关系）的依据，并从古典主义的视角进行讨论。关于现代从女

性主义视角展开的探讨，见 Cixous & Clément 1986, 32-34；Warner 1994, 150-152。另见本书第六章第 70 条注释。

[80] Athenaeus, *Deipnsophistae* 14. 614a-b.

[81] Jacoby, *FGrHist*, no. 396（我们谈到的这个故事是 F10）。在公元 2 世纪晚期之前的现存作品中，没有找到任何对塞穆斯的引述；现在的确没法确定塞穆斯这本书的写作时间。

[82] 除了这个故事之外，见 Pausanias 9. 39. 13 及对此描述更详细的 *Suda*, s.v. εἰς Τροφωνίου μεμάντευται。

[83] 我的译文想要体现出神谕中文字上的呼应：向"定不下心"的帕耳墨尼斯库斯承诺让他重拾能够"安抚人心"的笑。

[84] 文学作品中的神谕里的"母亲"往往都不是表面上的那个意思：在另一个著名的例子中，"亲吻你的母亲"其实指的是亲吻大地（Livy 1. 56）。

[85] 人们一般认为（如 Rutherford 2000, 138-139），这里的帕耳墨尼斯库斯其实和两个"帕耳米斯库斯"（Parmiscus）是同一个人：第一个是伊安布里库斯（Iamblichus）在 3 世纪的一篇论述中提到的毕达哥拉斯学派哲人，即麦塔蓬图姆的"帕耳米斯库斯"[*De vita Pythag.* 267, p. 185 (Nauck)，被改为"帕耳墨尼斯库斯"]；第二个帕耳米斯库斯在勒托神庙的祭拜被铭刻在了公元前 156 至公元前 155 年的一个神庙名录上（*IDelos* 1417A, col. 1, 109-111）。我们很难判断到底是真是假。Diogenes Laertius (*Vitae* 9. 20) 曾经一笔带过地提到了一位毕达哥拉斯学派的帕耳墨尼斯库斯，但也没有体现这一点；*LGPN* 明确指出，"帕耳墨尼斯库斯"和它的同源词常被证实是希腊的人名。

[86] Kindt 2012, 36-54，基于 Kindt 2010。

[87] Kindt 2012, 49："我们可以假设，帕耳墨尼斯库斯的笑发生了质的变化，因为它变得具有自我反思性了。它一开始只是帕耳墨尼斯库斯看到神的形象如此粗陋，而做出的朴素、未经反思的反应，而当帕耳墨尼斯库斯理解了神谕的含义后，他的笑就是因为自己惊叹地意

[88] παραδόξως ἐγέλασεν 并没有体现出这种变化。

[89] Halliwell 2008, 38-40 收集了希腊的不笑者的故事（尽管其中有一些不笑的故事在罗马时代前没有得到证实；例如 Plutarch. *Per.* 5），很有帮助。

[90] Cicero, *Fin.* 5. 92; Jerome, *Ep.* 7. 5; Pliny, *HN* 7. 79. 其他参考包括 Fronto, *Ad M. Antoninum de eloquentia* (van den Hout) 2. 20; Ammianus Marcellinus 26. 9. 11。

[91] 在哲罗姆的信中（*Ep.* 7），他更关注的不是克拉苏这个人，而是这句谚语："...secundum illud quoque, de quo semel in vita Crassum ait risisse Lucilius: 'similem habent labra lactucam asino carduos comedente.'" 这个常见的谚语的背景是驴子吃蓟的奇观，巴布利乌斯（Babrius）的寓言集里有个故事（133）也清楚地描绘了这个画面：一只狐狸看到一头驴子在吃蓟，然后就问驴子是怎么用柔软的舌头吃这种带刺的食物的。

[92] N. J. Hall 1983, 1035-1039（与常见的版本相比，这个版本的特罗洛普的故事没那么骇人听闻）。总有人试图寻找医学上的致因，比如金斯林恩地区泥瓦匠的故事中便是如此，见 www.bbc.co.uk/news/uk-england-18542377。

[93] Valerius Maximus, 9. 12, ext. 6.

[94] Diogenes Laertius, *Vitae* 7. 185.

[95] 关于无花果不雅的联想意义，见 Jeffrey Henderson 1991, 23, 118, 135。在伊索的故事里，他设法让两个偷东西的奴隶伙伴吐出了吃下的无花果（见前文第 229 页）。这是不是有什么意义？

[96] Diogenes Laertius, *Vitae* 7. 184.

[97] Tertullian, *De anim.* 52. 3.

[98] 有一篇很有意思的故事叫作《小猪的遗嘱》(*Testamentum Porcelli*)，

是另一个例子。哲罗姆强调说据称它能让人哄堂大笑——注意是 cachinnare，而不是 ridere（*Contra Rufinum* 1. 17）。

[99] 这一节的标题受到了 Schlam 1992 的副书名的启发。

[100] 我在形容驴子时用到的词语没有说到猴子时那么不严谨，不过对于想要准确了解古代（尤其是希腊）马类动物的种类及其文化共鸣的人，我推荐他们去阅读 M. Griffith 2006。

[101] Harrison 1999 收集的文章概述了近代英语国家的学者研究《金驴记》时采取的方法，这些研究如今构成了大量文献。Fick-Michel 1991, 395-430 整理了这部小说中提到笑的地方；Schlam 1992, 40-44 则进行了更为简要的批判性概述。

[102] 一般认为这不可能是 2 世纪的讽刺作家琉善；Mason 1999a, 104-105 总结了相关论断。在后文中，我一般会将其称为"琉善式"的作品。

[103] Photios, *Bib. Cod.* 129. Winkler 1985, 252-256 准确、敏锐地阐释了在理解佛提奥斯说的话的过程中我们面临着的诸多问题；另见 Mason 1999a, 103-104。

[104] 现代一般认为业已失传的"帕特雷的卢基乌斯"那部作品是最早的，但是学术界对各个版本（Mason 1999b 进行了总结）之间的关系还是存在着无休无止的臆测（以及大量错误的立论），尤其是谈到阿普列乌斯小说中的哪些章节是他自己写的，哪些章节借鉴了"帕特雷的卢基乌斯"的作品。关于阿普列乌斯小说的原创性，Bianco 1971 和 van Thiel 1971（基于对文本进行细致的哲学剖析）得出了迥然不同的结论，都很有指导意义（同时也很让人气馁）；Walsh 1974 明确地总结了二者之间的不同。

[105] Apuleius, *Met.* 10. 13-17; ps.-Lucian, *Onos* 46-48.

[106] *Met.* 10. 13. 我在想要不要研究一下这里是否也体现了"驴子与蓟"的那句谚语。

[107] "Ne humanum quidem"：*Met.* 10. 14. Zimmerman 2000, 214 认为："当某某觉得自己的本性（sensus）是人（humanus）的时候，那么这个

针对人性（humanum）的讽刺就变得更复杂了……这便让驴子偷吃了人的食物。"

[108] *Met.* 10. 16.

[109] J. R. Heath 1982 讨论了阿普列乌斯小说中人体营养的作用（尽管并不是针对这一个文本）；关于将驴子称为（人的）朋友，见 *Met.* 10. 16–17。

[110] R. May 1998; 2006, 300–302.

[111] *Met.* 10. 16; *Onos* 47(τοσοῦτον γελῶσιν, πολὺν γέλωτα, etc.）。

[112] 阿普列乌斯不可能读过 3 世纪的第欧根尼·拉尔修的作品，瓦勒里乌斯·马克西穆斯写作的时间倒是要早至少一个世纪。不过我做出论断依据的并不是阿普列乌斯是否熟悉这些文本（更何况，瓦勒里乌斯和阿普列乌斯作品的拉丁语版本在文字上并没有什么相通的地方，而且阿普列乌斯在 *Florida* 16 也描述了菲勒蒙的死，但给出的解释与瓦勒里乌斯的说法不同）。我想表达的意思是，"大吃大喝的驴子"的故事是罗马世界中一个著名的大众笑话——正是这一常识支撑着我来探讨阿普列乌斯为什么要采纳这个故事。

[113] 这两个版本和我关于笑文化的立论有关，我没有看出它们之间有其他显著的区别。Zimmerman 2000, 229–230 对比了两个版本中，当人们逮到驴子偷吃然后笑它的时候，驴子做出的反应：Apuleius (10. 16) 中的驴子心情很愉悦，而 ps.-Lucian (47) 中的驴子则又羞愧又尴尬。但是齐默尔曼（Zimmerman）承认，ps.-Lucian 版本中的驴子很快心情也轻快了起来。

[114] *Onos* 47.

[115] *Met.* 10. 16。

[116] Bakhtin (1981 [1937–1938]) 在半个世纪前初次出版的一篇文章中强调了这部小说的复调性。

[117] *Onos* 10（变形前），15（驴叫），55（恢复人形后笑的含义）。

[118] *Met.* 2. 31–3. 13.

[119] *Met.* 2. 31.

[120] *Met.* 3. 2 ("nemo prorsum qui non risu dirumperetur aderat").

[121] 当然，"杀人"的过程和"事实真相"的揭露比我表述的更加复杂；关于文学作品中的先例和这里体现的现实与错觉的冲突，见 Milanezi 1992；Bajoni 1998；R. May 2006, 195-198。

[122] *Met.* 3. 13.

[123] 他在 *Met.* 3. 2 中其实被称为"受害者"（ victimam ）。

[124] D. S. Robertson 1919 搜寻了现实中与其相似的古代仪式（包括带着替罪羊游街）；James 1987, 87-90 采纳了其部分观点。Habinek 1990, 53-55 强调了卢基乌斯作为替罪羊的（结构性）角色。Kirichenko 2010, 36-39, 45-58 指出了其中的笑剧元素（比较了佩特罗尼乌斯小说中的 risus mimicus ）。R. May 2006, 182-207 是对这段情节和先前相关的学术研究最出色的概述，它指出了其中的戏剧性和元文学性。

[125] R. May 2006, 190-192；Zimmerman 2000, 25-26, 225-226（提到了这两段情节中对笑的描述在文字上的相通之处）。

[126] *Cachinnus*：*Met.* 3. 7（及 Van der Paardt 1971, 67；Krabbe 1989, 162-163 ）。

[127] *Met.* 3. 11: "Iste deus auctorem et actorem suum propitius ubique comitabitur amanter, nec umquam patietur ut ex animo doleas, sed frontem tuam serena venustate laetabit assidue." 如果我们接受 20 世纪早期的学者对文稿做出的修改的话，这便是法官们所说的话了。"制作节目的人以及角色的饰演者"（ auctorem et actorem ）是 Vollgraff (1904, 253) 根据不清晰或者说不好理解的原文做出的猜测：要么是指"制作节目的人"（ auctorem ），后面无意义的 et torem 只是写在了上面的行隔里；要么是说不通的"制作节目的人以及守卫者"（ auctorem et tutorem ）。现在一般认为"制作节目的人以及角色的饰演者"（ auctorem et actorem ）是正确的，不过鉴于这句话很出名，我们还是要记得这（只）是一种猜想。Tatum 2006 讨论了福

尔格拉夫（Vollgraff）的猜想，以及这句话在早期拉丁语中的背景，最终得出了（在我看来）有些艰难的结论，认为阿普列乌斯的作品与西塞罗之间存在着联系。虽然 La Bua 2013 在讨论卢基乌斯的假审判时，也同样研究了西塞罗对其的影响。

[128] Winkler 1985, 13.

[129] Kirichenko 2010, 58 也强调了作为"被动方"的演员，即 actor（"卢基乌斯是根据事先定好的故事情节在即兴表演"）与作为创作者的 auctor（他"创造性地参与了整场表演的创作"）之间的对比；关于演员"只是他人所写文稿的代言人而已"，见前文第 193—195、280 页。

[130] Schlam 1992 研究了这里的模糊性，并且关注点和我的稍有不同："法官们的许诺以一种很讽刺的方式变成了现实。笑并没有伴随着驴子，但是他成为让其他人笑（而且这笑时常带有恶意）的可怜虫"（43）。

第八章

爱笑人

一个书呆子（scholastikos）、一个秃子，还有一个理发师一道外出旅行，夜里在一个非常僻静的地方扎营露宿。他们约定轮流看守行李，每人看守四个小时。第一个值班的理发师为了打发时间，把书呆子的头发给剃光了；等到值班结束后，他便把书呆子叫醒了。那书呆子摸了摸自己的脑袋，发现自己的头发不见了。"理发师真是个傻瓜，"他说道，"他弄错啦，没叫醒我，反而把秃子给叫醒了。"[1]

古代有一本笑话集，名叫《爱笑人》，[2] 里面收录了大约265个笑话，而上面这个故事就是其中的第56个笑话。这本书用的是显然有些老式的希腊语，所以人们一向认为这本笑话集成书于罗马帝国晚期（大多数猜测为公元4世纪或5世纪）。书中的笑话也五花八门：既有关于可笑的守财奴的笑话（"你知道那个在遗嘱里把自己立为继承人的吝啬老头吗？"），也有关于口臭的打趣（"一个有口臭的男人怎么自杀？他可以拿一个袋子蒙住自己的头，把自己给闷死！"），还有关于便宜蜂蜜的搞笑警告（"那个推销员最终承认道，要不是那只老鼠没有跑掉、死在了里面，他是不会卖掉这些蜂蜜的"）。[3]

上面那个书呆子、秃子和理发师的笑话是这部合集中最长的笑话之一，把故事叙述的脉络很详细地列了出来（旅行、行李丢失的风险、值班的无聊，等等）。在这个笑话里，我们又看到了罗马最受欢迎的逗乐角色：秃子（见本书第82、222、239页）。然后我们还第一次认识了古代笑话中的另一类主要人物：scholastikos（暂且将其译为"书呆子"），他们在《爱笑人》约一半的笑话里都扮演着主要角色。书呆子和理发师、秃子一起形成了一个三人组，这会让我们联想到所有以相似的三人组合开头的现代笑话："一个英格兰人、一个苏格兰人，还有一个爱尔兰人走进了一家酒吧……"这也许便能够解释为什么许多现代人在读《爱笑人》时最爱的便是这个笑话：它好像很容易就融入了现代的这一喜剧传统中来。[4]但是，自古代以降，并不是所有的读者都觉得它那么好笑。塞缪尔·约翰逊曾从中选了一些笑话翻译出版——这便是它们最早的英译本之一。他努力地想要理解这个笑话中的包袱，还把文本的晦涩归咎于抄写手稿的人。[5]

也有一些笑话我们依然觉得不怎么样，或者用罗马人的话来说，它们很"冷"（frigidi）（见本书第88、221页）。在更深入地分析《爱笑人》这本书的过程中，我有理由再次对一个问题感到好奇，那就是我们必须或者应当拿出多少才智，才能让现代人听到古代的笑话时也低声轻笑呢？不过，我也会说说关于这本笑话集的一些基本问题。谁是这本书的编纂人？什么时候编纂的？它是用来干什么的？这些笑话又是关于什么的？毋庸置疑的是，《爱笑人》中的笑话都是用来引读者或者听者发笑的，这一点光看书名"Laughter Lover"就明白了。不过，通过这样一本笑话集，或者说是关于笑的题材合集，我们对那个产生、传播它们的社会会有哪些了解？那个社会中的人们看重什么，担心什么，关切什么？《爱笑人》在罗马的"笑学"中有着怎样的地位？除此之外，这类笑话书的用途是什么（以及有着怎样的历史）？我将说明的一点是，在古典时代，这本笑话书具有典型的罗马特征。而在最后，我几乎会得出这样的结论：按照我们的理解，这个笑话就是罗马时期的产物——不过我并不会就这一点长篇大论。

"爱笑人"的建构

《爱笑人》中的文本很有趣、很引人入胜，但有时也会让人感到失望。它其实比初看上去更加复杂。事实上，我们所知道的《爱笑人》这本书在古代世界是不存在的，它当时的形式跟我们现在读到的肯定不是一回事。我们看到的印刷版本其实来源于几份中世纪或者之后的抄本，它们保存了一系列内容上有些重叠但并不完全一样的笑话。大部分笑话在其中几份抄本中都能找到（有几份抄本里还包含了"爱笑人"这个书名），但并没有哪两份抄本的内容一模一样。这其中，内容最完整的那个抄本来自 11 世纪，它是在一份篇幅更长的古代文学及圣经文学选集（里面收录了广为人知的传说故事和寓言）中被发现的。这个抄本里记录了 260 个《爱笑人》中的笑话，不过里面有几个笑话几乎一字不差地出现了两次。而篇幅最短、时间最早的版本则是在 10 世纪的一个抄本中发现的，它是一个"通俗文学"大合集的最后一部分[6]（里面还有一些阿拉伯版本的印度寓言被翻译成了希腊语）。这份抄本的结尾部分目前已经失传，本来里面应该有更多笑话，但是现在只能找到其中的 7 个。这里面的第一个笑话是其他抄本中都没有的，另外 6 个笑话在其他抄本中都有记录——不过顺序却完全不同。这种幸存、失传、破坏、重复的模式能够解释我在介绍笑话的总数时为什么要故意说得那么模糊（"大约 265 个"）。[7]

现代印刷版本的《爱笑人》融合了不同抄本中的内容。从某种意义上来说，我们可以认为所有"幸存"下来的古典文学作品都是如此：欧里庇得斯（Euripides）的每一部戏剧和塔西佗的每一本书都是现代学术界利用流传下来的不同版本（有时甚至互相矛盾）的文稿重新构建而成。不过，《爱笑人》是一个相当极端的案例。尽管我们充分发挥学术专长，绞尽脑汁地想要理解、看透这种互相交织的文稿传统，但还是不清楚它原本究竟是什么样子。我们目前最有把握的一点就是，它和我们现在印刷出来的文本肯定不是完全一样的。我们甚至都不知道该不该认为这个笑话集有单个的原型——因为，就像传统的食谱集、园艺技巧集或者日常锻炼集锦一样，多个略微不同的版本都可能是它的原型（尽管它们都声称自己出自某些有几分神秘色彩的创作者或者编纂者之手，比如比顿夫人［Mrs. Beeton］、罗马的阿皮基乌斯或者简·方达［Jane Fonda］）。[*]

我们至少能够看出来，《爱笑人》的版本可能比目前发现的还要多。12世纪的拜占庭学者约翰·策策斯（John Tzetzes）有一部著作叫《千行诗集》（Chiliades）。他在里面引用了一个笑话，据他说就来自《爱笑人》。这是一个用了双关语的笑话，讲的是一个生病的男人怎样设法摆脱一位不速之客。[8] 然而，一方面我们没有在流传下来的几个抄本中找到这个笑话（现代的印刷版本中也同样无迹可寻），另一方面策策斯甚至把"爱笑人"（"Philogelos"）当作这部笑话集的作者，而不是它的书名。正如他在书中所说，"Philogelos在自己书中的某处写下了这个故事"。可能策策斯只是被搞糊涂或者记错了。[9] 或者也可能当时确实有一本笑话集的作者或者编纂人叫Philogelos。毕竟，对于一本笑话书的作者来说，"爱笑人"的确是一个恰如其分的笔名。[10]

但更麻烦的是，我们发现还有一些名字和《爱笑人》之间有着紧密的联系，有些是作者，还有一些是汇编者。在最完整的那个抄本中，这个笑话集的作者被标为"希埃罗克勒斯（Hierokles）和菲拉格里奥斯（Philagrios），两位'grammatiko'"（可能是"文法家"的意思，可能是"老

---

[*] 比顿夫人著有《比顿夫人和家政管理艺术》（1681）。罗马的阿皮基乌斯，是提比略统治时期的一位公认的美食家，著有与烹饪相关的作品。简·方达为美国影视明星，为健美操在世界的推广作出了杰出的贡献，著有《简·方达健身术》。

师""学者"的意思）；而其他几个笑话数量较少的版本都只标了"希埃罗克勒斯"一个名字。我们也不知道这些人究竟是谁。不过，现代曾有人无奈之下，试着将这本笑话集安在 5 世纪亚历山大港的某个（可能并不幽默的）异教哲学家的头上，然而除了名字相同之外并没有其他证据。[11] 拜占庭帝国有一本叫作《苏达》（Suda）的词典兼百科全书（里面收录了许多深奥难懂的信息，和普林尼的《自然史》一样兼具启发性和误导性），却道出了另一番故事。这里面讲到，《爱笑者》的作者是一个叫作菲利斯提翁的人——正如我们在前文中所见（见本书第 283 页），早期有一位著名的皇家笑剧作家叫这个名字，同时它也可能是一些人的笔名（或者艺名）。《苏达》中还提到一个让人好奇的细节，即这本笑话集可能是献给一个叫作库柔斯（Koureus）的人的，也可能是为了一个来自塞浦路斯库里翁（Kourion）的人所作的，还有可能这本书就是人们总带着去理发店（koureus）的那一类书——不甚考究的希腊语和让人拿不准的文稿解读都能或多或少地和这些翻译版本对上号。[12] 我们并不知道这里面哪一种解读才是正确的，也不知道到底该怎么解读其中的信息。（我们在现存的抄本中并没有找到这类献辞的痕迹，所以《苏达》会不会说的其实是另一部同名的作品？）如果文稿中真的提到了理发店的话，那么《爱笑人》便和这个古代大众文化中的热门地点联系上了：普通人会去那里刮胡、修面、惬意地轻笑。[13]

要想让这些互相矛盾的证据说得通，最简单的方法就是设想这本笑话集的背后其实隐含着一种变化着的传统：它会不断地发展、演变，同时将不同的作者和大众权威标榜为自己的创始人。换句话说，《爱笑人》并不是一部单独的作品，而是一系列文本的统称——它们的内容十分相似，但是没有固定的原型或者正统标准；这是一个不稳定的传统，它一直在不断地调整、适应着，篇幅也在缩短或者延长，最后形成新的版本和合集。

从《爱笑人》中出现的地点和时间线来看，我们当然也能发现里面的笑话来源混杂。这些笑话提到了古希腊－古罗马时代地中海地区的许多地方和文化。我们会读到来自阿布德拉、库迈（Kyme）和西顿等说希腊语的城市的人物，但是书中也提到了罗马、莱茵河和西西里岛。[14]除了神祇和神话英雄之外，整本书里只提到了四个人名，其中两个是希腊名字（分别是德剌孔提得斯[Drakontides]和得墨阿斯[Demeas]，后者在希腊喜剧中非常常见），两个是罗马名字（分别是斯克里波尼娅[Scribonia]和洛利阿努斯[Lollianus]）。[15]而且尽管这些笑话是用希腊语写的，其中有几个故事显然是以罗马文化为背景的，包括提到了货币（第纳里乌斯[denarii]）和庆祝罗马建城一千周年的各种仪式。[16]

那个关于罗马建城周年仪式的笑话是《爱笑人》中唯一一个能够确定时间的故事。["一个书呆子来到了罗马建城一千周年（公元248年4月21日）的一个庆典，他看到一个输了的运动员泪流满面，就想让他振作起来。'别灰心，'他说，'等到下一次一千周年的比赛，你一定会赢的。'"][17]但是从语言来看，人们一般认为我们读到的这个故事是在那几百年之后写出来的——不过，这个合集中也有些笑话出现的时间比3世纪要早许多，或者起码说的是更早的人物或者事件。[18]其中有些也出现在了普鲁塔克的作品中，内容上大致一样，而普鲁塔克是在1世纪末2世纪初写下这些故事的。举个例子，《爱笑人》中有个著名的笑话讲的是一个话痨理发师（"有个很风趣的人去理发，遇上一个话很多的理发师。理发师问他：'您希望我怎么给您理发？''安静点就好。'他回答道。"），而普鲁塔克的《帝王名将箴言录》（*Sayings of Kings and Commanders*）中也记载了这个故事，只不过他在书里面说这个笑话的主人公是公元前5世纪的马其顿国王阿奇拉（Archelaus）；[19]普鲁塔克还用另一个笑话（在澡堂里借不借刮刀给那些没带的人），说明了怎样既奏效又好玩地拒绝那些让你帮忙的人。[20]

而在有些笑话中，我们甚至能看出它们隐隐约约说的是罗马共和国晚期或者帝国早期的著名人物。其中一个笑话讲的是"斯克里波尼娅"华丽的坟墓（这个坟墓的"位置不利于健康"），而此人很可能便是奥古斯都皇帝的第一任妻子。[21] 不过，有一个笑话的原型毫无疑问是穆米乌斯（Mummius）。穆米乌斯是一位出了名无知的将领，他在公元前146年摧毁了科林斯城。不过，这个笑话被匿名处理了（用"书呆子"一词来代称人物）："有个书呆子把一些古老的名画从科林斯城中带了出来，然后把它们装到了几艘运输船上。他对船长说：'如果你们把这些画搞丢了，就要拿新的赔给我。'"[22] 故事里提到了科林斯城，这就暗示了原本的对象是谁。维勒乌斯·帕特尔库卢斯（Velleius Paterculus）在《罗马史》（History of Rome）中讲述了一个与之极为相似的故事，其中便引用了一句一模一样的话来说明这位将领有多粗俗无礼——这便把上面这个笑话中暗指穆米乌斯的意味挑明了。但凡稍微懂点儿古董，就不会想着要"以新换旧"了。[23] 那么，这些早前的笑话是如何以这种淡化处理的方式被收录进《爱笑人》的呢？是经由业已失传的文学史料，还是经由便于作为学术资料的"口头传说"？我们也只能略作猜测了。

几乎可以肯定的一点是，寻找《爱笑人》的原文本、原作者或者原始日期（比模糊的"罗马时期"更精确才行）的努力只会是徒劳。不过，我们还是能够发现这本笑话集中的顺序、分类和结构的一些基本原则，进而明确它的整体形式。首先，里面几乎所有的笑话都是围绕着一类主体人物展开的，而不是单个有名有姓的人：比如一个书呆子、一个阿布德拉人、一个很风趣的人、一个有口臭的男人（有时也可能是女人）、一个懦弱的拳击手，诸如此类。在大部分这类笑话里，开头第一个单词便明确了故事说的是哪类人物（"书呆子""阿布德拉人"，等等），然后便会引入一个只有几行的笑话（有时甚至更短）。现代习惯的说法中对应它们的可能就是那句"听说过那个关于阿布德拉人的笑话吗？"

和现代的印刷版本一样,这部笑话集的主体部分按照上述这些类别,颇为系统地将收录的笑话进行了划分(不过到后面,有一些笑话因为不便分类,在文稿中被单独列了出来,所以破坏了基本的架构[24])。在我们看到的文本中,前 103 个笑话中的主角都是书呆子(scholastikos)——这个词对翻译来说的确是一个挑战。我们几乎可以肯定地说,这类人物与古代喜剧舞台上的一种固定角色存在着联系(事实上,《爱笑人》中唯一一个有名有姓的书呆子就是非常具有"戏剧性"的得墨阿斯)。不过根据普鲁塔克的记载,年轻的西塞罗在从希腊学成回到罗马的途中,也曾被人讥笑为"希腊书呆子"。所以,这个词到底指的是"心不在焉的老师","笨蛋",还是"书呆子"(我前面犹犹豫豫地用了这一说法)?没有人知道确切的答案。[25]

关键在于,这个词指的是这样一种人:他们的愚蠢恰恰是因为自己的学识,他们会用最严谨的逻辑得出最可笑的结论,他们正代表着学术智慧的归谬。类比错误是他们最容易犯的毛病,比如一位"书呆子医生"开医嘱的经典例子:"'医生,'病人说道,'我每次一睡醒,就要先晕半个钟头,然后就什么事都没有了。'医生听了说道:'那你就晚半个钟头再起来。'"[26] 不过,让其中某些笑话不落窠臼的地方在于,这些书呆子并不总是愚蠢的。有时,我们最后会发现,他们那些显而易见的错误其实没有看上去那么荒唐,或者说他们会指出某些更加有趣的事实。当那个富有的书呆子拒绝在一大群人面前埋葬自己的儿子时,他的决定是完全正确的:这些前来送葬的人只是想要巴结他而已。[27] 而那位身体无恙的书呆子总在街上避开自己的医生,因为他觉得自己这么长时间都没生病,所以很尴尬——这种情况下,他一方面表现得像一个傻瓜,另一方面也突出了我们与医生之间的关系有多古怪,毕竟后者的生计仰仗于我们的不幸。[28]

在《爱笑人》里,书呆子的笑话后面是两个守财奴的笑话,再然后便是 14 个关于风趣之人的笑话，13 个关于坏脾气的男人（duskoloi）的笑话，10 个关于傻瓜的笑话，等等。不过，地位仅次于书呆子的主人公是来自罗马帝国位于东地中海地区的三个城邦的公民，他们分别是阿布德拉人、西顿人和库迈人。总共有约 60 个笑话是围绕着他们展开的，这些笑话向我们展示了这些人蠢起来有多好笑（不过，就像书呆子们一样，他们的愚蠢有时显得颇为犀利）。举个例子："当一个库迈人正在游泳的时候，天下起了雨，所以他钻到水底好让自己不会被雨淋湿"；或者"一个阿布德拉人看到一个阉奴在和一个女人说话，于是他就问别人那是不是阉奴的妻子。当这个人想起来阉奴不可能娶妻的时候，他说道：'那么，那人一定是他的女儿了'"。[29]

我们没法知道到底为什么这些人和这些地方这么招人笑，而且简单地把它们和现代的种族笑话（比如，英国人会因为嘲笑爱尔兰人的笑话而乐不可支，法国人也乐于听到戏弄比利时人的笑话[30]）做比较可能是一种很危险的做法。但是，它们确实能够让我们从另一个角度了解到罗马笑文化的地理特征（见本书第 83—84 页）。事实上，在这三个城邦中，我们能从其中两个找到明确的证据，表明《爱笑人》中的笑话反映出一种更广泛的诙谐传统——无论是关于他们的，还是以他们为嘲笑对象的。

比方说，地理学家斯特拉波就称库迈人会"因为他们的愚蠢而遭到嘲笑"；据他记载，其中部分原因是，在建城三百年后，他们把自己的关税"拱手让出"，甚至在那之前也一直没有利用这笔钱财为城邦谋利——所以人们才会说库迈人花了好长时间才意识到自己生活在海边。[31]阿布德拉和可笑、逗乐更是有着紧密的联系。人们显然对德谟克利特的故事很感兴趣，因为据说这位著名的阿布德拉哲学家总是会笑个不停（见本书第 148—151 页）。不过，我们所说的联系比这要深刻多了。马提亚尔认为这座城市就是愚蠢的代名词，而西塞罗则用"这里就是阿布德拉"一句话来形容罗马的元老院内各种乱七八糟的荒唐事。[32] 所以，除了《爱笑人》的编纂者之外，还有许多人也将这些城邦和城内的居民看作好笑的存在。

不过，在说起同阿布德拉、库迈和西顿有关的笑话时，它们的措辞还是存在着一些细微但又非常重要的差别。这对我们而言是一个宝贵的机会，可以发现《爱笑人》的内容来源和玩笑风格的多样性。的确，这本书中的大部分笑话实际上都是可以互换内容的：尽管笑话中的人物类型截然不同，但是里面的小故事线和抖的包袱其实可以随意套在各种类型的人物身上。一个买了赃物的书呆子的笑话（"一个书呆子买了一些偷来的衣服，然后拿沥青把衣服弄脏，以免被别人认出来"）几乎一字不差地被套到了一个库迈人的头上；[33] 而一升酒是不是和一升油或水一样重的笑话也出现了不同的变体，一个发生在书呆子身上，一个则发生在西顿的一位老师（grammatikos）身上。[34] 但是，尽管这些笑话的内容普遍是可以互换的，但这依然无法掩盖一个事实，那就是针对这三个地方的笑话在某些方面存在着很大的差异——但我们常常忽略了这些方面。

首先，有关阿布德拉人的笑话和西顿人的笑话有一个很明显的区别。当阿布德拉人出现的时候，故事里几乎总是会将其形容为"一个来自阿布德拉的人"，并没有任何更进一步的说明。但换作是西顿人时，就会说明他们的营生、职业，或者其他类似的描述。不管笑话里记录了怎样的俏皮话（"'我要到士麦那去，借我一把刀吧'；'我可没有能伸那么远的刀'"[35]），它总是会标明说话的人是某个"西顿城的渔夫"或者"西顿城的百夫长"等——而在我引用的那个例子里，说话的是一个"西顿的屠夫"。关于库迈人的笑话也有不同。当然，这一类人物中有许多可能很容易被归到其他类别中去，或者跟合集中的其他类别有着很多几乎完全重叠的地方。但是，这其中也有一些笑话非常独特：它们针对的都是库迈城里无用的政治团体，或者城内的政治体制和行政长官——这在某种程度上也让我们回忆起斯特拉波关于入港税的那句打趣。例如:"当库迈人在为自己的城邦建设要塞时,有一个叫作洛利阿努斯的市民自掏腰包建成了两部分。当敌军兵临城下时,库迈人都很生气(因洛利阿努斯的所作所为),一致同意洛利阿努斯应该一个人守卫自己建造的那段城墙,任何人都不能帮他。"也就是说,库迈人对个人资助干扰社群关系的行为感到十分气愤,所以用一种势必会自取灭亡的迂腐态度做出了回应:如果那是他自己建的,当然也要由他自己守护![36]

为什么会出现这种风格上的差异呢?或许,我们现在看到的(或者说重构的)这本笑话集背后还有一些更早前的传说故事,或者是规模较小的合集,而它们各自玩笑的主题、套路和俗语都有着微妙的不同,进而形成了不同的喜剧预期。[37]"西顿人的笑话"如果不注明人物的营生或者职业的话就不可能完整。而当你知道一个笑话讲的是库迈城时,就会提前想到其中的笑点肯定是政治上的蠢事。尽管这只是一个很小的例子,但我们还是有了一个来之不易的机会,能够了解到古代玩笑中的隐性规则——以及怎样的古代笑话听起来才是合理的。[38]

古代的罗马人会不会真的坐下来阅读一本与《爱笑人》相似的书,或者听别人讲述其中的笑话?他们会不会一个一个地读那十几个和西顿人有关的笑话,还有那一百多个和书呆子有关的笑话,并且时不时轻笑出声呢?这些问题目前仍然没有定论。这都取决于我们觉得这个文本(或者说它在那时的原型)是用来干什么的。但几乎可以肯定的是,我们不可能找到正确答案(毕竟随着历史的发展和文本背景的演变,文本的用途和功能也发生着变化)。关于它的起源、目的和社会地位有着各种不同的假设,而这些假设也会让我们对这本笑话集产生不同的解读和判断,这一点是我们必须要说明的。

在罗马社会中,以逗乐滑稽为生的食客们把一些笑话书作为自己讨生活的工具,它们也会在罗马喜剧中作为道具出现(见本书第243、

342—343页),而或许我们现在看到的这本笑话集(或其中一部分)就是那些书的现实版本。若果真如此,那么那时的人便不会像我们现在读这本书一样,一个一个地听每个笑话中说了什么。这样的笑话集对于弄臣来说只是一个备忘录,他们会从中挑选几个笑话,然后再自行润色。或许正因为如此,这本书里的大部分笑话才会这样朴实、简单(我也试着通过翻译把这一点表现出来):这些只是笑话的骨架,还需要说笑话的人给它们再添上滑稽的血肉。

也可能(这种猜测与上面的想法是完全可以兼容的)《爱笑人》想要表达的东西与笑的大众传统相近,这从某种层面上来说不同于我在本书的大部分案例中研究的精英习俗与说法。这便与《苏达》中可能提到"理发店"的解读对上了号(要是我们能确信这一解读就好了)。同时,这也反映出中世纪处理文稿时的一个相当广泛的做法,那就是将这个文本的不同版本划分为大众寓言和"通俗文学"。这也有助于解释为什么书呆子在书中的笑话里如此重要:这个例子很好地说明了市井平民是怎样取笑那些没用的"上等人"的。

但是,我们又很难反驳与上述猜测完全相反的一个观点,即无论这个文本起源于何处,对我们看到的《爱笑人》这本书的形式贡献最大的,并不是某些真实存在的流行传统(尽管我们真的很希望是这样),而是古典时代晚期的某位学术汇编者。如果我们撇开这本书究竟和"理发店"有没有关系的疑问,就可以把这本书的作者看成学识有限、略逊一筹的翻版马克罗比乌斯。这位生活在帝国晚期的学问家给自己设定了一个任务,即对引发人们大笑的东西进行搜集和分类。这样一来,那些关于书呆子的笑话的作用似乎就更加微妙、更有意思了。值得一提的是,在现代文化里,与学习有关的笑话的发明者一般不是那些没有学问的人,而是有学问的人中与主流文化相悖的群体(学生、离经叛道的激进派,或者是不务正业、寻欢作乐的老师)。或许在古代同样如此。事实上,我甚至暗暗怀疑,在古罗马,最爱那些同书呆子有关的笑话的人就是书呆子他们自己。[39]

我不打算评判这些猜测中哪一个更能说得通(这些问题也都还有待讨论),而是想要再具体一点,思考《爱笑人》中这 260 多个笑话有着怎样的特征,以及它们隐含的主题与观点。它们是怎么逗人发笑的?而且,当我们跳出这本书按照人物类型划分的组织结构,再来看这些笑话时,它们想要表达的是什么?不管它们来自何处,《爱笑人》中收集的罗马笑话的确是目前最多的了。这些笑话真的只是在打趣那些有口臭的人、书呆子和昏头的库迈人吗?又或者,透过这本书,我们能不能发现罗马文化中一些更为重要的问题、关系和分界线?

听懂笑话

《爱笑人》中的笑话虽然大部分都只有几行,但都有着各自鲜明的风格。有些反映的是寓言、舞台喜剧或警句之类的主题,其他笑话则传承了笑剧的精髓(不过这本书并没有体现多少笑剧的低俗特色;从整体来看,这本笑话集还是很纯良的)。[40] 这其中有许多笑话都用到了双关和文字游戏。[41] 有一些会营造出非常奇特的画面("一个书呆子买了座房子,然后他站在窗前往外张望,问路过的人房子适不适合他"——我们可以想象,他"试"这座房子的样子就像是在试一件斗篷)。[42] 此外,西塞罗曾指出(见本书第 185 页),在文本中引用一些恰当而又让人意外的诗句会很有意思,而这个合集里至少有一个笑话是符合西塞罗这一看法的(在《爱笑人》中,有一位演员被两个女人所追求——然而这两个女人一个有口臭,一个则体臭熏天,所以这个演员就引用了一出悲剧中的台词来巧妙地形容自己的困境)。[43]

这本书里的很多笑话现在读起来依然很好笑，尽管我们可能需要借助现代的翻译来理解它们。比如，在英文版中，大部分书呆子（无论 scholastikos 是被译作 egghead［书呆子］、numbskull［笨蛋］，还是 absent-minded professor［心不在焉的老师］）的笑话都被保留了下来，这完全是因为它们依然是现代喜剧惯用语中的一部分，并且很容易让我们忍俊不禁。其他笑话显然就没那么有意思了。有些情况下，这是因为古代人的一些玩笑传统与现代之间存在着几乎难以逾越的鸿沟。打个比方来说，钉十字架在现代的喜剧体系中已经起不了太大的作用了。而在《爱笑人》中，有一个阿布德拉人看到一个跑步者被钉在了十字架上，于是打趣道："他现在不是在跑，而是在飞。"当我们看到这个笑话时，只会觉得很冷——而且心里有点发毛。[44]

学者的巧思和专业能力有时能够救活其他笑话，或者起码为它们的不好笑做出一些解释。《爱笑人》希腊语文本的多位编者都曾指责过中世纪的誊写者，因为他们态度马虎，遗漏了一些笑话中的"包袱"。比如，有一个笑话里写着，"一个书呆子想要抓住一只总是啃食他的书的老鼠，所以他坐在黑暗的房间里，嘴里咀嚼着肉……"当罗杰·道（Roger Dawe）看到这个笑话时，就判断肯定是有人在传抄的过程中没能把笑话写完（因为原本的笑话肯定比这个要好笑）。[45] 其他评论家则对文本进行了梳理，寻找其中隐藏的双关，想要发现被人们错过的笑点（很像方坦对普劳图斯所做的研究，见本书第 88—89 页）。

现代版本中的第一个笑话便是一个典型的例子："一个书呆子叫银匠给他做一盏灯。当银匠问他灯要做多大时，他回答道：'要能照 8 个人的。'"[46] 或许这个笑话本身已经很好笑了：这个书呆子把测量的方法搞错了，因为灯具不会按照照亮的人数来售卖（尽管从另一种角度来看，这样做也不是什么太糟糕的办法）。但是，近来有一项巧妙的研究表明，尽管按照这种常规的解读来看，这个故事是"这本……书中最无聊的笑话之一"，但其实是我们没有理解这里面的双关。希腊语中的"灯"（luknos）也可以指鱼，而 poieō（制造）被证实偶尔也可以表示"烹调"。那么，或许这个笑话非常巧妙地用到了"是灯还是鱼""是制造还是烹调"的文字游戏。"要多大的灯 / 鱼？"够八个人的就行。[47]

又或许并非如此。[48] 尽管这种说法（还有其他现代人运用巧思对这些古代笑话的重构[49]）已经挺让人满意了，但我们还是要警惕别掉进一个常见的陷阱，那就是花费太多精力让现代人也体会到它们的好笑。事实上，我们可以设想这个合集里有一些笑话的确没那么好笑，就连在古代也没法让人开怀大笑——这个推断是很合理的。那些笑话书为了充数，不管好笑话坏笑话都一箩筐收录了进来，因为事实就是这么可悲：并没有那么多精彩的笑话能够满足你的需求。不只是笑话书，从更根本上来说，玩笑的文化相对性也让好笑话和坏笑话之间形成了一种共生关系，互相很难分离开来。我们在欣赏好笑话的时候需要坏笑话的存在；当好笑话让我们会心一笑时，坏笑话就为此提供了必不可少的"和声"。

在《爱笑人》中的这支"和声"队伍里，我想说说其中一个无聊的小故事，故事的主角是一个"傻乎乎"的学徒（应该是跟着某位理发师兼修甲师做学徒的人）。"一个傻乎乎的学徒被他的师傅安排去给一位男士剪指甲，他听了便开始哭起来。当客人问他为什么要哭时，他说：'我害怕，这就是我哭的原因。因为我会弄伤你，你的手指会很疼，然后师傅就要打我了。'"[50] 还有一个篇幅更短的笑话讲的是漂洗工作坊里的一个小气鬼："一个小气鬼走进了一间漂洗作坊，因为不愿意去小便，结果因此死掉了。"[51] 这个故事想必跟尿在古罗马漂洗行业中的用途有些联系。可能这个小气鬼是因为铁了心不想把自己宝贵的尿免费送给漂洗工，所以在忍到膀胱爆裂后一命呜呼（这也是我能给出的最合理的解释了）。[52]

当然，其中有一些笑话讲起来要比读着更好笑。我们可以猜想，《爱笑人》中收录的这些笑话都只是简要的梗概,需要弄臣给它们修饰、增色；然后人们在表演的时候可能会再补充一些来龙去脉,因为"漂洗作坊里的小气鬼"这种干巴巴的小笑话真的很需要这种细节信息。(比如,到底是什么让他一直忍着？他为什么不干脆离开漂洗作坊去撒尿呢？)关于文本和讲述的关系,我们也只能靠猜测而已。但是总体而言,我还是相信,如果我们要求这种笑话集里收录的全部都是好笑话的话(无论"好坏"是按古代还是现代的标准),那就违背了它们的本质。

歪看世界

无论这些笑话是好是坏,它们都能揭示许多和罗马文化相关的信息。不管它们带来的是大声的欢笑、轻轻的暗笑,抑或是摸不着头脑的困惑,我们都能透过这些笑话,从另一个角度观察古代人的疑问、难题和争论——如果没有它们,我们根本不可能发现这些问题。

笑是混乱和焦虑的一个标志,从社会、文化还有精神的层面来看都是如此——这几乎已经是一条不言而喻的真理了(我在前面也讨论过这一点)。比如,我们已经知道罗马的笑是怎么跨过了那些存在争议的权力和地位的分界线——既有动物与人之间的界线,也有皇帝与臣民之间的高下之分。一个简单的计算表明,《爱笑人》中大概有15%的笑话都以某种方式涉及死亡(包括棺材、自杀或者遗产的话题[53]),这可能足以让我们得出某些业余的弗洛伊德式理论。

不过,当我从更广泛的角度来看《爱笑人》中笑话的文化含义时,又一次发现西蒙·克里奇利针对玩笑和笑的讨论十分有帮助。克里奇利认为,笑话和(他口中的)"幽默"从某种程度上来说是一种距离策略,能让我们"歪看世界"。笑话之所以有趣,是因为它们使我们看清自己的生活和假想，"就好像我们来自另一个星球，刚刚在这里着陆一样"，从一个"相对的范畴"看待那些习以为常的事情。"喜剧演员就是研究我们单调的日常生活的人类学家，而且他们能让我们这些听懂笑话的人也变成家常版人类学家。在笑的过程中，我们不光从"常识"中解放了出来；我们还意识到了曲解、捷径和封闭，正是它们奠定了常识的基础。也就是说，在克里奇利看来，笑话既是一种具有启发性和理性的策略，同时也是我们了解自己无意识的源头的窗口。[54]

在前文中我们也见到了这种家常版人类学。那个因为自己很久没生病而躲着医生的书呆子（见本书第 326 页）让我们笑开了怀，但与此同时，我们也认识到与医生的关系有多古怪，毕竟后者的生计仰仗于我们的病痛。同样的，《爱笑人》中还有许多笑话说的是梦境的奇特地位以及它们与现实之间的关系。比如，有个笑话是这样的："有个人见到了一个书呆子，于是便跟他说道：'博学的先生，我之前梦到您了。''老天啊，'他听了回答道，'我那时太忙了，都没注意到你。'"（这个笑话还有一个稍微不同的变体："'你骗人，'他回答道，'我当时根本没在国内'"）。[55] 还有一个书呆子"梦到自己踩到了一颗钉子，所以就给自己的脚绑上了绷带。他的另一个书呆子朋友问他为什么，当他一一告知之后，他的朋友说道：'我们真是活该被别人叫傻瓜。你上床睡觉的时候为什么不把鞋子穿好呢？'"还有一个笑话也表达了类似的意思：有个胆小的猎人梦到一头熊在追自己，所以他就去买了几只猎狗，然后让这些狗睡在他旁边。[56]

当然，和现代人相比，很多罗马人更在意自己的梦境，因为他们认为梦是可以直接预言或判断某些事物的，并且他们对这一点的坚持甚至超过了现代的心理分析理论。[57] 也可能正是因为如此，这些笑话中体现的问题才会显得比它们那简单的喜剧形式更加尖锐一些。除了梦境与现实世界的关系之外，还有一些问题也得到了关注。读者或者观者会受到启发，进而去思考梦与日常生活的相对短暂性，做梦的人与梦中出现的其他人之间的关系（我们梦到其他人时，会对他们产生什么影响吗？），以及现实世界影响睡眠的能力（我们怎么能肯定床榻旁的猎狗可以让梦里的熊离得远远的？）。用克里奇利的话来说，这些笑话"就像是人类学的小论文一样"，它们能够让古代的读者或听者抛掉对梦的本质做出的那些草率、常识性的设想。对于听到笑话后大笑的人来说，他们得到的奖赏便是内心的愉悦——这里的愉悦来自两方面，一是他们能够从不同的角度来思考关于梦境的问题，二是他们可以运用笑话来揭示那些一向被隐藏或者漠视的烦人问题。比如，梦到底是在哪里发生的？

这个合集中的其他笑话也按照惯常的方式被划分为不同的类别，我们发现其中一些是通过挑战罗马社会或文化生活中一些甚至更为重要的规约来博人一笑的。有几个笑话围绕的是继承的规则，家庭生活中的正统次序，以及与之相关的各项禁忌。它们体现了"父"与"子"范畴之间难以解释的相对性。我们可以举个例子："一个书呆子一天晚上从自己的床上起身，然后爬到了祖母的床上。他的父亲因此揍了他一顿。他说道：'嘿，你住手——你和我母亲睡了这么久，我都没打过你；现在我爬到你母亲身上一次，你就要这么生气吗？'"[58]这里的问题在于：规则和禁令能够怎样应对家庭关系范畴中的变化？在这个笑话里，儿子的依据是一条自然规律，即每个人的父亲必然也是另一个人的儿子；但他这样做的后果便是乱伦。而在另一个笑话里，正是这一观点挽救了当天的危机，也挽救了一个婴儿的性命。在这个故事里，有个年轻的书呆子和一位女仆生了个孩子，所以他父亲就建议把这个孩子杀掉（在古代，像这样"处理"不想要的孩子是很常见的）。而这位儿子是怎么回应的呢？"想要把我的孩子除掉之前，还是先让你的孩子进坟墓吧！"[59]

在《爱笑人》中，还有一个更让人意想不到的规约需要好好研究一番，那就是数字的传统。我们或许可以预测到，家庭和性生活中的规则和不如意显然会成为罗马弄臣的靶子；但我觉得，我们应该想不到，数字的常用符号以及它们与"真实"数量的关系竟成了一个更为重要的主题。在这本书里，我们发现有很多笑话体现、利用的就是我们所说的数字转义。简单来说，这些笑话的基础是一个古老的笑点，即能指与所指的混淆——但我们得承认，现代读者并不觉得这一点有多好笑。比如，有个笑话是这样的：一个书呆子所乘坐的船快要沉没了，而他身上正好携带着价值"一百五十万"的欠条；为了减轻船上的负重，他把那五十万给擦掉了。当其他乘客纷纷把行李扔下水时，这个书呆子却骄傲地宣布他只是把"五"给擦掉，就减轻了船的重量（当然还有他的负债额）。[60]

还有一个笑话也体现了这一点，虽然乍看上去很不一样。"有一个书呆子要出远门，于是一个朋友请求他：'请帮我买两个男奴吧，每一个都要十五岁的。'他回答说：'没问题，如果我买不到，就给你买一个三十岁的。'"尽管我们很容易把性当作这个笑话的主题（而且我确实也听到过一些带有性别歧视的现代笑话，它们讲的是两个二十岁的女性和一个四十岁的女性相比有哪些优势），但这里的关键无疑是数字，还有数字符号与现实中的人之间的差别。具体点讲（抛开其中残存的几分幽默不谈）：尽管两个十五加在一块的确是三十，但一个三十岁的奴隶不可能代替两个十五岁的奴隶。因而透过这一点，我们便能看出数字与计数中的规约在不断地变化，并不稳定——毕竟一袋两磅重的面粉和两袋一磅重的面粉是一样的。[61]

围绕这一主题展开的各种故事遍布于整本笑话集中，它们营造出空间、尺寸、时间和价值同数字符号之间的矛盾，只不过方式略有不同。这些笑话的主角五花八门：有的讲的是一个库迈人，他闯进了放债人的家里去找最值钱的借条，最后把掂量着最重的文件给拿走了；有的讲的是一个拥有一座乡间庄园的"西顿书呆子"，由于他想让自己的庄园离城里更近一些，就干脆把沿途的七块里程碑给移开了；在另一个笑话里，一个书呆子在琢磨梯子向上和向下的级数到底是不是一样的；还有一位库迈城的医生，他在治疗间日疟（每三天发作一次）时收取的费用是治疗半间日疟（每隔一天发作一次）时的一半。[62] 这个典型的例子同样表明，笑话中反复出现的内在主题会让我们收获意外之喜，发现罗马世界中某些埋藏很深的辩题、不确定性与争论：在这里，便是算术是如何运作的，以及到底应该如何理解数字的意义。

值得注意的是，这些不确定性甚至会延伸到身份认同的问题。有一个问题看似简单："我怎么知道我是谁？"这个问题在《爱笑人》中留下了鲜明的印记。本章开头的那个书呆子、秃子和理发师的笑话其实体现的就是这个问题（我怎么把"我"和"别人"区别开？这两者之间只有"毫发"之差吗？）。这个合集中还有许多其他笑话也是如此，包括几个让人印象最深刻的故事。它们一再提出同一个问题：在身份认同的问题上，谁拥有权威和鉴别的权力？有一个很短的笑话是这样说的："一个书呆子偶然碰到了某个朋友，于是便告诉他：'我听说你死了。'这位朋友回答道：'但你现在看到了，我活得好好的。'书呆子却反驳道：'但是告诉我这个消息的人比你可靠多了。'"[63]

另一个更加复杂的笑话同样体现了这一点，那个故事说的是"一个脾气暴躁的男人"想避开一个来家中拜访的不速之客："有人来找一个脾气暴躁的男人。这人却回答道：'我不在家。'那访客听了以后大笑，然后说道：'你说谎——我明明听到你的声音了。'这人回应道：'你这个无赖，刚刚要是我仆人说话，你就相信了。难道对你来说，我还没有他可靠吗？'"[64] 实际上，这也是《爱笑人》中一个历史颇为悠久的笑话，还可以再往前追溯几百年。西塞罗在《论演说家》中曾经引述过一个类似的故事，不过篇幅更长一些。[65] 这个故事发生在公元前 2 世纪，主角是罗马诗人恩尼乌斯和西皮奥·纳西卡（Scipio Nasica），后者是罗马共和国时期一大显赫家族中的领袖成员。故事的开头，纳西卡来找恩尼乌斯，结果被一个女仆告知恩尼乌斯出门了。尽管她再三做了保证，纳西卡仍确信她是在听令行事，恩尼乌斯其实还在家里。过了几天，角色就反过来了："恩尼乌斯来到纳西卡家中，站在门边上找他，纳西卡大声喊说自己不在家。'什么？'恩尼乌斯说道，'你以为我听不出你的声音吗？''你脸皮怎么这么厚，'纳西卡回嘴道，'我先前去找你的时候，你的女仆说你不在家，我信了。现在你竟然连我都不相信吗？'"

这两个版本有一些非常显著的区别。和前文一样，《爱笑人》里的这个笑话无名无姓，而在其他地方却被说成是著名历史人物的故事（见本书第 325 页）。同时，两个版本的主要寓意也不同：在《论演说家》中，纳西卡的话显然很冒犯人，不过他其实是在用一种很聪明的方法给恩尼乌斯上了一课；而在《爱笑人》中，这只是一个脾气暴躁的男人单方面撒了个愚蠢的谎。但是，身份与权威的问题贯穿了这两个故事，尽管它们因为还夹杂着地位和奴隶的问题而略显不同。在《爱笑人》那个更简单的版本中，主要的问题在于你相信谁为他人或他人在不在场所做的担保。这个诙谐的矛盾指出了一点事实，那就是任何人都没法为自己的不在场做担保。

还有一些笑话涉及的也是与之相同或类似的主题。一对双胞胎兄弟中的一个不幸过世了，当一个书呆子在街上遇到活着的那个人时，便问道："死的是你，还是你的双胞胎兄弟？"另一个书呆子决定把自己的名字给他的孩子，"我自己以后就没名字了"。换句话说，取名和自我人格之间有着怎样的关系？在殓尸人的工作坊里，一个库迈人想要找到他父亲的尸体，而他的依据便是他父亲的一大显著特点：咳嗽。这个笑话提出的问题是，在人死后，身份以及身份的标志能在多大程度上依然保留下来？咳嗽定义了这位老人，最后这痛苦的折磨还要了他的性命；但到头来，当人们需要在一堆看起来差不多的尸体中找到他时，咳嗽却派不上一点用场——这是不是很有意思？[66]

不管《爱笑人》这本书有着怎样的起源、变体和前身，也不管我们觉得它是理发店里的读物，还是在图书馆书桌上精心编纂的文字，这其中的笑都引导着我们去探究那时的人们沉重的争论与焦虑——毕竟在那个世界里，关于身份的官方证明少之又少：没有护照，没有政府签发的身份证，也没有那么多我们现在习以为常的出生证或者其他形式的文件来证明自己的身份。[67] 在罗马世界里，身份是一个问题：肯定有人曾经躲了起来，之后便以新形象示人，还给自己重新取了个名字，装作自己是别的什么人，或者甚至没能说服最亲密的家人，让他们相信自己真的是本人口中所说的人。通过向罗马观众展示他们每天都要面临的最本真的自我不确定性，这些家常版人类学笑话想必会（或希望能够）博得大家的欢笑。当那个书呆子醒过来，摸了摸自己的头，纠结自己是不是突然变成了那个秃子时，他其实是在表达人们共有的一个焦虑，那就是谁是谁的问题——或许他的方式好笑了点。我们前面说过一个故事，讲的是一个人让狗睡在他床边，好把梦里的熊给吓走。这个故事正好符合罗马人就人们在梦中的"见闻"所提出的各种问题。

罗马的笑话书

《爱笑人》是唯一一本流传下来的罗马笑话书。尽管我们现在看到的版本其实是现代人（重新）构建出来的，但它的确脱胎于罗马帝国时期收集、整合、再整合的一部（或几部，这个可能性更大）笑话集。且不管其中每一个笑话的笑点在哪，《爱笑人》作为一个整体引出了关于笑话书体裁的疑问。这种文集起源于何地、何时？对于笑话与玩笑的地位又意味着什么？显而易见的一点是，笑话在这里成了收集与分类的对象，而这又说明了什么？

我们看到有些地方提到了各种与《爱笑人》有某些相似之处的文集。不同的汇编者将西塞罗风趣睿智的轶事收集起来，整合了几个版本。这些想必便为马克罗比乌斯书中写到西塞罗说笑话的章节提供了素材，而且《农神节》中引述的奥古斯都和朱莉娅的无数诙谐金句可能也都出自这些笑话集（见本书第 129—131、173—175、219—220、264—265 页）。事实上，著名人物汇编的风趣语录合集显然也是古代文学创作中的常见部分。普鲁塔克汇编的几册《箴言录》（apophthegmata，包括《帝王名将箴言录》、《斯巴达人箴言录》[Sayings of the Spartans] 和《斯巴达女人箴言录》[Sayings of the Spartan Women]）中有一些流传下来的例子；我们在其他一些作品中也能清楚地发现语录的痕迹，比如琉善为 2 世纪的哲学家德谟那克斯（Demonax）所作的传记里大多是这位哲人或风趣睿智或品行端正的语录（一般被称为"格言"[chreiai]）——而这些语录应该都出自先前的选集。[68] 过去其实还有很多涉及语录的作品，然而我们现在只能通过偶然的引述或者简短的介绍来了解它们。比如，人们相信尤利乌斯·恺撒曾经为自己汇编过一本《语录集》（Dicta Collectanea），只不过这本书在他死后据说遭到了奥古斯都的封杀。[69]

风趣可能是这些合集内容的一大特征。然而不管它们表面上看来和《爱笑人》有多相似，但其实存在着一个十分重要的区别。正如《语录集》或者《箴言录》的书名所表明的那样，它们都是某个有名有姓的人物的语录合集，并且显然和创作者有着紧密的关联——尽管有时关于哪本妙语录是哪个人汇编的仍然说法不一。从这个意义上来讲，它们与传记传统之间的关系和与诙谐传统之间的关系同样紧密。[70] 这些语录集和《爱笑人》中那些来源不明、缺乏语境、大而化之的笑话显然是有区别的。

而和《爱笑人》中的这些笑话最相近的，可能就是一百五十卷的《琐事记》（Ineptiae，后来又被叫作《笑话》[Ioci]）了。它的汇编者是奥古斯都治下一位叫作墨利苏斯（Melissus）的皇家图书管理员。不过，尽管这部书收录了大量的风趣轶事，我们却对它的主题或者构成原则毫无头绪。它可能也是按照传记的形式建立的架构，记录了历史上的杰出男性和少数女性都说过哪些风趣机智的话。[71] 而在罗马的喜剧中，食客们的笑话书是他们专业装备中的一个特殊部分（见本书第 243 页）——它们虽然是虚构出来的，但确实和《爱笑人》的相似度更高。在普劳图斯的《斯提库斯》中，我们发现倒霉的革拉西穆斯就想从他的书（libri）里学会一些笑话——而在这段情节前面，他还想把书卖掉，好换得一顿饱腹（这便是典型的走投无路：仅仅为了一餐饭就卖掉了唯一的谋生工具）。[72]《波斯人》（Persa）中的食客萨图里奥（Saturio）或许更了解自己的书的价值。他把那些笑话看作未来给女儿陪送的嫁妆："看，我有整整一马车书……这里面有六百个笑话是未来给你的嫁妆。"[73]

不管它们在现实中的原型是什么，普劳图斯笔下的这些笑话书终究是他臆造出来的，而且他从来没有引述过里面那些（虚构的）笑话。他用来形容这些笑话的词语包括"verba""dicta""logi""cavillationes"，等等，但这些词几乎可以指代所有种类的妙语、笑话和打趣。不过，喜剧情节的逻辑却要求这些俏皮话必须用途多样，这样食客在想让观众开怀大笑时便可以根据情况改编一下再拿出来说；同时，喜剧还要求这些笑话是通用的，而不是具有某些针对性。正因如此，有些现代读者在看《爱笑人》时，才会觉得这本笑话集最接近古代弄臣使用的那种备忘录。

然而，这就忽略了革拉西穆斯、萨图里奥和他们的逗乐工具体现的一个更为重要的信号。虽然罗马喜剧和它们的希腊前身之间有着紧密的形式上的联系，但并没有任何迹象能够表明，希腊喜剧中在台上表演的食客会随身带着他们的笑话书，或者说笑话书在希腊喜剧中会作为道具出现。我们在这些戏剧流传下来的蛛丝马迹中并没有找到这些说法的佐证。当然，诉诸沉默的做法总是危险的。不过，我们手头的证据（而且如我们所见，还有其他这方面的迹象）表明，这一类笑话书不管有没有出现在舞台上，都具有鲜明的罗马特色。让我们回到第四章引入的一些重要议题，笑话书和那些收录某些具名人物的诙谐箴言、语录的合集不同，它或许能够帮助我们稍微区分罗马和希腊的"笑学"。

但这也并不容易。学者们一向认为，在古希腊也一定有这样的通用笑话合集，为此他们会修饰、篡改那些证据的片段，以使它们符合自己的预想。比如，罗伯特·莫尔特比（Robert Maltby）就认为，萨图里奥提到了女儿嫁妆里的"雅典"和"西西里"笑话（"给你准备的全都是雅典笑话，一个西西里的笑话都没有"），这便能证明雅典和西西里是有汇编笑话书的传统的。[74] 但是，莫尔特比的这种说法其实违背了原话的意思。萨图里奥只是随口说到了罗马世界中各种诙谐的传统层级结构，"阿提卡的盐"拔得头筹，而西西里的诙谐则屈居其后（见本书第 152 页）。也就是说，他给女儿准备的嫁妆里只有真正一流的笑话——就连西西里的笑话都不够格。

在古典与希腊化时代的希腊，也有一些合集收录了许多风趣幽默的逸事，但这些书只有书名保留了下来。因而还有一些人认为，这些书的书名也说明，当时存在和《爱笑人》的风格十分相似的文学传统。但是，这种说法也很难站住脚，因为我们除了书名之外便几乎没法重现书中的任何内容。举个例子，我们一开始可能会以为阿里斯托得穆斯（Aristodemus）汇编的文集《趣事集》（*Geloia Apomnēmoneumata*，或译为《幽默实录》）里面包含有五花八门的笑话，而不只是某些人物的语录。或许事实的确如此。但我们现在能找到的只有阿忒奈乌斯从中引用的一些片段，而且这些内容表明它其实更像是人物和作者都有名有姓的箴言语录。[75]

现在有一些流传下来的断简残章被认为出自希腊化时代的一本笑话书，而且人们一向认定它们是这一体裁中唯一一部得以传世的作品。但这仍然经不起细究。坦白说，这张来自公元前 3 世纪、残缺不全的莎草纸上只有一点稀稀拉拉的文字痕迹。那上面似乎是一些按照不同标题分组的单行评述或者问题。在这里，"eis purron"是唯一一个被完整保留下来的标题，但后世的编者们对它的意思有着不同的说法：有人认为它的意思是"致（或诉）一名红发之人"，也有人相信它指的是"致（或诉）皮洛斯（Pyrrhos，作为专有名词，这里的'P'大写）"。同时，他们在探讨标题底下俏皮话的性质时也产生了分歧。在"eis purron"这一部分，根据我们对文字的辨读，那上面的句子似乎用的都是同一个句式："你没有脸（prosōpon），但是……"每一句"但是"后面出现的内容是不同的，但都很让人摸不着头脑，比如"黄昏的太阳"或者"燃着火的炭"。[76] 这部作品之所以能够被冠上笑话书的名号，几乎完全归功于鲁道夫·卡塞尔（Rudolf Kassel）的努力，因为他大胆地将其中某些俗语同贺拉斯《讽刺诗》中的卖笑人在《布伦迪西之旅》中的插科打诨（见本书第105页）及其他拉丁喜剧形式联系在了一起。[77] 不足为奇的是，其他评论家则提出了不同的看法，他们认为这原本是一部讽刺短诗合集，或是某一类观相术文章。[78] 事实上，这张莎草纸实在残缺得太厉害了，所以我们根本没法靠它得出什么确切的结论。除了它的内容可能也是按照人物类型进行的划分之外，没有任何其他信息能够将它与《爱笑人》中的材料联系到一起。

我们没有绝对的把握说古代的希腊和罗马世界不存在某一种文化形式或文学体裁（事实上，《爱笑人》中的有些笑话就让我们明确意识到要证实"不存在"是件多难的事）。在古典和希腊化时代的希腊，文学文化肯定会催生出各种各样的合集作品（包括诙谐金句、讽刺短诗、谜语和语录），而且我们也可以无休无止地争论各种类型的合集如何区分，它们各自有着怎样的功能，以及哪些作品能够算得上一本"笑话"书。然而，所有的迹象都表明，我们在本章中讨论的这种笑话书并不是古典希腊社会的重要组成部分；它们在罗马社会中更为常见（不管是在普劳图斯的拉丁语世界，还是在范围更广、文化更多样的罗马帝国治下的地中海地区）。如果是这样，那么我们的下一个，也是最后一个问题就是：这对于罗马笑话的角色、性质和功能来说意味着什么？换句话说，当笑话成为能够自由流动、"可供收藏的物品"时，这对人们关于玩笑的观念会产生怎样的影响？

罗马人发明了笑话？

这个世界上并不存在"第一个笑话"这一说（甚至在西方世界的小范围内也是如此）。任何有关"笑话"肇始于何处的说法都会在面对定义的问题时土崩瓦解。笑话和其他口头上的逗乐究竟有何不同？一句诙谐的格言、一个寓言或是一句双关能算作笑话吗？如果笑和人类本身一样古老的话，那我们能否想象在人际沟通的历史上，笑曾经并不是由语言引发的？

不过，当革拉西穆斯出现在台上，声称自己要售卖笑话和笑话书来换得一顿美味的晚餐时，我们便已经处在一个特色鲜明、一目了然的玩笑世界里了。这里的笑话成了某种商品。尽管这一幕本身就是一个笑话，但革拉西穆斯的插科打诨仍然有价值。它们在一个交换的体系中发挥着作用。这些事物的存在独立于这位弄臣；而在萨图里奥的故事里，它们甚至还可以一代代地传下来。同时，它们也拥有自己的历史；在泰伦斯的《阉奴》中，特拉索说了一个关于罗得岛小子的笑话（见本书第17—18、147—148页），从中我们其实可以认识到，一个笑话的历史既是它主旨的一部分，也构成了它的笑点。不过，尽管带有浓重的罗马喜剧色彩，我们还是从中看到了一些似曾相识的痕迹。在现代世界里，笑话往往也是交换体系中的一部分。我们是会交换笑话的。我们会像比赛似的讲着笑话。对于我们而言，它们也可以是拥有谱系和价值的商品。有些人甚至靠卖段子给广播台和电视台为生。

而在古典和希腊化时代的希腊，这种商品化的迹象远远没那么多。当然，那个时候的语言和文学可以通过各种各样的方式博人一笑；从政治家到哲学家，各式著名人物说出了许多犀利而又有趣的语录；而且笑话在很多场合中都是备受期待的（吃白食的人靠逗乐饱餐一顿的点子可不是罗马人首创）。不仅如此，我们间或还会发现一些迹象，表明那时的希腊也有更具一般性、不具姓名的笑话，会让人联想到《爱笑人》。在我们看来，与之最为相近的就是阿里斯托芬的喜剧《马蜂》（Wasps）了。在这出戏末尾的一片喧闹之中，老菲罗克勒翁（Philocleon）试图以一种绅士和老练的方式平息事态，故而讲述了一个"锡巴里斯人的故事"，不过结果却未能如愿。这个故事是这样的："有个锡巴里斯人从马车上掉了下来，脑袋摔得当真不轻。因为其实他驾车的技术并不好。他一个朋友站在一旁，说道：'没有金刚钻，不要揽瓷器活。'"[79] 锡巴里斯人的故事是古代说教智慧故事中的一个有趣分支，内容说的都是意大利南部城市锡巴里斯的居民有多愚蠢——这座城市当时出了名的富足，以至于为自己招来了祸端，最终在公元前6世纪晚期遭到毁灭。我们对这些故事的了解主要源于罗马时期作家的引述，而且它们往往被归为寓言一类——阿里斯托芬在这部戏前面的叙述中就是这么做的（"伊索笔下的趣事或是一个锡巴里斯人的故事"）。故事中那个姓名不详、愚蠢的锡巴里斯人让我们不禁会联想起《爱笑人》中的阿布德拉人、库迈人和西顿人。[80]

不过，在古典和希腊化时代的希腊，笑话并不像它们在罗马或者罗马世界中那样被当作可供收集的商品。这种区别在阿忒奈乌斯《哲人燕谈录》中一个讲述马其顿国王腓力的故事中明确体现出来。这部作品用希腊语写就，成书于2世纪与3世纪之交，是一部长达数卷的杰出巨著，总汇、选编了当时文学与文化的各方面信息，其作者阿忒奈乌斯来自罗马的埃及行省。这本书假装描写了罗马一位富有的恩主举办的晚宴，晚宴上有许多学识渊博的人谈笑风生。他们引经据典，在闲聊间分享各自的学术智慧，令人叹为观止（不过说实话，有时也很冗长无聊）。笑话与开玩笑也是阿忒奈乌斯书中的一大主题，而且我前面也已经说到了他记录下来的一些稀奇古怪的素材，包括不能笑的帕耳墨尼斯库斯的离奇故事（见本书第 290—292 页）。在这场晚宴上有一个叫作乌尔比阿努斯（Ulpian）的罗马人，他讲述了一个腓力国王买笑话的故事，很有启发性。[81]

乌尔比阿努斯说，在公元前 4 世纪的雅典，有一群机智风趣的人会在城外的一个圣殿里聚会。这群人总共有六十个人，所以被称为"六十智者"，他们在逗乐上有着独特的才能（sophia）。当腓力听说有这么一群人之后，就给了他们一大笔钱，想要以此交换他们的笑话（geloia），"他给他们送了一些银子，这样这些人就可以把笑话写下来送给他"[82]。这个故事经常被拿来证明公元前 4 世纪的希腊就有笑话集存在了（正如一位评论家所写的那样，这群弄臣就是"那些把'口头功夫'变成纸上笑话的人"）。[83] 或许乍看起来的确如此。

在撰写本章的过程中，我才意识到这个故事和它蕴含的寓意其实更有可能指向了相反的方向。尽管阿忒奈乌斯只是简要地概述了这个故事，但他后面紧跟着又讲述了几个故事，说的是"围城者"德米特里（Demetrius Poliorcetes）和苏拉等臭名昭著的独裁君主对笑的热衷。几乎可以肯定的是，在当时的雅典社会，"六十智者"的故事并没有被看作宣扬文学收藏这种进取精神的正面案例；相反，人们把它视作一个反面的例子，因为这里面的商品化是颠覆、独裁式的：腓力是一位拥有财富和权势的君主，他错误地认为自己可以把"六十智者"的风趣以这种方便、便携、纸面的形式买下来（我们并不知道他们究竟有没有把笑话写下来送给腓力[84])。

罗马世界则不同。说得再直接一点,玩笑的商品化(形成可以交换、传袭、收集或买卖的笑话)在这里并不是独裁者颠覆式意愿的体现;它更像是罗马的一种文化范式。而体现了这一点的,不只是革拉西穆斯和罗马喜剧中出现的其他食客们的逗乐打趣,也不只是《爱笑人》中收录的俗语。我在第四章强调过的拉丁语和希腊语单词之间的显著差异也让我们得出了同样的结论。在拉丁语中,可以用于表示笑话的单词极其丰富(甚至多得几乎没有必要);而希腊语则似乎太过重视同笑的动词与名词有关的单词,其中 geloion 和 skōmma(或许还要算上 chreia)的含义在被用来表达各种类型的笑话时遭到了过度延展。

如果仅根据这些显而易见的迹象,就认定"希腊"和"罗马"的玩笑文化之间有着鲜明且固定的差异的话,那就把问题过于简单化了。不过,它们的确说明笑话与开玩笑中有着不同的文化坐标,如果我们对此视而不见,则太缺乏责任感和想象力:这其中,我们尤其应该意识到,在罗马世界里,笑话不仅仅是一种互动的形式,同时它本身可以作为一种文化客体或是商品(或者说作为一个名词,而不是动词)。不愿冒险的学者可能会按照重点的不同来看待这个问题,这样一来证据的模式和存在与否可能会让问题变得更加复杂。而最大胆的学者则倾向于提出更加激进的主张,他们认为我们现在所谓的"笑话"就起源于罗马文化,并将其看作罗马人在西方历史中留下的最重要的遗产——比他们建造的桥梁和道路都要重要得多。就像一场快要落下帷幕的喜剧表演一样,在本书即将收尾之际,我也乐于再大胆一些。

但是,无论选择哪个方向,仍然有一个问题让我们摸不着头脑:究竟该如何解释笑话在罗马世界中的特殊地位?同时,这也让我们回想起第三章中提出的该如何书写笑的历史的问题,包括它随时间(和地点)发生的变化。许多因素似乎都与此相关。我们可以指出罗马修辞史与修辞实践的本质，以及它是如何将不同的言语形式具象化的。我们也可以关注罗马喜剧中革拉西穆斯与他的恩主之间的社会关系（无论是在台上台下）。有人认为，笑话作为一种商品，与罗马世界里保护者和受保护者、富人和穷人之间尖锐的交易关系密切相关；这种说法在多大程度上是合理的？是不是正是在这种情境下，玩笑才被定义成一种可以交换的物品（同时也作为一种文学互动的模式）？更具讽刺意味的是，我们或许还会认为，它也是罗马帝国统治下文化商品化的一大标志——不管是在地中海地区的其他地方还是在罗马本土。罗马帝国里的任何东西都是有标价的。帝国的征服者们购买、复制、交换艺术品，并对它们进行分类和估值——他们对风趣、笑话和玩笑也做了同样的事。所以难怪，"腓力国王模式"成为罗马"笑学"中的一大重要组成部分。

所有这些因素可能都起到了一定的作用。但是一如既往的，我们还是要细心留意罗马帝国的居民们说了些什么——而在这里，我们最后又要说回到阿忒奈乌斯。乌尔比阿努斯在讲述腓力对"六十智者"的兴趣之前，已经就笑话的主题发表了一番观点，而且他还讨论了谁发明了"笑话"的问题（尽管我们现在觉得这个问题很没有意义）。他说的内容主要出自公元前 4 世纪的戏剧家阿那克珊德里得斯（Anaxandrides）的一出戏剧（《老汉之癫狂》[*The Madness of Old Men*]）——"拉达曼堤斯和帕拉墨得斯（Palamedes）想到一个主意：他们要让没带献品（asymbolos）来参加晚宴的人讲笑话"。我们对这句话在原剧中的语境几近一无所知，因为这部戏剧并没有流传下来，现在只剩下别处零散的引述。不过，这里面有一点对于我们理解笑的历史特别有启发性，那就是乌尔比阿努斯是怎么说明并误解了他所引用的句子的："在《老汉之癫狂》中，阿那克珊德里得斯声称拉达曼堤斯和帕拉墨得斯就是笑话的发明者（heuretai）。"[85] 这完全不是阿那克珊德里得斯的本意。据我们所知，他只是说这两位神话人物是最早机智地想到可以让白吃的食客用笑换取食物的人。

就希腊与罗马的笑而言，这几个句子中蕴含的信息比表面看起来要多得多。阿忒奈乌斯在公元2世纪晚期撰写这部著作时，或许无意间将阿那克珊德里得斯对于一种社会现象（食客在晚宴上的角色）的看法重新解读成了关于笑话本身的看法。的确，大部分现代作家都步了阿忒奈乌斯的后尘，认定阿那克珊德里得斯将笑话（geloia）全数归功到拉达曼堤斯和帕拉墨得斯身上——毕竟这两位在希腊神话传说中是著名的发明家和智者。[86] 然而，阿那克珊德里得斯并没有这样做过。事实上，这段看似简单的文字正好说明了我一直在分析的从"玩笑的活动"到商品化的"笑话"之间的转化。这位公元前4世纪的希腊戏剧家说的是前者，而处于罗马时期的阿忒奈乌斯说的是后者——这反映了笑话在他所处的世界中占据的地位：它是一种可以研究、理论化的对象，拥有自己的价值和历史，也可以是人们的发明或发现。

正是在这种意义上，我们或许可以得出结论：正是"罗马人"发明了"笑话"。[87]

注　释

[1] Σχολαστικὸς καὶ φαλακρὸς καὶ κουρεὺς συνοδεύοντες καὶ ἔν τινι ἐρημίᾳ μείναντες συνέθεντο πρὸς τέσσαρας ὥρας ἀγρυπνῆσαι καὶ τὰ σκεύη ἕκαστος τηρῆσαι. ὡς δὲ ἔλαχε τῷ κουρεῖ πρώτῳ φυλάξαι, μετεωρισθῆναι θέλων τὸν σχολαστικὸν καθεύδοντα ἔξυρεν καὶ τῶν ὡρῶν πληρωθεισῶν διύπνισεν. ὁ δὲ σχολαστικὸς ψήχων ὡς ἀπὸ ὕπνου τὴν κεφαλὴν καὶ εὑρὼν ἑαυτὸν ψιλόν· Μέγα κάθαρμα, φησίν, ὁ κουρεύς· πλανηθεὶς γὰρ ἀντ' ἐμοῦ τὸν φαλακρὸν ἐξύπνισεν. 在这个笑话的不同文稿（见本书第321—322页）中，有一个版本要短一些，而且措辞也稍有不同，不过

笑点是一样的。

[2] 我引用的笑话出自蒂尔费尔德 (A. Thierfelder 1968) 的版本；大体而言，这个版本比更晚近的道（2000）的托伊布纳本更受青睐——关于后者，Jennings 2001 对其作了意义重大且内容广泛的评述。《爱笑人》是近来一些研究的主题（它们既关注文本传统，也研究文化意义，不过后者的数量要少一些）。尤其须注意 Thierfelder 1968；Baldwin 1983（尽管这里的翻译有时会产生误导）；Andreassi 2004（现代最出色的概述）——所有这些研究构成了下文的基础，而且对它们的引述也是为了让读者关注一些尤其重要的讨论或者指出其中的分歧。涉及简单的文化探究的论述包括 Winkler 1985, 160-165；Bremmer 1997, 16-18；Hansen 1998, 272-275；Schulten 2002。此外，《爱笑人》有一些流传较广的现代译本，还被称为"世界上最古老的笑话书"。例如 Cataudella 1971, 89-154（附颇有助益的学术概述）；Löwe 1981；Zucker 2008；Crompton 2010。

[3] 这三个例子来自 104、231、173（我得承认，我在这里的意译把古代的笑话改成了人们比较熟悉的现代喜剧中的说法）。

[4] 换句话说，这并不是把希腊语笑话创造性地翻译成现代喜剧套话的问题。不过有一点要注意的是，这是这部合集中唯一一个这样开头的笑话；和在现代不同，古代笑话中的三人组合并不是常见的套路。

[5] Johnson 1741, 479. 他是这样翻译的："圣人抓了抓脑袋，发现上面并没有头发。于是他把理发师大骂了一通，责怪在轮到哲学家的时候却叫醒了自己。他说：'你不知道吗？我是秃子，最后才轮到我！'"这个例子很好地说明了随着时间的推移，笑话在流传的过程中会收到各种不同的回应。

[6] Wilson 1996, 212.

[7] Thierfelder 1968, 129-146 对整部文稿的记录是最清晰的，另见 Perry 1943。Rochefort 1950 讨论了主文稿（A = Par. Sup. Gr. 690）中的全部内容。最早的文稿（G = Cryptoferratensis A 33）中的第 1 个笑话（现

在的第 265 个）的笑点与全集中的另两个笑话十分相似，但是措辞和细节上有着明显的差异。"有人问一个书呆子一个罐子里能装多少品脱。他回答道：'你是说装酒，还是装水？'"而在第 92 个笑话中，有个书呆子问父亲，一个三品脱的（πεντακότυλος）器皿能装多少东西；在第 136 个笑话中，一个来自西顿的老师问一个学生（不过还不确定文意）三品脱的器皿能装多少东西——"你是说装酒，还是装油？"他回答道。

[8] Tzetzes, *Chil.* 8. 969-973 (Leone).

[9] 有一点也许很值得注意：策策斯在另一处讲了一个非常相似的笑话，并说这个笑话出自一个"故事"或者"寓言"；见 *Epistulae* 50 (Leone)。

[10] Baldwin 1986 和 Andreassi 2004, 63-65 探讨了这些以及其他可能存在的情况。我们应该记住一点，书名和作者可能会被混淆，而且确实出现了这种现象；"比顿夫人"（Mrs. Beeton）既可以指书，也可以指书的作者，"李维"在很多情况下也是如此（在中世纪也出现过同样的困惑，人们不确定"苏达"究竟是一部百科全书的名字，还是指它的编纂者）。

[11] 关于亚历山大港的希埃罗克勒斯和其他叫这个名字的人，见 Andreassi 2004, 28-29。比较长的文稿版本标明的作者是希埃罗克勒斯和菲拉格里奥斯两个人（而短一些的版本则只标注了希埃罗克勒斯），这自然便催生了一种说法：最初希埃罗克勒斯和菲拉格里奥斯完成了各自的作品，后来这两本书不知何时被合并到一起了——这种说法或许能够（抑或不能够）解释文稿说法中存在的一些复杂问题（Thierfelder 1968, 129-202 对此进行了迂回的探讨，并在 202 附上了示意图）。

[12] *Suda* Φ 364 (Adler)；印刷出来的文本是 "οὗτός [Philistion] ἐστιν ὁ γράψας τὸν Φιλόγελων, ἤγουν τὸ βιβλίον τὸ φερόμενον εἰς τὸν Κουρέα"（不过，仅仅一个小小的文字上的改动，或者只是把大写的"K"换成小写的，意思也会出现很大的变化）。关于更多与菲利斯提翁之间

可能存在的联系，见 Cataudella 1971, xxv；Reich 1903, 454-475（采信了《苏达》标明的出处）。

[13] New Pauly, s.v."Philogelos"; Bremmer 1997, 16, 25n32. 关于理发店的文化，见 S.Lewis 1995（对希腊的素材进行了梳理）; Polybius 3. 20；Plutarch, *Mor.* 508f-509c (= *De garr.* 13)。

[14] 阿布德拉：110-127；库迈：154-182；西顿：128-139；罗马：62；莱茵河：83；西西里岛：192。

[15] 德剌孔提得斯: 170; 得墨阿斯: 102; 斯克里波尼娅: 73; 洛利阿努斯: 162。

[16] 第纳里乌斯：86，124，198，213，224，225；周年庆：62。其他希腊语中的拉丁化形式（如 135，138）也能体现出笑话的文化背景，反映早期拜占庭帝国对希腊语的使用。

[17] 62. 其他表明背景可能是 3 世纪的线索也被人们"咬文嚼字"找了出来：第 80 个和第 97 个笑话使用"万"（myriads）作为货币单位；第 76 个笑话疑似提到了亚历山大港中的塞拉皮斯神庙，该神庙在 391 年被毁坏了，我们或许便可以猜想这个笑话的起源肯定在这个时间点之前——但是这里并没有提到亚历山大港！）；见 Thierfelder 1968, 224（注意这个笑话里说"要往上走到"[ἀνελθόντι] 那座神庙去——因为亚历山大港的塞拉皮斯神庙就建在山上）。

[18] "人们一般认为"其实回避了许多不同的观点。Robert 1968, 289 另辟蹊径，利用这里提到的建城千年庆典来确定（大体上的）成书时间；与之不同的是，Rapp 1950-1951, 318 则认为这里面有许多笑话都至少是 9 世纪或者 10 世纪的成果。

[19] 148; Plutarch, *Mor.* 177a (= *Regum et Imperatorum Apophth.*, Archelaus, 2)；*Mor.* 509a (= *De garr.* 13).

[20] 150; Plutarch, *Mor.* 534b (= *De Vitioso Pudore* 14). 关于其他类似的故事，见 206（及 Athenaeus, *Deipnosophistae* 8. 350b；Diogenes Laertius, *Vitae* 1. 104）；264 [及 Plutarch, *Mor.* 178f (= *Regum et Imperatorum*

Apophth., Philip, 24)]; Valerius Maximus, 6. 2 ext. 1; Stobaeus, *Anthologium* 3. 13. 49（认为这个故事出自"塞瑞努斯"）。

[21] 73. 关于可能的身份，见 Thierfelder 1968, 224。第 26 个笑话的主题也体现了这个有意思的观点：人们反对不利于健康的墓地选址（但这已经不会危害到已死之人了）。

[22] 78: Σχολαστικὸς εἰκόνας ἀρχαῖα ζωγραφήματα ἐχούσας ἀπὸ Κορίνθου λαβὼν καὶ εἰς ναῦς ἐμβαλὼν τοῖς ναυκλήροις εἶπεν· Ἐὰν ταύτας ἀπολέσητε, καινὰς ὑμᾶς ἀπαιτήσω. Andreassi 2004, 71–80 细致地讨论了这些笑话匿名化的过程："Dallo 'storico' al 'tipico' (e viceversa...)"（71）。

[23] Velleius Paterculus 1. 13. 4（以包袱结尾："...iuberet praedici conducentibus, si eas perdidissent, novas eos reddituros"）。我们应该把第 193 个笑话也和它们放在一起讨论，这个笑话是对西塞罗的一个笑话（*De or.* 2. 276）的重述，讲的是诗人恩尼乌斯和西皮奥·纳西卡的故事（本书第 338—339 页曾有过讨论）。

[24] 正因如此，最后几个笑话又讲起了书呆子的故事（毕竟其他书呆子的笑话都在《爱笑人》的前半部分里），而且最早的文稿中的第一个笑话（在别处未得到证实）变成了现代版本中的最后一个笑话（即 265）。

[25] Winkler 1985, 160–165 是对书呆子的研究中最出色的，强调了他们与喜剧表演的联系；此外还有 Andreassi 2004, 43–51（对现代的各个翻译版本进行了概述）和 Kirichenko 2010, 11–16。这个人物是 Conte 1997 中的一个研究主题（虽然不单单是因为他在《爱笑人》中的出现）。"书呆子"（egghead）的译法借鉴了 Baldwin 1983。

[26] 3: Σχολαστικῷ τις ἰατρῷ προσελθὼν εἶπεν· Ἰατρέ, ὅταν ἀναστῶ ἐκ τοῦ ὕπνου, ἡμιώριον ἐσκότωμαι καὶ εἶθ' οὕτως ἀποκαθίσταμαι. καὶ ὁ ἰατρός· Μετὰ τὸ ἡμιώριον ἐγείρου.

[27] 40；有些版本的文稿并没有介绍这位父亲的地位，所以导致最后好

笑的只是小男孩和一大群人之间的对比。

[28] 6；及 253（一个更简短的版本）。174（"一个库迈人"）表达的也是类似的主题，而 27 则表达了相反的意思。

[29] 164: Κυμαῖος ἐν τῷ κολυμβᾶν βροχῆς γενομένης διὰ τὸ μὴ βραχῆναι εἰς τὸ βάθος κατέδυ; 115: Ἀβδηρίτης εὐνοῦχον ἰδὼν γυναικὶ ὁμιλοῦντα ἠρώτα ἄλλον, εἰ ἄρα γυνὴ αὐτοῦ ἐστι. τοῦ δὲ εἰπόντος εὐνοῦχον γυναῖκα ἔχειν μὴ δύνασθαι ἔφη· Οὐκοῦν θυγάτηρ αὐτοῦ ἐστιν. 第一个笑话巧妙地指出了池子里的水和从天上降落的水是不一样的：毕竟，我们不会觉得游泳会把自己"弄湿"。

[30] 这些现代笑话的传统源于国家（或民粹主义）地缘政治，因此与古代的传统有着明显的区别，尽管有人会提及一些表面上的相似之处（例如 Toner 2009, 98）。作为戏谑的对象，《爱笑人》中的这些城邦与其说是外来的，不如说是内部的。而且这些笑话可能与英语中"坦布里奇韦尔斯的讨厌鬼"（Disgusted-of-Tunbridge Wells）这种风格的打趣更为相近："坦布里奇韦尔斯"代指一个城镇，里面的居民被讽刺为年老、保守、跟不上时代的人（而且还总是写信给报纸表达他们的"反感"）。

[31] Strabo, *Geographica* 13. 3. 6；Purcell 2005, 207−208 进行了简要的探讨（并且和我一样，发现这个故事在细节上很让人费解）。这个类似的趣闻指的显然就是小亚细亚的那座城市，所以我们可以肯定的一点是，《爱笑人》中关于库迈人的笑话说的肯定不是别的某个也叫这个名字的古代城市（优卑亚 [Euboea]，或者我们所说的位于意大利南部的库迈 [Cumae]）。

[32] Martial, *Epigram*. 10. 25（另见 Juvenal 10. 50）；Cicero, *Att*. 4. 17. 3 (SB 91)，及 7. 7. 4 (SB 130)。另见 Machon, frag. 11, 119−133 (Gow)；Lucian, *Hist. conscr.* 1。

[33] 35; 158。

[34] 见前文第 7 条注释。有时，这些类型化人物也会被合并到一起，如

第 131 个笑话说的是一个西顿的书呆子。

[35] 137（本质上和第 99 个笑话是一样的）。

[36] 162: Κυμαίων <τὴν> πόλιν τειχιζόντων εἷς τῶν πολιτῶν Λολλιανὸς καλούμενος δύο κορτίνας ἰδίοις ἐτείχισεν ἀναλώμασι. πολεμίων δὲ ἐπιστάντων ὀργισθέντες οἱ Κυμαῖοι συνεφώνησαν, ἵνα τὸ Λολλιανοῦ τεῖχος μηδεὶς φυλάξῃ ἀλλ' ἐκεῖνος μόνος..

[37]《爱笑人》的部分内容在类型化人物的分类中体现了内在的逻辑线索，或者采取了某种明显的顺序。比如，25、26 和 27 都是关于死亡的笑话；52 则巧妙地颠覆了前面的笑话。当然，我们没法确定这种模式究竟归功于汇编者，还是归功于他们当时可能在使用的原文素材。

[38] 我们发现，书呆子的笑话中可能存在着另一句常见的笑话台词：其中有三次（15、43、52），就在关键的包袱之前（像是在预告包袱一样），书呆子说了类似于"我真是个傻瓜""难怪大家都说我傻"这样的话（μωροὶ καλούμεθα, μωροὶ νομιζόμεθα, μωρός εἰμι）。

[39] 当 West (1992, 268) 写到下面的这段话时，她几乎是在暗示这本书的学术功能："但是，有一个问题似乎值得一提——这本书原本真的是作为笑话书吗？抑或，其实古人是想要试着汇编出一个母题分类来，或许可以有助于分析各种形式的风趣和幽默。"

[40] Andreassi 2004, 37-43 总结了它与其他体裁之间的各种联系。可能与寓言有关的笑话包括 142 和 180（另见 Andreassi 2006，关于《爱笑人》和《伊索传》中的那个"贪心鬼"[λιμόξηρος]）。Kirichenko 2010, 11-16 讨论了书呆子的笑话中的笑剧主题。Floridi 2012 探讨了《爱笑人》与讽刺警句之间的关联；关于具体的比较点，例如 97 与 AP 11. 170; 235 与 AP 11. 241。这个合集里的几个性笑话包括 45（见前文第 336 页）、244、245 和 251。这体现的是《爱笑人》起初便具有的特点，还是只是中世纪的人删改之后的成果呢？这个问题依然不得而知。

[41] 例如，4、135、184、189。

[42] 14；这里的用词和隐喻体现了喜剧表演（或）笑剧的影响（见 Aristophanes, *Thesm.* 797；Herodas, *Mimiambi* 2. 15）。

[43] 239: "Οἴμοι, τί δράσω; δυσὶ κακοῖς μερίζομαι."（"唉，我该怎么办？我被夹在两'恶'之间左右为难"）。

[44] 121: οὐκέτι τρέχει, ἀλλὰ πέτεται. 这里与 *AP* 11. 208 之间是有联系的；见 Floridi 2012, 652–653。不过这句警句简单多了，只是利用了"跑（去吃晚餐）"和"飞"的文字游戏。

[45] 8: Σχολαστικὸς θέλων πιάσαι μῦν συνεχῶς τὰ βιβλία αὐτοῦ τρώγοντα κρέας δακὼν ἐν τῇ σκοτίᾳ ἐκάθισεν... "Sententiam non completam esse monuit Dawe"（"道认为这个句子是不完整的"）是他在托伊布纳本中做出的评价。其他人则没那么消极。可能这个笑话说的就是这个书呆子在假装自己是一只猫吧（正如 Thierfelder 1968, 205）。

[46] Σχολαστικὸς ἀργυροκόπῳ ἐπέταξε λύχνον ποιῆσαι. τοῦ δὲ ἐξετάσαντος, πηλίκον ποιήσει, ἀπεκρίνατο· Ὡς πρὸς ὀκτὼ ἀνθρώπους.

[47] Felice 2013.

[48] 说实话，我觉得这种解读有一点让人费解。如果思考得再细致一点的话（可能这个笑话没必要解读得这么细致），首先这个书呆子不太可能会把银匠错认为鱼贩。我们难道要想象，他是在用一个能够传递出两层含义的答案来回答银匠的问题，以此巧妙地利用这个双关吗？我也不太相信，这种"极其偶然"的用法能够使 ποιέω 让人一下子就联想到烹调食物；在我看来，这个片段应该出自《七十士译本》（Genesis 18: 7）。

[49] Thiel 1972 中展现了各种各样的巧思（道的托伊布纳本接受并阐释了其对第 237 个笑话的文本做出的改动）；Morgan 1981（试着通过把 κυβερνήτης 翻译成"总督"[governor]，而不是"舵手"[steersman]，以理解第 216 个笑话的情节）；Rougé 1987（阐明了一些与航海、航行相关的术语）；Lucaszewicz 1989（修改了第 76 个笑话的文本，使这个笑话的主题变成了书呆子与奴隶的关系）。

[50] 200: Ἀφυὴς μαθητὴς ὑπὸ τοῦ ἐπιστάτου κελευσθεὶς ὀνυχίσαι οἰκοδεσπότην ἐδάκρυσε. τοῦ δὲ τὴν αἰτίαν ἐρωτήσαντος ἔφη· Φοβοῦμαι καὶ κλαίω· μέλλω γὰρ τραυματίσαι σε, καὶ παρωνυχίδας ποιήσεις, καὶ τύψει με ὁ ἐπιστάτης. Thierfelder (1968, 261-262) 尽了最大的努力，指出了它与前面的笑话之间的联系，以及这个傻瓜的抱怨中体现的逻辑混乱；Baldwin（1983，38）的错译毫无帮助。不过，这个笑话却让我们意识到古典时代的修甲有多难（和多痛）。

[51] 214: Φθονερὸς εἰς γναφεῖον εἰσελθὼν καὶ μὴ θέλων οὐρῆσαι ἀπέθανεν.

[52] 关于尿在漂洗行业的用途的最新研究（而且并没有平常以为的那么骇人听闻），见 Flohr & Wilson 2011, 150-154；Flohr 2013, 103-104, 170-171（尽管并没有提到这个笑话）。在早前一期关于这些观点的播客节目上，伊斯特凡·包德纳（Istvan Bodnar）的一些细致见解帮助我理解了这个笑话。即便如此，还是有一些问题没有得到解决，包括我翻译的"小气鬼"（meanie），暗指这人很吝啬（所以才不想把自己的尿免费给别人）。它并不是希腊语中的 φθονερὸς 最明显的意思，因为它更常指的是有恶意的（就像在这个类别其他笑话中一样）。

[53] 这些包括关于弑亲的笑话：13、152；奴隶之死：18；关于死的误解或者有争议的死：22、29、70；遗产：24、104、139、229；墓地：26、73；葬礼：38、40、123、154、247；棺材：50、97；杀婴：57；丧子：69、77；自杀：112、231；被钉十字架：121；定下死罪：168；猝死：214；丧妻：227。

[54] Critchley 2002, 65-66 一方面参考了玛丽·道格拉斯关于笑话的著名论述（1968），另一方面在其他做出突出贡献的笑话研究（例如 Kerman 1980，用大体相似的方式讨论了"电灯泡"笑话）的基础上，简明扼要地概括了使用的方法。令人吃惊的是，《爱笑人》中的有些笑话显然把相对主义的问题（或者未能从不同视角理解现象的本质）也拿来开起了玩笑：例如第 49 个笑话，一个书呆子看着天上的月亮，问自己的父亲其他城市是不是也像他们一样有月亮。

[55] 5: Σχολαστικῷ τις ἀπαντήσας ἔφη· Κύριε σχολαστικέ, καθ' ὕπνους σε εἶδον. ὁ δέ· Μὰ τοὺς θεούς, εἶπεν, ἀσχολῶν οὐ προσέσχον; 在另一个版本中是第 102 个笑话。

[56] 15: Σχολαστικὸς καθ' ὕπνους ἧλον πεπατηκέναι δόξας τὸν πόδα περιέδησεν. ἑταῖρος δὲ αὐτοῦ πυθόμενος τὴν αἰτίαν καὶ γνούς· Δικαίως, ἔφη, μωροὶ καλούμεθα. διὰ τί γὰρ ἀνυπόδητος κοιμᾶσαι; 207 (另见 124、243)。讽刺警句中也出现了梦与现实的主题，见 Floridi 2012, 643。

[57] W. V. Harris 2009 是一项重要的研究；Harris-McCoy 2012, 1–41 概述了阿耳忒米多鲁斯（Artemidorus）对梦的解读，很有帮助。

[58] 45: Σχολαστικὸς νυκτὸς ἐπανέστη τῇ μάμμῃ αὐτοῦ. πληγὰς δὲ διὰ τοῦτο ὑπὸ τοῦ πατρὸς λαβών· Σύ, εἶπεν, τοσοῦτος χρόνος ἐστὶν ἐξ οὗ τὴν μητέρα μου ὀχεύεις, μηδὲν ὑπ' ἐμοῦ παθών, καὶ νῦν ὀργίζῃ ἐπὶ τῇ μητρί σου ἅπαξ με εὑρών. Baldwin 1983, 65 发现了笑剧的影响。

[59] 57: Πρῶτον, ἔφη, σὺ τὰ τέκνα σου κατόρυξον, καὶ οὕτως ἐμοὶ συμβούλευε τὸν ἐμὸν ἀνελεῖν.

[60] 80: Σχολαστικοῦ πλέοντος ἐκινδύνευεν ὑπὸ χειμῶνος τὸ πλοῖον. τῶν δὲ συμπλεόντων ἀπορριπτούντων ἐκ τῶν σκευῶν, ἵνα κουφισθῇ τὸ πλοῖον, κἀκείνῳ τὸ αὐτὸ ποιεῖν παραινούντων, ὁ δὲ ἔχων χειρόγραφον ἑκατὸν πεντήκοντα μυριάδων, τὰς πεντήκοντα ἀπαλείψας· Ἴδε, φησίν, ὅσοις χρήμασιν ἐπεκούφισα τὴν ναῦν. Rougé 1987, 10–11 对这个笑话的笑点理解得最清晰。

[61] 12: Σχολαστικῷ ἀποδημοῦντι φίλος αὐτοῦ ἔλεγεν· Ἀξιῶ σε δύο παῖδας ἀγοράσαι μοι, ἐκ<άτερον> πεντεκαίδεκα ἐτῶν. ὁ δὲ εἶπεν· Ἐὰν τοιούτους μὴ εὕρω, ἀγοράσω σοι ἕνα τριάκοντα ἐτῶν. 我在伯克利带的研究生班认定这里面包含着性层面的含义，所以我按照他们的想法把这一层面的解读也纳入了进来。

[62] 借条：161；乡间庄园：131（和第 60 个笑话一样，Baldwin 1983 的

翻译产生了误导）；梯级：93；间日疟：175a。其他相关主题的笑话包括 3、62、71、84、196，以及前文第 7 条注释中关于酒和水的笑话。

[63] 22: Σχολαστικὸς ἀπαντήσας τινὶ φίλῳ αὐτοῦ εἶπεν· Ἤκουσα, ὅτι ἀπέθανες. ὁ δὲ ἀπεκρίνατο· Ἀλλ᾽ ὁρᾷς με ζῶντα. καὶ ὁ σχολαστικός· Καὶ μὴν ὁ εἰπών μοι κατὰ πολὺ σοῦ ἀξιοπιστότερος ἦν.

[64] 193: Δύσκολόν τις ἐζήτει. ὁ δὲ ἀπεκρίνατο· Οὐκ εἰμὶ ὧδε. τοῦ δὲ γελάσαντος καὶ εἰπόντος· Ψεύδῃ· τῆς γὰρ φωνῆς σου ἀκούω—εἶπεν· Ὦ κάθαρμα, εἰ μὲν ὁ δοῦλός μου εἶπεν, εἶχες ἂν αὐτῷ πιστεῦσαι· ἐγὼ δέ σοι οὐ φαίνομαι ἀξιοπιστότερος ἐκείνου εἶναι.

[65] *De or.* 2. 276.

[66] 双胞胎：29；孩子的名字：95；尸体：171。

[67] 罗马世界并不是没有身份和地位的证明（包括出生证）；只不过，这些大概在那些身份和特权的问题至关重要的地方才更常见一些，而且帝国内部有些地方比其他地方更常见（不过我们还不确定人们对它们的保存情况能在多大程度上反映最初的分配）。Schulz 1942 和 1943 对这一依据所做的研究依然很有帮助。Wallace-Hadrill 2011, 144-145 简要地讨论了赫库兰尼姆（Herculaneum）——在这座城市里，每个人的出生细节都说不清楚（我强烈怀疑这其实是当时的常态）。

[68] Lucian, *Demon.* 12-62. Schlapbach 2010, esp. 258-260 出色地解读了这些风趣的妙语与琉善笔下德谟那克斯的生平有着怎样的关系。现代人在使用"箴言"（apophthegmata）和"格言"（chreiai）两个古词语时，一般倾向于认为两者之间存在着十分清晰的差别：前者指的是"机智的言论"，而后者特指"道德格言"或者对这类格言进行的颇有趣味的模仿成果。但在实际中，这两个词的范畴已经融合了，就像谚语和谜语一样。关于这种可互换性，见 McClure 2003, esp. 274。

[69] Suetonius, *Aug.* 56. 这本书显然是这位独裁者自己汇编的一个并不成熟的合集，想必应该只收录了他自己的话（虽然这一点并没有明说），

不然奥古斯都为什么要封杀它呢？

[70] 像普鲁塔克汇编的《斯巴达人箴言录》这种合集也是按照说话人进行分类的，尽管这本书整体表现的是这座城邦的文化或民族品性。

[71] Suetonius, *Gram.* 21. 这本书的书名可能看起来与语录汇编背道而驰，但它确实切合这一主题；阿里斯托得穆斯的文集（见本书第 243 页）看上去更像是传记，虽然它的书名并没有体现这一点。

[72] *Stich.* 454-455, 221-224.

[73] *Persa* 392-394: "Librorum eccillum habeo plenum soracum /.../ dabuntur dotis tibi inde sescenti logi."

[74] Maltby 1999 参考了 *Persa* 395（"atque Attici omnes; nullum Siculum acceperis"）。高（Gow）认为马雄（Machon）的《格言》(*Chreiai*)对于古代的弄臣来说很可能是"宝贵的随身手册"，就类似于"一个公共演说家或者健谈者手中的一本现代笑话书……可以用来提醒自己，补充笑料库"（1965, 24）——我们可以比较下他对这一观点有多大把握。Kurke 2002 明确指出，不管这本让人费解的书是什么样的，上述说法都不可能成立。

[75] 我们很难了解这部作品（连它的成书时间都是个谜：也许是公元前 2 世纪或之后，也有可能还要再晚一些）。阿忒奈乌斯引述的全都是与有名有姓的人物有关的笑话——国王、饕餮、食客和娼妓；例如见 6.244f（提示了完书的最早时间）、6.246d-e、8.345b-c、13.585a。它们可能和《爱笑人》中的类型有点像，不过我也不确定究竟有多像。

[76] 我们可以在 Siegmann 1956, 27-37 极为方便地找到这部作品，该论述详细地讨论了截至那时出现的不同解读与阐释。这部作品的各个方面几乎都引发了争议。比如，它并没有说明"皮洛斯"（如果看成专有名词的话）到底是"真"名还是诨名（比如金杰 [Ginger]）。唯一的另一个让人多少能够理解的标题（不过也是大量修复之后的成果）看着像是"ει[ς] φα[λ]ακρόν"（没几个字母是清楚的，而且人们一直在争论它指的到底是一个秃头的男人，还是某个专有名词）。

[77] Kassel 1956. Maltby 1999；Andreassi 2004, 22-23 接受了这一观点："ha convincentemente sostenuto che il papiro costituisse una sorta di *Witzbuch*"（"他令人信服地指出，这部文稿是一种'幽默作品'"）。

[78] Siegmann 1956；Andreassi 2004, 23 进行了更简单的探讨。

[79] Aristophanes, *Vesp.* 1427-1431.

[80] 与寓言的联系：Aristophanes, *Vesp.* 1259。Bowie 2013, 252-255 是针对锡巴里斯人的故事的最新研究。Bowie (252) 认为这些故事的体裁一定可以以某种形式追溯到锡巴里斯覆灭（这个地方素来以此为人所熟知）之前，这点我不及他这么肯定；但让我感到惊讶的是，他得出结论，认为这些故事的合集只是早于奥维德的年代（255）；Aelian, *VH* 14. 20（公元 2 世纪晚期或 3 世纪早期的文献）表明他曾经读过一本合集。关于锡巴里斯的传说，另见 Gorman & Gorman 2007（分析了阿忒奈乌斯对他引用的片段"加工"了多少，很有帮助）。

[81] Braund & Wilkins 2000 中的多篇文章细致地讨论了《哲人燕谈录》的背景和人物，尤其是 Milanezi 2000 中关于玩笑的章节，以及 Braund 2000 讲述了罗马的背景（包括乌尔比阿努斯的身份：尤见 17）。

[82] Athenaeus, *Deipnosophistae* 14. 614d-e：τοσαύτη δ' αὐτῶν δόξα τῆς ῥαθυμίας ἐγένετο ὡς καὶ Φίλιππον ἀκούσαντα τὸν Μακεδόνα πέμψαι αὐτοῖς τάλαντον, ἵν' ἐκγραφόμενοι τὰ γελοῖα πέμπωσιν αὐτῷ. 6. 260a-b 部分收录了一个与此相似的故事，它的篇幅更短一些，并将 2 世纪德尔斐的赫哲山大（Hegesander of Delphi）援引为直接来源。

[83] 引述自 Hansen 1998, 273；另见 Andreassi 2004, 18-19。

[84] Hansen 1998, 273 谨慎地承认了这一点。

[85] *Deipnosophistae* 14. 614c. 阿忒奈乌斯的注解：Ἀναξανδρίδης δ' ἐν Γεροντομανίᾳ καὶ εὑρετὰς τῶν γελοίων φησὶ γενέσθαι Ῥαδάμανθυν καὶ Παλαμήδην, λέγων οὕτως；之后是引文本身：καίτοι πολλοί γε πονοῦμεν. / τὸ δ' ἀσύμβολον εὗρε γελοῖα λέγειν Ῥαδάμανθυς / καὶ

Παλαμήδης。

[86] 例如 Milanezi 2000, 402, 不过从大体上而言这一章还是卓有成效地研究了阿忒奈乌斯作品中的这一部分。关于帕拉墨得斯作为神话中的发明家和文化英雄的角色,见 Gera 2003, 122-127;关于拉达曼堤斯的另一次出现,见本书第 271 页;关于这两个人物,见 Ceccarelli 2013, 69(在讨论哪些内容源自阿那克珊德里得斯时,它比大多数研究要稍微细致一些)。

[87] 当然,关于拉达曼堤斯和帕拉墨得斯发明了笑话的说法,可能还有更早的版本,只不过现在已经失传了;但事实是,这就是我们能找到的唯一依据了——而不管过去有没有类似的观点,阿忒奈乌斯书中的误读和对阿那克珊德里得斯的说法的重新诠释都是很引人注目的。

后　记

在行将离开伯克利的时候,我和那里著名的古历史学家埃里希·格伦在学校的"言论自由运动咖啡馆"喝着咖啡,畅聊了很久。我在20世纪70年代读本科期间,曾经拜读、讨论过他的一些作品,也提出过一些与其相左的见解。

我们探讨了我在萨瑟学术讲座上论及的主题,还有罗马的笑中的鲜明特色——这些特色有时会表现为陌生性。我们也谈到了本书中写到的许多话题:笑在人与动物、皇帝与臣民以及神与人的界线中起到的作用;微笑作为一种文化意符的缺失;针对大笑的起源,罗马人做出了(在我们看来)十分离奇的猜测,那么它们又涉及哪些问题。我们怎么想象在某个世界里,人们认为身体中最怕痒的部位不是脚底板,而是嘴唇呢?我们能从一个和钉十字架有关的笑话里看出有趣的地方吗?我们真的相信在古代世界里有某种化学物质(或者说魔泉)能够让人们傻笑起来吗?此外,古代(或者后来)的笑是怎么发展的,罗马的笑又是如何融入其中的呢?

埃里希的研究方法显然与此背道而驰。他说在他看来，罗马的笑让人吃惊的地方并不在于它的陌生感。当然，罗马的笑有时好像会让人感到困惑，甚至难以理解，这些我在前面也都提到过。但是，还有一个简单的事实同样让人感到印象深刻，那就是在两千年后，在这个与那时迥异的世界里，我们看到某些让罗马人捧腹不止的笑话时，也会大笑起来。我们能够理解罗马人的笑，难道这不应该才是问题所在吗？他这样问道。

我们又继续聊了很多，探讨着现代人到底为什么能够理解罗马的笑话，或者最起码可以理解罗马的部分笑话。有些人可能会坚决反对神经科学的普遍性，这样的做法显然很危险。从某些角度来看，人脑中激起大笑的机制或许可以超越文化上的差异。而在这个世界上，有一些民俗的模式使得各地的通俗故事、寓言和谚语中出现了类似的主题和故事情节——先不论我们如何解释这种现象，但如果我们对此视而不见的话，也会造成同样严重的后果。事实上，有一些传统的阿拉伯笑话和《爱笑人》中的部分笑话存在着惊人的相似。[1] 不过，我在讲座中谈到的大部分内容都表明，大体而言，与人们倾向于相信的各种文化或生物普遍性相比，笑在实践中体现的文化差异更能站得住脚。

在这场对话之后的五年间，我越来越相信，现代人之所以能与古代的罗马人同笑同乐，就是因为是他们教会了我们该怎样笑、该笑什么——或者至少从某种程度上来说是这样。我依然认为，当《爱笑人》中的某些笑话可以让一位现代的读者低声轻笑出来时，这里面其实存在着一种暗示性（我们之所以会笑，一方面是因为我们想这样做，另一方面也是因为两千年前的笑话还能让我们乐不可支，这本身就是一件很有趣的事——而且话又说回来，它们在被翻译和重述时采用的都是我们熟知的现代笑话的风格）。不过，事情并没有那么简单。

有人提出是罗马人发明了笑话，不管他们对这种说法的把握有多大（当然，我在某种程度上把它当作一个圈套），有一件事情是肯定的：

借用学问精深的辩论和通俗的笑话集、趣闻集，文艺复兴以降的许多文人和学者都参与定义了欧洲笑文化的主要框架，而他们往往都把古罗马直接作为这一文化的发端和灵感的来源。西塞罗的《论演说家》不光让他们看到了最接近笑理论的讨论，同时让他们领略到了一系列的珠玑妙语——经过现代的表达与雕琢，这些俏皮话又被他们借用到了自己的诙谐文集里；同样地，马克罗比乌斯的《农神节》也遭到了"洗劫"，而且我们在里面也能找到西塞罗的妙语。[2] 到了 18 世纪，《爱笑人》中的部分内容也开始被广泛借鉴。事实上，传说伟大的剑桥古典学家理查德·波尔森（Richard Porson, 1759—1808）就曾计划要以当时最著名的笑话书《乔·米勒的笑话》（*Joe Miller's Jests*）为蓝本，撰写出一个学术版本来，而他的目的就是证明里面的每一个笑话其实都脱胎于《爱笑人》中的故事。或许他是错的——不过这种想法并没有你以为的那么离谱。[3]

当然，还有其他一些因素也对现代的笑产生了影响。如果说我们的笑文化只受到了罗马笑文化的影响的话，那就太荒唐了；同样，不管是在同一种语言和民族内部，还是在不同的语言和民族之间，我们都不能认定现代西方只有某种同质的笑文化，不然就太可笑了（犹太人历史悠久的玩笑传统就是另一个例子）。当然，我们的先辈在借鉴古典时期的笑话集时很有选择性。文艺复兴时期博学多识的人文主义者和 18 世纪的笑匠一定也像我们一样，觉得自己拜读的某些古代资料很是让人费解，有时甚至比我们更加摸不着头脑；正如我们在前文中看到的那样（见本书第 320 页），约翰逊博士就试着理解书呆子、秃子和理发师的那个笑话。尽管如此，他们从罗马的原型中挑选、复述、改编、流传下来的这些笑话其实都融入了现代玩笑、单口喜剧和单句笑话的惯用语打下的基础之中。所以，当我们发现它们依旧好笑时，并不需要感到惊讶——或者换句话说，它们需要（并且值得）我这般关注它们，这般关注罗马更为广泛的"笑学"(就像在本书中这样)。

事实上,我们现在重新讲述罗马的笑话时,还是会有意或无意地(后者更为常见)逐字逐句表达它的意思。

有一句俏皮话据说是伊诺克·鲍威尔(Enoch Powell)说的,他是20世纪著名的政治家、讽刺文人和古典主义专家——这句话是他给一个话很多的理发师的回答。理发师问他:"您希望我怎么给您理发?"鲍威尔回答道:"安静点就好。"这个笑话在现代的幽默和对答集里广为流传,甚至就连那些与他政见不一的人也不情愿地表现出了赞赏之意。我猜想,鲍威尔应该很清楚自己这句巧妙的回应其实借鉴了《爱笑人》中那个关于话痨理发师的笑话,或者其实脱胎于普鲁塔克笔下马其顿国王阿奇拉说的同一句俏皮话(见本书第324页)。可能对于鲍威尔来说,这个笑话的部分笑点在于他自己知道这句话的明确出处,而其他带着钦羡一遍遍重复的人显然是不知道的——若果真如此,我也并不意外。[4]

其他的古典笑话可能在我们的文化中隐藏得更深。很巧的是,我刚到伯克利安顿下来时,选择的床头读物就是艾丽丝·默多克的小说《大海,大海》(The sea, the sea)。这是默多克的一部代表作,讲述的是特权阶级中的忧虑与性阴谋。书中的主角叫作查尔斯·阿罗比(Charles Arrowby),是一名已经退休的演员,他搬到了海边的一栋房子里,借以(徒劳地)躲避城市中棘手的纷纷扰扰。在小说的情节进行到快一半的时候,他与亦敌亦友的佩里格林(Peregrine)度过了一个酩酊大醉的夜晚,后者一心想着通宵畅饮到天明。"别走,"当查尔斯最后打算离开时,他恳求道,"我给你讲弗洛伊德最爱的笑话,如果我还没忘的话。国王见到了一个和他长得很像的人,于是便问道:'你母亲在宫里工作吗?'那人回答道:'不,但我父亲在。'哈哈哈,这个笑话真好笑!"然后,他以为查尔斯没听懂,又醉醺醺地重复了一次:"……老天爷,别走,我们再来一瓶。'**不,但我父亲在**'!"[5]

这个笑话真的是弗洛伊德的最爱吗？我们不得而知。不过，弗洛伊德确实在一本探讨笑话的著作中举了这个笑话的例子。他的版本说的是有一个皇室成员在周游行省的途中，注意到人群中有个人和自己长得很像。他便向那人招手询问道："你母亲有没有在宫里做过事？""回殿下，并没有，"那人回答道，"不过我父亲去宫里帮过工。"[6] 我对默多克的笑话印象格外深刻。这也难怪，毕竟我那天刚在图书馆里读过。不过，默多克和弗洛伊德好像都没有提到"弗洛伊德最爱的笑话"其实可以追溯到将近两千年以前。马克罗比乌斯也引用了这个例子用来说明奥古斯都会耐心地容忍拿他开涮的俏皮话（见本书第220页，及第六章第10条注释）。瓦勒里乌斯·马克西穆斯也引述了一句十分类似的打趣。这个版本说的是罗马西西里行省的总督遇到了一个普通居民，简直跟他是一个模子里刻出来的。这位总督对此感到很惊讶，"因为他父亲之前从来没有来过这个行省。'但我父亲以前去过罗马。'那个跟他很像的人说道"。

俗话说得不错，笑话总是老的好，真的。

剑桥

2013年12月1日

注　释

[1] Marzolph 1987 研究了《爱笑人》中的笑话与阿拉伯传说的相似之处。Andreassi 2004, 81-124 收集了更多不同玩笑文化中的相似之处。

[2] 芭芭拉·鲍恩（Barbara Bowen）的研究使读者开始了解文艺复兴时代的笑话书。例如见 Bowen 1984; 1986a; 1986b; 1998。关于更早的研究

（12 世纪英国法庭文化中出现的西塞罗笑话），见 J. M. Martin 1990。

[3] 这个故事起码可以追溯到 19 世纪。有关波尔森和《乔·米勒的笑话》的观点都阐释得很明确——尽管并不一定都是真的；见 Baldwin 1983, xii。

[4] 这个故事的虚构成分并没有看起来的那么大。鲍威尔的同僚伍德罗·怀亚特（Woodrow Wyatt）在日记里这样写道："英国下议院里有一个话很多的理发师。每次在给议员理发时，他总是会滔滔不绝地讲起政治的话题和自己对世界的看法。一天，伊诺克·鲍威尔去找他剪头发。等他端坐下来之后，那个理发师问他：'先生，您希望我怎么给您理发？''安静点就好。'伊诺克回答道。"（Wyatt 1998, 282-283，1987 年 1 月 31 日）怀亚特明确指出这个理发师是出了名的话多，所以鲍威尔很可能拥有充裕的时间来准备这个经典的笑话。更妙的是，在第一次研究这个故事时，我得到了英国下议院图书馆的格洛丽亚·泰勒（Gloria Tyler）的帮助，得以一睹这个理发师本人斯蒂芬·西尔维恩（Stephen Silverne）的一次采访（大英图书馆，声音与影像典藏组，C1135/14）；在这次采访中，他对这个故事的讲述与上文十分相似。关于这个笑话的另一个现代版本，见 Andreassi 2004, 75-76。

[5] Murdoch 1999 [1978], 182；黑体部分是笔者的改动。她之所以会提出这是弗洛伊德最爱的笑话，部分原因是她想要和这部小说错综复杂的性阴谋和焦虑相呼应。

[6] Freud 1960 [1905], 107。

致　谢

2008年9月，当我到达加州大学伯克利分校时，脑子里有一大堆关于笑的想法，但是还没有把它们写成文字。我非常感谢那里的古典主义学者和古历史学家们（包括教员和研究生）给予我支持和信心，使我得以将那些混乱的想法组织起来——同时也是他们，让我在伯克利感受到了家的温暖。在那里，我曾和莱斯莉·库尔克一起逛街买衣服，和安迪·斯图尔特（Andy Stewart）、达利斯（Darlis）一起游览当地的酒庄，度过人生中的第一个美式感恩节，和凯茜·麦卡锡（Kathy McCarthy）一起了解选举"提案"中的奥秘，和罗恩·斯特劳德（Ron Stroud）在时隔三十多年之后重新有了联系……这些都是我永远不会忘怀的回忆。研究生班的学生们很关心我，而且决心不让我错过美国总统大选期间任何一个激动人心的时刻。值得高兴的是，我现在会在世界各地的会议上碰到他们中的许多人，而且我发现他们现在正变得越来越厉害。他们为伯克利起到了很好的宣传作用。

在将讲座内容转化成本书的漫长过程中，我得到了剑桥等地的同事们的慷慨相助，他们曾经阅读过这本书的部分草稿，也为我解答了各种各样的疑问。这些同事包括：科林·安妮斯（Colin Annis）、弗兰科·巴索（Franco Basso）、詹姆斯·克拉克森（James Clackson）、罗伊·吉布森（Roy Gibson）、英戈·吉尔登哈德、西蒙·高德希尔、理查德·亨特（Richard Hunter）、瓦尔·奈特（Val Knight）、伊斯梅娜·拉达－理查兹（Ismene Lada-Richards）、罗宾·奥斯本（Robin Osborne）、迈克尔·里夫（Michael Reeve）、马尔科姆·斯科菲尔德、露丝·斯科尔、迈克尔·西尔克、卡特琳娜·图罗尼（Caterina Turroni）、格洛丽亚·泰勒、卡丽·沃特（Carrie Vout）、安德鲁·华莱士－哈德里尔、蒂姆·惠特马什（Tim Whitmarsh）。乔伊斯·雷诺兹（Joyce Reynolds）阅读了整部文稿，并做了评注（年届六十的我还能够与本科时期的老师谈论自己的作品，这让我感到十分荣幸！）。

还有许多人也为这项研究做出了贡献。黛比·惠特克（Debbie Whittaker）找到了不计其数的参考资料，并且凭借着异常敏锐的眼光完成了文献方面的工作。林恩·贝利（Lyn Bailey）和剑桥古典学图书馆的工作人员也尽心尽力地帮助我寻找相关书籍，并在最后阶段查证了书中的参考资料。我在与加州大学出版社的联络人（尤其辛迪·富尔顿［Cindy Fulton］和埃里克·施密特［Eric Schmidt］）共事期间也非常愉快；此外还有朱莉安娜·弗罗加特（Juliana Froggatt），她是一位出色的文字编辑。我的博客（http://timesonline.typepad.com/dons_life/）上有一些非常博学的评论者，他们就文献和笑话解读等问题提出了许多卓有见地的建议；其中甚至有一位评论者发现我的副书名其实是在模仿亚当·菲利普斯（Adam Phillips）的大作《吻、搔痒与烦闷》（*Kissing, Tickling, and Being Bored*）[*]。

---

[*] 本书英文副书名为：On Joking Tickling and Cracking Up。直译为"论玩笑、逗趣与爆笑"。

同时，我还要特别感谢研究古代的笑的同侪：感谢斯蒂芬·哈利韦尔，他与我一起讨论了其中的两个关键章节（并且在我的信心出现动摇时鼓舞了我）；感谢凯瑟琳·科尼比尔，她也做了同样的事情，而且还与我分享了她的新书《撒莱的笑》(*Laughter of Sarah*)的最初版本（碰巧，我在写后记时收到了这本书的印刷版）。此外，我尤其要感谢彼得·斯托瑟德（Peter Stothard），当我在撰写本书期间感到挫败时，他多次对我施以援手；他总能敏锐地了解我的想法，发现怎样才能最有效地将它们表达出来——就这一点而言，他做得比我自己还好。

我的家人罗宾（Robin）、佐伊（Zoe）和拉斐尔（Raphael）也竭尽所能地帮助了我——包括拉斐尔出于对母亲的关心，帮我查证了书中的参考资料和翻译。他们应该把《古罗马的笑》放下，好好休息一段时间。

文本与缩写

在注释中，我按照《古典学文献年鉴》(*L'Année philologique*) 的传统，缩写了期刊的标题。关于古代作品的标题，我会采用较为完整的版本，或者使用《牛津古典辞典》(*Oxford Classical Dictionary*)（第三版）中的缩写。在有些情况下，如果符合标准做法并且不会造成混淆的时候（例如卡图卢斯或者李维），我在引述时会直接省略标题。除了特别标出的部分之外，其余所有的译文都是我自己翻译的。我在书中采用的是古代著作的标准版本（包括牛津古典文献本，托伊布纳本，或者近来的洛布本），不过也会在差异显著时指出不同的文本解读版本。当现代作品的被引用版本与初版之间存在具有误导性的差异时，我会将两者都指明出来，形式为：Hobbes 1996 [1651]。

其他缩写如下：

AE   *L'Année épigraphique: Revue des publications épigraphiques relatives à l'antiquité romaine*. Paris, 1888–.

AL   *Anthologia Latina*, ed. A. Riese et al. Leipzig, 1894–1926.

Anec. Graeca   *Anecdota Graeca*, ed. I. Bekker. Berlin, 1814–21.

AP   *Anthologia Palatina*, in *The Greek Anthology*, Loeb Classical Library, ed. W. R. Paton. London, 1916–18.

CGL	*Corpus Glossariorum Latinorum*, ed. G. Goetz et al. Leipzig, 1888–1923.
CIL	*Corpus Inscriptionum Latinarum*. Berlin, 1863–.
DK	*Die Fragmente der Vorsokratiker griechisch und deutsch*, 11th ed., ed. H. Diels and W. Kranz. Zurich and Berlin, 1964.
GCN	*Groningen Colloquia on the Novel*. Groningen, 1988–.
GLK	*Grammatici Latini*, ed. H. Keil. Leipzig, 1855–80.
IDelos	*Inscriptions de Délos*. Paris, 1923–.
ILS	*Inscriptiones Latinae Selectae*, ed. H. Dessau. Berlin, 1892–1916.
Jacoby, FGrHist	*Die Fragmente der griechischen Historiker*. Berlin, Leiden, 1923–.
L&S	*A Latin Dictionary*, ed. C. T. Lewis and C. Short. Oxford, 1879.
LGPN	*A Lexicon of Greek Personal Names*, ed. P. M. Fraser et al. Oxford, 1987–.
LIMC	*Lexicon Iconographicum Mythologiae Classicae*. Zurich, 1981–.
New Pauly	*Brill's New Pauly*, ed. H. Cancik, H. Schneider, and M. Landfester, English trans. ed. C. Salazar and F. G. Gentry. Leiden, 2002–10.
OLD	*Oxford Latin Dictionary*, ed. P. Glare. Oxford, 1982 (rev. 2012).
PLM	*Poetae Latini Minores*, ed. A. Baehrens. Leipzig, 1879–83 (rev. F. Vollmer).
P.Oxy.	*Oxyrhynchus Papyri*. Egypt Exploration Society. London, 1898–.
PPM	*Pompei, pitture e mosaici*, ed. G. Pugliese Carratelli. Rome, 1990–99.
Rerum memorandarum Lib.	F. Petrarca, *Rerum memorandarum Libri*, ed. G. Billanovich. Florence, 1945.
ROL	*Remains of Old Latin*, Loeb Classical Library, ed. E. H. Warmington. London and Cambridge, MA, 1935–40.

参考文献

Alpers, P. 1979. *The Singer of the "Eclogues" A Study in Virgilian Pastoral.* Berkeley and London.
Andersen, Ø., and J. Haarberg. 2001. *Making Sense of Aristotle: Essays in Poetics.* London.
André, J. 1972. *Pline l'Ancien, "Histoire Naturelle," Livre XXIV.* Paris.
Andreassi, M. 2004. *Le facezie del "Philogelos": Barzellette antiche e umorismo moderno.* Lecce.
———. 2006. "Il λιμόξηρος nella Vita Aesopi e nel Philogelos." *ZPE* 158: 95–103.
Arndt, E. 1904. *De ridiculi doctrina rhetorica.* Diss., Kirchain.
Arnott, W. G. 1972. "Targets, Techniques and Tradition in Plautus' *Stichus.*" *BICS* 19: 54–79.
———. 1985. Review of Janko 1984. *CR* 35: 304–6.
Atkinson, R. F. 1993. "Humour in Philosophy." In *Humour and History,* ed. K. Cameron, 10–20. Oxford.
Attardo, S. 1994. *Linguistic Theories of Humor.* Berlin and New York.
Attardo, S., and V. Raskin. 1991. "Script Theory Revis(it)ed: Joke Similarity and Joke Representation Model." *Humor* 4: 293–347.
Bailey, J. F., M. Henneberg, I. B. Colson, A. Ciarallo, R. E. M. Hedges, and B. C. Sykes. 1999. "Monkey Business in Pompeii: Unique Find of a Juvenile Barbary Macaque Skeleton." *Molecular Biology and Evolution* 16: 1410–14.
Bajoni, M. G. 1998. "Lucius Utricida: Per un'interpretazione di Apul. Met. 2,32 pp. 51–52 Helm." *RhM* 141: 197–203.
Bakhtin, M. 1968. *Rabelais and His World.* Trans. H. Iswolsky. Cambridge, MA. Originally published in Russian in 1965.
———. 1981. "Forms of Time and Chronotope in the Novel." In *The Dialogic Imagination,* ed. M. Holquist, trans. C. Emerson and Holquist, 84–259. Austin. Originally published in Russian in 1937–38.

———. 1986. *Speech Genres and Other Late Essays*. Trans. V. W. McGee. Austin. Originally published in Russian in 1979.
Baldwin, B. 1983. *The Philogelos or Laughter-Lover*. London Studies in Classical Philology 10. Amsterdam.
———. 1986. "John Tzetzes and the *Philogelos*." *Byzantion* 56: 339–41. Reprinted in *Roman and Byzantine Papers*, 329–31. 1989. Amsterdam.
Ballard, C. 2006. "Strange Alliance: Pygmies in the Colonial Imaginary." *World Archaeology* 38: 133–51.
Barbet, A., and P. Miniero. 1999. *La Villa San Marco a Stabia*. 3 vols. Naples and Rome.
Barchiesi, A. 2005. *Ovidio Metamorfosi*. Vol. 1, bks. 1–2. Milan and Rome.
Barnes, J. 2003. *Porphyry, Introduction*. Oxford.
Barsby, J. 1999. *Terence: Eunuchus*. Cambridge.
———. 2000. "Donatus on Terence: The *Eunuchus* Commentary." In *Dramatische Wäldchen: Festschrift für Eckhard Lefèvre zum 65. Geburtstag*, ed. E. Stärk and G. Vogt-Spira, 491–513. Hildesheim.
———. 2001. *Terence: The Woman of Andros, The Self-Tormentor, The Eunuch*. Cambridge, MA, and London.
Barton, C. A. 1993. *The Sorrows of the Ancient Romans*. Princeton, NJ.
Bataille, G. 1997. "Laughter." In *The Bataille Reader*, ed. F. Botting and S. Wilson, 59–63. Oxford and Malden, MA. Reprint of "Two Fragments on Laughter." 1988. In *Guilty*, trans. B. Boone, 139–43. Venice, CA. Originally published in French in 1944.
Baudelaire, C. 1981. "Of the Essence of Laughter: And Generally of the Comic in the Plastic Arts." In *Baudelaire: Selected Writings on Art and Artists*, trans. P. E. Charvet, 140–61. Cambridge. Originally published in French in 1855.
Beacham, R. C. 1991. *The Roman Theatre and Its Audience*. Cambridge, MA.
Beard, M. 1996. "The Roman and the Foreign: The Cult of the 'Great Mother' in Imperial Rome." In *Shamanism, History and the State*, ed. N. Thomas and C. Humphrey, 164–90. Ann Arbor, MI.
———. 2007. *The Roman Triumph*. Cambridge, MA.
Beard, M., J. North, and S. R. F. Price. 1998. *Religions of Rome*. 2 vols. Cambridge.
Beckett, S. 1963. *Murphy*. London. Originally published in 1938.
Berger, P. L. 1997. *Redeeming Laughter: The Comic Dimension of Human Experience*. Berlin and New York.
Bergmann, B., and C. Kondoleon, eds. 1999. *The Art of Ancient Spectacle*. Studies in the History of Art 56. National Gallery of Art, Washington DC.
Bergson, H. 1911. *Laughter: An Essay on the Meaning of the Comic*. Trans. C. Brereton and F. Rothwell. London. Originally published as three articles in French in 1900.
Bernays, J. 1853. "Ergänzung zu Aristoteles *Poetik*." *RhM* 8: 561–96.
Bernstein, F. H. 1998. *Ludi Publici: Untersuchungen zur Entstehung und Entwicklung der öffentlichen Spiele im republikanischen Rom*. Stuttgart.
———. 2011. "Complex Rituals: Games and Processions in Republican Rome." In *A Companion to Roman Religion*, ed. J. Rüpke, 222–34. Malden, MA, and Oxford.

Bernstein, M. A. 1992. *Bitter Carnival: Ressentiment and the Abject Hero.* Princeton, NJ.
Bettini, M. 1981. "Introduzione." In *Plauto, Mostellaria, Persa*, 9–31. Milan.
———. 1991. *Verso un'antropologia dell'intreccio e altri studi su Plauto.* Urbino.
———. 2000. "Il Witz di Gelasimus." In *Dramatische Wäldchen: Festschrift für Eckhard Lefèvre zum 65. Geburtstag*, ed. E. Stärk and G. Vogt-Spira, 461–74. Hildesheim.
Bhabha, H. 1994. *The Location of Culture.* London.
Bianco, G. 1971. *La fonte greca delle "Metamorfosi" di Apuleio.* Brescia.
Billig, M. 2005. *Laughter and Ridicule: Towards a Social Critique of Humour.* London.
Bloomer, W. M. 2007. "Roman Declamation: The Elder Seneca and Quintilian." In *A Companion to Roman Rhetoric*, ed. W. Dominik and J. Hall, 297–306. Malden, MA, and Oxford.
Bonaria, M. 1955–56. *Mimorum Romanorum Fragmenta.* Genoa.
Bonner, S. F. 1949. *Roman Declamation in the Late Republic and Early Empire.* Liverpool.
Bowen, B. C. 1984. "Roman Jokes and the Renaissance Prince, 1455–1528." *ICS* 9: 137–48.
———. 1986a. "Renaissance Collections of *facetiae*, 1344–1490: A New Listing." *Renaissance Quarterly* 39: 1–15.
———. 1986b. "Renaissance Collections of *facetiae*, 1499–1528: A New Listing." *Renaissance Quarterly* 39: 263–75.
———. 1998. "Ciceronian Wit and Renaissance Rhetoric." *Rhetorica* 16: 409–29.
Bowersock, G. W. 2006. *Mosaics as History: The Near East from Late Antiquity to Islam.* Cambridge, MA.
Bowie, E. 2013. "Milesian Tales." In *The Romance between Greece and the East*, ed. T. Whitmarsh and S. Thomson, 243–57. Cambridge.
Boyer, P. 1989. "Pourquoi les Pygmées n'ont pas de culture?" *Gradhiva* 7: 3–17.
Branham, R. B., ed. 2002. *Bakhtin and the Classics.* Evanston, IL.
———. 2005. "The Poetics of Genre: Bakhtin, Menippus, Petronius." In *Defining Genre and Gender in Latin Literature: Essays Presented to William S. Anderson on his Seventy-Fifth Birthday*, ed. W. W. Batstone and G. Tissol, 113–38. New York.
Branham, R. B., and D. Kinney. 1996. *Petronius: Satyrica.* London.
Braund, D. 2000. "Learning, Luxury and Empire: Athenaeus' Roman Patron." In *Athenaeus and His World: Reading Greek Culture in the Roman Empire*, ed. Braund and J. Wilkins, 3–22. Exeter.
Braund, D., and J. Wilkins, eds. 2000. *Athenaeus and His World: Reading Greek Culture in the Roman Empire.* Exeter.
Bremmer, J. 1997. "Jokes, Jokers and Jokebooks in Ancient Greek Culture." In *A Cultural History of Humour*, ed. Bremmer and H. Roodenburg, 11–28. Cambridge.
Bremmer, J., and H. Roodenburg, eds. 1997. *A Cultural History of Humour.* Cambridge.

Brendel, O. 1953. "Der Affen-Aeneas." *RM* 60: 153–59.
Briscoe, J. 2008. *A Commentary on Livy, Books 38–40*. Oxford.
Brothers, A. J. 2000. *Terence: The Eunuch*. Warminster.
Brown, P. G. McC. 1992. "Menander, Fragments 745 and 746 K-T, Menander's *Kolax*, and Parasites and Flatterers in Greek Comedy." *ZPE* 92: 91–107.
Brugnola, V. 1896. *Le facezie di Cicerone*. Castello.
Burke, P. 1988. "Bakhtin for Historians." *Social History* 13: 85–90.
Cairns, D., ed. 2005. *Body Language in the Greek and Roman Worlds*. Swansea.
Cameron, A. 2011. *The Last Pagans of Rome*. Oxford.
Cameron, K., ed. 1993. *Humour and History*. Oxford.
Cantarella, R. 1975. "I 'libri' della *Poetica* di Aristotele." *Rendiconti della Classe di scienze morali, storiche e filologiche dell'Accademia dei Lincei* 30: 289–97.
Carey, C. 1981. *A Commentary on Five Odes of Pindar*. New York.
Carey, S. 2003. *Pliny's Catalogue of Culture: Art and Empire in the "Natural History."* Oxford.
Carter, A. 1992. "Alison's Giggle." In *Nothing Sacred: Selected Writings*, 189–204. Rev. ed. London. Originally published in 1983.
Cassin, B., J.-L. Labarrière, and G. R. Dherbey, eds. 1997. *L'animal dans l'antiquité*. Paris.
Cataudella, Q. 1971. *La facezia in Grecia e a Roma*. Florence.
Cèbe, J.-P., 1966. *La caricature et la parodie dans le monde romain antique des origines à Juvénal*. Paris.
Ceccarelli, P. 2013. *Ancient Greek Letter Writing*. Oxford.
Champlin, E. 2003. *Nero*. Cambridge, MA.
Chartier, R. 1987. "Ritual and Print, Discipline and Invention: The *Fête* in France from the Middle Ages to the Revolution." In *The Cultural Uses of Print in Early Modern France*, trans. L. G. Cochrane, 13–31. Princeton, NJ. Originally published in French in 1980.
Chesterfield, Earl of [Philip Dormer Stanhope]. 1774. *Letters Written by the Late Right Honourable Philip Dormer Stanhope, Earl of Chesterfield, to His Son, Philip Stanhope*. 4 vols. London.
———. 1890. *Letters of Philip Dormer, Fourth Earl of Chesterfield, to His Godson and Successor*. Oxford.
Christenson, D. M. 2000. *Plautus: Amphitruo*. Cambridge.
Cioffi, F. 1998. *Wittgenstein on Freud and Frazer*. Cambridge.
Cixous, H. 1976. "The Laugh of the Medusa." Trans. K. Cohen and P. Cohen. *Signs* 1: 875–93. Originally published in French in 1975.
Cixous H., and C. Clément. 1986. *The Newly Born Woman*. Trans. B. Wing. Manchester. Originally published in French in 1975.
Clarke, J. R. 2003. *Art in the Lives of Ordinary Romans: Visual Representation and Non-elite Viewers in Roman Italy, 100 B.C.–A.D. 315*. Berkeley and London.
———. 2007. *Looking at Laughter: Humor, Power, and Transgression in Roman Visual Culture, 100 B.C.–A.D. 250*. Berkeley and London.
Clarke, M. 2005. "On the Semantics of Ancient Greek Smiles." In *Body Language in the Greek and Roman Worlds*, ed. D. Cairns, 37–53. Swansea.

Clausen, W. 1994. *Virgil Eclogues, Edited with an Introduction and Commentary.* Oxford.
Cohen, A. 2008. "Response: Why Is Laughter Almost Non-existent in Ancient Greek Sculpture?" *Cogito* (Athens) 8: 20.
Coleiro, E. 1979. *An Introduction to Vergil's "Bucolics," with a Critical Edition of the Text.* Amsterdam.
Coleman, R. 1977. *Vergil, Eclogues.* Cambridge.
Connolly, J. 2007. *The State of Speech: Rhetoric and Political Thought in Ancient Rome.* Princeton, NJ.
Connors, C. 2004. "Monkey Business: Imitation, Authenticity, and Identity from Pithekoussai to Plautus." *ClAnt* 23: 179–207.
Conte, G.B. 1997. *The Hidden Author: An Interpretation of Petronius's "Satyricon."* Berkeley.
Conybeare, C. 2002. "The Ambiguous Laughter of Saint Laurence." *JECS* 10: 175–202.
———. 2013. *The Laughter of Sarah: Biblical Exegesis, Feminist Theory, and the Concept of Delight.* New York and Basingstoke.
Corbeill, A. 1996. *Controlling Laughter: Political Humor in the Late Roman Republic.* Princeton, NJ.
Corbett, P. 1986. *The Scurra.* Edinburgh.
Cordero, N.-L. 2000. "Démocrite riait-il?" In *Le rire des Grecs: Anthropologie du rire en Grèce ancienne,* ed. M.-L. Desclos, 227–39. Grenoble.
Cristante, L. 1990. "Un verso fantasma di Ovidio." *Prometheus* 16: 181–86.
Critchley, S. 2002. *On Humour.* London and New York.
———. 2005. "Very Funny: An Interview with Simon Critchley," by Brian Dillon. *Cabinet* 17: 78–81.
Crompton, D. 2010. *A Funny Thing Happened on the Way to the Forum.* London.
Crusius, O. 1896. "Excurse zu Virgil." *RhM* 51: 544–59.
Csapo, E. 2002. "Kallipides on the Floor-Sweepings: The Limits of Realism in Classical Acting and Performance Styles." In *Greek and Roman Actors: Aspects of an Ancient Profession,* ed. P. Easterling and E. Hall, 126–47. Cambridge.
Cumont, F. 1897. "Les Actes de S. Dasius." *AB* 16: 5–15.
Cunningham, I.C. 1987. *Herodas, Mimiambi cum appendice fragmentorum mimorum papyraceorum.* Leipzig.
D'Agostino, V. 1969. "Sugli antichi Saturnali." *Rivista di Studi Classici* 17: 180–87.
Damon, C. 1997. *Mask of the Parasite: A Pathology of Roman Patronage.* Ann Arbor, MI.
D'Arms, J.H. 1990. "The Roman *Convivium* and the Ideal of Equality." In *Sympotica: A Symposium on the "Symposion,"* ed. O. Murray, 308–20. Oxford.
Darwin, C. 1872. *The Expression of the Emotions in Man and Animals.* London.
David, E. 1989. "Laughter in Spartan Society." In *Classical Sparta: Techniques behind Her Success,* ed. A. Powell, 1–25. London.

Davila-Ross, M., B. Allcock, C. Thomas, and K. Bard. 2011. "Aping Expressions? Chimpanzees Produce Distinct Laugh Types When Responding to Laughter of Others." *Emotion* 11: 1013–20.
Davis, N. Z. 1975. *Society and Culture in Early Modern France: Eight Essays.* Stanford, CA.
Dawe, R. D., ed. 2000. *Philogelos.* Munich.
Deckers, L. 1993. "On the Validity for a Weight-Judging Paradigm for the Study of Humor." *Humor* 6: 43–56.
Deckers, L., and P. Kizer. 1974. "A Note on Weight Discrepancy and Humor." *Journal of Psychology* 86: 309–12.
———. 1975. "Humor and the Incongruity Hypothesis." *Journal of Psychology* 90: 215–18.
Della Corte, F. 1985. *Le Bucoliche di Virgilio, commentate e tradotte.* Genoa.
Della Corte, M. 1954. *Case ed abitanti di Pompei.* 2nd ed. Rome.
Demont, P. 1997. "Aristophane, le citoyen tranquille et les singeries." In *Aristophane: La langue, la scène, la cité*, ed. P. Thiercy and M. Menu, 457–79. Bari.
Dench, E. 2005. *Romulus' Asylum: Roman Identities from the Age of Alexander to the Age of Hadrian.* Oxford.
Desclos, M.-L., ed. 2000. *Le rire des Grecs: Anthropologie du rire en Grèce ancienne.* Grenoble.
De Waal, F. B. M. 2001. *The Ape and the Sushi Master: Cultural Reflections of a Primatologist.* New York.
Dickie, S. 2011. *Cruelty and Laughter: Forgotten Comic Literature and the Unsentimental Eighteenth Century.* Chicago.
Dolansky, F. 2011. "Celebrating the Saturnalia: Religious Ritual and Roman Domestic Life." In *A Companion to Families in the Greek and Roman Worlds*, ed. B. Rawson, 488–503. Oxford.
Dominik, W., and J. Hall, eds. 2007. *A Companion to Roman Rhetoric.* Malden, MA, and Oxford.
Doody, A. 2010. *Pliny's Encyclopaedia: The Reception of the "Natural History."* Cambridge.
Douglas, M. 1968. "The Social Control of Cognition: Some Factors in Joke Perception." *Man* 3: 361–76. Reprinted in Douglas 1975, 90–114.
———. 1971. "Do Dogs Laugh? A Cross-cultural Approach to Body Symbolism." *Journal of Psychosomatic Research* 15: 387–90. Reprinted in Douglas 1975, 83–89.
———. 1975. *Implicit Meanings: Essays in Anthropology.* London and Boston.
Dugan, J. 2005. *Making a New Man: Ciceronian Self-Fashioning in the Rhetorical Works.* Oxford.
Dunbabin, K. 2008. "*Nec grave nec infacetum*: The Imagery of Convivial Entertainment." In *Das römische Bankett im Spiegel der Altertumswissenschaften*, ed. K. Vössing, 13–26. Stuttgart.
Dunkle, R. 2008. *Gladiators: Violence and Spectacle in Ancient Rome.* Harlow, Essex.
Dupont, F. 1985. *L'Acteur roi: Le théâtre à Rome.* Paris.
———. 2000. *L'orateur sans visage: Essai sur l'acteur romain et son masque.* Paris.

Du Quesnay, I. M. LeM. 1977. "Vergil's Fourth *Eclogue.*" *PLLS* (1976) 1: 25–99.
Dyck, A. R. 2003. *Cicero: De Natura Deorum, Book I.* Cambridge.
Easterling, P., and E. Hall, eds. 2002. *Greek and Roman Actors: Aspects of an Ancient Profession.* Cambridge.
Eco, U. 1983. *The Name of the Rose.* Trans. W. Weaver. London.
Edwards, C. 1993. *The Politics of Immorality in Ancient Rome.* Cambridge.
Ekman, P. 1992. "Facial Expressions of Emotion: New Findings, New Questions." *Psychological Science* 3: 34–38.
———. 1999. "Facial Expressions." In *Handbook of Cognition and Emotion,* ed. T. Dalgleish and M. Power, 301–20. New York.
Elias, N. 1978. *The Civilising Process.* Vol. 1, *The History of Manners.* Oxford. Originally published in German in 1939.
Elsner, J. 1995. *Art and the Roman Viewer: The Transformation of Art from the Pagan World to Christianity.* Cambridge.
Enk, P. J. 1953. *Plauti Truculentus.* 2 vols. Leiden.
Fairer, D. W. 2003. *English Poetry of the Eighteenth Century, 1700–1789.* London.
Fantham, E. 1972. *Comparative Studies in Republican Latin Imagery.* Toronto.
———. 1988. "Mime: The Missing Link in Roman Literary History." *CW* 82: 153–63.
———. 1998. *Ovid: Fasti, Book IV.* Cambridge.
———. 2002. "Orator and/et Actor." In *Greek and Roman Actors: Aspects of an Ancient Profession,* ed. P. Easterling and E. Hall, 362–76. Cambridge.
———. 2004. *The Roman World of Cicero's "De Oratore."* Oxford.
———. 2006. *Julia Augusti: The Emperor's Daughter.* London and New York.
Feeney, D. 1998. *Literature and Religion at Rome: Cultures, Contexts and Beliefs.* Cambridge.
Felice, E. M. 2013. "Putting the ΓΕΛΩΣ Back in *Philogelos* 1." *CPh* 108: 155–58.
Fernández López, J. 2007. "Quintilian as Rhetorician and Teacher." In *A Companion to Roman Rhetoric,* ed. W. Dominik and J. Hall, 307–22. Malden, MA, and Oxford.
Fick-Michel, N. 1991. *Art et Mystique dans les "Métamorphoses" d'Apulée.* Paris.
Fitzgerald, W. 1995. *Catullan Provocations: Lyric Poetry and the Drama of Position.* Berkeley and London.
———. 2000. *Slavery and the Roman Literary Imagination.* Cambridge.
Flohr, M. 2013. *The World of the Fullo: Work, Economy, and Society in Roman Italy.* Oxford.
Flohr, M., and A. Wilson. 2011. "The Economy of Ordure." In *Roman Toilets: Their Archaeology and Cultural History,* ed. G. C. M. Jansen, A. O. Koloski-Ostrow, and E. M. Moormann, 147–56. Leuven.
Floridi, L. 2012. "Greek Skoptic Epigram and 'Popular' Literature: *Anth. Gr.* XI and the *Philogelos.*" *GRBS* 52: 632–60.
Fontaine, M. 2010. *Funny Words in Plautine Comedy.* Oxford.

Fortenbaugh, W. W. 2000. "Une analyse du rire chez Aristote et Théophraste." In *Le rire des Grecs: Anthropologie du rire en Grèce ancienne*, ed. M.-L. Desclos, 333–54. Grenoble.

———. 2002. *Aristotle on Emotion: A Contribution to Philosophical Psychology, Rhetoric, Poetics, Politics, and Ethics*. 2nd ed. London.

Fortenbaugh, W. W., P. M. Huby, R. W. Sharples, and D. Gutas, eds. 1992. *Theophrastus of Eresus: Sources for His Life, Writings, Thought and Influence*. Pt. 1. Leiden.

Fowler, D. 1987. "Brief Reviews: Roman Literature." *G&R* 34: 89–94.

Fox, R. 2001. "Anthropology as It Should Be." *London Review of Books* 23 (9 August): 25–26.

Fraenkel, E. 1922. *Plautinisches im Plautus*. Berlin.

———. 1961. "Two Poems of Catullus." *JRS* 51: 46–53. Partly reprinted in Gaisser 2007, 356–68.

———. 2007. *Plautine Elements in Plautus*. Translation of Fraenkel 1922 by T. Drevikovsky and F. Muecke. Oxford.

Frangoulidis, S. 1994. "The Soldier as a Storyteller in Terence's *Eunuchus*." *Mnemosyne* 47: 586–95.

Frazer, J. G. 1913. *The Golden Bough: A Study in Magic and Religion*. Pt. 6, *The Scapegoat*. 3rd ed. London and Basingstoke.

Freedberg, D. 2007. "Empathy, Motion and Emotion." In *Wie sich Gefühle Ausdruck verschaffen: Emotionen in Nahsicht*, ed. K. Herding and A. Krause-Wahl, 17–51. Taunusstein.

Freud, S. 1960. *Jokes and Their Relation to the Unconscious*. Trans. J. Strachey. London. Originally published in German in 1905.

Freudenburg, K. 1993. *The Walking Muse: Horace and the Theory of Satire*. Princeton, NJ.

———, ed. 2005. *The Cambridge Companion to Roman Satire*. Cambridge.

Fried, I., C. L. Wilson, K. A. MacDonald, and E. J. Behnke. 1998. "Electric Current Stimulates Laughter." *Nature* 391: 650.

Frischer, B. 1991. *Shifting Paradigms: New Approaches to Horace's "Ars Poetica."* Atlanta.

Gaisser, J. H., ed. 2007. *Catullus*. Oxford Readings in Classical Studies. Oxford.

Garelli, M.-H. 2007. *Danser le mythe: La pantomime et sa réception dans la culture antique*. Leuven.

Garfitt, T., E. McMorran, and J. Taylor, eds. 2005. *The Anatomy of Laughter*. London.

Gatrell, V. 2006. *City of Laughter: Sex and Satire in Eighteenth-Century London*. London.

Geffcken, K. A. 1973. *Comedy in the "Pro Caelio."* *Mnemosyne*, suppl. 30. Leiden.

Gera, D. L. 2003. *Ancient Greek Ideas on Speech, Language and Civilization*. Oxford.

Gibson, R. 2003. *Ovid: Ars Amatoria 3*. Cambridge.

Gildenhard, I. 2012. *Virgil, Aeneid, 4.1–299: Latin Text, Study Questions, Commentary and Interpretative Essays*. Cambridge.

Giuliani, L. 1986. *Bildnis und Botschaft: Hermeneutische Untersuchungen zur Bildniskunst der römischen Republik.* Frankfurt am Main.
Glinister, F., and C. Woods, eds. 2007. *Verrius, Festus and Paul.* London.
Godwin, J. 1999. *Catullus: The Shorter Poems.* Warminster.
Golahny, A. 2003. *Rembrandt's Reading: The Artist's Bookshelf of Ancient Poetry and History.* Amsterdam.
Goldberg, S. M. 1998. "Plautus on the Palatine." *JRS* 88: 1–20.
———. 2000. "Catullus 42 and the Comic Legacy." In *Dramatische Wäldchen: Festschrift für Eckhard Lefèvre zum 65. Geburtstag,* ed. E. Stärk and G. Vogt-Spira, 475–89. Hildesheim.
———. 2005. *Constructing Literature in the Roman Republic.* Cambridge.
Goldhill, S. 1995. *Foucault's Virginity: Ancient Erotic Fiction and the History of Sexuality.* Cambridge.
———, ed. 2001. *Being Greek under Rome: Cultural Identity, the Second Sophistic and the Development of Empire.* Cambridge.
———. 2006. "The Thrill of Misplaced Laughter." In *Kômôidotragôidia: Intersezioni del tragico e del comico nel teatro del V secolo a.C.,* ed. E. Medda, M. S. Mirto, and M. P. Pattoni, 83–102. Pisa.
———. 2008. "Response: Why Is Laughter Almost Non-existent in Ancient Greek Sculpture?" *Cogito* (Athens) 8: 19.
Gomme, A. W., and F. H. Sandbach. 1973. *Menander: A Commentary.* Oxford.
Gorman, R. J., and V. B. Gorman. 2007. "The Tryphê of the Sybarites: A Historiographical Problem in Athenaeus." *JHS* 127: 38–60.
Gow, A. S. F. 1965. *Machon: The Fragments.* Cambridge.
Gowers, E. 1993. *The Loaded Table: Representations of Food in Roman Literature.* Cambridge.
———. 2005. "The Restless Companion: Horace, *Satires* 1 and 2." In *The Cambridge Companion to Roman Satire,* ed. K. Freudenburg, 48–61. Cambridge.
———. 2012. *Horace: Satires, Book 1.* Cambridge.
Gowing, A. M. 1990. "Dio's Name." *CPh* 85: 49–54.
Graf, F. 1992. "Römische Aitia und ihre Riten: Das Beispiel von Saturnalia und Parilia." *MH* 49: 13–25.
———. 1997. "Cicero, Plautus and Roman Laughter." In *A Cultural History of Humour,* ed. J. Bremmer and H. Roodenburg, 29–39. Cambridge.
———. 2005. "Satire in a Ritual Context." In *The Cambridge Companion to Roman Satire,* ed. K. Freudenburg, 192–206. Cambridge.
Grant, M. A. 1924. *The Ancient Rhetorical Theories of the Laughable: The Greek Rhetoricians and Cicero.* University of Wisconsin Studies in Language and Literature 21. Madison.
Green, P. 2006. *Diodorus Siculus, Books 11–12.37.1.* Austin.
Greenblatt, S. 2007. *Learning to Curse: Essays in Early Modern Culture.* Rev. ed. New York and London.
Grewing, F. 1997. *Martial, Buch VI: Ein Kommentar.* Göttingen.
Griffin, M. T. 1995. "Philosophical Badinage in Cicero's Letters to his Friends." In *Cicero the Philosopher,* ed. J. G. F. Powell, 325–46. Oxford.

Griffith, M. 2006. "Horsepower and Donkeywork: Equids and the Ancient Greek Imagination." *CPh* 101: 185–246, 307–58.
Griffith, R.D. 2008. "Response: Why Is Laughter Almost Non-existent in Ancient Greek Sculpture?" *Cogito* (Athens) 8: 22.
Gruen, E.S. 1990. *Studies in Greek Culture and Roman Policy*. Leiden and New York.
Gruner, C.R. 1978. *Understanding Laughter: The Workings of Wit and Humor*. Chicago.
———. 1997. *The Game of Humor: A Comprehensive Theory of Why We Laugh*. New Brunswick, NJ, and London.
Guérin, C. 2011. *Persona: L'élaboration d'une notion rhétorique au 1ᵉʳ siècle av. J.-C*. Vol. 2. Paris.
Gunderson, E. 2000. *Staging Masculinity: The Rhetoric of Performance in the Roman World*. Ann Arbor, MI.
———. 2003. *Declamation, Paternity and Roman Identity: Authority and the Rhetorical Self*. Cambridge.
Habinek, T. 1990. "Lucius' Rite of Passage." *MD* 25: 49–69.
———. 2005. "Satire as Aristocratic Play." In *The Cambridge Companion to Roman Satire*, ed. K. Freudenburg, 177–91. Cambridge.
Hall, E. 2008. "Introduction: Pantomime, a Lost Chord in Ancient Culture." In *New Directions in Ancient Pantomime*, ed. Hall and R. Wyles, 1–40. Oxford.
Hall, E., and R. Wyles, eds. 2008. *New Directions in Ancient Pantomime*. Oxford.
Hall, N.J. 1983. *The Letters of Anthony Trollope*. 2 vols. Stanford, CA.
Halliwell, S. 1986. *Aristotle's Poetics*. London.
———. 2008. *Greek Laughter: A Study in Cultural Psychology from Homer to Early Christianity*. Cambridge.
———. 2013. "Having a Laugh." *TLS*, 26 April, 23.
Hambartsumian, A. 2001. "The Armenian Parable 'Zoroaster's Laughter' and the Plot of Zoroaster's Birth in the Literary Traditions." *Iran and the Caucasus* 5: 27–36.
Hankinson, R.J. 1997. "Le phénomène et l'obscur: Galien et les animaux." In *L'animal dans l'antiquité*, ed. B. Cassin, J.-L. Labarrière, and G.R. Dherbey, 75–93. Paris.
———. 2000. "La pathologie du rire: Réflexions sur le rôle du rire chez les médecins grecs." In *Le rire des Grecs: Anthropologie du rire en Grèce ancienne*, ed. M.-L. Desclos, 191–200. Grenoble.
Hannerz, U. 1987. "The World in Creolisation." *Africa* 57: 546–59.
Hansen, W., ed. 1998. *Anthology of Ancient Greek Popular Literature*. Bloomington, IL.
Haraway, D. 1989. *Primate Visions: Gender, Race and Nature in the World of Modern Science*. New York and London.
Hardie, P. 2012. "Virgil's Catullan Plots." In *Catullus: Poems, Books, Readers*, ed. I.M.LeM. DuQuesnay and A.J. Woodman, 212–38. Cambridge.
Harris, C.R., and N. Alvarado. 2005. "Facial Expressions, Smile Types, and Self-Report during Humour, Tickle and Pain." *Cognition and Emotion* 19: 655–69.

Harris, C.R., and N. Christenfeld. 1997. "Humour, Tickle and the Darwin-Hecker Hypothesis." *Cognition and Emotion* 11: 103–10.
Harris, W.V. 2009. *Dreams and Experience in Classical Antiquity*. Cambridge, MA.
Harris-McCoy, D.E. 2012. *Artemidorus' "Oneirocritica": Text, Translation, and Commentary*. Oxford.
Harrison, S.J., ed. 1999. *Oxford Readings in the Roman Novel*. Oxford.
Haury, A. 1955. *L'ironie et l'humour chez Cicéron*. Leiden.
Heath, J.R. 1982. "Narration and Nutrition in Apuleius' *Metamorphoses*." *Ramus* 11: 57–77.
Heath, M. 1989. "Aristotelian Comedy." *CQ* 39: 344–54.
Hekster, O. 2002. *Commodus: An Emperor at the Crossroads*. Amsterdam.
Henderson, Jeffrey. 1991. *The Maculate Muse: Obscene Language in Attic Comedy*. Rev. ed. Oxford.
Henderson, John. 1999. *Writing Down Rome: Satire, Comedy, and Other Offences in Latin Poetry*. Oxford.
———. 2001. *Telling Tales on Caesar: Roman Stories from Phaedrus*. Oxford.
Herrenschmidt, C. 2000. "Le rire de Zarathustra, l'Iranien." In *Le rire des Grecs: Anthropologie du rire en Grèce ancienne*, ed. M.-L. Desclos, 497–511. Grenoble.
Hersch, K.K. 2010. *The Roman Wedding: Ritual and Meaning in Antiquity*. Cambridge.
Herzen, A. 2012. "A Letter Criticizing *The Bell*." In *A Herzen Reader*, ed. K. Parthé, 67–69. Evanston, IL. Originally published in Russian in 1858.
Hill, J.D. 2001. "Romanisation, Gender and Class: Recent Approaches to Identity in Britain and Their Possible Consequences." In *Britons and Romans: Advancing an Archaeological Agenda*, CBA Research Report 125, ed. S. James and M. Millett, 12–18. York.
Hirschkop, K., and D. Shepherd, eds. 2001. *Bakhtin and Cultural Theory*. 2nd ed. Manchester.
Hobbes, T. 1969. *The Elements of Law Natural and Politic*. 2nd ed. Ed. F. Tönnies. London. Originally published in 1640.
———. 1996. *Leviathan*. Ed. R. Tuck. Rev. ed. Cambridge. Originally published in 1651.
Hopkins, K. 1983. *Death and Renewal*. Cambridge.
———. 1993. "Novel Evidence for Roman Slavery." *P&P* 138: 3–27.
Hopkins, K., and M. Beard. 2005. *The Colosseum*. Cambridge, MA.
Horsfall, N. 1996. "The Cultural Horizons of the *Plebs Romana*." *MAAR* 41: 101–19.
Hunter, R.L. 1985. *The New Comedy of Greece and Rome*. Cambridge.
———. 2002. "'Acting Down': The Ideology of Hellenistic Performance." In *Greek and Roman Actors: Aspects of an Ancient Profession*, ed. P. Easterling and E. Hall, 189–206. Cambridge.
Huss, B. 1999. *Xenophons Symposion: Ein Kommentar*. Stuttgart.
Hutchinson, G.O. 1998. *Cicero's Correspondence: A Literary Study*. Oxford.
James, P. 1987. *Unity in Diversity: A Study of Apuleius' "Metamorphoses."* Hildesheim.

Janko, R. 1984. *Aristotle on Comedy: Towards a Reconstruction of "Poetics" II*. London.
———. 2001. "Aristotle on Comedy, Aristophanes and Some New Evidence from Herculaneum." In *Making Sense of Aristotle: Essays in Poetics*, ed. Ø. Andersen and J. Haarberg, 51–71. London.
Janson, H. W. 1952. *Apes and Ape Lore in the Middle Ages and Renaissance*. Warburg Institute Studies 20. London.
Janus, A. 2009. "From 'Ha he hi ho hu. Mummum' to 'Haw! Hell! Haw!': Listening to Laughter in Joyce and Beckett." *Journal of Modern Literature* 32: 144–66.
Jennings, V. 2001. Review of *Philogelos*, ed. R. D. Dawe (Munich and Leipzig, 2000). *BMCR* (online publication) 2001.04.05: http://bmcr.brynmawr.edu/2001/2001-04-05.html.
Johnson, S. 1741. "The Pedants, or Jests of Hierocles." *Gentleman's Magazine* 11: 477–79.
Jones, C. P. 1991. "Dinner Theater." In *Dining in a Classical Context*, ed. W. J. Slater, 185–98. Ann Arbor, MI.
Jones, R. E. 1939. "Cicero's Accuracy of Characterization in His Dialogues." *AJPh* 60: 307–25.
Jouanno, C. 2006. *Vie d'Ésope*. Paris.
Joubert, L. 1980. *Treatise on Laughter*. Trans. G. D. de Rocher. Tuscaloosa, AL. Originally published in French in 1579.
Kant, I. 1952. *The Critique of Judgement*. Trans. J. C. Meredith. Oxford. Originally published in German in 1790.
Kassel, R. 1956. "Reste eines hellenistischen Spassmacherbuches auf einem Heidelberger Papyrus." *RhM* 99: 242–45.
———, ed. 1976. *Aristotelis Ars Rhetorica*. Berlin and New York.
Kaster, R. 1980. "Macrobius and Servius: *Verecundia* and the Grammarian's Function." *HSCP* 84: 219–62.
Kawakami, K., K. Takai-Kawakami, M. Tomonaga, J. Suzuki, F. Kusaka, and T. Okai. 2007. "Spontaneous Smile and Spontaneous Laugh: An Intensive Longitudinal Case Study." *Infant Behaviour and Development* 30: 146–52.
Kerman, J. B. 1980. "The Light-Bulb Jokes: Americans Look at Social Action Processes." *Journal of American Folklore* 93: 454–58.
Kidd, S. 2011. "Laughter Interjections in Greek Comedy." *CQ* 61: 445–59.
Kindt, J. 2010. "Parmeniscus' Journey: Tracing Religious Visuality in Word and Wood." *CPh* 105: 252–64.
———. 2012. *Rethinking Greek Religion*. Cambridge.
King, A. 2002. "Mammals: Evidence from Wall Paintings, Sculpture, Mosaics, Faunal Remains, and Ancient Literary Sources." In *The Natural History of Pompeii*, ed. W. F. Jashemski and F. G. Meyer, 401–50. Cambridge.
King, H. 1986. "Agnodike and the Profession of Medicine." *PCPhS* 32: 53–77.
Kipper, S., and D. Todt, 2005. "The Sound of Laughter: Recent Concepts and Findings in Research into Laughter Vocalizations." In *The Anatomy of Laughter*, ed. T. Garfitt, E. McMorran, and J. Taylor, 24–33. London.
Kirichenko, A. 2010. *A Comedy of Storytelling: Theatricality and Narrative in Apuleius' "Golden Ass."* Heidelberg.

Kirkpatrick, J., and F. Dunn. 2002. "Heracles, Cercopes, and Paracomedy." *TAPhA* 132: 29–61.
Klein, L. E. 1994. *Shaftesbury and the Culture of Politeness: Moral Discourse and Cultural Politics in Early Eighteenth-Century England*. Cambridge.
König J. 2012. *Saints and Symposiasts: The Literature of Food and the Symposium in Greco-Roman and Early Christian Culture*. Cambridge.
Konstan, D. 1986. "Venus's Enigmatic Smile." *Vergilius* 32: 18–25.
Konstan, D., and S. Saïd, eds. 2006. *Greeks on Greekness: Viewing the Greek Past under the Roman Empire*. Cambridge Philological Society, supp. vol. 29. Cambridge.
Krabbe, J. K. 1989. *The Metamorphoses of Apuleius*. New York.
Kristeva, J. 1980. *Desire in Language: A Semiotic Approach to Literature and Art*. New York and Oxford. Originally published in French in 1969; reprinted in 1977.
Kroll, W. M. 1913. *M. Tulli Ciceronis Orator*. Berlin.
Krostenko, B. A. 2001. *Cicero, Catullus, and the Language of Social Performance*. Chicago.
Kurke, L. 2002. "Gender, Politics and Subversion in the *Chreiai* of Machon." *PCPhS* 48: 20–65.
———. 2011. *Aesopic Conversations: Popular Tradition, Cultural Dialogue, and the Invention of Greek Prose*. Princeton, NJ.
Labarrière, J.-L. 2000. "Comment et pourquoi la célèbre formule d'Aristote: 'Le rire est le propre de l'homme', se trouve-t-elle dans un traité de physiologie (*Partie des Animaux*, III, 10, 63 a 8)?" In *Le rire des Grecs: Anthropologie du rire en Grèce ancienne*, ed. M.-L. Desclos, 181–89. Grenoble.
La Bua, G. 2013. "Mastering Oratory: The Mock-Trial in Apuleius' *Metamorphoses* 3.3.1–71." *AJPh* 134: 675–701.
Laes, C. 2011. "Silent Witnesses: Deaf-Mutes in Graeco-Roman Antiquity." *CW* 104: 451–73.
Lateiner, D. 1995. *Sardonic Smile: Nonverbal Behaviour in Homeric Epic*. Ann Arbor, MI.
Laurence, R., and J. Paterson. 1999. "Power and Laughter: Imperial *Dicta*." *PBSR* 67: 183–97.
Lautréamont, Comte de. 1965. *Les Chants de Maldoror*. Trans. G. Wernham. New York. Originally published in French in 1869.
Lavin, D., and D. W. Maynard. 2001. "Standardization vs. Rapport: Respondent Laughter and Interviewer Reaction during Telephone Surveys." *American Sociological Review* 66: 453–79.
Lee, G. 1990. *The Poems of Catullus: Edited with Introduction, Translation and Brief Notes*. Oxford.
Leeman, A. D. 1963. *Orationis Ratio: Stylistic Theories and Practice in the Roman Orators, Historians and Philosophers*. Amsterdam.
Leeman, A. D., H. Pinkster, and E. Rabbie. 1981. *M. Tullius Cicero, De Oratore Libri III, 1 Band: Buch I*. Heidelberg.
———. 1989. *M. Tullius Cicero, De Oratore Libri III, 3 Band: Buch II, 99–290*. Heidelberg.
Lefèvre, E. 2003. *Terenz' und Menanders Eunuchus*. Munich.

Le Goff, J. 1989. "Rire au Moyen Age." *Cahiers du Centre de recherches historiques* 3: 1–14.
———. 1992. "Jésus a-t-il ri?" *L'histoire* 158: 72–74.
———. 1993. "Le Roi dans l'Occident medieval." In *Kings and Kingship in Medieval Europe*, King's College London Medieval Studies 10, ed. A. J. Duggan, 1–40. London.
———. 1997. "Laughter in the Middle Ages." In *A Cultural History of Humour*, ed. J. Bremmer and H. Roodenburg, 40–53. Cambridge. Edited version of Le Goff 1989.
Leigh, M. 2004. "The *Pro Caelio* and Comedy." *CPh* 99: 300–335.
Leon, M. 2009. *Molière, the French Revolution, and the Theatrical Afterlife.* Iowa City.
Le Roux, P. 2004. "La Romanisation en question." *Annales, histoire, sciences sociales* 59: 287–311.
Le Roy Ladurie, E. 1979. *Carnival in Romans.* Trans. M. Feeney. New York.
Lessing, D. 1962. *The Golden Notebook.* London.
Levine, D. 1982. "Homeric Laughter and the Unsmiling Suitors." *CJ* 78: 97–104.
———. 1984. "Odysseus' Smiles." *TAPhA* 114: 1–9.
Lévi-Strauss, C. 1997. "The Culinary Triangle." In *Food and Culture: A Reader*, ed. C. Counihan and P. van Esterik, 26–35. New York and London. Originally published in French in 1965.
Lewis, S. 1995. "Barbers' Shops and Perfume Shops: 'Symposia without Wine.'" In *The Greek World*, ed. A. D. Powell, 432–41. London and New York.
Lewis, W., E. Wadsworth, E. Pound, W. Roberts, H. Saunders, L. Atkinson, J. Dismorr, and H. Gaudier-Brzeska. 1914. "Manifesto 1 and 2." *Blast* 1: 11–43.
Lichačëv, D. S., and A. M. Pančenko. 1991. *Die Lachwelt des alten Russland.* Trans. R. Lachmann. Munich. Originally published in Russian in 1976.
Lilja, S. 1980. "The Ape in Ancient Comedy." *Arctos* 14: 31–38.
Ling, R. 2009. "Roman Laughter." Review of J. R. Clarke 2007. *JRA* 22: 508–10.
Lippitt, J. 1994. "Humour and Incongruity." *Cogito* (Athens) 8: 147–53.
———. 1995a. "Humour and Superiority." *Cogito* (Athens) 9: 54–61.
———. 1995b. "Humour and Release." *Cogito* (Athens) 9: 169–76.
Lissarrague, F. 1997. "L'homme, le singe et le satyre." In *L'animal dans l'antiquité*, ed. B. Cassin, J.-L. Labarrière, and G. R. Dherbey, 455–69. Paris.
Long, J. 2000. "Julia-Jokes at Macrobius's *Saturnalia*: Subversive Decorum in Late Antique Reception of Augustan Political Humor." *IJCT* 6: 337–55.
Lonsdale, R. 2009. *Samuel Johnson: The Lives of the Poets, a Selection.* Oxford.
Löwe, G. 1981. *Philogelos oder der Lach-Fan, von Hierokles und Philagrius.* Leipzig.
Lowe, J. C. B. 1989. "Plautus' Parasites and the *Atellana*." In *Studien zur vorliterarischen Periode im frühen Rom*, ed. G. Vogt-Spira, 161–69. Tübingen.
Lowe, N. 2007. *Comedy: Greece and Rome.* New Surveys in the Classics 37. Cambridge.
Lucaszewicz, A. 1989. "Sarapis and a Free Man." *Eos* 77: 251–55.

Ludovici, A.M. 1932. *The Secret of Laughter*. London.
Malineau, V. 2005. "L'apport de l'*Apologie de mimes* de Chorikios de Gaza à la connaissance du theatre du VIᵉ siècle." In *Gaza dans l'Antiquité Tardive: Archéologie, rhétorique et histoire*, ed. C. Saliou, 149–69. Salerno.
Maltby, R. 1999. "The Language of Plautus' Parasites." http://www2.open.ac.uk/ClassicalStudies/GreekPlays/Conf99/Maltby.htm.
Manuwald, G. 2011. *Roman Republican Theatre*. Cambridge.
Marchesi, I. 2008. *The Art of Pliny's Letters: A Poetics of Allusion in the Private Correspondence*. Cambridge.
Marconi, C. 2007. *Temple Decoration and Cultural Identity in the Archaic Greek World: The Metopes of Selinus*. Cambridge.
Marshall, C.W. 2006. *The Stagecraft and Performance of Roman Comedy*. Cambridge.
Martin, J.M. 1990. "Cicero's Jokes at the Court of Henry II of England." *Modern Language Quarterly* 51: 144–66.
Martin, R.A. 2007. *The Psychology of Humor: An Integrative Approach*. Burlington, MA.
Marzolph, U. 1987. "Philogelos arabikos: Zum Nachleben der antiken Witzesammlung in der mittelalterlichen arabischen Literatur." *Der Islam* 64: 185–230.
Mason, H.J. 1999a. "The *Metamorphoses* of Apuleius and Its Greek Sources." In *Latin Fiction: The Latin Novel in Context*, ed. H. Hoffmann, 103–12. London.
———. 1999b. "*Fabula Graecanica*: Apuleius and His Greek Sources." In *Oxford Readings in the Roman Novel*, ed. S.J. Harrison, 217–36. Oxford.
Mattingly, D.J. 2011. *Imperialism, Power, and Identity: Experiencing the Roman Empire*. Princeton, NJ.
May, J., and J. Wisse. 2001. *Cicero, On the Ideal Orator*. Oxford.
May, R. 1998. "Köche und Parasit: Elemente der Komödie in den *Metamorphosen* des Apuleius." *GCN* 9: 131–55.
———. 2006. *Apuleius and Drama: The Ass on Stage*. Oxford.
McCarthy, K. 2000. *Slaves, Masters, and the Art of Authority in Plautine Comedy*. Princeton, NJ.
McClure, L. 2003. "The Sayings of Courtesans in Book 13 of Athenaeus' *Deipnosophistae*." *AJPh*. 124: 259–94.
McDermott, W.C. 1935. "The Ape in Greek Literature." *TAPhA* 66: 165–76.
———. 1936. "The Ape in Roman Literature." *TAPhA* 67: 148–67.
———. 1938. *The Ape in Antiquity*. Baltimore.
McDonald, M., and J.M. Walton, eds. 2007. *The Cambridge Companion to Greek and Roman Theatre*. Cambridge.
McGettigan, C., E. Walsh, R. Jessop, Z.K. Agnew, D. Sauter, J.E. Warren, and S.K. Scott. 2013. "Individual Differences in Language Perception Reveal Roles for Mentalizing and Sensorimotor Systems in the Evaluation of Emotional Authenticity." *Cerebral Cortex* (online publication): http://cercor.oxfordjournals.org/content/early/2013/08/21/cercor.bht227.full.pdf+html.
McGrath, E. 1997. *Corpus Rubenianum Ludwig Burchard*, pt. 13. 2 vols. London.

McKeown, J. C. 1979. "Augustan Elegy and Mime." *PCPhS* 25: 71–84.
McMahon, A. P. 1917. "On the Second Book of Aristotle's *Poetics* and the Source of Theophrastus' Definition of Tragedy." *HSCP* 28: 1–46.
Ménager, D. 1995. *La Renaissance et le rire*. Paris.
Milanezi, S. 1992. "Outres enflées de rire: A propos de la fête du dieu Risus dans les 'Métamorphoses' d'Apulée." *RHR* 209: 125–47.
———. 2000. "Laughter as Dessert." In *Athenaeus and His World: Reading Greek Culture in the Roman Empire*, ed. D. Braund and J. Wilkins, 400–412. Exeter.
Millar, F. G. B. 1964. *A Study of Cassius Dio*. Oxford.
———. 1977. *The Emperor in the Roman World*. London.
Miller, S. A. 2010. *Medieval Monstrosity and the Female Body*. New York and London.
Millett, M. 1990. *The Romanization of Britain: An Essay in Archaeological Interpretation*. Cambridge.
Minois, G. 2000. *Histoire du rire et de la dérision*. Paris.
Mitchell, T. N. 1991. *Cicero: The Senior Statesman*. New Haven, CT, and London.
Moellendorff, P. von. 1995. *Grundlagen einer Ästhetik der alten Komödie: Untersuchungen zu Aristophanes und Michail Bachtin*. Tübingen.
Monaco, G. 1967. *Quintiliano: Il capitolo de risu ("Inst. Or." VI 3)*. Palermo.
———. 1974. *Cicerone: L'excursus de ridiculis ("De Or." II 216–290)*. 3rd ed. Palermo.
Morales, H. 1996. "The Torturer's Apprentice." In *Art and Text in Roman Culture*, ed. J. Elsner, 182–209. Cambridge.
Morgan, G. 1981. "*Philogelos* 216." *JHS* 101: 141.
Morreall, J. 1983. *Taking Laughter Seriously*. Albany, NY.
Murdoch, I. 1999. *The Sea, the Sea*. London. Originally published in 1978.
Murgia, C. 1991. "Notes on Quintilian." *CQ* 41: 183–212.
Murphy, T. 2004. *Pliny the Elder's "Natural History": The Empire in the Encyclopaedia*. Oxford.
Musurillo, H. 1972. *The Acts of the Christian Martyrs*. Oxford.
Nauta, R. R. 1987. "Seneca's 'Apocolocyntosis' as Saturnalian Literature." *Mnemosyne* 40: 69–96.
———. 2002. *Poetry for Patrons: Literary Communication in the Age of Domitian*. *Mnemosyne*, suppl. 206. Leiden.
Neil, R. A. 1901. *The "Knights" of Aristophanes*. Cambridge.
Nerhardt, G. 1976. "Incongruity and Funniness: Towards a New Descriptive Model." In *Humor and Laughter: Theory, Research, and Applications*, ed. A. J. Chapman and H. C. Foot, 55–62. London.
Nesselrath, H.-G. 1985. *Lukians Parasitendialog: Untersuchungen und Kommentar*. Berlin and New York.
———. 1990. *Die attische mittlere Komödie: Ihre Stellung in der antiken Literaturkritik und Literaturgeschichte*. Berlin and New York.
Nicholl, A. 1931. *Masks, Mimes and Miracles: Studies in the Popular Theatre*. London.

Nietzsche, F. W. 1986. *Human, All Too Human: A Book for Free Spirits.* Trans. R. J. Hollingdale. Cambridge. Originally published in German in 1878.
———. 1990. *Beyond Good and Evil: Prelude to a Philosophy of the Future.* Trans. R. J. Hollingdale. Harmondsworth. Originally published in German in 1886.
———. 2002. *Beyond Good and Evil: Prelude to a Philosophy of the Future.* Trans. J. Norman. Cambridge. Originally published in German in 1886.
Nimmo Smith, J. 2001. *A Christian's Guide to Greek Culture: The Pseudo-Nonnus Commentaries on Sermons 4, 5, 39 and 43 by Gregory of Nazianzus.* Liverpool.
Nisbet, R. G. M. 1978. "Virgil's Fourth *Eclogue*: Easterners and Westerners." *BICS* 25: 59–78. Reprinted in *Vergil's "Eclogues,"* ed. K. Volk, 155–88. 2007. Oxford.
Nixon, P. 1916–38. *Plautus.* 5 vols. Cambridge, MA.
Norden, E. 1958. *Die Geburt des Kindes: Geschichte einer religiösen Idee.* 2nd ed. Stuttgart.
Nutton, V. 2011. *Galen: On Problematical Movements.* With G. Bos. Cambridge.
Oakley, S. P. 1997. *Commentary on Livy: Books VI–X.* Vol. 2, *Books VII–VIII.* Oxford.
O'Higgins, D. M. 2001. "Women's Cultic Joking and Mockery: Some Perspectives." In *Making Silence Speak: Women's Voices in Greek Literature and Society,* ed. A. Lardinois and L. McClure, 136–60. Princeton, NJ.
Olender, M. 1990. "Aspects of Baubo: Ancient Texts and Contexts." In *Before Sexuality: The Construction of Erotic Experience in the Ancient Greek World,* ed. D. M. Halperin, J. J. Winkler, and F. I. Zeitlin, 83–113. Princeton, NJ. Originally published in French in 1985.
Oliensis, E. 1998. *Horace and the Rhetoric of Authority.* Cambridge.
Pagels, E., and K. King. 2007. *Reading Judas: The Gospel of Judas and the Shaping of Christianity.* New York and London.
Palmer, A.-M. 1989. *Prudentius on the Martyrs.* Oxford.
Panayotakis, C. 1994. "Quartilla's Histrionics in Petronius' 'Satyrica' 16.1–26.6." *Mnemosyne* 47: 319–36.
———. 1995. *Theatrum Arbitri: Theatrical Elements in the Satyrica of Petronius.* Leiden.
———. 2006. "Women in the Greco-Roman Mime of the Roman Republic and the Early Empire." *Ordia Prima* 5: 121–38.
———. 2008. "Virgil on the Popular Stage." In *New Directions in Ancient Pantomime,* ed. E. Hall and R. Wyles, 185–97. Oxford.
———. 2010. *Decimus Laberius: The Fragments.* Cambridge.
Pan'kov, N. 2001. "'Everything Else Depends on How This Business Turns Out . . .': Mikhail Bakhtin's Dissertation Defence as Real Event, as High Drama and as Academic Comedy." In *Bakhtin and Cultural Theory,* 2nd ed., ed. K. Hirschkop and D. Shepherd, 26–61. Manchester.
Panksepp, J. 2000. "The Riddle of Laughter: Neural and Psychoevolutionary Underpinnings of Joy." *Current Directions in Psychological Science* 9: 183–86.

Panksepp, J., and J. Burgdorf. 1999. "Laughing Rats? Playful Tickling Arouses High Frequency Ultrasonic Chirping in Young Rodents." In *Toward a Science of Consciousness III: The Third Tucson Discussions and Debates*, ed. S. Hameroff, D. Chalmers, and A. Kaszniak, 231–44. Cambridge, MA.
Parkin, T. 2003. *Old Age in the Roman World: A Cultural and Social History.* Baltimore.
Parvulescu, A. 2010. *Laughter: Notes on a Passion.* Cambridge, MA.
Pelliccia, H. N. 2012. "Where Does His Wit Come From?" *New York Review of Books* 59 (8 November): 36–40.
Pernerstorfer, M. J. 2006. "Zu Menanders *Kolax.*" *WS* 119: 39–61.
———. 2009. *Menanders "Kolax": Ein Beitrag zu Rekonstruktion und Interpretation der Komödie.* Berlin.
Perret, J. 1970. *Virgile, Les Bucoliques: Edition, introduction et commentaire.* Paris.
Perry, B. E. 1943. "On the Manuscripts of the *Philogelos.*" In *Classical Studies in Honor of William Abbott Oldfather*, 157–66. Urbana, IL.
———. 1952. *Aesopica: A Series of Texts Relating to Aesop or Ascribed to Him or Closely Connected to the Literary Tradition That Bears His Name.* Vol. 1. Urbana, IL.
Plaza, M. 2000. *Laughter and Derision in Petronius' "Satyrica": A Literary Study.* Studia Latina Stockholmiensia 46. Stockholm.
Provine, R. R. 2000. *Laughter: A Scientific Investigation.* London.
Purcell, N. 1999. "Does Caesar Mime?" In *The Art of Ancient Spectacle*, Studies in the History of Art 56, ed. B. Bergmann and C. Kondoleon, 181–93. National Gallery of Art, Washington DC.
———. 2005. "The Ancient Mediterranean: The View from the Customs House." In *Rethinking the Mediterranean*, ed. W. V. Harris, 200–232. Oxford.
Putnam, M. C. J. 1970. *Virgil's Pastoral Art.* Princeton, NJ.
Quinn, K. 1970. *Catullus: The Poems.* London and Basingstoke.
Rabbie, E. 2007. "Wit and Humor in Roman Rhetoric." In *A Companion to Roman Rhetoric*, ed. W. Dominik and J. Hall, 207–17. Malden, MA, and Oxford.
Radice, B. 1976. *Terence: The Comedies.* Rev. ed. London.
Ramage, E. S. 1973. *"Urbanitas": Ancient Sophistication and Refinement.* Norman, OK.
Ramsay, W. 1897. *Cities and Bishoprics of Phrygia: Being an Essay of the Local History of Phrygia from the Earliest Times to the Turkish Conquest.* Vol. 1, pt. 2. Oxford.
Ramsey, J. T. 2003. *Cicero, "Philippics" I–II.* Cambridge.
Rapp, A. 1950–51. "A Greek 'Joe Miller.'" *CJ* 46: 236–90, 318.
———. 1951. *The Origins of Wit and Humor.* New York.
Raskin, V. 1985. *Semantic Mechanisms of Humor.* Dordrecht and Boston.
Rawson, E. D. 1975. *Cicero: A Portrait.* London.
Reich, H. 1903. *Der Mimus.* Berlin.
Richlin, A. 1992a. *The Garden of Priapus: Sexuality and Aggression in Roman Humor.* Rev. ed. Oxford.

———. 1992b. "Julia's Jokes, Galla Placidia and the Roman Use of Women as Political Icons." In *Stereotypes of Women in Power: Historical Perspectives and Revisionist Views*, ed. B. Garlick, S. Dixon, and P. Allen, 65–91. New York.
Richter, G. 1913. "Grotesques and the Mime." *AJA* 17: 149–56.
Riggsby, A. M. 1999. *Crime and Community in Ciceronian Rome*. Austin.
Ritschl, F. 1868. *Opuscula Philologica*. Vol. 2. Leipzig.
Robert, L. 1968. "Les épigrammes satiriques de Lucillius sur les athlètes: Parodie et réalités." In *L'épigramme grecque*, Entretiens sur l'Antiquité Classique 14, 181–295. Geneva.
Roberts, D., ed. 1992. *Lord Chesterfield's Letters*. Oxford.
Roberts, M. 1993. *Poetry and the Cult of the Martyrs: The "Liber Peristephanon" of Prudentius*. Ann Arbor, MI.
Robertson, D. S. 1919. "A Greek Carnival." *JHS* 29: 110–15.
Robertson, M. 1975. *A History of Greek Art*. 2 vols. Cambridge.
Rochefort, G. 1950. "Une anthologie grecque du XIe siècle: Le *Parisinus Suppl. Gr.* 690." *Scriptorium* 4: 3–17.
Roller, M. B. 2001. *Constructing Autocracy: Aristocrats and Emperors in Julio-Claudian Rome*. Princeton, NJ.
———. 2006. *Dining Posture in Ancient Rome*. Princeton, NJ.
Rougé, J. 1987. "Le *Philogélôs* et la navigation." *JS*: 3–12.
Roxan, M. M. 1985. *Roman Military Diplomas, 1978 to 1984*. London.
Ruch, W., and P. Ekman. 2001. "The Expressive Pattern of Laughter." In *Emotions, Qualia, and Consciousness*, ed. A. W. Kaszniak, 426–43. Tokyo.
Rutherford, I. 2000. "Theoria and Darśan: Pilgrimage and Vision in Greece and India." *CQ* 50: 133–46.
Saint-Denis, E. de. 1965. *Essais sur le rire et le sourire des Latins*. Paris.
Sanders, B. 1995. *Sudden Glory: Laughter as Subversive History*. Boston.
Schlam, C. C. 1992. *The Metamorphoses of Apuleius: On Making an Ass of Oneself*. London.
Schlapbach, K. 2010. "The *Logoi* of Philosophers in Lucian of Samosata." *ClAnt* 29: 250–77.
Schlee, F. 1893. *Scholia Terentiana*. Leipzig.
Schmeling, G. 2011. *A Commentary on the "Satyrica" of Petronius*. Oxford.
Schneider, R. M. 2004. "Nachwort." In J. Le Goff, *Das Lachen im Mittelalter*, 79–128. Stuttgart.
Schulten, P. 2002. "Ancient Humour." In *After the Past: Essays in Ancient History in Honour of H. W. Pleket*, ed. W. Jongman and M. Kleijwegt, 209–34. Leiden.
Schulz, F. 1942. "Roman Registers of Births and Birth Certificates." *JRS* 32: 78–91.
———. 1943. "Roman Registers of Births and Birth Certificates, Part II." *JRS* 33: 55–64.
Scott, J. C. 1990. *Domination and the Arts of Resistance: Hidden Transcripts*. New Haven, CT, and London.
Scott, S. 2013. "Laughter—the Ordinary and the Extraordinary." *Psychologist* 26: 264–69.

Screech, M. A. 1997. *Laughter at the Foot of the Cross*. London.
Scruton, R., and P. Jones. 1982. "Laughter." *Proceedings of the Aristotelian Society, Supplementary Volumes* 56: 197–228.
Scullard, H. H. 1981. *Festivals and Ceremonies of the Roman Republic*. London.
Scurr, R. 2003. "The Laughter of Breakdown." *TLS*, 24 October, 23.
Segal, E. 1968. *Roman Laughter: The Comedy of Plautus*. Cambridge, MA.
———. 2001. *The Death of Comedy*. Cambridge, MA.
Selden, D. L. 2007. "*Ceveat lector*: Catullus and the Rhetoric of Performance." In *Catullus*, Oxford Readings in Classical Studies, ed. J. H. Gaisser, 490–559. Oxford. Expanded version of *Innovations of Antiquity*, ed. R. Hexter and D. L. Selden, 461–512. 1992. New York and London.
Self, W. 1997. *Great Apes*. London.
Shackleton Bailey, D. R. 1977. *Cicero: Epistulae ad Familiares*. 2 vols. Cambridge.
———. 1978. "Corrections and Explanations of Martial." *CPh* 73: 273–96.
Sharland, S. 2010. *Horace in Dialogue: Bakhtinian Readings in the Satires*. Oxford.
Sharrock, A. 2009. *Reading Roman Comedy: Poetics and Playfulness in Plautus and Terence*. Cambridge.
———. 2011. Review of Fontaine 2010. *AJPh* 132: 510–13.
Shaw, B. D. 2001. *Spartacus and the Slave Wars: A Brief History with Documents*. Boston and New York.
Sherwin-White, A. N. 1966. *The Letters of Pliny: A Historical and Social Commentary*. Oxford.
Siegmann, E. 1956. *Literarische griechische Texte der Heidelberger Papyrussammlung*. Heidelberg.
Silk, M. S. 2000. *Aristophanes and the Definition of Comedy*. Oxford.
———. 2001. "Aristotle, Rapin, Brecht." In *Making Sense of Aristotle: Essays in Poetics*, ed. Ø. Andersen and J. Haarberg, 173–95. London.
Silk, M. S., I. Gildenhard, and R. Barrow. 2014. *The Classical Tradition: Art, Literature and Thought*. Malden, MA, and Oxford.
Skinner, Q. 2001. "Why Laughing Mattered in the Renaissance." *History of Political Thought* 22: 418–47.
———. 2002. "Hobbes and the Classical Theory of Laughter." In *Hobbes and Civil Science*, vol. 3 of *Visions of Politics*, 142–76. Cambridge.
———. 2004. "Hobbes and the Classical Theory of Laughter." In *Leviathan after 350 Years*, ed. T. Sorell and L. Foisneau, 139–66. Oxford.
———. 2008. "Response: Why Is Laughter Almost Non-existent in Ancient Greek Sculpture?" *Cogito* (Athens) 8: 22.
Smallwood, E. M. 1970. *Philonis Alexandrini Legatio ad Gaium*. 2nd ed. Leiden.
Smith, M. 2008. "Laughter: Nature or Culture?" https://scholarworks.iu.edu/dspace/bitstream/handle/2022/3162/Laughter%20nature%20culture1.pdf?sequence=1.
Smith, W. D. 1990. *Hippocrates: Pseudoepigraphic Writings*. Leiden.
Sommerstein, A. 1981. *Aristophanes: "Knights."* Warminster.

———. 2009. "Talking about Laughter in Aristophanes." In *Talking about Laughter and Other Studies in Greek Comedy*, 104–15. Oxford. Originally published in French in 2000, in *Le rire des Grecs: Anthropologie du rire en Grèce ancienne*, ed. M.-L. Desclos, 65–75. Grenoble.

Sonnabend, H. 2002. *Geschichte der antiken Biographie: Von Isokrates bis zur Historia Augusta*. Stuttgart.

Spawforth, A. J. S. 2012. *Greece and the Augustan Cultural Revolution*. Cambridge.

Spencer, H. 1860. "On the Physiology of Laughter." *Macmillan's Magazine* 1: 395–402. Reprinted in *Essays on Education and Kindred Subjects*, 298–309. 1911. London.

Spengel, L., ed. 1867. *Aristotelis Ars Rhetorica*. Leipzig.

Stackelberg, K. T. von. 2009. *The Roman Garden: Space, Sense, and Society*. London and New York.

Stallybrass, P., and A. White. 1986. *The Politics and Poetics of Transgression*. London.

Stärk, E., and G. Vogt-Spira, eds. 2000. *Dramatische Wäldchen: Festschrift für Eckhard Lefèvre zum 65. Geburtstag*. Hildesheim.

Steel, C. 2005. *Reading Cicero: Genre and Performance in Late Republican Rome*. London.

Stein, E. A. 2006. "Colonial Theatres of Proof: Representations of Laughter in 1930s Rockefeller Foundation Hygiene Cinema in Java." *Health and History* 8: 14–44.

Steiner, G. 1996. "Tragedy, Pure and Simple." In *Tragedy and the Tragic: Greek Theatre and Beyond*, ed. M. S. Silk, 534–46. Oxford.

Stern, H. 1953. *Le calendrier de 354: Etude sur son texte et ses illustrations*. Paris.

Stewart, A. 2008. "Response: Why Is Laughter Almost Non-existent in Ancient Greek Sculpture?" *Cogito* (Athens) 8: 19.

Stylianou, P. J. 1998. *A Historical Commentary on Diodorus Siculus, Book 15*. Oxford.

Sullivan, J. P. 1968. *The Satyricon of Petronius: A Literary Study*. London.

Swain, S. 1996. *Hellenism and Empire: Language, Classicism, and Power in the Greek World, AD 50–250*. Oxford.

Tatum, J. 2006. "Marcus Tullius Cicero, Author of the *Metamorphoses*." In *Lectiones Scrupulosae: Essays on the Text and Interpretation of Apuleius' "Metamorphoses" in Honour of M. Zimmerman*, ed. W. H. Keulen, R. R. Nauta, and S. Panayotakis, 4–14. Groningen.

Taylor, J. 2005. "Introduction." In *The Anatomy of Laughter*, ed. T. Garfitt, E. McMorran, and J. Taylor, 1–10. London.

Taylor, W. S., and J. H. Pringle, eds. 1838–40. *Correspondence of William Pitt, Earl of Chatham*. 4 vols. London.

Thiel, H. van. 1971. *Der Eselroman*. 2 vols. Munich.

———. 1972. "Philogelos 237." *Hermes* 100: 509.

Thierfelder, A. 1968. *Philogelos der Lachfreund von Hierocles und Philagrios*. Munich.

Thomas, K. 1977. "The Place of Laughter in Tudor and Stuart England." *TLS*, 21 January, 77–81.

Tilg, S. 2008. "Eloquentia ludens—Apuleius' Apology and the Cheerful Side of Standing Trial." In *Paideia at Play: Learning and Wit in Apuleius*, ed. W. Riess, 105–32. Groningen.
Toner, J. P. 2009. *Popular Culture in Ancient Rome*. Cambridge.
Trumble, A. 2004. *A Brief History of the Smile*. Rev. paperback ed. New York.
Turnbull, C. 1961. *The Forest People*. London.
———. 1973. *The Mountain People*. London.
Twain, M. 1889. *A Connecticut Yankee in King Arthur's Court*. New York.
Tylawsky, E. I. 2002. *Saturio's Inheritance: The Greek Ancestry of the Roman Comic Parasite*. New York.
Van der Paardt, R. T. 1971. *L. Apuleius Madaurensis, The Metamorphoses: A Commentary on Book III, with Text and Introduction*. Amsterdam.
Van Dommelen, P. 1997. "Colonial Constructs: Colonialism and Archaeology in the Mediterranean." *World Archaeology* 28: 305–23.
Vasaly, A. 2013. "The Political Impact of Cicero's Speeches." In *The Cambridge Companion to Cicero*, ed. C. Steel, 141–59. Cambridge.
Vasey, G. 1875. *The Philosophy of Laughter and Smiling*. London.
Verberckmoes, J. 1999. *Laughter, Jestbooks and Society in the Spanish Netherlands*. Basingstoke.
Versnel, H. S. 1993. *Inconsistencies in Greek and Roman Religion: Transition and Reversal in Myth and Ritual*. Leiden and New York.
Victor, B. 2013. "History of the Text and Scholia." In *A Companion to Terence*, ed. A. Augoustakis and A. Traill, 343–62. Malden, MA, and Oxford.
Vollgraff, C. G. 1904. "Apuleiana." *Mnemosyne* 32: 252–54.
Vos, M. de. 1991. "La fuga di Enea in pitture del I secolo d.C." *Kölner Jahrbuch* 24: 113–23.
Vout, C. 2007. *Power and Eroticism in Imperial Rome*. Cambridge.
Wallace Collection. 1928. *Pictures and Drawings: Text with Historical Notes and Illustrations*. London.
Wallace-Hadrill, A. 1983. *Suetonius: The Scholar and His Caesars*. London.
———. 1998. "To Be Roman, Go Greek." In *Modus Operandi: Essays in Honour of Geoffrey Rickman*, BICS, suppl. 71, ed. M. Austin, J. Harries, and C. Smith, 79–91. London.
———. 2008. *Rome's Cultural Revolution*. Cambridge.
———. 2011. *Herculaneum, Past and Future*. London.
Wallis, S. T. 1853. *Spain, Her Institutions, Politics and Public Men: A Sketch*. Boston.
Walsh, P. G. 1974. "Bridging the Asses." *CR* 24: 215–18.
———. 1996. *Petronius: The Satyricon, Translated with Introduction and Explanatory Notes*. Oxford.
Walton, J. M. 2007. "Commodity: Asking the Wrong Questions." In *The Cambridge Companion to Greek and Roman Theatre*, ed. M. McDonald and J. M. Walton, 286–302. Cambridge.
Warner, M. 1994. *From the Beast to the Blonde: On Fairy Tales and Their Tellers*. London.
———. 1998. *No Go the Bogeyman: Scaring, Lulling and Making Mock*. London.

Watson, W. 2012. *The Lost Second Book of Aristotle's Poetics*. Chicago.
Webb, R. 2002. "Female Performers in Late Antiquity." In *Greek and Roman Actors: Aspects of an Ancient Profession*, ed. P. Easterling and E. Hall, 282–303. Cambridge.
———. 2008. *Demons and Dancers: Performance in Late Antiquity*. Cambridge, MA.
Webster, J. 2001. "Creolizing the Roman Provinces." *AJA* 105: 209–25.
West, S. 1992. "Not at Home: Nasica's Witticism and Other Stories." *CQ* 42: 287–88.
Whigham, P. 1996. *The Poems of Catullus*. Harmondsworth.
Whitehead, A. N. 1979. *Process and Reality*. Rev. ed. New York. Originally published in 1929.
Whitmarsh, T. 2000. "The Politics and Poetics of Parasitism: Athenaeus on Parasites and Flatterers." In *Athenaeus and His World: Reading Greek Culture in the Roman Empire*, ed. D. Braund and J. Wilkins, 304–15. Exeter.
———. 2001. *Greek Literature and the Roman Empire*. Oxford.
Wilkins, A. S. 1890. *Ciceronis De Oratore, Liber II*. Oxford.
Wilkins, J. 2000. *The Boastful Chef: The Discourse of Food in Ancient Greek Comedy*. Oxford.
Williams, C. 2004. *Martial: Epigrams, Book Two*. Oxford.
Williams, R. D. 1976. "Virgil *Eclogues* 4.60–63." *CPh* 71: 119–21.
Wilson, N. G. 1996. *Scholars of Byzantium*. Rev. ed. London.
Winkler, J. J. 1985. *Auctor & Actor: A Narratological Reading of Apuleius' "The Golden Ass."* Berkeley and Los Angeles.
Winterbottom, M. 1970. *Problems in Quintilian*. BICS, suppl. 25. London.
Wiseman, T. P. 1985. *Catullus and His World: A Reappraisal*. Cambridge.
———. 2008. "'Mime' and 'Pantomime': Some Problematic Texts." In *New Directions in Ancient Pantomime*, ed. E. Hall and R. Wyles, 146–53. Oxford.
Woodford, S. 1992. "Kerkopes." In *LIMC*, vol. 6, pt. 1, 32–35.
Woolf, G. 1994. "Becoming Roman, Staying Greek: Culture, Identity and the Civilizing Process in the Roman East." *PCPhS* 40: 116–43.
———. 1998. *Becoming Roman: The Origins of Provincial Civilization in Gaul*. Cambridge.
Wright, J. 1974. *Dancing in Chains: The Stylistic Unity of the Comoedia Palliata*. Rome.
Wyatt, W. 1998. *The Journals of Woodrow Wyatt*, ed. S. Curtis. Vol. 1. Basingstoke and Oxford.
Yalouris, N. 1986. "Das archaische 'Lächeln' und die Geleontes." *Antike Kunst* 29: 3–5.
Zeitlin, F. I. 1982. "Cultic Models of the Female: Rites of Dionysus and Demeter." *Arethusa* 15: 129–57.
Zimmerman, M. 2000. *Apuleius Madaurensis, Metamorphoses, Book X: Text, Introduction and Commentary*. Groningen Commentaries on Apuleius. Groningen.

Zinn, E. 1960. "Elemente des Humors in augusteischer Dichtung." *Gymnasium* 67: 41–56, 152–55.

Žižek, S. 1989. *The Sublime Object of Ideology*. London.

Zucker, A. 2008. *Va te marrer chez les Grecques (Philogelos): Recueil de blagues grecques anciennes*. Paris.

重要专名词一览

Aelian 埃利阿努斯：约170—约235年，古罗马修辞学家，斯多葛学说的信奉者。现存著作包括用希腊语撰写的《论动物的特性》等，作品被后世伦理学者大量引用。

Aeneas 埃涅阿斯：特洛伊英雄，在希腊与罗马神话及历史中扮演重要角色。维吉尔的《埃涅阿斯纪》描述了埃涅阿斯从特洛伊逃出，然后建立罗马城的故事。荷马史诗《伊利亚特》和莎士比亚的《特洛伊围城记》中埃涅阿斯也有出现。

Antonius, Marcus 马尔库斯·安东尼乌斯：公元前143—前87年，古罗马演说家。罗马元老院贵族温和派的代表，"后三巨头"同盟之一安东尼的祖父。他是西塞罗《论演说家》中的谈话者之一。

Antony, Mark 马尔库斯·安东尼：约公元前83—前30年，古罗马政治家，军事家。曾为恺撒幕僚，在恺撒遇刺后与屋大维结盟，为罗马"后三巨头"之一。后在罗马内战中战败，自杀身亡。

Appian 阿庇安：约95—约165年，古罗马历史学家。代表作为《罗马史》。

Apuleius 阿普列乌斯：约124—约189年，古罗马作家，哲学家，演说家。代表作有《金驴记》等。

Aristides, Aelius 埃利乌斯·阿里斯提德：活跃于公元2世纪，古希腊演说家。

Aristophanes 阿里斯托芬：约公元前446—前386年，古希腊喜剧作家，被后世誉为"喜剧之父"。据记载著有喜剧四十四部，十一部完整传世。

Aristotle 亚里士多德：公元前384—前322年，古希腊哲学家，科学家，教育家。作为一位百科全书式的科学家，他的研究涉及逻辑性、修辞学、物理学、生物学、教育学、心理学、政治学、经济学、美学、博物学等，写下了大量的著作，几乎对每个学科都做出了突出贡献。亚里士多德及弟子世代相传组成的学派被称为亚里士多德学派，亦称"逍遥学派"。

Atargatis 阿塔耳伽提斯：叙利亚的丰饶女神。在造型艺术中常以美人鱼的形象出现。

Athenaeus 阿忒奈乌斯：活跃于公元2世纪，古罗马作家。用希腊文写作，代表作品有《哲人燕谈录》。

Atticus 阿提库斯：生活于公元前1世纪左右，古罗马学者，藏书家。创办了古罗马第一家正规的抄本出版社。

Baubo 包玻：希腊神话中的女神，人们常把这个名字跟那些缓解了得墨忒耳忧伤的滑稽下流笑话联系起来。

Caesar, Julius 尤利乌斯·恺撒：公元前100—前44年，古罗马军事统帅，政治家。罗马"前三巨头"同盟之一，以其优越的才能成为罗马帝国的奠基者。史称恺撒大帝。

Caligula 卡利古拉：12—41年，古罗马皇帝，37—41年在位。后世认为卡利古拉是典型的暴君，在位期间建立恐怖统治，神化皇权，行事荒唐、暴虐。由于他好大喜功，大肆兴建土木，帝国财政恶化，引起所有阶层的不满。后被近卫军刺杀。

Cato, Marcus Porcius (Cato the Elder)　老加图：公元前 234—前 149 年，古罗马政治家，演说家。曾于公元前 195 年出任执政官。他也是罗马历史上第一个重要的拉丁语散文作家。

Cato, Marcus Porcius (Cato the Younger)　小加图：公元前 95—前 46 年，古罗马政治家，演说家，斯多葛派的追随者，老加图的曾孙。他因传奇般的诚实、坚忍和正直而闻名，厌恶当时普遍的政治腐败，后为反抗恺撒的统治而自杀。

Catullus　卡图卢斯：约公元前 87—约前 54 年，古罗马诗人。写有神话诗、爱情诗、幽默诗逾百首，至今广为流传。

Catulus　卡图卢斯：公元前 150—前 87 年，古罗马贵族政党的支持者，曾担任执政官，与尤利乌斯·恺撒·斯特拉博是同母异父的兄弟，二者同为西塞罗《论演说家》中的谈话者。

Chaucer, Geoffrey　杰弗里·乔叟：1340—1400 年，英国作家，诗人。代表作有《坎特伯雷故事集》《公爵夫人之书》等。

Choricius of Gaza　加沙的科里基乌斯：约生活在 6 世纪，演说家，修辞学家。

Chrysippus　克律西波斯：约公元前 280—约前 207 年，古希腊哲学家。起初是学园派哲学家阿尔克西拉乌斯的门生，后转而追随斯多葛派哲学家克勒安忒斯，成为斯多葛派的领袖，是此派哲学之集大成者，以思维敏捷和富有辩才著称。

Cicero, Marcus Tullius　马尔库斯·图利乌斯·西塞罗：公元前 106—前 43 年，古罗马政治家，教育家，演说家，法学家，哲学家，古典共和思想的杰出代表，罗马文学黄金时代的重要作家。曾于公元前 64 年出任执政官。在罗马共和国末期，因他死守共和制而被罗马"后三巨头"同盟的官员捕杀。主要著作有《论演说家》《论共和国》《论法律》《论老年》《论友谊》《论神性》等。

Claudius 克劳狄：公元前 10—54 年，古罗马皇帝，41—54 年在位。在其侄儿卡利古拉皇帝遇刺后，被拥戴为皇帝。在位期间力求各阶层的和谐，凡事采取中庸之道，修补了卡利古拉时期皇帝与元老院的破裂关系，兴建了国家实业。克劳狄皇帝因身体残疾（可能患有小儿麻痹症）在外形上有明显的缺陷，常被时人取笑。

Commodus 康茂德：161—192 年，马尔库斯·奥勒留之子，古罗马皇帝，180—192 年在位，被后世视为暴君的典型。康茂德结束了过去帝国五贤帝时代的繁华，其遇刺身亡后，罗马帝国陷入了一连串混乱的内战之中。

Cotta, Gaius Aurelius 盖乌斯·奥勒利乌斯·科塔：公元前 124—前 74 年，古罗马政治家，演说家。曾于公元前 75 年出任执政官。他是西塞罗《论演说家》中的谈话者之一。

Crassus, Lucius Licinius 卢基乌斯·利基尼乌斯·克拉苏：公元前 140—前 91 年，古罗马演说家。曾于公元前 95 年出任执政官，是贵族政治保守派的代表。他是西塞罗《论演说家》中的谈话者之一。

Crassus, Marcus Licinius 马尔库斯·利基尼乌斯·克拉苏：约公元前 115—前 53 年，古罗马政治家，军事家。曾帮助苏拉在内战中夺权建立独裁统治，并积累了大量财富。在苏拉隐退后，克拉苏成为罗马"前三巨头"同盟之一，但由于自身力量薄弱，仓促发动对安息帝国的战争，在卡莱战役中全军覆没，本人也死于征战。

Demeter 得墨忒耳，古希腊神话中司农业、谷物和丰收的女神，奥林波斯十二主神之一。

Demetrius of Phalerum 法勒鲁姆的德米特里：约公元前 350—约前 280 年，古希腊演说家，政治家，哲学家，作家。他是泰奥弗拉斯托斯的学生，也是早期逍遥学派的一员，著作包含历史、修辞学和文学批评等内容。

Democritus 德谟克利特：约公元前 460—前 370 年，古希腊哲学家，原子唯物论学说的创始人之一。著有《论自然》等，但仅有残篇留存。

Demonax 德谟那克斯：约活跃于公元 2 世纪，古罗马哲学家，信奉犬儒主义。

Demosthenes 德谟斯提尼：公元前 384—前 322 年，古希腊演说家，民主派政治家。

Dio Cassius 狄奥·卡西乌斯：150—235 年，古罗马政治家，历史学家。著有从公元前 8 世纪中期罗马王政时代到公元 3 世纪早期罗马帝国的历史著作《罗马史》。他出身于贵族家庭，后参加政治事务，曾担任执政官。他的著作现仅存残篇，内容质朴翔实，为后世提供了极为重要的参考资料。

Dio Chrysostom "金嘴"狄翁：约 40—约 110 年，希腊修辞学家，哲学家，演说家。

Diocletian 戴克里先：约 244—312 年，古罗马皇帝，284—305 年在位。在位期间结束了罗马帝国第三世纪（235—284 年）的危机，建立四帝共治制，使其成为罗马帝国后期的主要政体。其对罗马的改革，使罗马帝国的生命延长了一个世纪，但是也为日后内战埋下伏线。

Diodorus 狄奥多罗斯：生活于公元前 1 世纪，古希腊历史学家。著有世界史《史库》四十卷。

Diogenes Laertius 第欧根尼·拉尔修：约活动于公元 3 世纪上半叶，不详生平。代表作品为《名哲言行录》，是至今流传下来的关于古希腊绝大多数哲学家生平、言行及思想的最完整的著作。

Diomedes 狄奥墨德斯：活跃于 4 世纪，拉丁语文法学家。

Dionysius 狄奥尼修斯：生活于 5 世纪末 6 世纪初，叙利亚学者，神学家。被认为是古典西方基督教的奠基者，代表作有《论神名》《神秘神学》等。

Domitian 图密善：51—96 年，古罗马皇帝，81—96 年在位。其统治表现出强大的威权主义和专制主义特征，试图控制公众和个人的行为及道德，被罗马元老院视为专横独裁的暴君。

Domitius Marsus 多米提乌斯·马苏斯：约公元前 54—约前 4 年，古罗马作家。

Donatus, Aelius 埃利乌斯·多那图斯：约活动于公元 4 世纪，古罗马修辞学家，文法学家。他所著的两本语法书到中世纪仍在使用，并成为后来及至现代的语法基础。他还著有泰伦斯和维吉尔作品的注释本，后者仅存前言——诗人的《生平》和《牧歌》的简介。

Elagabalus 埃拉伽巴路斯：约 203—222 年，古罗马皇帝，218—222 年在位。他是第一位出身帝国东方——叙利亚——的皇帝，在位期间大力提倡他个人所信仰的太阳神崇拜，并将奢靡之风带入宫廷，在国家治理上荒唐昏庸，引发臣民强烈的不满，后被暗杀身亡。

Ennius 恩尼乌斯：公元前 239—前 170 年，古罗马诗人。他是拉丁诗希腊化的奠基者，在古罗马文学史上具有重要地位。代表作《编年纪》，是一部以诗歌体裁叙述的罗马编年史。

Eunus 欧努斯：？—前 132 年，古罗马第一次西西里奴隶起义首领，叙利亚籍奴隶。在起义中被拥立为王，宣布建立"新叙利亚王国"，并设立由"智者"组成的议事会。后起义队伍内出现叛徒，欧努斯被俘并死于狱中，起义亦被镇压。

Euripides 欧里庇得斯：公元前 480—前 406 年，古希腊悲剧作家，哲学家，诗人。代表作有《独目巨人》《阿尔克提斯》等。

Eusebius 优西比乌斯：约 260—340 年，早期基督教神学家，教会史家。著述甚多，有教会史之父的称号。所著《基督教教会史》十卷是研究初期教会史的重要资料，著作还有《编年史》《圣经地名表》《驳异端》等。

Evanthius　埃万提乌斯：活跃于 4 世纪，拉丁语文法学家。

Festus　费斯图斯：活跃于 2 世纪，古罗马文法学家。著有《辞疏》。

Galen　盖伦：129—199 年，古罗马医生，动物解剖学家，哲学家。一生致力于医疗实践解剖研究，代表作有《气质》《本能》等。

Hadrian　哈德良：76—138 年，古罗马皇帝，117—138 年在位，"五贤帝"之一。在位期间巩固罗马帝国北面疆界，修筑"哈德良长城"。同时，他在文学、艺术、数学和天文等领域都造诣颇深，被认为是一位博学多才的皇帝。

Hannibal　汉尼拔：公元前 247—前 183 年，迦太基人，军事家，战略家，外交家。在军事及外交活动上有突出表现，多次以少胜多重创罗马军队，被誉为"战略之父"。

Heraclitus　赫拉克利特：约公元前 535—前 475 年，古希腊哲学家，朴素辩证法的代表人物。著有《论自然》一书。

Hercules　赫拉克勒斯：希腊神话中的英雄。是主神宙斯与阿尔克墨涅的儿子，死后为大力神。

Hippocrates　希波克拉底：公元前 460—前 377 年，古希腊医生，被西方尊为"医学之父"。其制定的"希波克拉底誓言"仍被现代医护人员尊崇。

Horace　贺拉斯：公元前 65—8 年，古罗马诗人，批评家，翻译家。他是古罗马文学"黄金时代"的代表人物，与维吉尔、奥维德并称为古罗马三大诗人，代表作有《诗艺》《讽刺诗》《歌集》等。

Horus　荷鲁斯：古埃及神话中法老的守护神，王权的象征，同时也是复仇之神。亦为马克罗比乌斯《农神节》中对话人物之一。

Io　伊娥：希腊神话故事人物。国王伊纳科斯的女儿，宙斯与她偶遇后对其心生爱慕。宙斯为躲避妻子赫拉，曾将其变为一头母牛。

Isis 伊西斯：古埃及神话中司生命、魔法、婚姻和生育的女神。

Jerome 哲罗姆：342—420 年，早期基督教的圣经学家。他是将《圣经》从希伯莱文和希腊文翻译成拉丁文的第一人。

Juno 朱诺：罗马神话中的天后，司婚姻和母性之神，罗马十二主神之一。朱庇特之妻。

Jupiter 朱庇特：罗马神话中统领神域和凡间的众神之王，古老的天空神及光明、法律之神，罗马十二主神之首。

Juvenal 尤文纳尔：约 60—127 年，古罗马讽刺诗作家。

Laberius 拉贝里乌斯：公元前 105—前 43 年，古罗马笑剧作家。

Leto 勒托：希腊神话中司保育、哺乳的女神。

Livius Andronicus 利维乌斯·安德罗尼库斯：约活动于公元前 3 世纪，古罗马诗人，剧作家。曾翻译和改编多部希腊悲剧和喜剧，供罗马舞台演出。现作品仅存一些残段。

Livy 李维：公元前 59—17 年，古罗马历史学家，博物学家。学习过文学、史学、修辞学、演说术等，著作颇丰，但仅《建城以来史》一书流传下来。

Lucian 琉善：约 125—180 年，古罗马希腊语讽刺作家。代表作为《诸神的对话》《真实的故事》等。

Lucilius 卢基利乌斯：约公元前 180—前 103 年，古罗马讽刺文学的奠基者。

Lucretius 卢克莱修：约公元前 99—约前 55 年，古罗马诗人，哲学家。代表作为哲理长诗《物性论》。

Lycurgus 吕库尔戈斯：活跃于公元前 9 世纪，古希腊立法家。

Macrobius 马克罗比乌斯：活动于公元 4 世纪前后，古罗马作家。其最重要的著作为《农神节》，该书讲述了农神节前一天和该节日三天内在私宅中进行的讨论。他还针对西塞罗的《论国家》一书中的《斯齐皮奥之梦》做出评注。

Maecenas 梅塞纳斯：公元前 70—前 8 年，古罗马外交家，诗人，艺术家的保护人，罗马帝国皇帝奥古斯都的谋臣。诗人维吉尔和贺拉斯都曾蒙他提携。他的名字在西方被认为是文学艺术赞助者的代名词。

Marcus Aurelius 马尔库斯·奥勒留：121—180 年，古罗马皇帝，161—180 年在位，为"五贤帝"时代最后一位皇帝。其在文学、修辞、哲学、法律、绘画方面受过很好的教育，是晚期斯多葛学派代表人物之一，被称为"帝王哲学家"，有以希腊文写就的著作《沉思录》传世。

Martial 马提亚尔：约 40—104 年，古罗马诗人。代表作有《警句诗集》等。这些作品现实地描述了当时罗马社会的复杂景象，多带有讽刺性，往往在结尾处带有诙谐的点睛之笔或讽刺点。

Medusa 美杜莎：希腊神话中蛇发三女妖（戈尔贡三姐妹）之一。凡看见她眼睛者皆会被石化，后被珀耳修斯斩杀，头颅被镶嵌在雅典娜的神盾中。

Menander 米南德：公元前 342—前 290 年，古希腊新喜剧诗人。一生写过一百多部剧本，但长期被湮没，直到 19 世纪末 20 世纪初才陆续发现他的一些残篇。

Mercury 墨丘利：罗马神话中众神的使者，以及司畜牧、小偷、商业、交通、旅游和体育之神，罗马十二主神之一。

Muses 缪斯：希腊神话中主司艺术与科学的九位文艺女神的总称。

Nero 尼禄：37—68 年，古罗马皇帝，54—68 年在位。在位时期行事残暴，奢侈荒淫。后多地爆发反对他的统治的叛乱，其最终被迫自尽。

Nerva 涅尔瓦：30—98 年，古罗马皇帝，96—98 年在位，"五贤帝"之一。在位期间施行仁政，恢复元老院权威，轻徭薄赋，开启了"五贤帝"

时代的繁荣鼎盛局面。

Nonius Marcellus　诺尼乌斯·马尔克卢斯：生活于 4—5 世纪，古罗马文法学家。代表作《约言》是古罗马第二大拉丁语辞书。

Octavian　屋大维：公元前 63—14 年，古罗马皇帝，元首政治的创始人。罗马"后三巨头"之一，后打败对手成为罗马内战胜利者，统治罗马长达四十年。公元前 27 年被元老院赐封为"奥古斯都"（意为"神圣伟大"）。

Osiris　奥西里斯：古埃及神话中的冥王，司植物、农业和丰饶之神。

Parrhasius　帕拉西乌斯：古希腊写实主义画家，活跃于公元前 400 年左右，与同一时期的画家宙克西斯是竞争对手。

Persephone　珀耳塞福涅：希腊神话中冥界的王后。是宙斯和女神得墨忒耳的女儿，被冥王哈迪斯绑架到冥界与其结婚，成为冥后。

Perseus　珀耳修斯：希腊神话中的英雄。杀死了蛇发女妖美杜莎。

Persius　佩尔西乌斯：34—62 年，古罗马讽刺诗人。所著诗歌、游记、悲剧等都已失传。

Petronius　佩特罗尼乌斯：生活于公元 1 世纪，古罗马作家。著有喜剧讽刺小说《萨蒂里孔》，该作品现存部分的主要情节一般被称为《特里马尔奇奥的晚宴》，其中特里马尔奇奥是一位富裕的被释奴，经常大宴宾客。

Philemon　菲勒蒙：公元前 362—前 262 年，古希腊新喜剧诗人。作品现存两百余个残篇，与米南德是同时期剧作家。

Philo　斐洛：公元前 20—40 年，希腊化时期犹太思想家。主要作品有《论世界的创造》《论赏罚》等。

Phrynichus　普律尼科斯：约活跃于公元前 5 世纪，古希腊悲剧诗人。他是把同时代事件作为创作主题的第一人，现只存有少量剧目的残篇。

Pindar　品达：约公元前 518—约前 438 年，古希腊抒情诗人。被后世的学者认为是"九大抒情诗人"之首，作品藏于亚历山大图书馆，被汇编成册。

Plautus　普劳图斯：约公元前 254—前 184 年，古罗马剧作家。他的喜剧是现在仍保存完好的拉丁语文学最早的作品，同时他也是音乐剧最早的先驱之一。代表作有《吹牛的军人》《普修多卢斯》《缆绳》等。

Pliny the Elder　老普林尼：约 23—79 年，古罗马作家，政治家，博物学家。据说一生写过七部著作，现存仅《自然史》一种。

Pliny the Younger　小普林尼：约 61—约 113 年，古罗马作家。老普林尼的外甥及养子。曾担任罗马执政官和地方总督，以书信集闻名于世。

Plutarch　普鲁塔克：约 46—约 120 年，古希腊传记作家，散文家。生平著述颇多，代表作有《希腊罗马名人传》等。

Pompey　庞培：公元前 106—前 48 年，古罗马军事家，政治家。罗马"前三巨头"同盟之一，在罗马内战中被恺撒打败。

Porphyry　波斐利：约 234—305 年，希腊哲学家。其写有对亚里士多德著作进行注释的《导论》，该书被认为是对亚里士多德的逻辑概念和学说以至整个哲学的导论，在历史上占有重要地位。

Posidonius　波西多尼乌斯：约公元前 135－前 50 年，古希腊哲学家，思想家。在哲学、伦理学、政治学、历史学、心理学、数学、天文学、文学等方面均有建树。

Prudentius　普鲁顿提乌斯：348—约 405 年，古罗马诗人。主要写基督教主题的诗歌，代表作有《十二时咏》《牺牲之冠》等。

Pythia　皮媞亚：古希腊的阿波罗神女祭司，服务于德尔斐神庙。

Quintilian　昆体良：约 35—约 100 年，古罗马演说家，教育家，是皇室委任的第一个修辞学教授。主要著作有《演说术原理》等。

Ramsay, William　威廉·拉姆齐：1852—1916 年，英国化学家。1904 年因为"发现空气中的惰性气体元素，并确定它们在元素周期表中的位置"，被授予诺贝尔化学奖。

Rembrandt　伦勃朗：1606—1669 年，荷兰画家。擅长肖像画、风景画、风俗画、宗教画、历史画等，风格注重光影和写实。代表画作有《木匠家庭》《夜巡》《尼古拉·杜尔博士的解剖学课》等。

Romulus　罗慕路斯：约公元前 771—约前 717 年，罗马城的缔造者。

Seneca the Elder　老塞涅卡：约公元前 55—40 年，古罗马修辞学家，历史学家。小塞涅卡之父。著有探讨演说技巧的《诉讼辞》十卷。

Seneca the Younger　小塞涅卡：约公元前 4—65 年，古罗马政治家，斯多葛派哲学家，悲剧作家，演说家。著作颇丰，随笔散文有《道德书简》《自然问题》，悲剧有《疯狂的赫拉克勒斯》《特洛伊妇女》《美狄亚》《俄狄浦斯》等。

Servius　塞尔维乌斯：约活动于 4 世纪前后，古罗马文法学家。以其对维吉尔诗作的注释而闻名。

Severus, Alexander　亚历山大·塞维鲁：208—235 年，古罗马皇帝，222—235 年在位。235 年在抵抗日耳曼人的战争中，被军队领袖马克西米努斯杀死。

Severus, Septimius　塞普提米乌斯·塞维鲁：145—211 年，古罗马皇帝，193—211 年在位。军事家，政治家，开创塞维鲁王朝，是首位来自非洲的罗马皇帝。

Strabo　斯特拉波：约公元前 64—约前 23 年，古希腊地理学家，历史学家。著有《历史学》和《地理学》。

Strabo, Julius Caesar　尤利乌斯·恺撒·斯特拉博：约公元前 126—约前 87 年，曾担任大祭司和市政官，是西塞罗《论演说家》中的谈话者之一。

Suetonius　苏维托尼乌斯：约生活于公元1—2世纪，古罗马纪传体历史作家。著有《罗马十二帝王传》。

Sulla　苏拉：公元前138—前78年，古罗马著名军事统帅，政治家。在罗马实行独裁统治，自任终身独裁官，其军事独裁统治沉重打击了古罗马共和制。

Tacitus　塔西佗：约55—120年，古罗马历史学家。继承并发展了李维的史学传统和成就，代表作有《编年史》《历史》等。后人认为其史学代表了罗马史学发展的最高成就。

Tatius, Achilles　阿喀琉斯·塔提奥斯：活跃于公元2世纪，古希腊小说作家。代表作为《琉基佩与克勒托丰》，对后世小说的发展产生了重要影响。

Terentius（Terence）　泰伦提乌斯（泰伦斯）：约公元前190—前159年，古罗马喜剧作家。泰伦提乌斯共写有六部剧本，全部保存下来。它们是《安德罗斯女子》《自我折磨的人》《阉奴》《福尔弥昂》《两兄弟》《婆母》。

Tertullian　特土良：150—230年，迦太基人，基督教神学家，哲学家。

Theophrastus　泰奥弗拉斯托斯：约公元前371—约前287年，古希腊植物学家，科学家，哲学家。他继承了逍遥学派的生物学传统，一般认为他是植物学的奠基人。

Tiberius　提比略：公元前42—37年，古罗马皇帝，14—37年在位。个性深沉严苛，执政时期并不受到臣民的普遍爱戴。在罗马古典作家的笔下，他的形象暴虐、好色。

Trajan　图拉真：53—117年，古罗马皇帝，98—117年在位，"五贤帝"之一。在位期间对内巩固了经济和社会制度，对外发动战争，将罗马帝国的疆域扩张到历史上最大范围。

Valerius Maximus　瓦勒里乌斯·马克西穆斯：活跃于1世纪，古罗马叙事诗人。

Vatinius 瓦提尼乌斯：生活于公元前 1 世纪左右，西塞罗的嘲讽对象。

Velleius Paterculus 维勒乌斯·帕特尔库卢斯：活跃于公元前 1 世纪左右，古罗马历史学家。著有《罗马史》两卷。

Venus 维纳斯：罗马神话中爱与美的女神，罗马十二主神之一。

Verres 维瑞斯：公元前 125—前 43 年，古罗马地方总督，在西西里岛贪污，为西塞罗所批判。

Verrius Flaccus 维里乌斯·弗拉库斯：约公元前 55—20 年，文法学家。所著《辞疏》是第一本主要的拉丁字母词典，但仅存片段，是费斯图斯所著《辞疏》的原型。

Vespasian 韦帕芗：9—79 年，古罗马皇帝，69—79 年在位。"四帝之年"（四帝内乱期）时期第四位皇帝，弗拉维王朝第一位皇帝。在位期间致力于改革内政，恢复因内战而受到影响的政治、经济等社会各方面的秩序；同时进一步加强了皇帝的专制权力，使元首制日趋发展成熟。

Virgil 维吉尔：公元前 70—前 19 年，古罗马诗人。主要作品有《牧歌》《农事诗》《埃涅阿斯纪》等，被公认为是欧洲文学史上举足轻重的人物。

Xenophon 色诺芬：约公元前 440—前 355 年，古希腊历史学家。他是苏格拉底的弟子，以记录希腊历史、苏格拉底语录而著称。著有《长征记》《希腊史》《回忆苏格拉底》等。

Xerxes 薛西斯：约公元前 519—前 465 年，波斯帝国国王。曾下令建桥横跨赫勒斯滂海峡，建成后因风浪而倒塌，他令人鞭海三百下，掷一脚链于海中，并将建桥之人斩头。

Zeno of Sidon 西顿的芝诺：约公元前 150—前 75 年，腓尼基西顿城的伊壁鸠鲁哲学家。作品散佚。曾称苏格拉底为"阁楼小丑"。西塞罗和第欧根尼·拉尔修都将其描述为一位精确而优雅的思想家。

  Zeuxis 宙克西斯：约活动于公元前 5 世纪末和 4 世纪初，古希腊著名画师，以日常绘画和对光影的利用而闻名。

  Zoroaster 琐罗亚斯德：公元前 628—前 551 年，波斯先知，祆教的创始人。